Adobe Photoshop CC –
der offizielle Einsteigerkurs

Adobe Creative Team

Übersetzung: Isolde Kommer, mersinkommer.de
Lektorat: Boris Karnikowski, karnikowski.com
Fachlektorat: Dirk Metzmacher, thereaction.de
Copy-Editing: Petra Kienle, Fürstenfeldbruck
Herstellung: Friederike Diefenbacher-Keita
Satz: Tilly Mersin, www.mersinkommer.de
Umschlaggestaltung: Helmut Kraus, www.exclam.de,
unter Verwendung eines Motivs von Adobe Press
Druck und Bindung: Druckerei Stürtz GmbH, Würzburg

Bibliografische Information der Deutschen Nationalbibliothek
Die Deutsche Nationalbibliothek verzeichnet diese Publikation in der Deutschen Nationalbibliografie; detaillierte bibliografische Daten sind im Internet über http://dnb.d-nb.de abrufbar.

ISBN 978-3-86490-108-9

1. Auflage 2013

Wieblinger Weg 17 69123 Heidelberg

Title of American original: Adobe Photoshop CC Classroom in a Book (Adobe Press)
Published by Peachpit Press, San Francisco
ISBN: 978-0321928078

5 4 3 2 1 0

Adobe Photoshop CC – der offizielle Einsteigerkurs

dpunkt.verlag

INHALT

9 SPEZIALEFFEKTE 222

10 VIDEO BEARBEITEN 256

11 MALEN MIT DEM MISCHPINSEL-WERKZEUG 276

12 MIT 3D-BILDERN ARBEITEN 294

13 DATEIEN FÜR DAS WEB 324

14 MIT KONSISTENTEN FARBEN PRODUZIEREN UND DRUCKEN 346

ANHANG 360

INDEX 364

EINFÜHRUNG

An Adobe® Photoshop® CC kommt keiner vorbei. Für Grafiker, Fotografen und Designer ist dieses Bildbearbeitungsprogramm schon seit vielen Jahren der wegweisende Standard. Adobe Camera Raw, Bestandteil von Photoshop CC, bietet eine große Flexibilität und Kontrolle bei der Arbeit mit Raw-, TIFF- und JPEG-Bildern. Photoshop CC erweitert die Möglichkeiten der digitalen Bildbearbeitung und hilft, Ihre Ideen einfacher als je zuvor in Szene zu setzen.

Über dieses Buch

Adobe Photoshop CC – der offizielle Einsteigerkurs gehört zu den offiziellen Trainingsbüchern für Adobe-Grafik- und Satzprogramme und wurde mit Unterstützung von Experten im Hause Adobe Systems entwickelt. Die Lektionen sind so angelegt, dass Sie Ihren Lernrhythmus selbst bestimmen können. Wenn Sie mit Adobe Photoshop noch nicht vertraut sind, werden Sie alle wichtigen Grundlagen und Möglichkeiten kennenlernen, die Sie für die Arbeit mit dem Programm benötigen. Arbeiten Sie bereits mit Adobe Photoshop, finden Sie in diesem Buch viele wichtige weitergehende Techniken und Tipps für die aktuelle Version und für das Aufbereiten von Bildern für das Web.

Obwohl in jeder Lektion Schritt-für-Schritt-Anleitungen für das Erstellen eines bestimmten Projekts gegeben werden, gibt es viel Raum für eigene Experimente. Sie können das Buch von Anfang bis Ende durcharbeiten oder sich nur die Lektionen vornehmen, für die Sie sich interessieren. Jede Lektion endet mit einem kleinen Quiz zur Überprüfung des Gelernten.

Neu in dieser Ausgabe

Diese Ausgabe geht auf viele der neuen Möglichkeiten in Adobe Photoshop CC ein, zum Beispiel bedingte Aktionen, mit denen Sie Aktionen nach von Ihnen festgelegten Kriterien ausführen können, bearbeitbare abgerundete Rechtecke, bei denen Sie die Rundung jeder Ecke einzeln festlegen können, den Filter **Verwacklung reduzieren**, der die Unschärfe von aus der Hand fotografierten Aufnahmen reduziert, und Verbesserungen des Zuschneiden-Werkzeugs, dank derer Sie mehr Kontrolle über den Zuschneidebereich, das Geraderichten und Drehen eines Bilds erhalten. Weiterhin zeigen Ihnen die Lektionen, wie Sie den Verflüssigen-Filter als Smartfilter nutzen, Smartobjekte mit der Iris-Weichzeichnung und anderen Funktionen der Weichzeichnergalerie anwenden, Bilder intelligent vergrößern, Ebeneneigenschaften als CSS-Code für die Verwendung in Webseiten exportieren und vieles mehr.

Außerdem liefert diese Ausgabe viele Zusatzinformationen zu Photoshop und der effektiven Arbeit mit dem Programm. Zusätzlich erhalten Sie viele praktische Tipps zur Organisation, Verwaltung und Präsentation Ihrer Bilder ebenso wie zu deren Aufbereitung für das Web. Dieses Buch enthält darüber hinaus wertvolle Tipps und Techniken der Adobe-Expertin Julieanne Kost.

Voraussetzungen

Bevor Sie mit *Adobe Photoshop CC – der offizielle Einsteigerkurs* beginnen, sollten Sie mit dem Betriebssystem Ihres Computers vertraut sein. Sie sollten mit der Maus und den standardmäßigen Menüs und Befehlen umgehen können. Ihnen sollte zudem bekannt sein, wie man Dateien öffnet, speichert und schließt. Um diese Techniken noch einmal aufzufrischen, informieren Sie sich in den Handbüchern, die mit Microsoft Windows oder Apple Mac OS X ausgeliefert wurden.

Für die Lektionen in diesem Buch benötigen Sie sowohl Adobe Photoshop CC als auch Adobe Bridge CC.

Adobe Photoshop und Adobe Bridge installieren

Bevor Sie mit *Adobe Photoshop CC – der offizielle Einsteigerkurs* beginnen, muss Ihr System korrekt eingerichtet und die notwendige Soft- und Hardware installiert sein. Sie müssen das Programm Adobe Photoshop CC gesondert erwerben (*www.adobe.com/de/downloads*). Die vollständigen Hinweise über die Systemvoraussetzungen und für die Installation finden Sie auf *www.adobe.com/de/support*. Beachten Sie, dass einige Funktionen in Photoshop CC (einschließlich aller 3D-Funktionen) eine Grafikkarte mit Unterstützung von OpenGL 2.0 und mindestens 512 MB RAM voraussetzen.

Für viele Lektionen in diesem Buch benötigen Sie Adobe Bridge. Photoshop und Bridge verwenden unterschiedliche Installationsprogramme. Sie müssen diese Programme aus der Adobe Creative Cloud auf Ihre Festplatte installieren. Folgen Sie den Anweisungen auf dem Bildschirm.

Adobe Photoshop starten

Sie starten Photoshop wie die meisten anderen Programme.

So starten Sie Adobe Photoshop unter Windows: Wählen Sie **Start: Programme: Adobe Photoshop CC.**

So starten Sie Adobe Photoshop unter Mac OS: Öffnen Sie den Ordner *Programme/Adobe Photoshop CC* und doppelklicken Sie auf das Programmsymbol **Adobe Photoshop.**

Die Lektionsdateien herunterladen

Damit Sie die Projekte in diesem Buch durcharbeiten können, müssen Sie die Lektionsdateien von der beiliegenden DVD herunterladen. Sie können die Dateien für einzelne Lektionen oder komplett in einer einzigen Datei herunterladen.

Auf *www.peachpit.com*, der Website des Verlages, bei dem das US-Original zu dieser Übersetzung erschienen ist, können Sie Aktualisierungen zu den einzelnen Lektionen herunterladen (in englischer Sprache). Gehen Sie dazu auf *www.dpunkt.de/PS_CC_US*, von wo Sie auf die Webseite zum US-Buch weitergeleitet werden. Klicken Sie dort auf den Link "Register your product ..." und registrieren Sie das US-Buch unter Ihrem Peachpit-Kundenaccount (den Sie ggf. neu anlegen müssen).

Hinweis: Sie überschreiben während der Arbeit die Ausgangs- bzw. Startdateien. Um die ursprünglichen Dateien wiederherzustellen, laden Sie einfach erneut die jeweiligen Lektionsdateien von der DVD herunter.

So greifen Sie auf die Übungsdateien zu:

1 Legen Sie die diesem Buch beiliegende DVD in Ihren PC oder Mac ein.

2 Öffnen Sie ein Fenster mit dem Inhalt der DVD.

3 Erzeugen Sie einen neuen Ordner auf Ihrer Festplatte und nennen Sie ihn **Lektionen**. Hierhinein kopieren Sie die Lektionsordner von der DVD.

Die Standardeinstellungen wiederherstellen

Die Voreinstellungen-Dateien speichern Informationen über die Einstellungen für Befehle und Bedienfelder. Sobald Sie Adobe Photoshop verlassen, werden die Positionen der Bedienfelder sowie die Einstellungen bestimmter Befehle in der entsprechenden Voreinstellungen-Datei gespeichert. Alle im Dialogfeld »Voreinstellungen« vorgenommenen Änderungen sind ebenfalls Teil der Voreinstellungen-Datei.

Um sicherzustellen, dass die Informationen auf Ihrem Bildschirm mit den Bildern und Anweisungen im Buch übereinstimmen, sollten Sie zu Beginn einer Lektion die Standardeinstellungen wiederherstellen. Sie müssen jedoch nicht die standardmäßigen Voreinstellungen zurücksetzen. In diesem Fall sollten Sie sich aber bewusst sein, dass die Werkzeuge, Bedienfelder und anderen Einstellungen in Photoshop CC mit der Beschreibung in diesem Buch nicht unbedingt übereinstimmen.

Sollten Sie Ihren Monitor kalibriert haben, speichern Sie diese Einstellungen, bevor Sie mit diesem Buch beginnen.

So speichern Sie die aktuellen Farbeinstellungen:

1 Starten Sie Adobe Photoshop.

2 Wählen Sie **Bearbeiten: Farbeinstellungen.**

3 Prüfen Sie im Dialogfeld »Farbeinstellungen« die Optionen im Menü »Einstellung«:

- Falls unter »Einstellung« nicht die Option »Eigene« gewählt ist, notieren Sie den Namen der Einstellungsdatei und klicken Sie auf OK, um das Dialogfeld zu schließen. Die Schritte 4 bis 6 brauchen Sie nicht mehr auszuführen.
- Falls unter »Einstellung« die Option »Eigene« gewählt ist, klicken Sie auf »Speichern« (*nicht* auf OK).

Das Dialogfeld »Speichern« öffnet sich für den Ordner *Settings*, der verschiedene Dateien mit der Erweiterung *.csf* (Farbeinstellungsdatei) enthält.

4 Geben Sie im Feld »Dateiname« (Windows) bzw. »Speichern unter« (Mac OS) einen eindeutigen Namen zusammen mit der Erweiterung *.csf* für Ihre Farbeinstellungen ein. Klicken Sie anschließend auf »Speichern«.

5 Geben Sie im Dialogfeld »Farbeinstellungen: Anmerkung« eine Beschreibung ein, um die Farbeinstellungen wiederfinden zu können (z.B. Datum, bestimmte Einstellungen oder Ihre Arbeitsgruppe).

6 Klicken Sie auf OK, um das Dialogfeld »Farbeinstellungen: Anmerkung« zu schließen. Klicken Sie nochmals auf OK, um auch das Dialogfeld »Farbeinstellungen« zu schließen.

So stellen Sie Ihre Farbeinstellungen wieder her:

1 Starten Sie Adobe Photoshop.

2 Wählen Sie **Bearbeiten: Farbeinstellungen.**

3 Wählen Sie im Dialogfeld »Farbeinstellungen« aus dem Einblendmenü »Einstellung« die weiter oben notierte bzw. gespeicherte Farbeinstellungsdatei und klicken Sie auf OK.

Zusätzliche Quellen

Adobe Photoshop CC – der offizielle Einsteigerkurs kann und soll nicht die Dokumentation ersetzen, die zusammen mit Photoshop CC ausgeliefert wird. In diesem Buch werden nur die in den Lektionen verwendeten Befehle erklärt. Ausführliche Informationen über das Programm finden Sie in folgenden Quellen:

Adobe Photoshop Hilfe und Support: Auf *www.adobe.com/de/support/photoshop* finden Sie Hilfe und Support.

Adobe Creative Cloud Learning: *helpx.adobe.com/creative-cloud/tutorials.html.* Diese Tutorials bieten Inspiration, zeigen wichtige Techniken, produktübergreifende Workflows und Updates zu neuen Funktionen. Diese Seite ist nur für Creative-Cloud-Abonnenten zugänglich.

Adobe-Foren: Über *forums.adobe.com* können Sie an Diskussionen teilnehmen, Fragen stellen und erhalten Antworten zu Adobe-Programmen.

Adobe TV: Unter *tv.adobe.com* finden Sie Online-Videos mit Hinweisen und Anregungen zu Adobe-Programmen, einschließlich einem How-to-Kanal für den Einstieg in das jeweilige Programm.

Adobe Design Center: Unter der Adresse *www.adobe.com/de/designcenter* finden Sie unter anderem Artikel über Design, eine Galerie mit Arbeiten bekannter Designer und Tutorials.

Informationen für Bildungseinrichtungen: *www.adobe.com/de/education* enthält unter anderem Informationen für Schüler, Studierende, Lehrkräfte und Dozenten, um Ideen und Informationen effektiv zu kommunizieren. Durch flexible Lizenzierungsprogramme können Bildungseinrichtungen einfach und kostengünstig Adobe-Lösungen in die Ausbildung integrieren und damit Kernkompetenzen für die spätere Studien- oder Berufswahl vermitteln. Darüber hinaus bietet Adobe auch Zertifizierungsprogramme an, mit deren Hilfe erworbene Kenntnisse im Rahmen einer Prüfung nachgewiesen werden können.

Hier noch weitere nützliche Links mit Webseiten:

Adobe Marketplace & Exchange: *www.adobe.com/cfusion/exchange* ist die Zentrale für Werkzeuge, Services, Erweiterungen, Code-Beispiele und mehr zur Ergänzung und Erweiterung Ihrer Adobe-Programme.

Adobe Photoshop CC-Homepage: *www.adobe.com/de/products/photoshop*

Adobe Labs: *http://labs.adobe.com* ermöglicht Ihnen den Zugriff auf frühe Beta-Programmversionen sowie Foren mit Mitgliedern des Adobe-Entwicklungsteams oder der Community.

Adobe-Zertifizierung

Die Adobe-Trainings- und Zertifizierungsprogramme bieten Anwendern und Schulungszentren die Möglichkeit, ihre Professionalität im Umgang mit dem Programm darzustellen und sich als

- Adobe Certified Associates (ACA),
- Adobe Certified Experts (ACE),
- Adobe Certified Instructors (ACI) oder
- Adobe Authorized Learning Center (AATC)

zu qualifizieren. Informationen über dieses Zertifizierungsprogramm finden Sie auf der Website *www.adobe.com/de/support/certification/.*

Die *Adobe Certified Associate (ACA)*-Qualifikation bescheinigt Einzelpersonen, dass sie die grundlegenden Kenntnisse besitzen, um eine effektive Kommunikation mithilfe unterschiedlicher Medienarten zu planen, zu gestalten, zu entwicklen und zu pflegen.

Das *Adobe Certified Expert*-Programm ist eine Möglichkeit für Experten, ihre Referenzen zu aktualisieren. Sie können Ihre Adobe-Zertifizierung nutzen, um Ihre Karriere zu fördern, eine Stelle zu finden oder Ihr Expertenwissen bekannt zu machen.

Wenn Sie Trainer mit ACE-Zertifkat sind, bringt das *Adobe Certified Instructor*-Programm Sie einen Schritt weiter und gibt Ihnen Zugriff auf eine Vielzahl von Adobe-Ressourcen.

Adobe Authorized Training Centers bieten ausschließlich Seminare, die von *Adobe Certified Instructors* abgehalten werden Ein Verzeichnis der AATCs finden Sie auf *partners.adobe.com.*

Weitere Informationen über die Zertifizierungsprogramme finden Sie auf *www.adobe.com/support/certification/main.html.*

1 DER ARBEITSBEREICH

Überblick

In dieser Lektion lernen Sie Folgendes:

- Adobe Photoshop-Dateien öffnen
- Dateien in Adobe Bridge betrachten
- Werkzeuge aus dem Werkzeugbedienfeld wählen und benutzen
- Gewähltes Werkzeug über die Optionsleiste einstellen
- Bildanzeige vergrößern oder verkleinern
- Bedienfelder wählen, neu anordnen und verwenden
- Befehle in Bedienfeld- und Kontextmenüs wählen
- Ein angedocktes Bedienfeld öffnen und benutzen
- Aktionen widerrufen, um Fehler zu korrigieren oder eine andere Wahl zu treffen
- Arbeitsbereich individuell anpassen

Für diese Lektion benötigen Sie etwa eine Stunde. Laden Sie bei Bedarf die Projektdateien für Lektion01 von der Buch-DVD in einen Ordner »Lektionen« auf Ihrer Festplatte. Bei der Arbeit mit dieser Lektion überschreiben Sie die Startdateien. Wenn Sie diese wiederherstellen wollen, laden Sie sie einfach von der DVD erneut auf Ihre Festplatte.

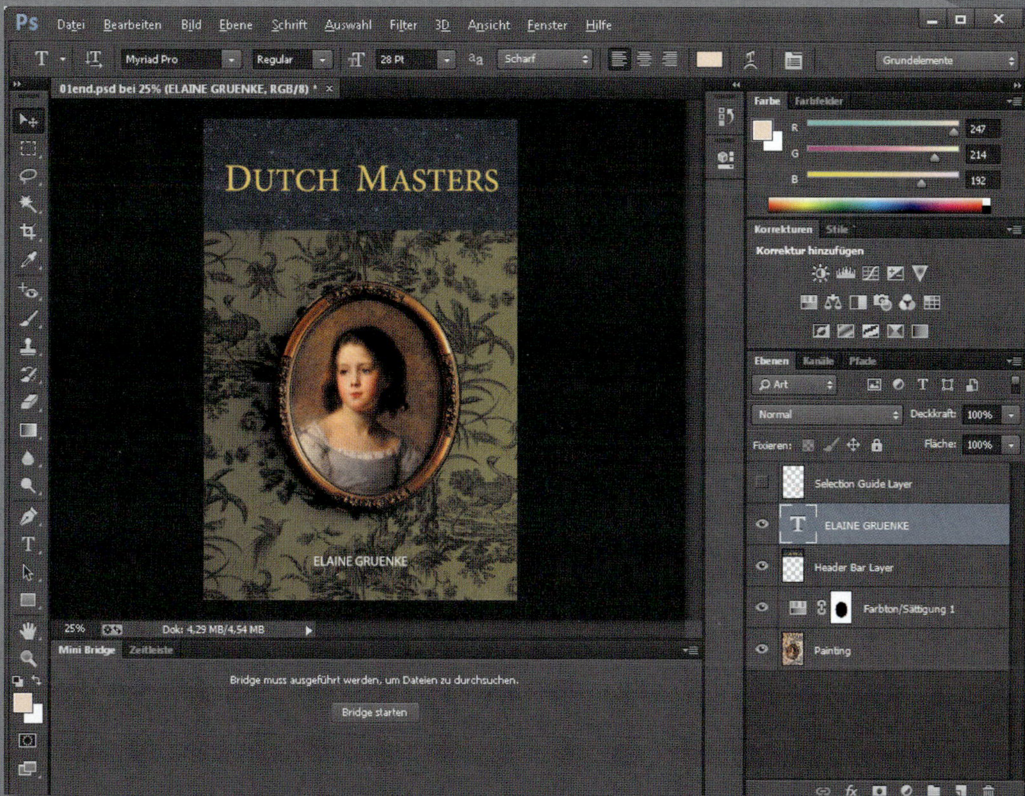

PROJEKT: BUCHCOVER

Wenn Sie mit Adobe Photoshop arbeiten, werden Sie feststellen, dass es häufig mehrere Wege zur Lösung einer Aufgabe gibt. Um die vielfältigen Möglichkeiten optimal zu nutzen, ist es wichtig, dass Sie sich im Arbeitsbereich zurechtfinden.

Mit der Arbeit in Adobe Photoshop beginnen

Der Arbeitsbereich in Adobe Photoshop enthält die Befehlsmenüs, Symbolleisten und Bedienfelder, die Ihnen schnellen Zugriff auf eine Vielzahl von Werkzeugen und Optionen zur Bearbeitung und Erstellung von Elementen für Ihre Bilder bieten. Sie können Menüs auch zusätzlich mit Befehlen und Filtern erweitern, indem Sie *Plug-ins* bzw. Zusatzmodule von Drittherstellern installieren.

In Photoshop arbeiten Sie vorwiegend mit digitalisierten Bitmap-Bildern (d.h. Halbtonbildern, die in Punkte bzw. Bildelemente (Pixel) umgewandelt wurden). Sie können außerdem mit Vektorgrafiken arbeiten. Vektorgrafiken bestehen aus mathematisch berechneten Formen wie Linien und Kurven, die ihre Detailtreue und Schärfe auch beim Skalieren und Drucken mit anderer Auflösung beibehalten. Sie erstellen Originalgrafiken in Photoshop oder importieren Bilder aus Quellen wie:

- Fotos von einer Digitalkamera oder einem Smartphone
- CDs mit digitalisierten Bildern
- Per Scanner eingelesene Fotos, Diapositive, Negative, Grafiken oder andere Vorlagen
- Bilder aus einem Video
- Grafiken aus Illustrationsprogrammen

Hinweis: Wenn Sie mit eigenen Projekten arbeiten, brauchen Sie die standardmäßigen Voreinstellungen in der Regel nicht wiederherzustellen. Hier stellen Sie die standardmäßigen Voreinstellungen zu Beginn jeder Lektion wieder her, damit die Bildschirmdarstellung der Lektionsbeschreibung entspricht. Weitere Informationen finden Sie unter »Die Standardeinstellungen wiederherstellen« auf Seite 4.

Photoshop starten und eine Datei öffnen

Zuerst starten Sie Adobe Photoshop und stellen die standardmäßigen Voreinstellungen wieder her.

1 Doppelklicken Sie auf dem Desktop auf das Adobe-Photoshop-Symbol, um Adobe Photoshop zu starten. Drücken Sie sofort danach die Tastenkombination Strg + Alt + ⇧ (Windows) bzw. ⌘ + ⌥ + ⇧ (Mac OS), um die standardmäßigen Voreinstellungen wiederherzustellen.

Falls Sie auf Ihrem Desktop kein Photoshop-Symbol sehen, wählen Sie **Start: Programme: Adobe Photoshop CC** (Windows) bzw. wählen Sie es im Programme-Ordner oder im Dock (Mac OS).

2 Wenn eine Meldung erscheint, klicken Sie auf »Ja«, um zu bestätigen, dass Sie die Adobe-Photoshop-Einstellungen löschen wollen.

Der Photoshop-Arbeitsbereich erscheint wie in der folgenden Abbildung.

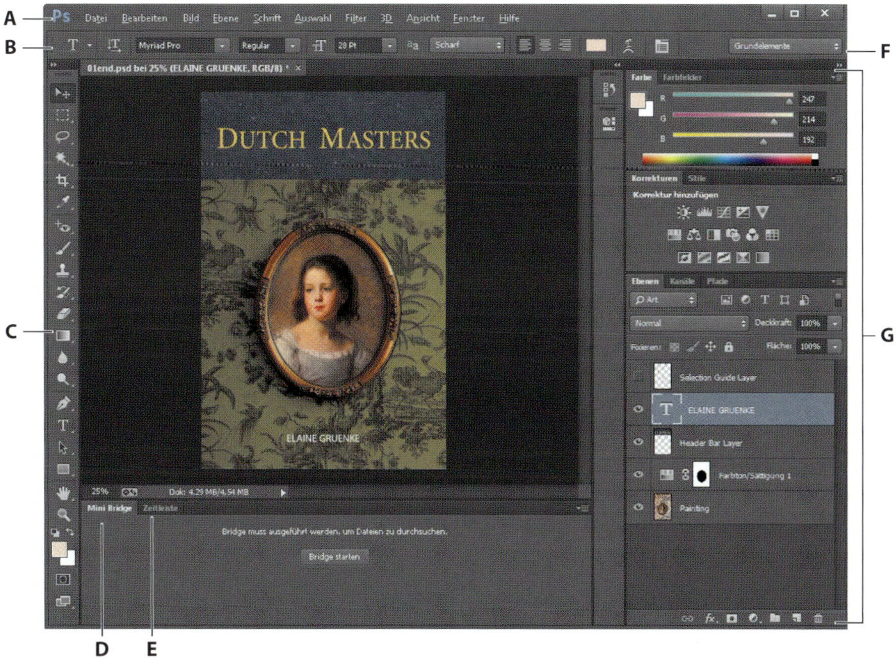

A. Menüleiste
B. Optionsleiste
C. Werkzeugbedienfeld
D. Mini Bridge
E. Zeitleiste
F. Arbeitsbereich
G. Bedienfelder

Hinweis: Die Abbildung zeigt die Windows-Version von Photoshop. Abgesehen von systembedingten Unterschieden in der Anzeige ist die Anordnung unter Mac OS gleich.

Der standardmäßige Arbeitsbereich in Photoshop besteht aus der Programmleiste, der Menüleiste und der Optionsleiste oben im Arbeitsbereich, dem Werkzeugbedienfeld links und verschiedenen geöffneten Bedienfeldern rechts. Bei geöffneten Dokumenten erscheinen entsprechende Bildfenster, die Sie zusammen mit den neuen Registern anzeigen können. Die Photoshop-Benutzeroberfläche ähnelt sehr stark der in Adobe Illustrator, Adobe InDesign und Adobe Flash – wenn Sie also über die Werkzeuge und Bedienfelder in einem Programm Bescheid wissen, können Sie damit auch in den anderen Programmen umgehen.

Es gibt einen wesentlichen Unterschied zwischen dem Arbeitsbereich unter Windows und unter Mac OS: Unter Windows wird Photoshop stets in einem einzigen Fenster dargestellt. Unter Mac OS können Sie wählen, ob Sie Photoshop in einem Anwendungsrahmen ausführen möchten, der die Programmfenster und Bedienfelder enthält. Der Rahmen setzt sich von den anderen eventuell geöffneten Programmfenstern ab – allein die Menüleiste befindet sich außerhalb des Rahmens. Der Anwendungsrahmen ist standardmäßig aktiviert. Wählen Sie **Fenster: Anwendungsrahmen**, um diese Funktion zu deaktivieren.

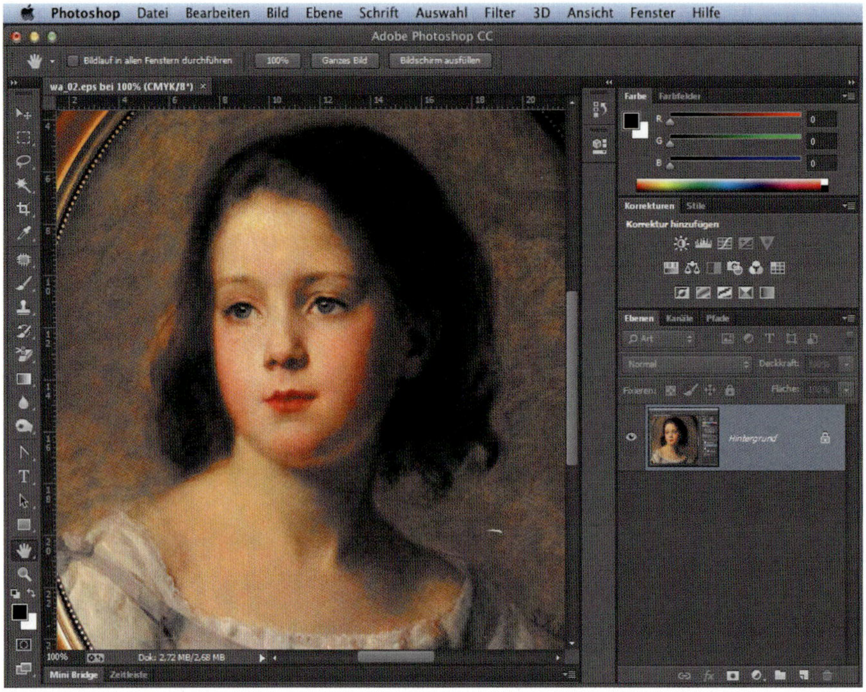

Unter Mac OS hält der Anwendungsrahmen Bilder, Bedienfelder und Anwendungsleiste zusammen.

3 Wählen Sie **Datei: Öffnen** und öffnen Sie den Ordner *Lektionen/Lektion01*, den Sie von der Buch-DVD auf Ihre Festplatte kopiert haben. (Falls Sie die Dateien noch nicht heruntergeladen haben, sehen Sie im Abschnitt »Die Lektionsdateien herunterladen« auf Seite 3 nach.)

4 Wählen Sie die Datei *01_End.psd* und klicken Sie auf »Öffnen«. Klicken Sie auf OK, wenn das Dialogfeld »Abweichung vom eingebetteten Profil« angezeigt wird.

Die Datei *01A_End.psd* öffnet sich im eigenen Fenster, dem Dokument- bzw. Bildfenster. Die End-Dateien in diesem Buch zeigen Ihnen, was Sie in den einzelnen Projekten erreichen sollten. In dieser Datei stellen Sie das Layout für ein Buch-Cover fertig.

5 Wählen Sie **Datei: Schließen** oder klicken Sie ins Schließfeld in der Titelleiste des Fensters mit dem Foto. (Klicken Sie nicht ins Schließfeld für Photoshop.)

Eine Datei mit Adobe Bridge öffnen

Sie arbeiten in jeder Lektion mit anderen Startdateien. Sie können sich diese Dateien kopieren und unter einem anderen Namen oder an einem anderen Ort speichern, um wieder auf die unveränderten Dateien zuzugreifen. Oder Sie arbeiten mit den Original-Startdateien und kopieren sie bei Bedarf neu von der DVD auf Ihre Festplatte.

Sie haben bereits die klassische Methode zum Öffnen von Dateien kennengelernt. Jetzt öffnen Sie eine andere Datei mit dem Dateibrowser bzw. der Steuerzentrale Adobe Bridge, die das Auffinden benötigter Bilddateien extrem vereinfacht.

1 Wählen Sie **Datei: In Bridge suchen**.

Die geöffnete Adobe Bridge zeigt diverse Bedienfelder, Menüs, Schaltflächen und Fenster.

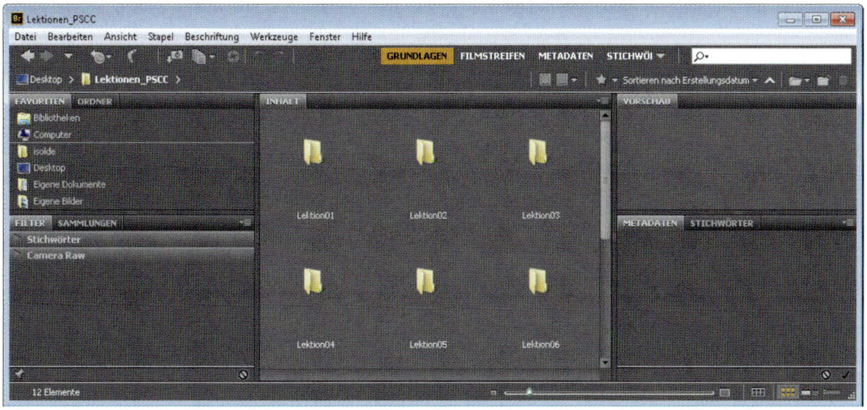

Hinweis: Sollte Bridge nicht installiert sein, werden Sie aufgefordert, das Programm zu installieren, sobald Sie »In Bridge suchen« wählen. Weitere Informationen finden Sie auf Seite 3.

2 Suchen Sie im Ordner-Fenster oben links den Ordner *Lektionen*, den Sie auf Ihre Festplatte heruntergeladen haben. Der Ordner erscheint im INHALT-Fenster.

3 Wählen Sie den Ordner *Lektionen* und dann den Befehl **Datei: Zu Favoriten hinzufügen**.

Fügen Sie Dateien, Ordner, Programmsymbole und andere häufig verwendete Elemente dem FAVORITEN-Fenster hinzu, um schnell darauf zuzugreifen.

4 Klicken Sie auf das Favoriten-Register, um das Fenster zu öffnen, und (nachdem Sie die Abweichungen vom eingebetteten Profil mit OK bestätigt haben) auf den Ordner *Lektionen*, um ihn zu öffnen. Doppelklicken Sie dann im INHALT-Fenster auf den Ordner *Lektion01*.

Sie sehen jetzt Vorschau-Miniaturen des Ordnerinhalts im zentralen INHALT-Fenster von Adobe Bridge.

5 Wählen Sie die Datei *01A_Start.psd* im INHALT-Fenster und öffnen Sie sie durch Doppelklicken auf die entsprechende Miniatur. Oder wählen Sie in der Bridge-Menüleiste den Befehl **Datei: Öffnen**.

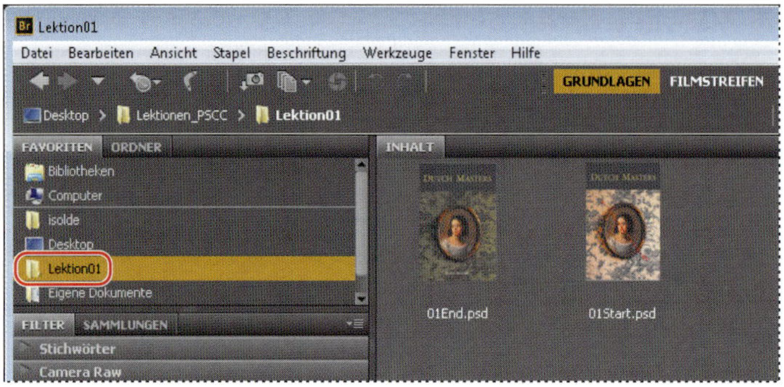

Das Bild *01A_Start.psd* öffnet sich in Photoshop. Sie können die Bridge geöffnet lassen, sie aber auch schließen, weil Sie sie in dieser Lektion nicht mehr benötigen werden.

Die Werkzeuge verwenden

Hinweis: Eine vollständige Liste der Werkzeuge im Werkzeugbedienfeld finden Sie im Anhang »Übersicht des Werkzeugbedienfelds«.

Photoshop bietet leistungsstarke Werkzeuge zur Produktion anspruchsvoller Grafiken für den Druck, die Online- und die mobile Betrachtung. Die vollständige Auflistung und Beschreibung der einzelnen Photoshop-Werkzeuge und deren Einstellungen füllen schnell ein eigenes Buch. Auch wenn das sicherlich ein nützliches Nachschlagewerk wäre, verfolgt das vorliegende Buch andere Ziele. Sie sammeln Erfahrung, indem Sie einige Werkzeuge im Rahmen von Beispielprojekten konfigurieren und dann damit arbeiten. Mit jeder Lektion lernen Sie weitere Werkzeuge und Möglichkeiten kennen, sie zu benutzen. Wenn Sie alle Lektionen dieses Buchs abgeschlossen haben, verfügen Sie über eine solide Basis für die weitere Arbeit mit den Photoshop-Werkzeugen.

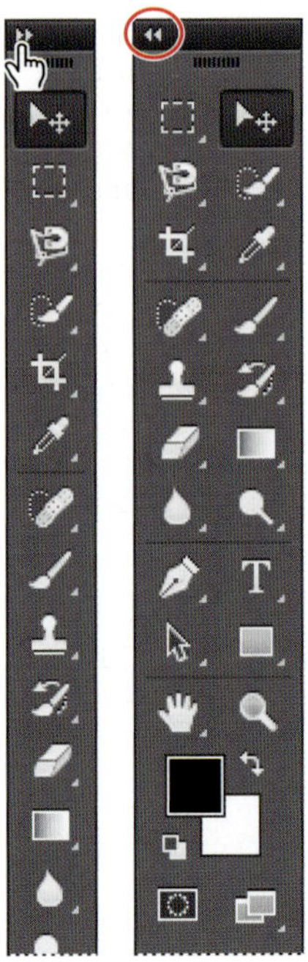

Werkzeuge im Werkzeugbedienfeld wählen und benutzen

Das Werkzeugbedienfeld – die lange schmale Palette ganz links im Arbeitsbereich – enthält Werkzeuge zur Auswahl, zum Malen und Bearbeiten, Auswahlfelder für Vorder- und Hintergrundfarbe sowie Werkzeuge für die Ansicht. In Photoshop Extended umfasst das Werkzeugbedienfeld auch die 3D-Werkzeuge.

Sie beginnen mit dem Zoom-Werkzeug, das es auch in vielen anderen Programmen wie Illustrator, InDesign und Acrobat gibt.

1 Klicken Sie auf den Doppelpfeil über dem Werkzeugbedienfeld für eine zweispaltige Ansicht des Werkzeugbedienfelds. Klicken Sie erneut auf den Doppelpfeil für die einspaltige Darstellung und eine damit verbundene effizientere Nutzung der Bildschirmfläche.

2 Prüfen Sie die Statusleiste unten im Arbeitsbereich (Windows) oder im Bildfenster (Mac OS) und achten Sie auf den links aufgeführten Prozentwert. Der Wert steht für die aktuelle Vergrößerung der Bildansicht.

3 Setzen Sie den Zeiger im Werkzeugbedienfeld über das kleine Lupensymbol und lassen Sie ihn dort, bis die QuickInfo mit dem Werkzeugnamen (Zoom-Werkzeug) und dem Tastaturbefehl für das Werkzeug (Z) erscheint.

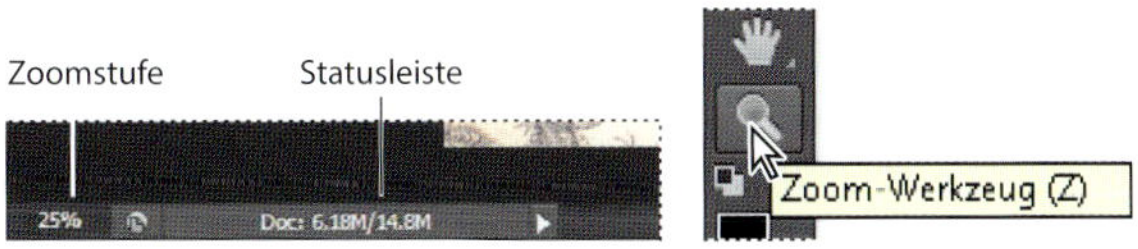

4 Klicken Sie auf das Zoom-Werkzeug (🔍) im Werkzeugbedienfeld oder drücken Sie die Taste [Z], um dieses Werkzeug zu wählen.

5 Setzen Sie den Zeiger in das Bildfenster. Der Zeiger verwandelt sich in ein Vergrößerungsglas (🔍) mit einem Pluszeichen in der Mitte.

6 Klicken Sie irgendwo im Bildfenster.

Das Bild vergrößert sich auf eine voreingestellte Prozentstufe, die den vorherigen Wert in der Statusleiste ersetzt. Die Stelle, an der Sie mit dem Zoom-Werkzeug geklickt haben, wird zur Mitte der vergrößerten Ansicht. Wenn Sie erneut klicken, wird das Bild auf den nächsthöheren (voreingestellten) Prozentwert bis maximal 3200 % vergrößert.

7 Halten Sie die [Alt]- (Windows) bzw. [⌥]-Taste (Mac OS) gedrückt, damit der Zeiger des Zoom-Werkzeugs mit einem Minuszeichen in der Mitte des Vergrößerungsglases (🔍) erscheint. Klicken Sie irgendwo im Bild und lassen Sie dann die [Alt]- bzw. [⌥]-Taste los.

Die Bildansicht ist auf den nächstniedrigeren Wert verkleinert – Sie sehen nun mehr vom Bild, aber weniger Details.

8 Ist in der Optionsleiste die Option »Dynamischer Zoom« aktiviert, klicken Sie irgendwo im Bild und ziehen Sie das Zoom-Werkzeug nach rechts – das Bild wird größer. Ziehen Sie das Zoom-Werkzeug nach links, um zu verkleinern.

Mit gewählter Option »Dynamischer Zoom« lässt sich das Zoom-Werkzeug zum Ein- oder Auszoomen über das Bild ziehen. Die Option »Dynamischer Zoom« ist nur verfügbar, wenn in den Photoshop-Voreinstellungen im Leistung-Bedienfeld die Option »Grafikprozessor« aktiviert ist. Wählen Sie **Bearbeiten: Voreinstellungen: Leistung** bzw. **Photoshop: Voreinstellungen: Leistung**, um das Dialogfeld zu öffnen.

9 Deaktivieren Sie »Dynamischer Zoom« in der Optionsleiste, sofern die Option gewählt ist. Ziehen Sie mit dem Zoom-Werkzeug den Bildbereich mit dem ovalen Gemälde auf die roten Kreuze.

Hinweis: Es gibt noch andere Möglichkeiten für das Vergrößern oder Verkleinern. Wählen Sie in der Optionsleiste für das Zoom-Werkzeug den Modus »Einzoomen« bzw. »Auszoomen«. Oder wählen Sie den Befehl **Ansicht: Einzoomen** bzw. **Ansicht: Auszoomen**. Sie können aber auch einen anderen Prozentwert in der Statusleiste eingeben und die [↵]-Taste drücken.

Das Bild wird so vergrößert, dass der ausgewählte Bereich das Bildfenster komplett füllt. Sie haben jetzt drei verschiedene Möglichkeiten ausprobiert, um mit dem Zoom-Werkzeug die Vergrößerungsstufe im Bildfenster zu ändern: Klicken, Drücken eines Tastaturbefehls während des Klickens und Ziehen für den Vergrößerungsbereich. Viele andere Werkzeuge im Werkzeugbedienfeld lassen sich ebenfalls zusammen mit Tastenkombinationen benutzen. Diese Techniken lernen Sie noch im weiteren Verlauf dieses Buchs kennen.

Verborgene Werkzeuge wählen und benutzen

Photoshop verfügt über viele Werkzeuge für die Bearbeitung von Bilddateien, von denen Sie aber nur wenige gleichzeitig benötigen. Einige Werkzeuge sind im Werkzeugbedienfeld zu Gruppen zusammengefasst, wobei von jeder Gruppe nur ein Werkzeug zu sehen ist. Hinter diesem Werkzeug sind die anderen Werkzeuge der Gruppe verborgen.

Ein kleines Dreieck in der unteren rechten Ecke einer Werkzeugschaltfläche weist darauf hin, dass sich unter diesem Werkzeug noch mindestens ein weiteres Werkzeug verbirgt.

1 Setzen Sie den Zeiger auf das Werkzeug oben links im Werkzeugbedienfeld und warten Sie, bis die QuickInfo mit dem Hinweis »Auswahlrechteck-Werkzeug« (⬚) und dem Tastaturbefehl M erscheint. Klicken Sie anschließend auf dieses Werkzeug.

2 Wählen Sie das Auswahlellipse-Werkzeug (◯), das unter dem Auswahlrechteck-Werkzeug verborgen ist, mit einer dieser Methoden:

- Halten Sie die Maustaste über dem Auswahlrechteck-Werkzeug gedrückt, um die Liste mit den verborgenen Werkzeugen zu öffnen. Wählen Sie das Auswahlellipse-Werkzeug.

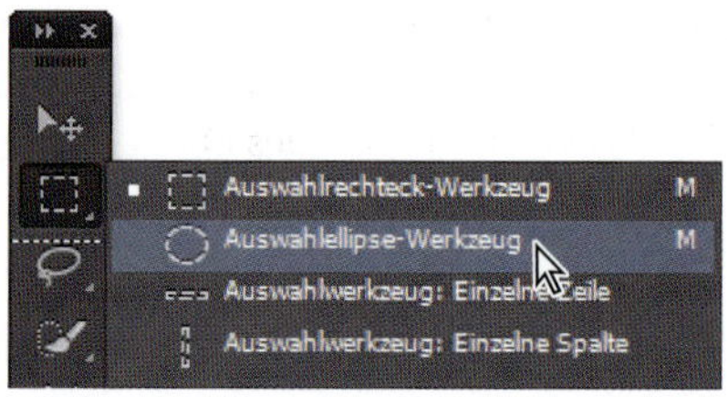

- Halten Sie die Alt- (Windows) bzw. ⌥-Taste (Mac OS) gedrückt und klicken Sie auf das Werkzeug im Werkzeugbedienfeld, um nacheinander die verborgenen Werkzeuge anzuzeigen und das gewünschte Werkzeug zu wählen.
- Drücken Sie ⇧+M, um zwischen dem Auswahlrechteck-Werkzeug und dem Auswahlellipse-Werkzeug umzuschalten.

3 Bewegen Sie den Zeiger in das Bildfenster, damit er das Fadenkreuzsymbol (+) annimmt. Setzen Sie den Zeiger auf die roten Kreuze über und links vom Porträt.

4 Klicken Sie auf das linke obere rote Kreuz und ziehen Sie den Zeiger nach unten und nach rechts zum unteren roten Kreuz, um eine Ellipse um den Rahmen zu ziehen. Lassen Sie anschließend die Maustaste los.

Die animierte unterbrochene Linie zeigt an, dass der innere Bereich gewählt ist. Sobald Sie einen Bereich wählen, ist dies der einzige Bildbereich, der sich bearbeiten lässt. Der Bereich außerhalb der Auswahl ist geschützt.

In Lektion 3, »Auswahlbereiche«, lernen Sie andere Möglichkeiten für eine Auswahl und das Bewegen einer Auswahl kennen.

Einen ausgewählten Bereich ändern

In den meisten Fällen möchten Sie den Bereich innerhalb der Auswahl ändern. In diesem Projekt ändern Sie jedoch die Farbe der Tapete, ohne dabei das Gemälde zu beeinflussen. Dazu kehren Sie die Auswahl einfach um, sodass alles *außer* dem Gemälde im Bild ausgewählt ist.

1 Wählen Sie **Auswahl: Auswahl umkehren**.

Ausgewählter (bearbeitbarer) Bereich

Nicht ausgewählter (geschützter) Bereich

Die Auswahlbegrenzung um den ovalen Bildrahmen sieht zwar so aus wie vorher, Sie können jedoch eine ähnliche Begrenzung an den Bildrändern erkennen. Das übrige Bild ist jetzt gewählt und lässt sich somit bearbeiten. Der Bereich innerhalb des Ovals ist dagegen nicht mehr gewählt und lässt sich auch so lange nicht ändern, wie die Auswahl aktiviert ist.

▶ **Tipp:** Den entsprechenden Tastaturbefehl finden Sie im Menü »Auswahl« beim Befehl »Auswahl umkehren«: Strg+⇧+I (Windows) bzw. ⌥+⇧+I (Mac OS).

2 Klicken Sie im Korrekturenbedienfeld auf das *Farbton/Sättigung*-Symbol, um eine *Farbton/Sättigung*-Einstellungsebene hinzuzufügen. »Farbton/Sättigung«-Optionen öffnen sich im Eigenschaftenbedienfeld.

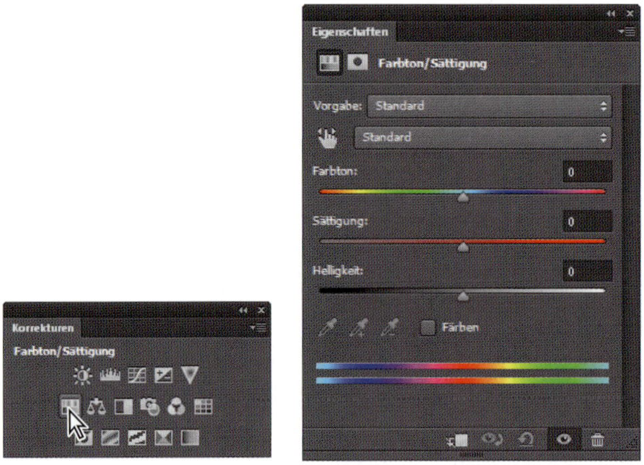

3 Im Eigenschaftenbedienfeld aktivieren Sie »Färben«. Ändern Sie den Farbtonwert auf **200**, um die Farbe im ausgewählten Bereich zu ändern.

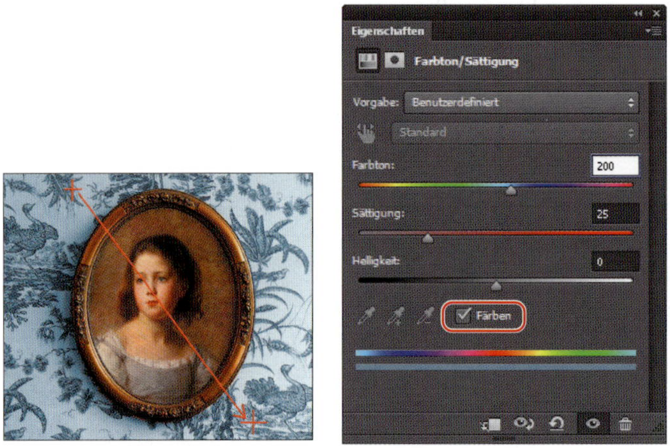

Die Tapete nimmt verschiedene Blautöne an.

4 Klicken Sie im Ebenenbedienfeld auf das Augensymbol neben »Selection Guide Layer«, um die roten Hilfslinien zu verbergen. (Falls das Ebenenbedienfeld nicht geöffnet ist, klicken Sie auf sein Register oder wählen Sie **Fenster: Ebenen**.)

Die Arbeit mit Ebenen ist eine der grundlegendsten und leistungsfähigsten Photoshop-Funktionen. Es gibt in Photoshop viele Arten von Ebenen, beispielsweise für Bilder, Text oder Farbe, und andere, die einfach mit den darunterliegenden Ebenen interagieren. Mehr über Ebenen erfahren Sie in Lektion 4, »Ebenen« und Lektion 9, »Spezialeffekte«.

5 Betrachten Sie im Ebenenbedienfeld die Farbton/Sättigung-Einstellungsebene.

Mit Einstellungsebenen können Sie verschiedene Änderungen an Ihrem Bild vornehmen, beispielsweise die Farbe der Tapete ändern, ohne dabei die tatsächlichen Pixel zu ändern. Weil Sie eine Einstellungsebene verwendet haben, können Sie jederzeit zum Originalbild zurückkehren, indem Sie die Einstellungsebene ausblenden. Außerdem können Sie die Einstellungsebene jederzeit bearbeiten. In verschiedenen Lektionen dieses Buchs arbeiten Sie mit Einstellungsebenen.

6 Wählen Sie **Datei: Speichern unter**, benennen Sie die Datei **01Working.psd** und klicken Sie auf OK oder »Speichern«.

7 Klicken Sie im Dialogfeld »Photoshop Formatoptionen« auf OK.

Sie haben soeben Ihre erste Aufgabe in Photoshop erfolgreich abgeschlossen. Die Tapete passt jetzt zum blauen Balken des Buchumschlags. Weiter hinten in dieser Lektion nehmen Sie eine weitere Farbänderung vor. Zuerst fügen Sie aber den Namen der Autorin hinzu.

Zoomen und Scrollen mit dem Navigatorbedienfeld

Das Navigatorbedienfeld ist eine weitere schnelle Methode zum Ändern der Vergrößerungsstufe, besonders wenn der genaue Prozentwert unwichtig ist. Außerdem ermöglicht das Navigatorbedienfeld ein schnelles Scrollen im Bild, da die Miniatur das komplette Bild zeigt und Sie in ihm den im Bildfenster anzuzeigenden Bildteil bestimmen. Wählen Sie »Fenster: Navigator«, um das Navigatorbedienfeld zu öffnen.

Sobald Sie im Navigatorbedienfeld den Regler unter der Miniatur nach rechts ziehen, vergrößern Sie das Bild. Ziehen Sie nach links, verkleinert sich die Ansicht im Bildfenster.

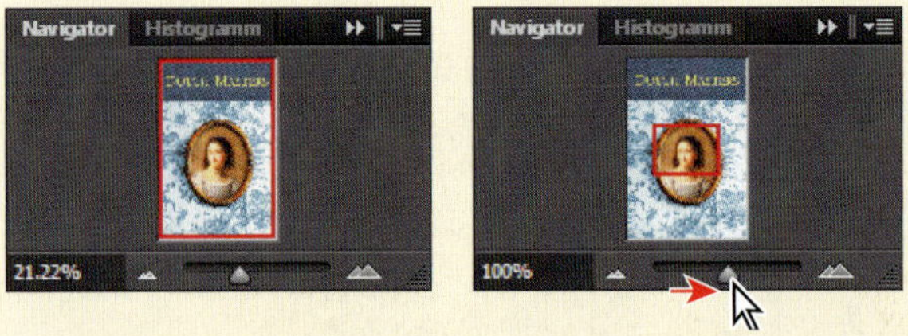

Das rote Rechteck (Ansichtsrahmen) repräsentiert den Bildbereich, der im Bildfenster erscheint. Wenn Sie so weit einzoomen, dass im Bildfenster nur noch ein Teil des Bilds zu sehen ist, können Sie den Ansichtsrahmen über die Miniatur ziehen, um andere Bildbereiche anzuzeigen. Auf diese Weise arbeiten Sie besonders bei hohen Vergrößerungsgraden immer im gewünschten Bildbereich.

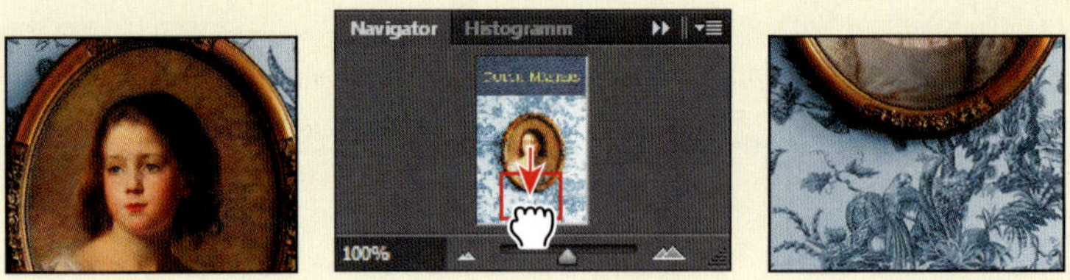

Werkzeugeigenschaften definieren

Beim Auswählen des Zoom-Werkzeugs im vorigen Projekt haben Sie gesehen, dass Sie über die Optionsleiste die Ansicht des aktuellen Dokumentfensters ändern können. Jetzt erfahren Sie mehr über die Werkzeugeigenschaften, die Sie über das Kontextmenü, die Optionsleiste, Bedienfelder und Bedienfeldmenüs einstellen können. Alle diese Methoden nutzen Sie zur Gestaltung eines farbigen Balkens mit dem Namen der Autorin.

Kontextmenüs benutzen

Kontextmenüs sind kurze Menüs für bestimmte Elemente im Arbeitsbereich. Diese Menüs werden manchmal auch als »Rechts-Klick«- oder »Kurz«-Menüs bezeichnet. Die Befehle von Kontextmenüs sind zwar normalerweise auch in anderen Bereichen der Bedienerschnittstelle verfügbar, Sie sparen durch die Kontextmenüs allerdings viel Zeit.

1 Wählen Sie im Ebenenbedienfeld die Ebene Header Bar aus, um sie zu aktivieren.

2 Wählen Sie im Werkzeugbedienfeld das Pipettewerkzeug ( ) und klicken Sie in den ovalen Rahmen, um eine braune Farbe aufzunehmen.

Diese Farbe verwenden Sie, um einen farbigen Balken für den Namen der Autorin zu gestalten.

3 Wählen Sie das Zoom-Werkzeug ( ) aus und vergrößern Sie den Bereich unter dem blauen Titelbalken.

4 Wählen Sie das Auswahlrechteck-Werkzeug ( ) aus. Es verbirgt sich unter dem Auswahlellipse-Werkzeug ( ). Dann wählen Sie einen rechteckigen Bereich, der den blauen Titelbalken und die Tapete darunter überlappt.

5 Wählen Sie das Pinsel-Werkzeug ( ) im Werkzeugbedienfeld.

6 Klicken Sie im Bildfenster mit der rechten Maustaste irgendwo im Bild, um das Kontextmenü für das Pinsel-Werkzeug zu öffnen.

Kontextmenüs variieren natürlich je nach Inhalt – Sie sehen also vielleicht ein Menü mit Befehlen oder aber Optionen, die ähnlich einem Bedienfeld angeordnet sind, wie es hier der Fall ist.

7 Wählen Sie den ersten Pinsel (Rund weich) und ändern Sie die Größe auf **65** Pixel.

Hinweis: Ein Klick an beliebiger Stelle im Arbeitsbereich schließt das Kontextmenü.

8 Übermalen Sie den ausgewählten Bereich vollständig. Sie müssen nicht innerhalb der Auswahl malen; beim Malen bleiben die Bereiche außerhalb der Auswahl grundsätzlich unverändert.

9 Sobald der Balken eingefärbt ist, wählen Sie **Auswahl: Auswahl aufheben**, sodass nichts mehr ausgewählt ist.

▶ **Tipp:** Bei den meisten numerischen Einstellungen in der Optionsleiste, in Bedien- und Dialogfeldern können Sie den Mauszeiger auf den Feldbeschriftungen platzieren, um den Mauszeiger als Hand mit einem Doppelpfeil anzuzeigen. Wenn Sie dann nach rechts ziehen, erhöhen Sie den Wert, wenn Sie nach links ziehen, verringern sie ihn. Wenn Sie mit gedrückter Alt-Taste (Windows) bzw. ⌥-Taste (Mac OS) ziehen, verändern Sie die Werte in kleineren Schritten; wenn Sie mit gedrückter ⇧-Taste ziehen, werden die Schritte größer.

Werkzeugeigenschaften in der Optionsleiste einstellen

Sie wählen jetzt mithilfe der Optionsleiste die Eigenschaften für den Text und tippen anschließend den Namen der Autorin ein.

1 Wählen Sie im Werkzeugbedienfeld das horizontale Text-Werkzeug (T).

Die Schaltflächen und das Menü in der Optionsleiste beziehen sich jetzt auf das Text-Werkzeug.

2 Wählen Sie in der Optionsleiste aus dem ersten Popup-Menü die gewünschte Schriftart bzw. Schriftfamilie. (Wir haben Myriad Pro verwendet, Sie können aber auch eine andere Schriftart wählen.)

3 Wählen Sie den Schriftgrad (die Schriftgröße) **15 pt.**

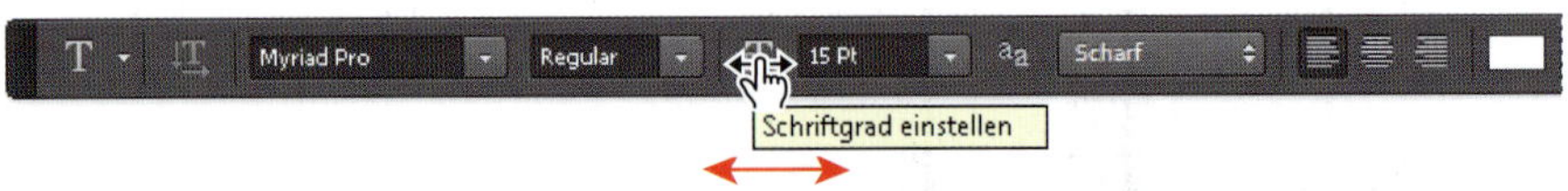

Die Größe geben Sie im Popup-Menü direkt in das Textfeld ein und drücken die ↵-Taste oder Sie ziehen (scrubben) mit gedrückter Maustaste in der Optionsleiste über dem Textsymbol nach rechts. Alternativ wählen Sie eine Standardschriftgröße aus dem Popup-Menü »Schriftgröße«.

4 Klicken Sie in den linken Bildbereich und tippen Sie den Text **Elaine Gruenke** ein.

Der Text erscheint in derselben Farbe wie der Balken, auf dem Sie ihn eingegeben haben. Das ändern Sie als Nächstes.

Bedienfelder und Bedienfeldmenüs

Die Textfarbe in Ihrem Bild entspricht der Farbe im Feld »Vordergrundfarbe« im Werkzeugbedienfeld, also dem Braun, das Sie zum Malen des Balkens verwendet haben. Die standardmäßige Farbe ist Schwarz. Sie ändern jetzt die Textfarbe, indem Sie erst den Text und dann eine andere Farbe wählen.

1 Wählen Sie im Werkzeugbedienfeld das horizontale Text-Werkzeug (T).

2 Ziehen Sie das Text-Werkzeug über den Text, um den Vor- und Nachnamen auszuwählen.

3 Klicken Sie auf das Register »Farbfelder«, um dieses Bedienfeld zu aktivieren, falls es noch nicht sichtbar ist.

4 Wählen Sie ein Farbfeld mit einer hellen Farbe.

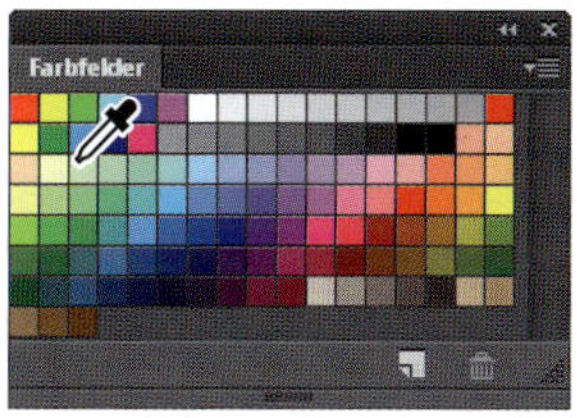

Diese Farbe wird an drei verschiedenen Stellen gezeigt: als Vordergrundfarbe im Werkzeugbedienfeld, im Text-Farbfeld in der Optionsleiste und im Text, den Sie im Bildfenster ausgewählt haben.

5 Wählen Sie im Werkzeugbedienfeld ein anderes Werkzeug, beispielsweise das Verschieben-Werkzeug (▸+), um den Text abzuwählen, sodass Sie die zugewiesene Farbe sehen.

So einfach lässt sich eine andere Farbe wählen, obwohl es noch viele andere Methoden in Photoshop gibt. Allerdings verwenden Sie eine bestimmte Farbe für dieses Projekt und diese lässt sich schneller finden, wenn Sie die Darstellung des Farbfelderbedienfelds ändern.

6 Klicken Sie auf die Menü-Schaltfläche (▾≡) im Farbfelderbedienfeld, um das Bedienfeldmenü zu öffnen, und wählen Sie den Befehl »Kleine Liste«.

7 Wählen Sie das (horizontale) Text-Werkzeug und dann erneut den Text (siehe Schritte 1 und 2).

8 Scrollen Sie im Farbfelderbedienfeld nach unten, um das Farbfeld »Reines Blau« anzuzeigen. Wählen Sie dieses Farbfeld.

Der Text erscheint in der blauen Farbe.

● **Hinweis:** Sie können das Verschieben-Werkzeug nicht über das Tastenkürzel V wählen, weil Sie sich im Texteingabemodus befinden. Wenn Sie jetzt ein V eingeben würden, würde dieser Buchstabe im Dokumentfenster erscheinen.

9 Wählen Sie das Verschieben-Werkzeug und ziehen Sie den Namen in die Mitte des braunen Balkens. Klicken Sie anschließend im Werkzeugbedienfeld auf das Symbol »Standardfarben für Vordergrund und Hintergrund«, um Schwarz als aktive Vordergrundfarbe einzustellen.

Ein Wiederherstellen der standardmäßigen Vorder- und Hintergrundfarben ändert die Textfarbe nicht, da Sie den Text abgewählt haben.

Aktionen in Photoshop widerrufen

Natürlich machen Sie nie Fehler. Und Sie klicken schon gar nicht auf ein falsches Element. Sie wissen genau, wie Sie Ihre Gestaltungsideen exakt umsetzen, wie Sie es sich vorgestellt haben – ach, wenn es doch immer so wäre!

Deshalb bietet Photoshop Ihnen die Möglichkeit, jederzeit zurückzugehen, Aktionen zu widerrufen und stattdessen andere Optionen auszuprobieren. Das nächste Projekt bietet Ihnen die Gelegenheit, frei zu experimentieren und dann den jeweiligen Prozess rückgängig zu machen.

Eine einzelne Aktion widerrufen

Selbst Computeranfänger eignen sich schnell den Rückgängig- bzw. Schritt-zurück-Befehl an. Sie verwenden ihn, um einen Arbeitsschritt zu widerrufen und dann noch weitere Arbeitsschritte zurückzunehmen.

1 Wählen Sie **Bearbeiten: Rückgängig** oder drücken Sie Strg+Z (Windows) oder ⌘+Z (Mac OS), um die letzte Aktion zu widerrufen.

Der Name befindet sich wieder an seiner ursprünglichen Position.

2 Wählen Sie **Bearbeiten: Wiederholen** oder drücken Sie Strg+Z (Windows) oder ⌘+Z (Mac OS), um den Namen wieder zu zentrieren.

Rückgängig nimmt den letzten Schritt zurück.

Wiederholen stellt den zurückgenommenen Schritt wieder her.

Der Rückgängig-Befehl in Photoshop widerruft nur einen Schritt. Das ist durchaus sinnvoll, da Photoshop-Dateien sehr groß sein können und ein Zwischenspeichern vieler Rückgängig-Schritte äußerst speicherintensiv ist. Und das wiederum verringert die Systemleistung bzw. Verarbeitungsgeschwindigkeit von Photoshop. Wenn Sie erneut Strg+Z oder ⌘+Z drücken, stellt Photoshop den ursprünglich zurückgenommenen Schritt wieder her.

3 Wählen Sie **Bearbeiten: Schritt zurück** oder drücken Sie Strg+Alt+Z (Windows) oder ⌘+⌥+Z (Mac OS), um einen Schritt zurückzugehen. Der Name springt wieder an seine ursprüngliche Position.

4 Wiederholen Sie Schritt 3. Die Farbe ändert sich entsprechend dem zuerst von Ihnen gewählten Farbfeld.

● **Hinweis:** Der Befehl **Rückgängig** ist nicht mehr verfügbar, wenn Sie Ihre Änderungen bereits gespeichert haben. Sie können dann aber trotzdem den Befehl **Schritt zurück** sowie das Protokollbedienfeld nutzen – es sei denn, Sie haben Ihr Projekt inzwischen geschlossen und wieder geöffnet.

Mehrere Aktionen rückgängig machen

Zwar könnten Sie den Befehl **Schritt zurück** nutzen, um mehrere Schritte nacheinander rückgängig zu machen; es ist jedoch schneller und einfacher, mehrere Aktionen über das Protokollbedienfeld zu widerrufen.

1 Wählen Sie **Fenster: Protokoll**, um das Protokollbedienfeld zu öffnen. Ziehen Sie eine Ecke des Protokollbedienfelds, damit mehr Schritte angezeigt werden.

Das Protokollbedienfeld zeichnet die im Bild ausgeführten Aktionen auf. Der aktuelle Status ist unten in der Liste gewählt. Weil Sie bereits mehrere Schritte zurückgenommen haben, gibt es am Ende der Liste ausgeblendete Schritte.

▶ **Tipp:** Standardmäßig merkt sich das Protokollbedienfeld nur die letzten 20 Aktionen. Sie können die Anzahl der Schritte im Protokollbedienfeld ändern, indem Sie **Bearbeiten: Voreinstellungen: Leistung** (Windows) oder **Photoshop: Voreinstellungen: Leistung** (Mac OS) wählen und einen anderen Wert in das Feld »Protokollobjekte« eingeben.

2 Wählen Sie »Verschieben«, den letzten Schritt im Protokollbedienfeld.

Die von Ihnen rückgängig gemachten Schritte werden wiederhergestellt. Der Name hat seine endgültige Farbe zurückerhalten und er ist auf dem braunen Balken zentriert. Allerdings sieht der Buchumschlag besser aus, wenn der Name des Autors weiß dargestellt wird. Deshalb entfernen Sie die braune Leiste und den aktuellen Text.

3 Wählen Sie im Protokollbedienfeld den Schritt »Farbton-/Sättigung-Ebene verändern«.

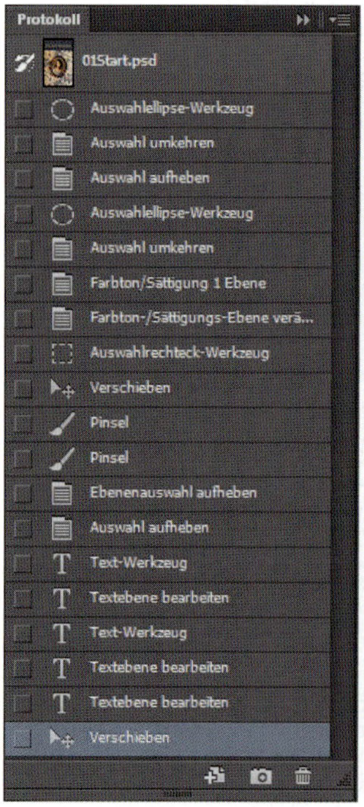

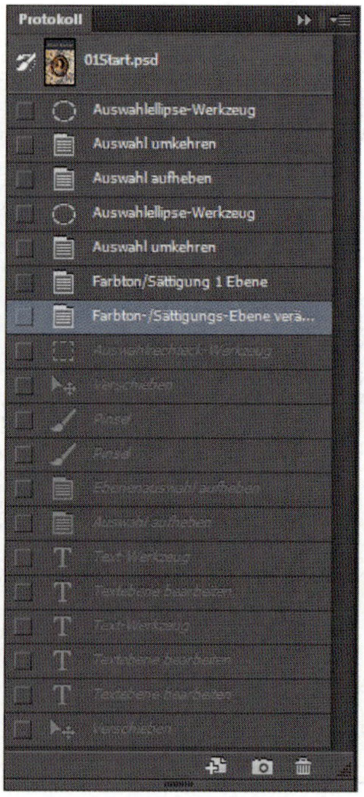

Der braune Balken und der Name des Autors verschwinden aus dem Dokumentfenster. Alle Schritte unter dem von Ihnen angeklickten Schritt sind im Protokollbedienfeld ausgegraut. Sie können beliebige Schritte anklicken, um zu diesem Bearbeitungszustand zurückzukehren. Sobald Sie jedoch eine neue Aktion ausführen, löscht Photoshop alle ausgegrauten Schritte.

4 Doppelklicken Sie im Ebenenbedienfeld auf die Ebenenminiatur der Farbton/Sättigung-Einstellungsebene (die linke Miniatur), um die Farbton/Sättigung-Einstellungen im Eigenschaftenbedienfeld anzuzeigen.

5 Im Eigenschaftenbedienfeld geben Sie die folgenden Werte ein, um der Tapete Grüntöne zuzuweisen:

- Farbton: **53**
- Sättigung: **44**
- Helligkeit: **-56**

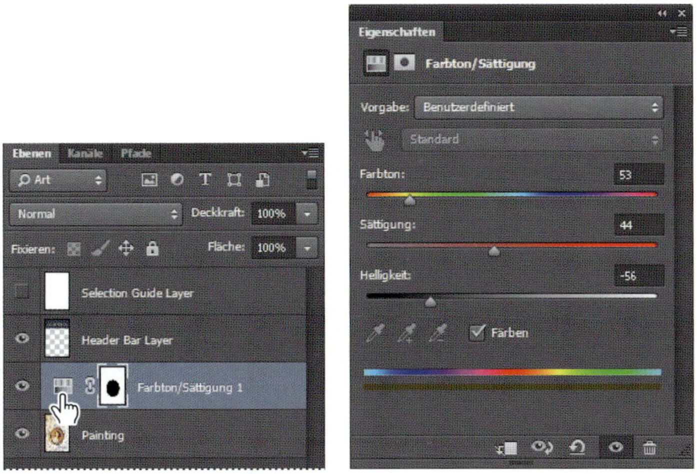

6 Öffnen Sie das Protokollbedienfeld erneut, indem Sie **Fenster: Protokoll** wählen oder auf das Symbol *Protokollbedienfeld* () klicken.

Beachten Sie, dass die ausgegrauten Aktionen, die nach dem ausgewählten Protokollzustand angezeigt wurden, aus dem Protokollbedienfeld verschwunden sind. Stattdessen ist eine neue Aktion erschienen.

7 Wählen Sie im Ebenenbedienfeld die *Header Bar*-Ebene aus.

Auf dieser Ebene sind alle Elemente außer dem Gemälde enthalten. Sie fügen nun Text hinzu.

8 Wählen Sie im Werkzeugbedienfeld das Horizontaler-Text-Werkzeug (T) aus.

9 Wählen Sie **Fenster: Zeichen**, um das Zeichenbedienfeld zu öffnen. Anschließend wählen Sie eine Schriftart (wir haben uns für Myriad Pro entschieden) und wählen Sie **15** pt für die Schriftgröße. Klicken Sie auf das Farbfeld, wählen Sie im Farbwähler Weiß und klicken Sie auf OK. Zum Schluss aktivieren Sie »Großbuchstaben« (**TT**).

In dieser Optionsleiste sind zahlreiche Schrifteinstellungen verfügbar. Das Zeichenbedienfeld enthält aber noch weitere Einstellungsmöglichkeiten.

10 Klicken Sie mit dem Text-Werkzeug unter das Buchcover und geben Sie **Elaine Gruenke** ein.

11 Wählen Sie das Verschieben-Werkzeug und positionieren Sie den Text so, dass er unter dem Gemälde zentriert erscheint.

12 Wählen Sie **Datei: Speichern**.

Glückwunsch! Ihr erstes Photoshop-Projekt ist fertig.

Mehr über Bedienfelder und Bedienfeldpositionen

Die zahlreichen Bedienfelder in Photoshop sind vielseitig und mächtig. Allerdings arbeiten Sie kaum an Objekten, bei denen Sie alle Bedienfelder gleichzeitig benötigen. Deshalb sind sie gruppiert und in der standardmäßigen Voreinstellung teilweise auch noch nicht geöffnet.

Die vollständige Auflistung der Bedienfelder finden Sie im Fenster-Menü. Kleine Häkchen neben den Bedienfeldnamen weisen darauf hin, dass die entsprechenden Bedienfelder geöffnet und in den Bedienfeldgruppen ganz vorne zu sehen sind. Sie können ein Bedienfeld öffnen oder schließen, indem Sie im Fenster-Menü seinen Namen wählen.

Durch Drücken der ⇆-Taste lassen sich alle Bedienfelder auf einmal ausblenden, auch die Optionsleiste und das Werkzeugbedienfeld. Um die Bedienfelder wieder anzuzeigen, drücken Sie erneut die ⇆-Taste.

Sie haben bereits den Bedienfeldraum benutzt, als Sie die Ebenen- und Farbfelderbedienfelder geöffnet hatten. Sie können Bedienfelder sowohl in den Bedienfeldraum hinein- als auch wieder herausziehen. Das ist besonders nützlich bei umfangreichen Bedienfeldern oder solchen, die Sie nur gelegentlich nutzen, aber dennoch im Zugriff haben wollen.

Hinweis: Sie erkennen ausgeblendete Bedienfelder an dem dünnen, halbtransparenten Streifen am Dokumentrand. Sobald Sie den Mauszeiger auf den Streifen bewegen, zeigt Photoshop den Inhalt an.

Um Bedienfelder anzuordnen, gibt es außerdem folgende Optionen:

- Um eine komplette Bedienfeldgruppe zu verschieben, ziehen Sie die Titelleiste an eine andere Stelle des Arbeitsbereichs.
- Um ein Bedienfeld in eine andere Gruppe zu verschieben, ziehen Sie sein Register in die gewünschte Gruppe. Sobald hier eine blaue Hervorhebung erscheint, lassen Sie die Maustaste los.

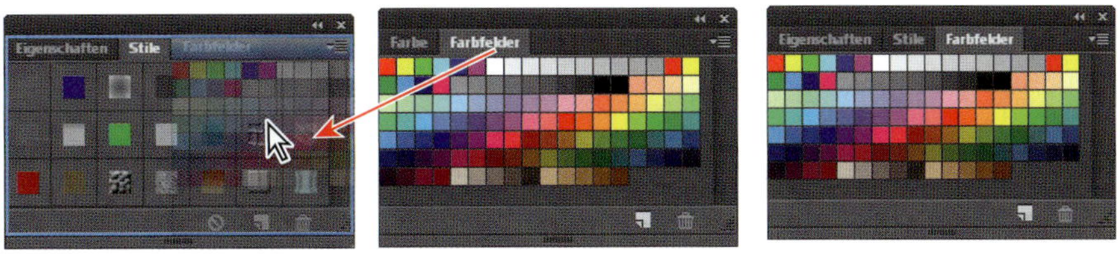

- Um ein Bedienfeld oder eine Bedienfeldgruppe anzudocken, ziehen Sie die Titelleiste oder das Bedienfeldregister nach oben in den Bedienfeldraum.

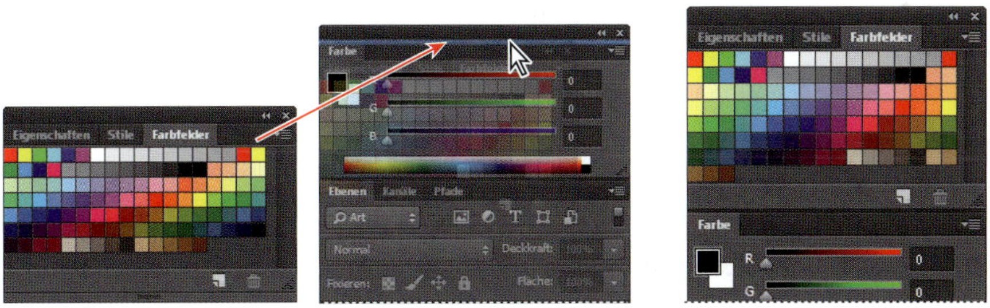

- Um ein Bedienfeld oder eine Bedienfeldgruppe zu lösen, damit sie schweben, ziehen Sie die Titelleiste oder das Bedienfeldregister aus dem Bedienfeldraum.

Bedienfelder erweitern und reduzieren

Sie können Bedienfelder größenmäßig so verändern, dass mehr oder weniger von ihren Optionen zu sehen ist. Dazu ziehen oder klicken Sie und schalten so zwischen den vorgegebenen Größen um:

- Um Bedienfelder auf Symbole zu reduzieren, klicken Sie auf den jeweiligen Doppelpfeil in der Titelleiste des Bedienfeldraums oder der Bedienfeldgruppe. Um ein Bedienfeld zu erweitern, klicken Sie auf das dazugehörige Symbol oder den Doppelpfeil.
- Um die Höhe eines Bedienfelds zu ändern, ziehen Sie an der unteren rechten Ecke.
- Um die Breite des Docks zu ändern, setzen Sie den Zeiger auf seine linke Kante. Sobald dann ein Doppelpfeil zu sehen ist, ziehen Sie nach links oder rechts, um die Breite zu ändern.
- Um die Größe eines schwebenden Bedienfelds zu ändern, setzen Sie den Zeiger über seine rechte, linke oder untere Kante. Sobald ein Doppelpfeil zu sehen ist, ziehen Sie die Kante nach innen oder außen. Sie können auch die untere rechte Kante nach innen oder außen ziehen.

● **Hinweis:** Die Größe folgender Bedienfelder ist fest: Zeichen und Absatz.

- Um eine Bedienfeldgruppe nur auf die Bedienfeldraum-Titelleiste und die Register zu reduzieren, doppelklicken Sie auf ein Bedienfeldregister oder in der Titelleiste des Bedienfelds. Ein erneutes Doppelklicken stellt die erweiterte Ansicht wieder her. Das Bedienfeldmenü lässt sich auch bei reduziertem Bedienfeld öffnen.

Beachten Sie, dass die Register für die Bedienfelder in den Bedienfeldgruppen und die Schaltfläche für das Bedienfeldmenü auch nach dem Reduzieren eines Bedienfelds weiterhin zu sehen sind.

Spezielle Hinweise zum Werkzeugbedienfeld und zur Optionsleiste

Das Werkzeugbedienfeld und die Optionsleiste haben einige Eigenschaften mit anderen Bedienfeldern gemeinsam:

- Das Werkzeugbedienfeld lässt sich über die Titelleiste an eine andere Stelle im Arbeitsbereich bewegen. Die Optionsleiste bewegen Sie über die senkrechte Leiste ganz links.

- Werkzeugbedienfeld und Optionsleiste lassen sich ausblenden.

Allerdings sind nicht alle Funktionen anderer Bedienfelder verfügbar oder sie treffen für das Werkzeugbedienfeld bzw. die Optionsleiste nicht zu:

- Werkzeugbedienfeld und Optionsleiste lassen sich nicht mit anderen Bedienfeldern gruppieren.
- Die Größe des Werkzeugbedienfelds und der Optionsleiste ist fest.
- Werkzeugbedienfeld und Optionsleiste lassen sich im Bedienfeldraum nicht andocken.
- Werkzeugbedienfeld und Optionsleiste haben keine Bedienfeldmenüs.

Den Arbeitsbereich anpassen

Photoshop bietet viele Möglichkeiten für die Steuerung von Anzeige und Position der Optionsleiste und der vielen Bedienfelder. Allerdings ist das Ziehen und Neupositionieren der Bedienfelder auf dem Bildschirm manchmal recht zeitaufwendig, besonders wenn ihre Anzahl und Position je nach Projekt unterschiedlich sein sollen. Deshalb lässt sich in Photoshop der Arbeitsbereich individuell anpassen, das heißt, Sie bestimmen, welche Bedienfelder, Werkzeuge und Menüs für die jeweilige Aufgabe verfügbar sein sollen. Oder Sie benutzen für bestimmte Arbeiten die bereits vorkonfigurierten Photoshop-Arbeitsbereiche, wie beispielsweise »Typografie«, »Fotografie«, »Malen« usw. Lassen Sie uns jetzt diese Möglichkeiten ausprobieren.

Hinweis: Wenn Sie die Datei *01Working.psd* am Ende der vorherigen Übung geschlossen haben, öffnen Sie sie jetzt wieder – oder irgendeine andere Bilddatei – für die folgende Übung.

1 Wählen Sie **Fenster: Arbeitsbereich: Malen**, um den Arbeitsbereich »Malen« zu aktivieren.

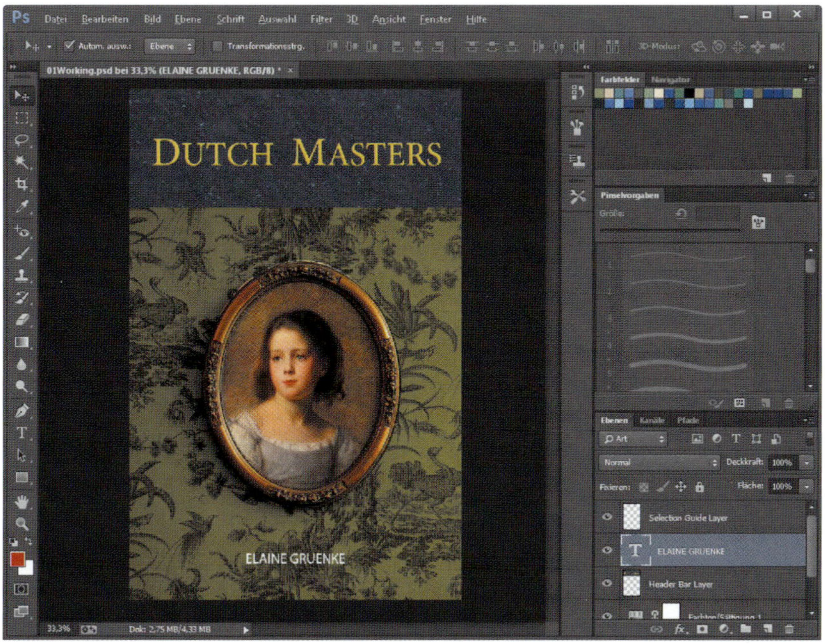

Sie haben beim Öffnen, Schließen und Bewegen von Bedienfeldern festgestellt, dass Photoshop einige Bedienfelder schließt, andere öffnet und an der rechten Begrenzung des Arbeitsbereichs ausrichtet.

2 Wählen Sie **Fenster: Arbeitsbereich: Fotografie**. Im Dock sind jetzt andere Bedienfelder geöffnet.

● **Hinweis:** Die Wahl des Grundelemente-Arbeitsbereichs ändert die Zusammenstellung der Bedienfelder, stellt aber nicht die Standardeinstellung der Menüs wieder her. Sie stellen auf die Standardeinstellungen zurück, wenn Sie in den meisten der folgenden Lektion mit der Arbeit beginnen.

3 Klicken Sie oben rechts in der Optionsleiste aus dem Arbeitsbereich-Menü die Option »Grundelemente«.

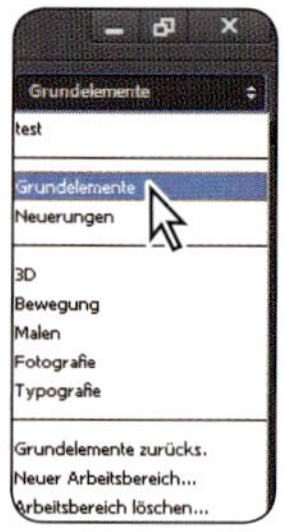

Photoshop zeigt wieder den standardmäßigen Arbeitsbereich an. Um den Originalzustand für den Grundelemente-Arbeitsbereich wiederherzustellen, wählen Sie im Arbeitsbereich-Menü die Option »Grundelemente zurücks.«.

Arbeitsbereiche lassen sich also im Menü »Fenster« oder im Popup-Menü rechts in der Optionsleiste wählen.

Sollten diese Voreinstellungen nicht für Sie geeignet sein, können Sie den Arbeitsbereich noch weiter individuell anpassen. Nehmen wir beispielsweise an, Sie arbeiten mehr mit Webdesign und weniger mit digitalem Video. Sie können festlegen, welche Menüelemente im Arbeitsbereich angezeigt werden sollen.

4 Klicken Sie auf das Menü »Ansicht« und ziehen Sie nach unten auf »Pixel-Seitenverhältnis«, um die Untermenüs für diesen Befehl anzuzeigen.

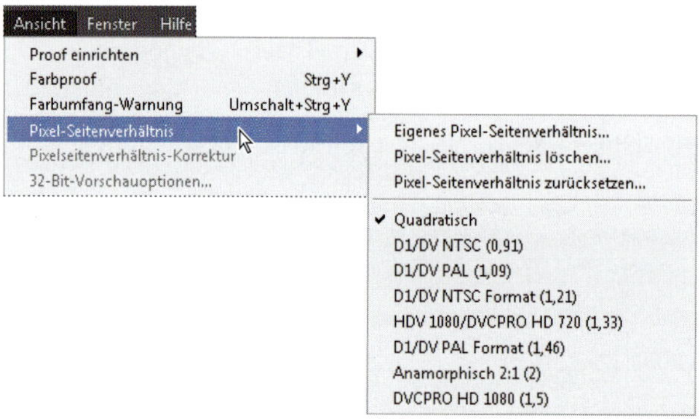

Die Befehle dieses Menüs stehen für verschiedene Videoformate, die für Arbeiten im Druck- und Webbereich kaum notwendig sind.

5 Wählen Sie **Fenster: Arbeitsbereich: Tastaturbefehle und Menüs**.

Das Dialogfeld »Tastaturbefehle und Menüs« ermöglicht das Ein- und Ausblenden von Programm- und Bedienfeldmenü-Befehlen sowie das Erstellen eigener Tastaturbefehle für Menüs, Bedienfelder und Werkzeuge. Blenden Sie beispielsweise selten benötigte Befehle aus oder heben Sie häufig benutzte Befehle hervor.

6 Klicken Sie auf das Menüs-Register im Dialogfeld »Tastaturbefehle und Menüs« und wählen Sie wenn nötig aus dem Popup-Menü »Menü für« die Option »Anwendungsmenüs«.

7 Scrollen Sie zum »Ansicht«-Menü und klicken Sie auf den Pfeil, um die darin enthaltenen Befehle anzuzeigen.

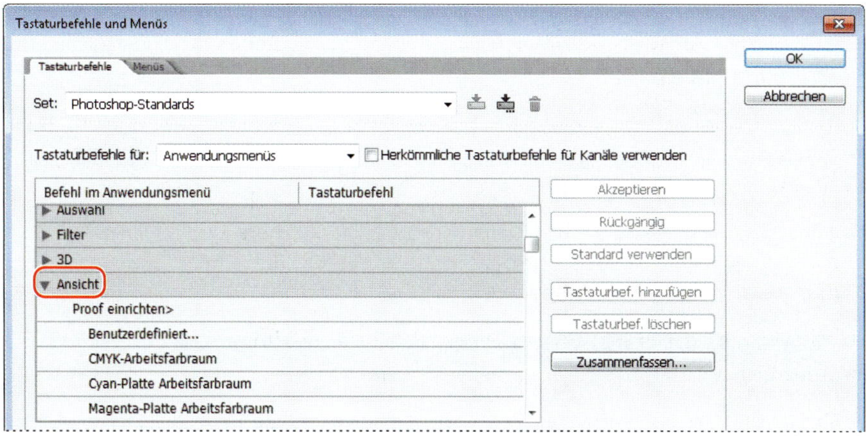

Das Dialogfeld »Tastaturbefehle und Menüs« zeigt jetzt alle Befehle und Unterbefehle des Ansicht-Menüs an.

8 Scrollen Sie nach unten bis zu »Pixel-Seitenverhältnis« und klicken Sie auf das Augensymbol, um die Anzeige aller DV- und Videoformate auszuschalten. Es gibt insgesamt sieben Formate von D1/DV NTSC (0.91) bis DVCPRO HD 1080 (1.5).

Photoshop entfernt sie für die Menüs dieses Arbeitsbereichs.

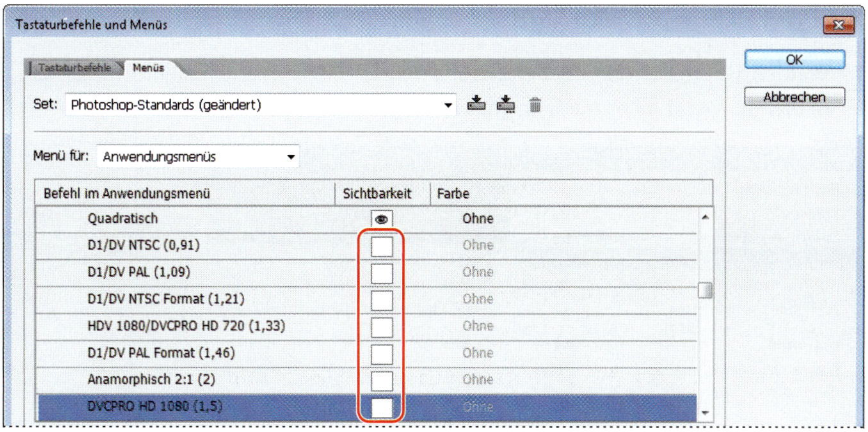

9 Klappen Sie das Ansicht-Menü ein und erweitern Sie die Befehle des Bild-Menüs.

10 Scrollen Sie jetzt nach oben bis zum Befehl **Bild: Modus: RGB-Farbe**. Klicken Sie in der Farbe-Spalte auf »Ohne« und wählen Sie im Popup-Menü die Farbe Rot. Photoshop hebt diesen Befehl jetzt rot hervor.

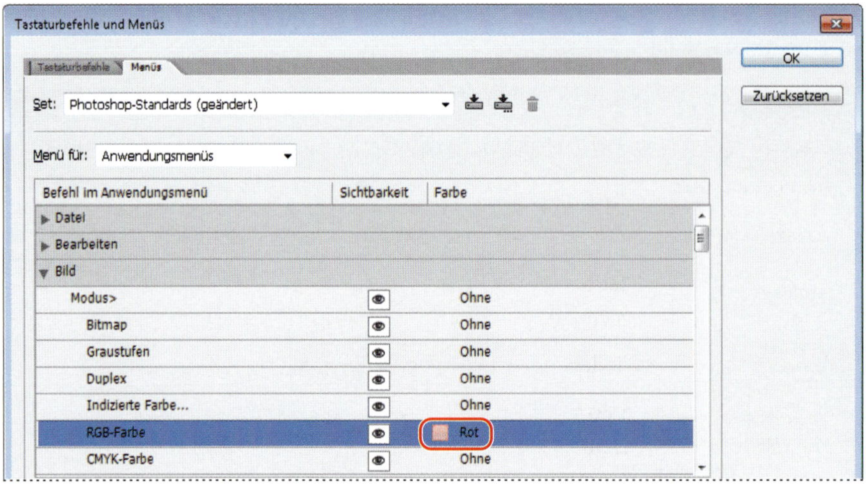

11 Klicken Sie auf OK, um das Dialogfeld »Tastaturbefehle und Menüs« zu schließen.

12 Wählen Sie **Bild: Modus**. Der Befehl »RGB-Farbe« ist jetzt rot unterlegt.

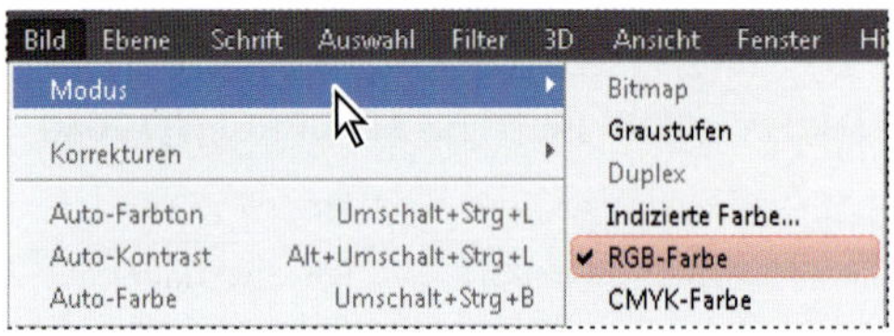

13 Wählen Sie **Ansicht: Pixel-Seitenverhältnis** – die DV- und Videoformate sind in diesem Menü nicht mehr verfügbar.

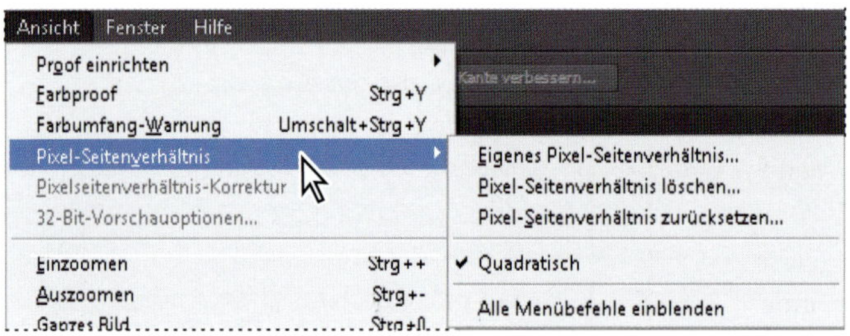

14 Der Arbeitsbereich lässt sich mit dem Befehl **Fenster: Arbeitsbereich: Neuer Arbeitsbereich speichern**. Geben Sie ihm im Dialogfeld »Neuer Arbeitsbereich« einen Namen. Achten Sie darauf, dass die Optionen »Bedienfelderpositionen«, »Tastaturbefehle« und »Menüs« aktiviert sind. Klicken Sie auf »Speichern«.

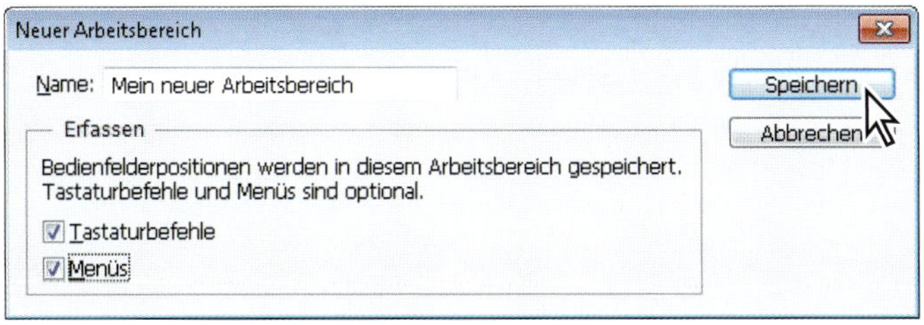

Der gespeicherte Arbeitsbereich erscheint im Menü **Fenster: Arbeitsbereich** und im Popup-Menü oben rechts in der Anwendungsleiste.

Richten Sie jetzt aber wieder den standardmäßigen Arbeitsplatz ein.

15 Wählen Sie aus dem Popup-Menü oben rechts in der Anwendungsleiste die Option »Grundelemente«. Anschließend wählen Sie »Grundelemente zurücksetzen« aus dem Popup-Menü rechts in der Anwendungsleiste, um zur ursprünglichen Darstellung des Arbeitsbereichs zurückzukehren. Speichern Sie die Änderungen im aktuellen Arbeitsbereich nicht.

16 Schließen Sie die Datei; lassen Sie Photoshop aber geöffnet.

Glückwunsch, Sie haben Lektion 1 erfolgreich beendet.

Da Sie sich nun mit den Grundlagen des Arbeitsbereichs von Photoshop vertraut gemacht haben, sollten Sie sich mit dem Erstellen und Bearbeiten von Bildern beschäftigen. Wenn Sie erst einmal die Grundlagen kennen, arbeiten Sie die Lektionen in *Adobe Photoshop CC – der offizielle Einsteigerkurs* entweder nacheinander durch oder Sie starten mit den Lektionen, deren Inhalt Sie am meisten interessiert.

Die Photoshop-Hilfe

Vollständige und aktuelle Informationen über das Arbeiten mit Bedienfeldern, Werkzeugen sowie über bestimmte Programmeigenschaften finden Sie auf der Adobe-Website. Wählen Sie Hilfe: Photoshop-Online-Hilfe. Anschließend sind Sie mit der Adobe-Community-Hilfe verbunden, wo Sie in der Photoshop-Hilfe, in Support-Dokumenten und anderen für Photoshop-Benutzer relevanten Websites suchen können. Sie können die Suche auch nur auf die Adobe-Hilfe und Support-Dokumente begrenzen.

Um auf Tipps, Arbeitstechniken und aktuelle Produktinformationen zuzugreifen, klicken Sie auf die Schaltfläche »Community-Hilfe« auf der Website *community.adobe.com/help/main*.

Benutzeroberfläche ändern

Standardmäßig sind Fenster, Bedienfelder und Hintergrund in Photoshop CC dunkel – eine hellere Benutzeroberfläche und weitere Einstellungen wählen Sie in den Photoshop-Voreinstellungen.

So ändern Sie:

1 Wählen Sie **Bearbeiten: Voreinstellungen: Benutzeroberfläche** (Windows) bzw. **Photoshop: Voreinstellungen: Benutzeroberfläche** (Mac OS).

2 Wählen Sie ein anderes Erscheinungsbild bzw. eine andere Farbe und nehmen Sie weitere Änderungen vor.

Wenn Sie ein anderes Erscheinungsbild wählen, sehen Sie sofort die Veränderung. Sie können auch eigene Farben für bestimmte Bildschirmmodi bestimmen und andere Optionen für die Benutzeroberfläche wählen.

3 Klicken Sie auf OK, sobald Ihnen die Änderungen zusagen.

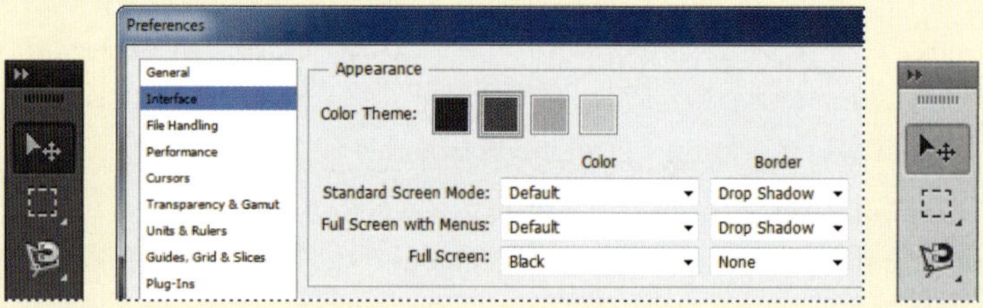

Fragen

1 Beschreiben Sie zwei Bildarten, die sich in Photoshop öffnen lassen.

2 Wie öffnen Sie Bilddateien mit der Adobe Bridge?

3 Wie wählen Sie Werkzeuge in Photoshop?

4 Beschreiben Sie zwei Möglichkeiten, um die Ansicht eines Bilds zu ändern.

5 Nennen Sie zwei Möglichkeiten, mehr Informationen über Photoshop zu erhalten.

Antworten

1 Sie scannen Fotos, Dias oder andere Bilder, entnehmen ein Bild aus einem Videofilm oder importieren Bildmaterial, das in einem Illustrationsprogramm erstellt oder mit der Digitalkamera aufgenommen wurde. Sie können auch Digitalfotos importieren.

2 Wählen Sie in Photoshop den Befehl Datei: In Bridge suchen, um zu Bridge zu wechseln. Suchen Sie die Bilddatei, die Sie öffnen möchten, und doppelklicken Sie im Bedienfeld auf die Miniatur, um die Datei in Photoshop zu öffnen.

3 Um ein Werkzeug zu wählen, klicken Sie entweder im Werkzeugbedienfeld auf das Werkzeug oder wählen Sie über die Tastatur seinen Kurzbefehl. Ein gewähltes Werkzeug bleibt so lange aktiv, bis Sie ein anderes wählen. Um ein verborgenes Werkzeug zu wählen, benutzen Sie entweder einen Tastaturbefehl oder halten die Maustaste auf dem Werkzeug im Werkzeugbedienfeld gedrückt, um ein Einblendmenü mit den verborgenen Werkzeugen zu öffnen.

4 Sie wählen Befehle aus dem Ansicht-Menü, um ein Bild zu vergrößern bzw. zu verkleinern oder es an die Bildschirmgröße anzupassen. Sie können aber auch die Zoom-Werkzeuge verwenden und in einem Bild klicken oder ziehen, um die Ansicht zu vergrößern oder zu verkleinern. Zusätzlich verändern Sie mit Kurzbefehlen und im Navigatorbedienfeld die Bildanzeige.

5 Die Photoshop-Hilfe umfasst ausführliche Informationen über Photoshop sowie die komplette Liste der Tastaturbefehle, auf bestimmte Aufgaben bezogene Themen und Abbildungen. Photoshop enthält außerdem einen Link zur Adobe-Website für weitere Informationen und Tipps zum Thema Photoshop.

2 FOTOS KORRIGIEREN

Überblick

In dieser Lektion lernen Sie Folgendes:

- Auflösung und Bildgröße
- Ein Bild in Photoshop ausrichten und freistellen
- Tonwerte eines Bilds korrigieren
- Mit dem Bereichsreparatur-Pinsel-Werkzeug Bildteile reparieren
- Mit der inhaltsbasierten Füllung einen Bildbereich ersetzen
- Mit dem Kopierstempel-Werkzeug Bereiche retuschieren
- Schönheitsfehler inhaltssensitiv beheben
- Digitale Artefakte aus einem Bild entfernen
- Den Filter »Unscharf maskieren« anwenden, um den Retuschierprozess abzuschließen

Laden Sie bei Bedarf die Projektdateien für Lektion02 von der Buch-DVD in einen Ordner »Lektionen« auf Ihre Festplatte. Bei der Arbeit mit dieser Lektion überschreiben Sie die Startdateien. Wenn Sie diese wiederherstellen wollen, laden Sie sie einfach von der DVD erneut auf Ihre Festplatte.

PROJEKT: ALTES FOTO RESTAURIEREN

Adobe Photoshop bietet Ihnen eine Vielzahl von Werkzeugen und Befehlen, um Fotos zu optimieren. Sie erfahren jetzt, wie Sie ein altes Foto importieren, in der Größe ändern und retuschieren.

Arbeitsablauf beim Retuschieren

Hinweis: In dieser Lektion retuschieren Sie ein Bild ausschließlich mit Adobe Photoshop. Bei anderen Bildern könnte es effizienter sein, in Adobe Camera Raw zu arbeiten. Dieses Programm wird mit Photoshop installiert. Oder Sie beginnen in Camera Raw und wechseln dann zu Photoshop, um weitere Retuschen durchzuführen. Mehr über die Camera-Raw-Tools erfahren Sie in Lektion 5, »Digitale Fotos korrigieren und aufwerten«.

Der Aufwand für die Retusche hängt vom jeweiligen Bild ab und davon, was Sie mit ihm beabsichtigen. Bei vielen Bildern müssen Sie nur die Auflösung ändern, das Bild aufhellen oder ein paar kleinere Hautunreinheiten retuschieren. Bei anderen Bildern sind zahlreiche Arbeitsschritte und der Einsatz diverser Filter nötig.

Grundlegende Vorgehensweise

Für die meisten Retuscheaufgaben empfiehlt sich die folgende Vorgehensweise (wobei nicht für jedes Projekt Arbeitsschritte notwendig sind):

- Das Bild oder den Scan duplizieren (Arbeiten Sie immer mit einer Kopie der Bilddatei, damit Sie jederzeit wieder auf das Original zugreifen können.)
- Prüfen, ob die Qualität der gescannten Vorlage gut und die Auflösung für den Verwendungszweck des Bilds geeignet ist
- Das Bild auf die endgültige Größe und Orientierung beschneiden
- Eventuelle Farbstiche entfernen
- Den Kontrast bzw. Tonwertumfang des Bilds anpassen
- Beschädigungen an Fotos reparieren (wie Knicke, Staub oder Flecken)
- Farben und Tonwerte in bestimmten Bildbereichen korrigieren, um Lichter, Mitteltöne und Tiefen hervorzuheben sowie Farben zu sättigen
- Die Bildschärfe erhöhen

Die Reihenfolge der Arbeitsschritte hängt möglicherweise von Ihrem Projekt ab. Sie sollten jedoch stets damit beginnen, dass Sie das Bild duplizieren und seine Auflösung anpassen. Außerdem sollten Sie das Schärfen normalerweise zuletzt ausführen. Die übrigen Schritte sollten Sie individuell auf Ihr Projekt zuschneiden. Es wäre sonst durchaus möglich, dass die Ergebnisse eines Schritts ungewollte Änderungen im Bild nach sich ziehen. Sie müssten dann zumindest einen Teil Ihrer Arbeit wiederholen.

Verwendungszweck des Bilds

Welche Retuschiertechniken Sie auf ein Bild anwenden, hängt teilweise von seinem späteren Gebrauch ab. Ob es nun für den Schwarz-Weiß-Druck auf Zeitungspapier oder den farbigen Einsatz auf Internet-Seiten bestimmt ist – der Verwendungszweck beeinflusst alles, von der Auflösung des ursprünglichen Scan-Vorgangs bis hin zur Art der Farb- und Tonwertkorrektur. Photoshop unterstützt den CMYK-Farbmodus für die Aufbereitung eines Bilds, das mit Prozessfarben gedruckt werden soll, und zusätzlich stehen der RGB-Modus sowie andere Farbmodi für das Web und mobile Geräte zur Verfügung.

Auflösung und Bildgröße

Als Erstes prüfen Sie beim Retuschieren eines Fotos in Photoshop, ob das Bild die korrekte Auflösung hat. Der Begriff Auflösung bezieht sich auf die Anzahl der kleinen, als Pixel bezeichneten Quadrate, die jeweils eine bestimmte Farbe bzw. einen Tonwert aufweisen und so das Bild beschreiben. Die Auflösung ergibt sich durch die Bildmaße oder die Anzahl der Pixel in Breite und Höhe des Bilds.

Hinweis: So ermitteln Sie die richtige Bildauflösung für ein Foto, das Sie ausdrucken möchten: Nach der Faustregel für Farb- und Graustufenbilder, die auf Offsetdruckmaschinen ausgegeben werden sollen, scannen Sie mit einer Auflösung, die 1,5-mal bis doppelt so hoch ist wie die Rasterfrequenz des Druckers. Wenn das Bild mit einer Rasterfrequenz von 133 lpi ausgegeben werden soll, scannen Sie es also mit 200 ppi (133 × 1,5).

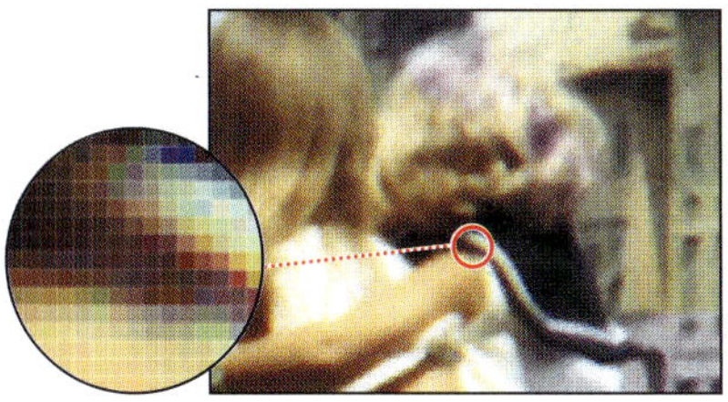

Pixel in einem Foto

In der Computergrafik ist zwischen verschiedenen Auflösungsarten zu unterscheiden:

Die Anzahl der Pixel pro Maßeinheit in einem Bild wird als Bildauflösung bezeichnet und in Pixel pro Zoll (pixel per inch – ppi) oder Dots per Inch (dpi) angegeben. Ein Bild mit hoher Auflösung weist mehr Pixel und daher einen größeren Dateiumfang auf als ein Bild mit denselben Maßen, aber mit niedrigerer Auflösung. Bilder in Photoshop, variieren von einer hohen Auflösung (300 ppi oder mehr) bis zu einer niedrigen Auflösung (72 ppi oder 96 ppi).

Die Anzahl der Pixel pro Maßeinheit auf einem Monitor wird Monitorauflösung genannt und meist in Pixel pro Zoll (ppi) angegeben. Photoshop übersetzt Bildpixel direkt in Monitorpixel. Ist die Auflösung des Bilds höher als die des Monitors, erscheint das Bild auf dem Bildschirm größer als in den Druckmaßen angegeben. Wenn Sie beispielsweise ein Bild mit einer Größe von 3 x 3 cm und 144 ppi auf einem Monitor mit 72 ppi anzeigen, nimmt es einen 6 x 6 cm großen Bereich auf dem Bildschirm ein.

Hinweis: Sie sollten für die Arbeit auf dem Bildschirm unbedingt wissen, was »100 %-Ansicht« bedeutet. Bei 100 % entspricht ein Bildpixel einem Bildschirmpixel. Solange die Bildauflösung nicht ganz exakt der Auflösung des Bildschirms entspricht, ist die Bildgröße (z. B. in Zentimeter) auf dem Bildschirm größer oder kleiner als die Bildgröße.

18 x 18 cm bei 72 ppi; Dateigröße 744,2 KB
100%-Ansicht auf dem Bildschirm

18 x 18 cm bei 200 ppi; Dateigröße 5,61MB
100%-Ansicht auf dem Bildschirm

Die Anzahl der von einem Belichter oder Laserdrucker produzierten Farbpunkte pro Zoll ist die Druck- bzw. Ausgabeauflösung. Die Ausgabeauflösung ist dpi (Dots per Zoll bzw. Inch). Natürlich erzeugen hochauflösende Drucker in Kombination mit hochauflösenden Bildern generell eine bessere Qualität. Die richtige Auflösung für ein gedrucktes Bild ergibt sich aus der Druckauflösung und der Rasterfrequenz (oder Linien pro Zoll [lpi]) des Halbtonrasters für die Reproduktion von Bildern, da ein Belichter zeilenweise belichtet.

Je höher die Bildauflösung, desto größer die Datei – und das heißt z.B. auch längere Download-Zeiten im Internet.

Weitere Informationen zu Auflösung und Bildgröße finden Sie in der Adobe-Photoshop-Hilfe.

Vorbereitungen

In dieser Lektion retuschieren Sie den Scan einer beschädigten und verfärbten alten Fotografie, sodass Sie sie im Internet veröffentlichen oder ausdrucken können. Die endgültige Bildgröße beträgt 7 x 7 Zoll (ca. 17,8 x 17,8 cm).

Sie beginnen diese Lektion, indem Sie das gescannte und noch unbearbeitete Foto mit dem fertigen Bild vergleichen.

Hinweis: Sollte Bridge nicht installiert sein, müssen Sie das Programm von der Adobe Creative Cloud nachinstallieren. Weitere Informationen erhalten Sie auf Seite 3.

1 Starten Sie Adobe Bridge CC mit dem Befehl **Start: Alle Programme: Adobe Bridge CC** (Windows) oder doppelklicken Sie auf das Programmsymbol »Adobe Bridge CC« im Programmordner (Mac OS).

2 Doppelklicken Sie im FAVORITEN-Fenster in Adobe Bridge auf den Ordner *Lektionen*. Doppelklicken Sie anschließend im INHALT-Fenster auf den Ordner *Lektion02*, um seinen Inhalt anzuzeigen.

3 Vergleichen Sie die Dateien 02Start.tif und 02End.psd. Um die Miniaturen im INHALT-Fenster zu vergrößern, ziehen Sie den Miniaturgrößen-Regler unten rechts im Bridge-Fenster nach rechts.

Das Bild in der Datei *02Start.tif* ist gedreht, seine Farben sind ziemlich dumpf und es hat einen Grünstich sowie einen störenden Knick. Sie beheben diese und einige weitere Probleme in dieser Lektion. Zuerst schneiden Sie das Bild zu und richten es gerade.

4 Doppelklicken Sie auf die Miniatur 02Start.tif.

5 Wählen Sie in Photoshop **Datei: Speichern unter**. Aus dem Menü **Format** wählen Sie **Photoshop (*.PSD, *.PDD)**. Geben Sie der Datei den Namen **Working2.psd**. Klicken Sie auf **Speichern**.

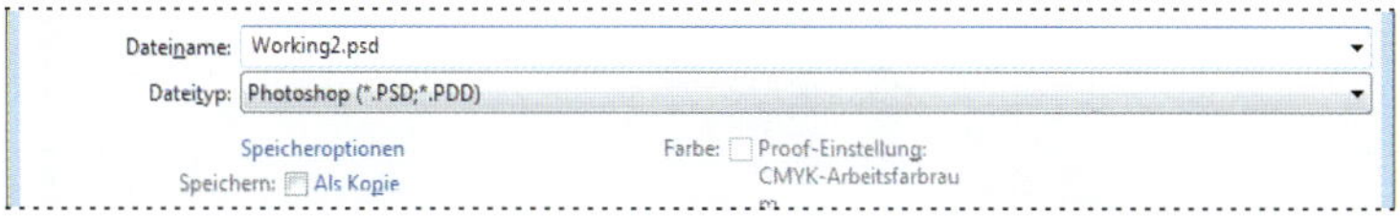

Bild in Photoshop ausrichten und beschneiden

Sie verwenden das Freistellungswerkzeug, um ein Foto auszurichten, zu beschneiden und zu skalieren. Sie beschneiden ein Bild mit dem Freistellungswerkzeug oder mit dem Befehl »Freistellen«. Standardmäßig löschen Sie beim Freistellen die beschnittenen Pixel.

Tipp: Deaktivieren Sie in der Optionsleiste die Option »Außerhalb liegende Pixel löschen«, wenn Sie nichtdestruktiv zuschneiden möchten, sodass Sie die Zuschneidung später überarbeiten können.

1 Wählen Sie im Werkzeugbedienfeld das Freistellungswerkzeug (⌗).

2 Wählen Sie in der Optionsleiste aus dem Menü »Freistellungsvorgabe« die Option »B x H x Auflösung«. (Standard ist die Option »Verhältnis«.)

3 In der Optionenleiste geben Sie als Breite **7 Zoll** ein, als Höhe **7 Zoll** und als Auflösung **200** Pixel/Zoll.

Es erscheint eine Freistellungsabdeckung. Ein *Cropping shield* liegt über dem Bereich außerhalb des Freistellungsbereichs. Zuerst richten Sie das Bild gerade aus.

4 Klicken Sie in der Optionsleiste auf die Schaltfläche »Gerade ausrichten«. Der Zeiger ändert sich in das entsprechende Werkzeug.

5 Klicken Sie in der oberen linken Ecke des Fotos und ziehen Sie eine Gerade entlang dem oberen Bildrand.

Photoshop richtet das Bild gerade aus, so dass die gerade gezeichnete Linie parallel zur oberen Bildkante verläuft. Es funktionieren aber auch Linien, die entweder die vertikale oder die horizontale Bildachse definieren.

Sie beschneiden jetzt den weißen Rand und skalieren das Bild.

▶ **Tipp:** Wählen Sie **Bild: Zuschneiden**, um basierend auf der Transparenz oder Kantenfarbe einen Randbereich des Bilds zu entfernen.

6 Ziehen Sie die Ecken des Freistellungsrahmens in die Ecken des Fotos, um den weißen Rand wegzuschneiden. Wenn Sie die Position des Fotos anpassen möchten, klicken und ziehen Sie innerhalb des Freistellungsrasters.

7 Drücken Sie die [↵]-Taste.

Das Bild ist damit beschnitten und füllt das Bildfenster entsprechend Ihren Angaben für Ausrichtung, Größe und Beschnitt.

▶ **Tipp:** Um ein Bild schnell zu begradigen und den gescannten Hintergrund zu entfernen, wählen Sie **Datei: Automatisieren: Fotos freistellen und gerade ausrichten.**

8 Um die Bildmaße anzuzeigen, wählen Sie im Popup-Menü unten links im Programmfenster die Option »Dokumentmaße«.

9 Wählen Sie **Datei: Speichern**. Klicken Sie auf OK, wenn das Dialogfeld mit den Photoshop-Formatoptionen erscheint.

Farbe und Tonwerte anpassen

Mithilfe von Gradationskurven- und Tonwertkorrektur-Einstellungsebenen entfernen Sie den Farbstich und passen die Farben und Tonwerte des Bilds an.

1 Klicken Sie im Korrekturen-Bedienfeld auf das Symbol »Gradationskurven«, um eine Gradationskurven-Einstellungsebene hinzuzufügen.

2 Wählen Sie auf der linken Seite des Eigenschaften-Bedienfelds das Weißpunkt-Werkzeug.

Wenn Sie einen Weißpunkt festlegen, ändern Sie alle Bildfarben. Um einen exakten Weißpunkt zu definieren, wählen Sie einen weißen Bildbereich.

3 Klicken Sie auf einen weißen Streifen im Kleid des Mädchens.

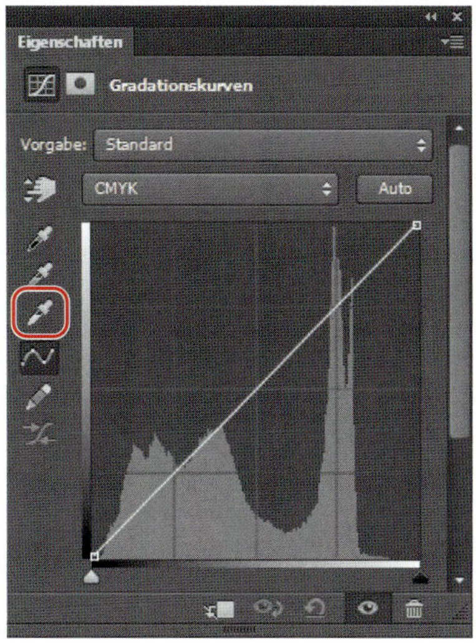

Die Bildfarben ändern sich drastisch. Sie können verschiedene weiße Bereiche anklicken, zum Beispiel den Matrosenanzug des Kindes, einen Streifen im Kleid der Frau oder eine Socke des Kindes, und prüfen, wie sich dadurch jeweils die Bildfarben ändern.

Bei manchen Bildern genügt es, den Weißpunkt anzupassen, um einen Farbstich zu entfernen und die Tonwerte des Bilds zu korrigieren. Im vorliegenden Fall ist die Definition des Weißpunkts ein guter Ausgangspunkt. Mit einer Tonwertkorrektur-Einstellungsebene nehmen Sie eine Feinabstimmung der Bildfarben vor.

4 Klicken Sie im Korrekturen-Bedienfeld auf das Symbol »Tonwertkorrektur«, um eine Tonwertkorrektur-Einstellungsebene hinzuzufügen.

Das Tonwerthistogramm im Eigenschaftenbedienfeld zeigt den Bereich der dunklen und hellen Werte im Bild an. Mehr über die Arbeit mit der Tonwertkorrektur erfahren Sie in Lektion 5. Im Moment müssen Sie nur wissen, dass das linke Dreieck den Schwarzpunkt darstellt, das rechte Dreieck den Weißpunkt und das mittlere Dreieck die Mitteltöne.

5 Ziehen Sie das linke Dreieck (Schwarz) unter dem Histogramm nach rechts, um die Schwarztöne stärker herauszuarbeiten. Im Beispiel verwenden wir den Wert »15«.

6 Ziehen Sie das mittlere Dreieck etwas nach rechts, um die Mitteltöne anzupassen. Wir haben den Wert »0,90« verwendet.

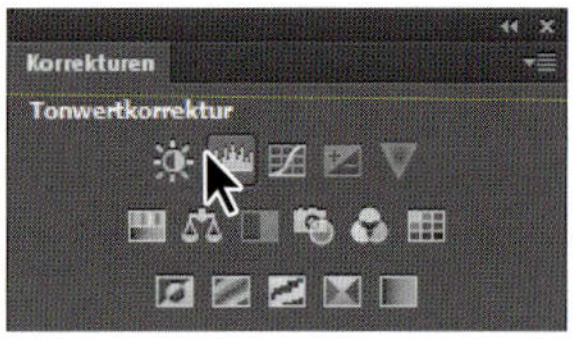

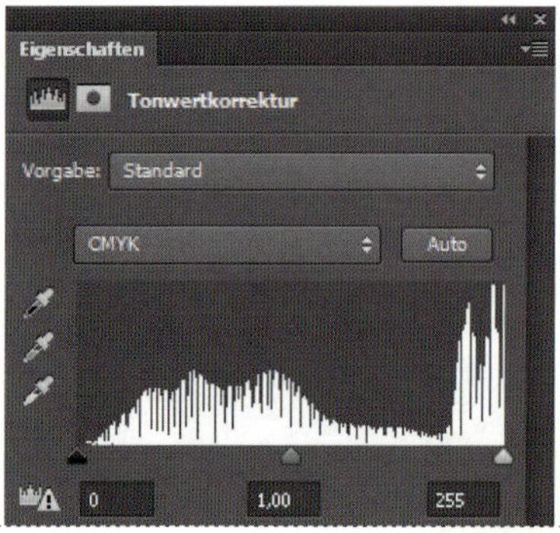

Nachdem Sie die Farben angepasst haben, reduzieren Sie das Bild, sodass Sie es leichter retuschieren können.

7 Wählen Sie **Ebene: Auf Hintergrundebene reduzieren**.

Die Einstellungsebene wird mit der Hintergrundebene verschmolzen.

Retusche mit dem Bereichsreparatur-Pinsel

Als Nächstes entfernen Sie den Knick im Foto. Sie verwenden dazu den Bereichsreparatur-Pinsel. Dabei entfernen Sie gleich ein paar weitere Bildfehler.

Hinweis: Das Reparatur-Pinsel-Werkzeug ähnelt dem Bereichsreparatur-Pinsel-Werkzeug. Der Unterschied ist, dass Sie Quellpixel mit gedrückter Alt-Taste aufnehmen müssen, bevor Sie den gewünschten Bereich retuschieren können.

Der Bereichsreparatur-Pinsel entfernt schnell Hautunreinheiten und andere Mängel. Er nimmt Pixel um den retuschierten Bereich auf und passt die Struktur, Beleuchtung, Transparenz und Schattierung der zu retuschierenden Pixel an die aufgenommenen Pixel an.

Das Bereichsreparatur-Pinsel-Werkzeug eignet sich hervorragend für die Retusche von Hautunreinheiten in Porträts, funktioniert aber auch immer dann, wenn die Umgebung der zu retuschierenden Bereiche diesen sehr ähnelt.

1 Zoomen Sie ein, damit Sie den Knick deutlich erkennen können.

2 Im Werkzeugbedienfeld wählen Sie das Bereichsreparatur-Pinsel-Werkzeug (🩹).

3 In der Optionenleiste öffnen Sie das Popup-Menü mit der Pinselauswahl. Wählen Sie eine etwa 25 Pixel große Pinselspitze mit 100% Härte. Vergewissern Sie sich, dass in der Optionenleiste die Option »Inhaltsbasiert« aktiviert ist.

4 Im Bildfenster ziehen Sie das Bereichsreparatur-Pinsel-Werkzeug vom oberen Ende des Knicks nach unten. Sie können den gesamten Knick wahrscheinlich mit vier bis sechs sorgfältigen Abwärtsstrichen entfernen. Beim Ziehen erscheint der Strich zuerst schwarz; wenn Sie die Maustaste jedoch freigeben, wird der übermalte Bereich »geheilt«.

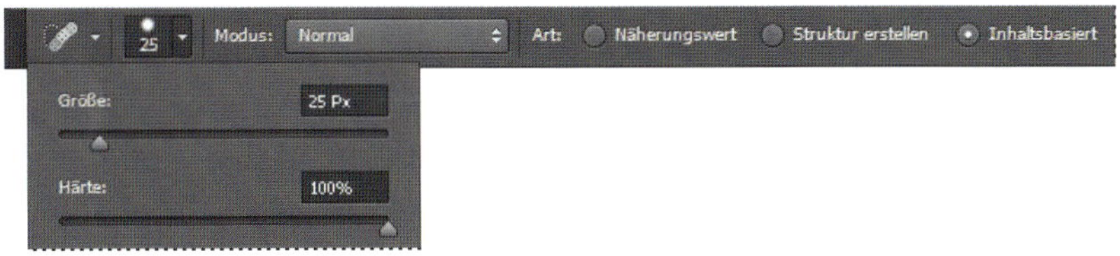

5 Zoomen Sie ein, um das weiße Haar im oberen rechten Bildbereich sichtbar zu machen. Wählen Sie den Bereichsreparatur-Pinsel erneut und malen Sie über das Haar.

6 Zoomen Sie bei Bedarf aus, damit Sie den gesamten Himmel sehen. Klicken Sie mit dem Bereichsreparatur-Pinsel an alle dunklen Stellen, die Sie entfernen möchten.

7 Speichern Sie Ihre bisherige Arbeit.

Gawain Weaver, der Inhaber von Gawain Weaver Art Conservation, hat bereits Originalarbeiten von Eadward Muybridge, Man Ray, Ansel Adams, Cindy Sherman und vielen anderen Künstlern konserviert und restauriert. Er leitet internationale und Online-Workshops über die Pflege und Identifizierung von Fotografien.

Weitere Informationen erhalten Sie auf gawainweaver.com.

Die Restaurierung echter Fotografien

Mit den Werkzeugen in Adobe Photoshop CC erscheint die Retusche alter oder beschädigter Fotos wie Zauberei. Buchstäblich jedermann kann damit seine Fotosammlungen scannen, retuschieren, ausdrucken und einrahmen. Werke bekannter Künstler möchten Museen, Galerien und Sammler jedoch möglichst originalgetreu beibehalten, ungeachtet ihrer Verfallserscheinungen oder versehentlicher Beschädigungen. Professionelle Kunstrestauratoren entfernen Staub und Schmutz von der Bildoberfläche, Entfärbungen und Flecken, reparieren Risse, konservieren Abzüge, um weitere Beschädigungen zu vermeiden, und malen sogar fehlende Teile eines Bilds neu.

Carleton E. Watkins, Nevada Fall, 700 FT, Yosemite Valley, CA. Riesiger Albumindruck mit etwa 40 x 53 cm. Dieser Abzug wurde aus seinem Rahmen entfernt, um die Flecken zu entfernen, und dann neu gerahmt.

»Die Fotorestaurierung ist gleichzeitig eine Wissenschaft und eine Kunst«, sagt Weaver. »Damit wir ein Bild gefahrlos reinigen, konservieren und verbessern können, müssen wir uns unsere Kenntnisse über die Chemie des Fotos, seine Rahmung und eventuelle Lackierungen oder andere Beschichtungen zunutze machen. Weil wir bei der Restaurierung nicht einfach schnell einen Schritt rückgängig machen können, müssen wir stets äußerst vorsichtig und mit gesundem Respekt vor der Fragilität des fotografischen Objekts verfahren – ob es nun ein 160 Jahre alter Salzpapierabzug von Notre Dame ist oder ein Silbergelatineabzug des Half Dome aus den 1970er Jahren.«

Viele der manuellen Werkzeuge eines Kunstrestaurators haben in Photoshop ihre digitalen Entsprechungen:

Ein Kunstrestaurator könnte ein Foto wässern, um Verfärbungen vom Papier zu entfernen oder sogar eine milde Bleichung – eine sogenannte Lichtbleiche – vornehmen, um die farbigen Komponenten eines Flecks oder einer allgemeinen Verfärbung zu entfernen. In Photoshop können Sie eine Gradationskurven-Einstellungsebene nutzen, um den Farbstich aus einem Bild zu entfernen.

Restauratoren, die an künstlerischen Abzügen arbeiten, verwenden möglicherweise spezielle Farben und feine Pinsel, um beschädigte Bildbereiche von Hand auf den Abzug zu malen. Ganz ähnlich können Sie das Bereichsreparatur-Pinsel-Werkzeug von Photoshop nutzen, um Staub oder Schmutz auf einem gescannten Bild wegzuretuschieren.

Restauratoren verwenden Japanpapier und Weizenstärkekleister, um zerrissenes Papier sorgfältig zu reparieren und wieder aufzubauen. Anschließend vollenden sie die Reparatur, indem sie fehlende Bildbereiche kunstvoll aufmalen. In Photoshop können Sie Knicke oder Risse in gescannten Bildern mit wenigen Klicks des Kopierstempel-Werkzeugs reparieren.

Auf die Signatur des Künstlers wird mit einem kleinen Pinsel ein Fixativ aufgebracht, damit sie beim Reinigen des Passepartouts nicht beschädigt wird.

»Obwohl das Ziel unserer Arbeit in erster Linie die Konservierung und Restaurierung der Originalfotografie ist, gibt es Fälle, besonders bei Familienfotos, in denen Photoshop die bessere Wahl ist«, sagt Weaver. »Damit lassen sich in kürzerer Zeit deutlichere Ergebnisse erzielen. Nach dem Digitalisieren kann der Originalabzug sicher verwahrt werden; die digitale Version kann für zahlreiche Familienmitglieder kopiert oder gedruckt werden. In vielen Fällen reinigen oder entknittern wir Familienfotos zuerst, um gefahrlos möglichst viel vom Originalfoto freizulegen. Anschließend reparieren wir die verbleibenden Verfärbungen, Flecken und Risse nach der Digitalisierung am Computer.«

NACHHER

Inhaltsbasierte Füllung

Tipp: Viele der in dieser Lektion gezeigten Techniken funktionieren mit allen Arten von Bildmängeln. Sie können mit den Techniken experimentieren, bis Sie herausgefunden haben, mit welchen Sie bei bestimmten Problemen die besten Ergebnisse erzielen.

Bei der Arbeit mit dem Bereichsreparatur-Pinsel haben Sie die Option »Inhaltsbasiert« in der Optionsleiste gewählt. Wenn diese Option aktiviert ist, gleicht Photoshop die zu ersetzenden Pixel mit den umliegenden Bereichen ab. Sie können die Option »Inhaltsbasiert« auch nutzen, wenn Sie eine Füllung zuweisen. Nun verwenden Sie eine inhaltsbasierte Füllung, um einen störenden dunklen Schatten aus dem linken Bildbereich zu entfernen.

1 Aktivieren Sie im Werkzeugbedienfeld das Auswahlrechteck-Werkzeug (⬚).

2 Ziehen Sie mit dem Auswahlrechteck-Werkzeug um den Schatten am linken Bildrand. Die Füllung richtet sich nach Ihrer Selektion (oder Auswahl). Für beste Ergebnisse wählen Sie den gesamten Schatten über die Mauer hinaus, bis ins Wasser. Achten Sie darauf, dass sich die Auswahl bis links von der senkrechten Linie im Stein erstreckt (siehe folgende Abbildung). Die vertikale Linie brauchen Sie für die nächste Übung.

3 Wählen Sie **Bearbeiten: Fläche füllen**.

4 Im Dialogfeld »Fläche füllen« vergewissern Sie sich, dass im Menü »Verwenden« die Option »Inhaltsbasiert« gewählt ist. Klicken Sie auf OK.

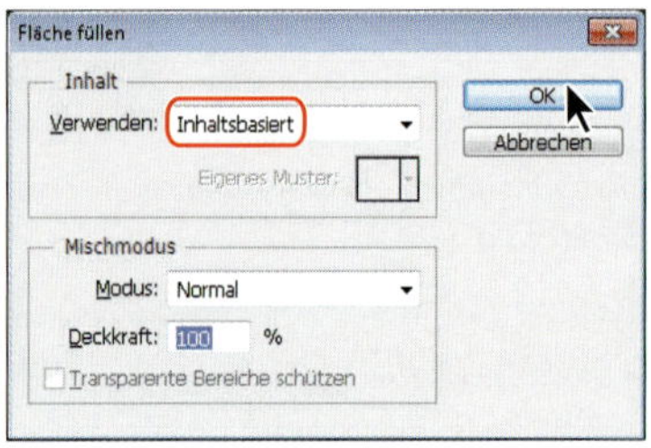

Der dunkle Schatten wird durch die Füllung ersetzt, die an die umliegende Mauer und den Boden angepasst ist. Sollte Ihnen das Ergebnis nicht zusagen, wählen Sie **Bearbeiten: Rückgängig**, klicken Sie an eine beliebige, nicht ausgewählte Bildstelle, um die Auswahl aufzuheben, und wiederholen Sie Schritt 2 bis 4, um die Füllung erneut zuzuweisen.

5 Sobald Sie mit der Füllung zufrieden sind, klicken Sie an eine freie Bildstelle, um die Auswahl aufzuheben.

6 Speichern Sie Ihre bisherige Arbeit.

Mit dem Kopierstempel-Werkzeug reparieren

Das Kopierstempel-Werkzeug verwendet Pixel eines Bildbereichs, um damit die Pixel in einem anderen Bildbereich zu ersetzen. Sie können mit diesem Werkzeug nicht nur unerwünschte Bildobjekte entfernen, sondern auch fehlende Bereiche in Bildern ausfüllen.

Sie verwenden das Kopierstempel-Werkzeug nun, um die Mauer an den mit der inhaltsbasierten Füllung retuschierten Stellen zu verbessern, sodass die Steine stärker hervortreten und sich besser voneinander unterscheiden.

1 Wählen Sie im Werkzeugbedienfeld das Kopierstempel-Werkzeug (⊥).

2 Öffnen Sie in der Optionsleiste die Auswahl für Pinselvorgaben und stellen Sie die Größe auf 21 und die Härte auf 30 % ein. Die Option »Ausger. Aufnehm.« (Ausgerichtet aufnehmen) ist in der Optionsleiste aktiviert.

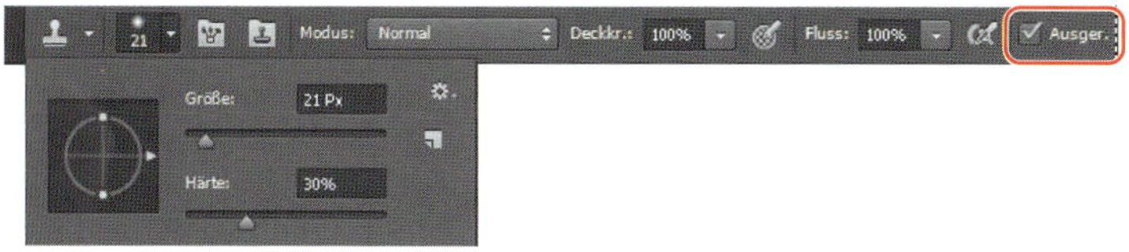

3 Bewegen Sie das Kopierstempel-Werkzeug über den oberen Bereich der senkrechten Linie im dunklen Bereich des Steins. Diese Linie werden Sie an andere Stellen kopieren, um die Mauer besser zu definieren. Bei der Arbeit in diesem Bereich erhalten Sie die besten Ergebnisse, wenn Sie eine Quelle wählen, die der Farbe des zu verändernden Steins entspricht (zoomen Sie gegebenenfalls ein, damit Sie den Stein besser erkennen können).

4 Drücken Sie dann die Alt- (Windows) bzw. ⌥-Taste (Mac OS) – der Zeiger wird zum Fadenkreuz – und klicken Sie, um diesen Teil des Bilds aufzunehmen.

5 Ziehen Sie das Kopierstempel-Werkzeug nach unten, um eine Linie zwischen den Steinen zu definieren (siehe Bild oben). Geben Sie anschließend die Maustaste frei.

Sie wählen bei jedem Klicken mit dem Kopierstempel-Werkzeug einen neuen Quellpunkt mit der gleichen räumlichen Abhängigkeit zum Werkzeug (Dimension und Richtung) wie beim ersten Malstrich. Wenn Sie also weiter rechts malen, werden Steine aufgenommen, die sich weiter rechts neben dem ursprünglichen Quellpunkt befinden. Der Grund dafür ist die aktivierte Ausrichten-Option in der Optionsleiste. Deaktivieren Sie die Option »Ausrichten«, wenn Sie jedes Mal mit demselben Quellpunkt beginnen möchten. Ein Beispiel wäre, wenn Sie mehrere senkrechte Linien zeichnen möchten.

6 Fahren Sie fort, die Steine zu verfeinern. Wir haben Linien zwischen den Steinen kopiert, außerdem die Struktur der Steine selbst. Entscheiden Sie selbst, wie stark Sie den Bereich retuschieren möchten, und setzen Sie bei Bedarf den Quellpunkt zurück. Sie können auch die Pinselgröße oder andere Einstellungen

ändern. Denken Sie daran, dass Sie Ihre Retuschen bei Bedarf zurücknehmen und sogar ganz von vorne beginnen können, indem Sie **Datei: Zurück zur letzten Version** wählen.

7 Wenn Ihnen die Steine zusagen, wählen Sie **Datei: Speichern**.

Inhaltsbasiertes Ausbessern

Jetzt verwenden Sie noch ein weiteres inhaltsbasiertes Werkzeug, um eine unbeteiligte Person aus dem rechten Bildbereich zu entfernen. Das inhaltsbasierte Ausbessern funktioniert anders als der Kopierstempel, mit dem Sie Teile eines Bilds in einen anderen Bereich des Bilds kopieren – das inhaltssensitive Füllen wirkt geradezu magisch.

1 Wählen Sie im Werkzeugbedienfeld das Ausbessern-Werkzeug (), das unter dem Bereichsreparatur-Pinsel () verborgen ist.

2 Danach wählen Sie in der Optionsleiste im Menü »Ausbessern« die Option »Inhaltsbasiert«. Achten Sie darauf, dass im Menü »Anpassung« die Option »Sehr streng« statt »Normal« gewählt ist.

3 Ziehen Sie mit dem Ausbessern-Werkzeug so dicht wie möglich um den Jungen und seinen Schatten eine Auswahl. Zoomen Sie gegebenenfalls ein, damit Sie den Jungen besser erkennen können.

4 Klicken Sie in den gerade gewählten Bereich und ziehen Sie ihn nach links. Photoshop zeigt Ihnen eine Vorschau des Inhalts, der den Jungen ersetzen wird. Ziehen Sie weiter nach links, bis der Vorschaubereich den Bereich mit dem Jungen nicht mehr überlappt; achten Sie aber darauf, dass er weder die Frau noch das zugehörige Mädchen überdeckt. Geben Sie die Maustaste frei, wenn Sie die gewünschte Position erreicht haben.

Die Auswahl entspricht nun dem umgebenden Bereich. Der Junge ist verschwunden und an seine Stelle ist ein Teil der Steinmauer und ein Gebäude gekommen.

5 Wählen Sie **Auswahl: Auswahl aufheben.**

Der Effekt war ziemlich eindrucksvoll, aber noch nicht perfekt. Sie verwenden das Kopierstempel-Werkzeug, um einige Unregelmäßigkeiten im oberen Bereich der Steinmauer und in den Gebäudefenstern zu entfernen.

6 Wählen Sie das Kopierstempel-Werkzeug im Werkzeugbedienfeld und wählen Sie einen Pinsel mit **60 Px** und **30 %** Härte.

7 Wählen Sie einen Quellpunkt in einem glatten Bereich des Maueraufsatzes. Ziehen Sie das Kopierstempel-Werkzeug mit gedrückter Alt- (Windows) bzw. ⌥-Taste, um den Maueraufsatz in den retuschierten Bereichen zu glätten.

8 Wählen Sie einen Quellpunkt in einem glatten Bereich des Mauerfußes. Ziehen Sie das Kopierstempel-Werkzeug über den unteren Bereich der Mauer in den retuschierten Bereichen.

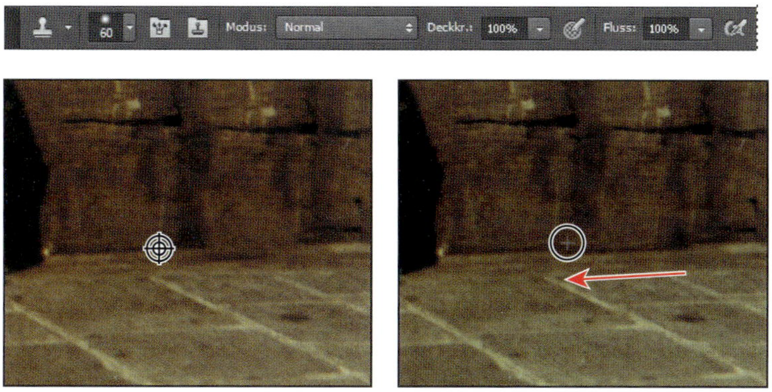

9 Wählen Sie einen kleineren Pinseldurchmesser und deaktivieren Sie die Option »Ausgerichtet«. Dann wählen Sie einen Quellpunkt über den Fenstern ganz rechts in der untersten Reihe des Gebäudes. Klicken Sie, um exakte Fenster zu erzeugen.

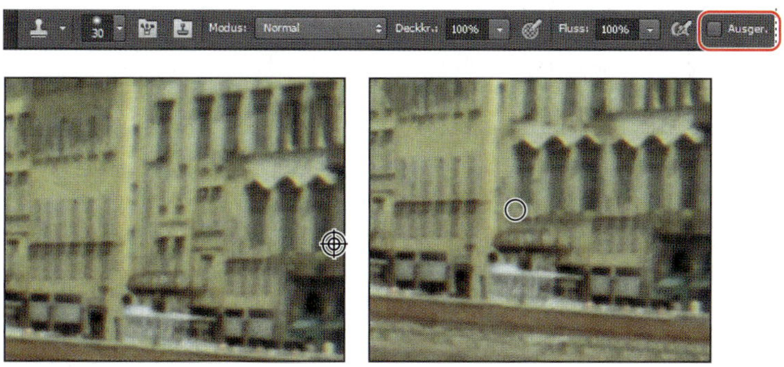

10 Wiederholen Sie Schritt 9, bis Sie alle nötigen Änderungen am untersten Bereich des Gebäudes und der davor verlaufenden Mauer vorgenommen haben.

11 Bei Bedarf können Sie einen kleineren Pinseldurchmesser einstellen, um die Steine im retuschierten Bereich der Mauer zu verbessern. Nutzen Sie dieselbe Technik wie für die linke Seite der Mauer.

12 Speichern Sie Ihre Arbeit.

Das Bild schärfen

Im letzten Schritt beim Retuschieren eines Fotos erfolgt die Schärfung des Bildes. Es gibt verschiedene Möglichkeiten, ein Bild in Photoshop zu schärfen. Die größte Kontrolle erhalten Sie, wenn Sie den Filter »Selektiver Scharfzeichner« verwenden. Weil Sie beim Schärfen eventuell Artefakte hervorheben, entfernen Sie diese zunächst.

1 Zoomen Sie auf etwa 400 %, damit Sie die Artefakte auf dem Shirt des Jungen deutlich erkennen können. Es handelt sich um farbige Punkte, die beim Scannen entstanden sind.

2 Wählen Sie **Filter: Rauschfilter: Staub und Kratzer**.

3 Im Dialogfeld »Staub und Kratzer« belassen Sie die Standardeinstellungen mit einem Radius von 1 Pixel und einem Schwellenwert von 0. Klicken Sie auf OK.

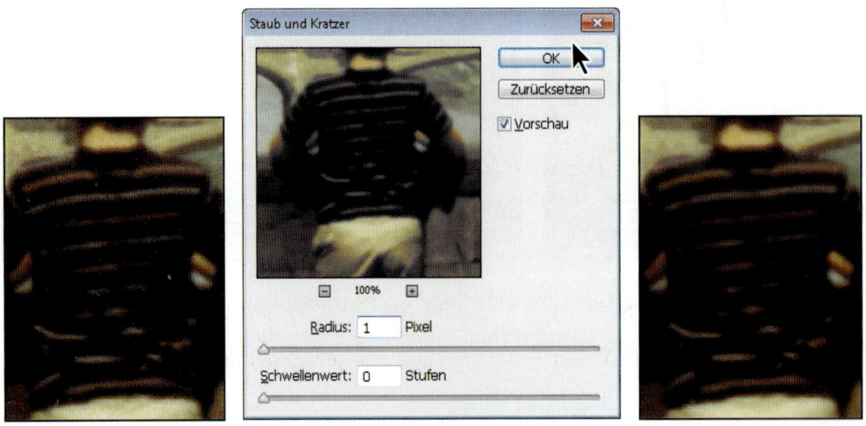

Der Schwellenwert bestimmt, wie unähnlich die Pixel einander sein müssen, damit sie entfernt werden. Der Radius bestimmt die Größe des Bereichs, der nach unähnlichen Pixeln durchsucht wird. Die Standardwerte eignen sich bestens für die winzigen Farbpunkte in diesem Bild.

Nachdem Sie die Artefakte entfernt haben, können Sie das Bild schärfen.

4 Wählen Sie **Filter: Scharfzeichnungsfilter: Selektiver Scharfzeichner.**

5 Überzeugen Sie sich, dass im Dialogfeld »Selektiver Scharfzeichner« das Kontrollkästchen »Vorschau« aktiviert ist, damit Sie das Ergebnis im Bildfenster sehen können.

Für einen besseren Überblick positionieren Sie den Zeiger im Vorschaufenster und zeigen durch Ziehen verschiedene Bildteile an. Außerdem lässt sich mit den Plus- und Minus-Schaltflächen unterhalb des Vorschaufensters die Darstellungsgröße des Bilds im Vorschaufenster ändern.

6 Vergewissern Sie sich, dass im Menü »Verringern« die »Objektivunschärfe« gewählt ist.

Sie können den Selektiven Scharfzeichner verwenden, um Objektivunschärfe, Gaußsche Unschärfe und Bewegungsunschärfe zu entfernen.

7 Ziehen Sie den »Stärke«-Regler, bis das Bild die gewünschte Schärfe hat (wir haben mit **60 %** gearbeitet).

8 Ziehen Sie den »Radius«-Regler auf etwa **1,5 Px**.

Der Radius bestimmt die Anzahl der Pixel um die Kantenpixel, die die Scharfzeichnung beeinflussen. Je höher die Auflösung, desto höher sollte der »Radius«-Wert normalerweise sein.

9 Klicken Sie auf OK, um den Filter »Selektiver Scharfzeichner« anzuwenden.

10 Wählen Sie **Datei: Speichern** und schließen Sie die Projektdatei.

Ihr Bild ist fertig – Sie können es im Internet veröffentlichen oder ausdrucken!

Bonus

Ein Bild in Schwarzweiß konvertieren

Sie können großartige Ergebnisse erzielen, wenn Sie in Photoshop ein Farbbild in Schwarzweiß (mit oder ohne Tonung) umwandeln.

1 Wählen Sie **Datei: Öffnen** und öffnen Sie die Datei *bike.jpg* im Ordner *Lektion02.*

2 Wird die Datei in Camera Raw angezeigt, klicken Sie auf »Bild öffnen«, um sie in Photoshop zu öffnen.

3 Klicken Sie im Korrekturenbedienfeld auf das Symbol »Schwarzweiß«, um eine Schwarzweiß-Einstellungsebene hinzuzufügen.

4 Ändern Sie mit den Farbreglern die Sättigung der Farbkanäle. Experimentieren Sie außerdem mit den Optionen im Menü »Vorgaben«, beispielsweise mit »Dunkler » oder »Infrarot«. Oder wählen Sie das Werkzeug oben links im Korrekturenbedienfeld und ziehen Sie es über das Bild, um die Farben im jeweiligen Bereich einzustellen. (Wir haben das Fahrrad dunkler und die Hintergrundbereiche etwas heller gemacht.)

5 Wenn Sie das Foto färben möchten, aktivieren Sie die Option »Farbtonung«. Klicken Sie anschließend auf das Farbfeld und wählen Sie einen Farbton (wir haben R=227, G=209 und B=198 eingestellt).

Fragen

1 Was verstehen Sie unter Auflösung?

2 Wie setzt man das Freistellungswerkzeug ein?

3 Wie stellen Sie Farbe und Tonwerte eines Bilds in Photoshop ein?

4 Mit welchen Werkzeugen lässt sich ein Bild reparieren?

5 Wie können Sie digitale Artefakte wie beispielsweise farbige Pixel aus einem Bild entfernen?

Antworten

1 Der Begriff »Auflösung« bezieht sich auf die Anzahl der Pixel, die ein Bild beschreiben und für die Details verantwortlich sind. Es gibt drei Arten von Auflösungen: Bild- und Eingabeauflösung, gemessen in Pixel pro Zoll (ppi), Ausgabeauflösung, gemessen in Punkten pro Zoll (dpi), und Druck- bzw. Belichterauflösung, gemessen in Linien pro Zoll (lpi).

2 Mit dem Freistellungswerkzeug beschneiden und skalieren Sie ein Bild und richten es gerade aus.

3 Um Farbe und Tonwerte eines Bilds in Photoshop anzupassen, wählen Sie zuerst das Weißpunkt-Werkzeug in einer Gradationskurven-Einstellungsebene. Anschließend verfeinern Sie die Tonwerte mit einer Tonwertkorrektur-Einstellungsebene.

4 Sie können mit dem Reparatur-Pinsel-Werkzeug, dem Bereichsreparatur-Pinsel-Werkzeug, dem Kopierstempel-Werkzeug sowie dem inhaltssensitiven Füllen unerwünschte Bildteile durch andere Bereiche im Bild ersetzen. Das Kopierstempel-Werkzeug kopiert exakt den Quellbereich, während das Reparatur-Pinsel-Werkzeug und das Ausbessern-Werkzeug den zu reparierenden Bereich mit den Umgebungspixeln vermischen. Das Bereichsreparatur-Pinsel-Werkzeug benötigt keinen Quellbereich, da es Bereiche so ausbessert, dass sie mit den Umgebungspixeln übereinstimmen. Das inhaltssensitive Füllen ersetzt eine Auswahl mit Inhalt, der mit den benachbarten Bereichen übereinstimmt.

5 Der Filter »Staub und Kratzer« entfernt digitale Artefakte aus dem Bild.

3 AUSWAHLBEREICHE

Überblick

In dieser Lektion lernen Sie Folgendes:

- Bildteile mit Hilfe verschiedener Werkzeuge auswählen
- Position einer Auswahlbegrenzung korrigieren
- Auswahl bewegen und duplizieren
- Zeitsparende Tastatur-Maus-Kombinationen verwenden
- Auswahl aufheben
- Bewegung einer Auswahl einschränken
- Einen ausgewählten Bereich mit den Pfeiltasten positionieren
- Auswahl erweitern und reduzieren
- Auswahl drehen
- Mehrere Auswahlwerkzeuge für komplexe Auswahl verwenden

Für diese Lektion benötigen Sie etwa eine Stunde. Laden Sie bei Bedarf die Projektdateien für Lektion03 von der Buch-DVD in einen Ordner »Lektionen« auf Ihrer Festplatte. Bei der Arbeit mit dieser Lektion überschreiben Sie die Startdateien. Wenn Sie diese wiederherstellen wollen, laden Sie sie einfach von der DVD erneut auf Ihre Festplatte.

PROJEKT: SHADOWBOX COLLAGE

Das Auswählen von Bildbereichen ist für die Arbeit in Adobe Photoshop äußerst wichtig. Es kann jeweils nur der gewählte Bereich bearbeitet werden. Bereiche außerhalb der Auswahl sind vor Änderungen geschützt.

Auswählen und Auswahlwerkzeuge

Hinweis: Informationen zur Auswahl von Vektorbereichen mit dem Zeichenstift-Werkzeug finden Sie in Lektion 8, »Mit Vektoren zeichnen«.

Einen Bildbereich auswählen und ändern ist ein Prozess, der aus zwei Schritten besteht. In Photoshop wählen Sie erst die Bildteile, die Sie mit einem der Auswahlwerkzeuge ändern wollen. Anschließend können Sie für die Änderungen ein anderes Werkzeug, einen Filter oder eine Funktion verwenden, um z.B. gewählte Pixel an eine andere Stelle zu verschieben oder um einen Filter auf den gewählten Bereich anzuwenden. Sie können eine Auswahl nach Größe, Form oder Farbe vornehmen. Eine Auswahl beschränkt Änderungen auf die gewählten Bereiche – alles außerhalb bleibt unbeeinflusst.

Das beste Auswahlwerkzeug für einen bestimmten Bereich wird häufig von den Eigenschaften des Bereichs bestimmt, wie seine Form oder Farbe. Es gibt vier Auswahlkategorien:

Geometrische Auswahl Das Auswahlrechteck-Werkzeug ( ) ermöglicht die Auswahl eines rechteckigen Bereichs in einem Bild. Das Auswahlellipse-Werkzeug ( ), verborgen unter dem Auswahlrechteck-Werkzeug, dient der Auswahl elliptischer Bereiche. Mit den Auswahlwerkzeugen Einzelne Zeile ( ) und Einzelne Spalte ( ) wählen Sie eine ein Pixel hohe Zeile bzw. eine ein Pixel breite Spalte.

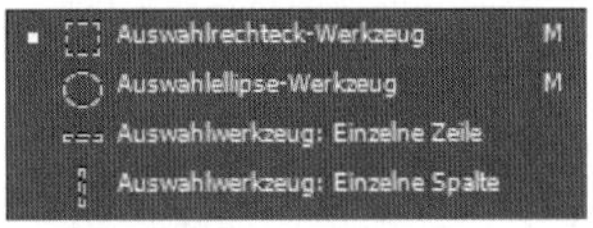

Freihändige Auswahl Mit dem Lasso-Werkzeug ( ) zeichnen Sie eine Auswahllinie frei um einen Bereich. Beim Polygon-Lasso-Werkzeug ( ) setzt sich die freihändige Auswahl aus geraden Linien zusammen. Das Magnetisches-Lasso-Werkzeug ( ) entspricht dem Lasso-Werkzeug mit automatischer Kantenkennung. Es bietet sich besonders dann an, wenn zwischen dem Auswahlbereich und seiner Umgebung ein guter Kontrast vorhanden ist.

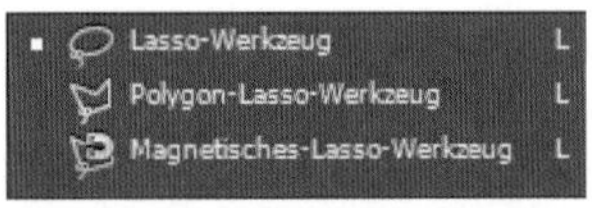

Das Schnellauswahlwerkzeug ( ) »malt« eine Auswahl, indem es automatisch Kanten im Bild findet und sie nachverfolgt.

Farborientierte Auswahl Mit dem Zauberstab-Werkzeug ( ) wählen Sie Bildbereiche nach Farben, das heißt, Photoshop bezieht bei aktiver Option »Benachbart« alle angrenzenden Pixel mit ähnlichem Farbton in die Auswahl ein. Dieses Werkzeug bietet sich für die Auswahl komplexerer Formen eines bestimmten Farbbereichs an.

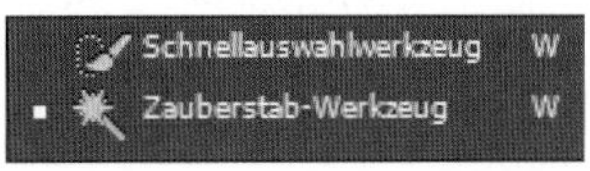

Vorbereitungen

Öffnen Sie erst das fertige Bild aus dieser Lektion, um eine Vorstellung von dem zu erhalten, was Sie anschließend mit den Auswahlwerkzeugen in Photoshop selbst erstellen.

1 Starten Sie Photoshop und halten Sie sofort danach Strg+Alt+⇧ (Windows) bzw. ⌘+⌥+⇧ (Mac OS) gedrückt, um die standardmäßigen Voreinstellungen zu erhalten. (Siehe »Die Standardeinstellungen wiederherstellen« auf Seite 4.)

2 Klicken Sie im Meldungsfenster zur Bestätigung auf »Ja«, um die Datei mit den Adobe-Photoshop-Einstellungen zu löschen.

3 Wählen Sie **Datei: In Bridge suchen**, um Adobe Bridge zu öffnen.

4 Doppelklicken Sie oben links im FAVORITEN-Fenster auf den Ordner *Lektionen*. Doppelklicken Sie anschließend im INHALT-Fenster auf den Ordner *Lektion03*, um dessen Inhalt anzuzeigen.

5 Sehen Sie sich die Datei *03End.psd* an. Um die Miniaturen im INHALT-Fenster zu vergrößern, ziehen Sie den Miniaturgrößen-Regler unten rechts im Bridge-Fenster nach rechts.

Das Objekt besteht aus einem Setzkasten mit einer Koralle, einem Sanddollar-Seeigel, einer Miesmuschel, einem Nautilus und einer Schale mit kleinen Muscheln. In dieser Lektion ordnen Sie die einzelnen Objekte (in der Datei *03Start.psd* zusammen als einzelne Seite gescannt) neu an.

6 Doppelklicken Sie auf die Miniatur *03Start.psd*, um die Bilddatei in Photoshop zu öffnen.

7 Wählen Sie **Datei: Speichern unter**, benennen Sie die Datei mit **03Arbeit.psd** und klicken Sie auf »Speichern«.

Auf diese Weise brauchen Sie keine Sorge zu haben, versehentlich die Originaldatei zu überschreiben.

● **Hinweis:** Sollte Bridge nicht installiert sein, werden Sie aufgefordert, das Programm zu installieren, sobald Sie »In Bridge suchen« wählen. Weitere Informationen finden Sie auf Seite 3.

Mit dem Schnellauswahlwerkzeug wählen

Das Schnellauswahlwerkzeug ist eine der simpelsten Möglichkeiten für eine Auswahl. Sie malen einfach in einem Bildbereich und das Werkzeug findet automatisch die Kanten. Sobald Sie die anfängliche Auswahl vorgenommen haben, können Sie beliebig Bereiche hinzufügen oder abziehen.

Der Sanddollar in der Datei *03Arbeit.psd* eignet sich wegen der klar definierten Kanten besonders gut für das Schnellauswahlwerkzeug. Sie werden nur den Sanddollar wählen und nicht den Schatten oder Hintergrund.

1 Wählen Sie im Werkzeugbedienfeld das Zoom-Werkzeug und vergrößern Sie so, dass der Sanddollar gut zu erkennen ist.

2 Wählen Sie im Werkzeugbedienfeld das Schnellauswahlwerkzeug ( ).

3 In der Optionsleiste wählen Sie »Automatisch verbessern«.

Wenn die Option »Automatisch verbessern« gewählt ist, erzeugt das Schnellauswahlwerkzeug Auswahlen von besserer Qualität; die Kanten folgen dem Objekt exakter. Das Werkzeug arbeitet dann ein wenig langsamer als mit deaktivierter Option »Automatisch verbessern«, aber die Ergebnisse sind deutlich besser.

4 Klicken Sie in einem cremefarbigen Bereich in der Nähe des Rands des Sanddollars.

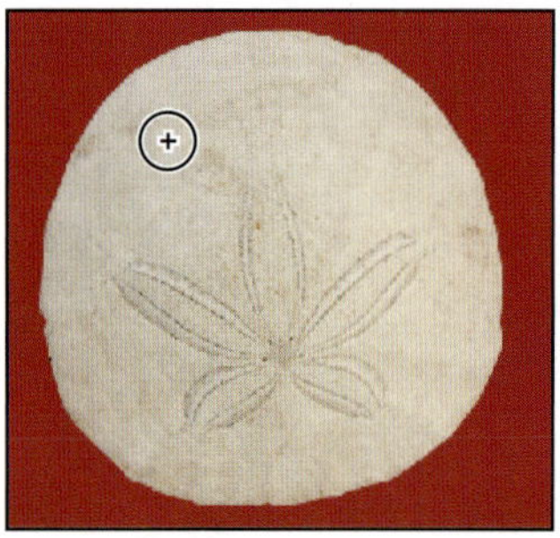

Das Schnellauswahlwerkzeug erkennt automatisch den kompletten Rand und wählt den Sanddollar. Lassen Sie die Auswahl bestehen, um sie in der nächsten Übung benutzen zu können.

Auswahlbereich bewegen

Wenn Sie einen Bildbereich gewählt haben, lassen sich nur noch die Pixel in dieser Auswahl ändern. Die restlichen Bildteile bleiben unverändert erhalten.

Wenn Sie den gewählten Bildbereich innerhalb der Komposition verschieben wollen, verwenden Sie das Verschieben-Werkzeug. In einem Bild mit nur einer Ebene (wie in dem vorliegenden Bild) ersetzen die verschobenen Pixel die Pixel darunter. Diese Änderung wird erst dann permanent, wenn Sie die bewegten Pixel abwählen, d.h. die Auswahl aufheben. Sie können also mit der verschobenen Auswahl experimentieren, bevor Sie sich endgültig für die richtige Stelle entscheiden.

1 Falls der Sanddollar nicht mehr gewählt ist, müssen Sie die Auswahl erneut vornehmen.

2 Verkleinern Sie die Ansicht, um den Setzkasten und den Sanddollar anzuzeigen.

3 Wählen Sie das Verschieben-Werkzeug (▸✥). Der Sanddollar ist weiterhin gewählt.

4 Ziehen Sie die Auswahl (den Sanddollar) in den oberen linken, mit »A« beschrifteten Bereich des Rahmens. Positionieren Sie den Sanddollar über der Silhouette im Rahmen, sodass der untere linke Bereich der Silhouette als Schatten sichtbar bleibt.

5 Wählen Sie **Auswahl: Auswahl aufheben** und dann **Datei: Speichern**.

In Photoshop ist es relativ schwierig, eine Auswahl versehentlich aufzuheben. Solange kein Auswahlwerkzeug aktiviert ist, hebt ein Klicken im Bildfenster die Auswahl nicht auf. Um bewusst abzuwählen bzw. eine Auswahl aufzuheben, verwenden Sie eine dieser drei Methoden: Wählen Sie **Auswahl: Auswahl aufheben**, drücken Sie Strg+D (Windows) bzw. ⌘+D (Mac OS) oder klicken Sie mit einem Auswahlwerkzeug außerhalb einer vorhandenen Auswahl, um mit einer anderen Auswahl zu beginnen.

Julieanne Kost, Adobe-Photoshop-Expertin

Tipps von der Photoshop-Expertin

Raffiniertes zum Verschieben-Werkzeug

Wenn Sie Objekte in einer Datei mit mehreren Ebenen mit dem Verschieben-Werkzeug (V) bewegen und zwischendurch eine der Ebenen wählen möchten, versuchen Sie Folgendes: Setzen Sie das Verschieben-Werkzeug auf einen Bildbereich und klicken Sie mit der rechten Maustaste (Windows) bzw. mit gedrückter Ctrl-Taste (Mac OS). Die Ebenen unter dem Zeiger erscheinen im Kontextmenü. Wählen Sie die Ebene, die Sie aktivieren möchten.

Auswahlbereiche bearbeiten

Sie können Auswahlbereiche bereits während des Erstellens neu positionieren, bewegen und sogar duplizieren. In diesem Abschnitt erfahren Sie, wie Sie eine Auswahl manipulieren. Auch wenn die meisten dieser Methoden mit jeder Auswahl funktionieren, benutzen Sie hier das Auswahlellipse-Werkzeug für ovale oder kreisrunde Auswahlbereiche. Sie lernen außerdem Tastaturbefehle kennen, um Zeit (und unnötige Armbewegungen) zu sparen.

Auswahlbegrenzung während des Erstellens neu positionieren

Die Auswahl von elliptischen und runden Bereichen ist nicht immer einfach. Wo soll mit dem Ziehen begonnen werden? Manchmal lässt sich eine Auswahl auch nicht zentrieren, weil das Seitenverhältnis (Höhe zu Breite) nicht passt. Sie machen sich jetzt mit Techniken zur Lösung dieser Probleme vertraut und lernen auch zwei wichtige Tastatur-Maus-Kombinationen kennen, mit denen Sie die Arbeit in Photoshop erheblich vereinfachen.

Befolgen Sie die Anweisungen – besonders was den Umgang mit der Maustaste und das Drücken bestimmter Tasten auf der Tastatur anbelangt. Falls Sie die Maustaste versehentlich zum falschen Zeitpunkt loslassen, beginnen Sie von vorne mit Schritt 1.

1 Wählen Sie das Zoom-Werkzeug (🔍) und klicken Sie auf den Teller mit den Muscheln unten im Bildfenster. Vergrößern Sie auf mindestens 100 % (arbeiten Sie mit 200 %, sofern die Bildschirmgröße das zulässt).

2 Wählen Sie das Auswahlellipse-Werkzeug (◯), das unter dem Auswahlrechteck-Werkzeug (⬚) verborgen ist.

3 Ziehen Sie diagonal über den Muschelteller, um eine Auswahl zu erstellen. Lassen Sie die Maustaste nicht los. Es ist kein Problem, wenn die Auswahlbegrenzung mit der Form des Tellers noch nicht deckungsgleich ist.

Falls Sie die Maustaste versehentlich loslassen, zeichnen Sie eine neue Auswahl. In den meisten Fällen ersetzt eine neue Auswahl die vorherige.

4 Halten Sie die Maustaste weiterhin gedrückt. Drücken Sie zusätzlich die Leertaste und ziehen Sie die Auswahl an die neue Position. Die Begrenzung verschiebt sich nun entsprechend. Richten Sie die Auswahl am Tellerrand aus.

5 Lassen Sie die Leertaste los (nicht aber die Maustaste) und ziehen Sie weiter. Versuchen Sie, Größe und Form der Auswahl möglichst genau mit dem ovalen Teller in Übereinstimmung zu bringen. Eventuell müssen Sie die Leertaste drücken und ziehen, um den Auswahlrahmen genau über den Teller zu bringen.

● **Hinweis:** Der Teller muss nicht hundertprozentig gewählt sein. Achten Sie aber darauf, dass die Form Ihrer Auswahl mit den Proportionen der Schale übereinstimmt und sich die Muscheln innerhalb der Auswahl befinden.

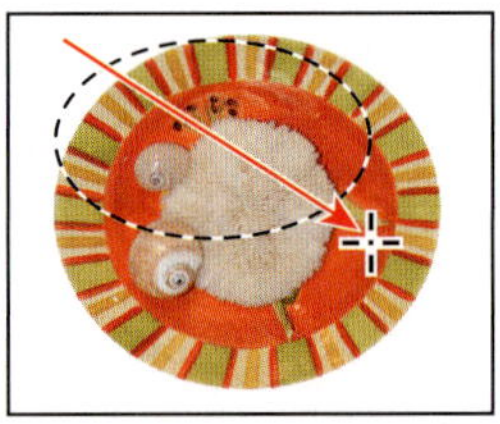
Ziehen einer Auswahl

Mit Leertaste bewegen

Auswahl fertigstellen

6 Wenn die Auswahlbegrenzung die korrekte Position und Größe hat, lassen Sie die Maustaste los.

7 Wählen Sie **Ansicht: Ganzes Bild** oder benutzen Sie den Regler im Navigatorbedienfeld, um das komplette Bild anzuzeigen.

Lassen Sie das Auswahlellipse-Werkzeug und die Auswahl für die nächste Übung aktiviert.

Gewählte Pixel mit einem Tastaturbefehl verschieben

Als Nächstes verschieben Sie den Muschelteller mit einem Tastaturbefehl auf den Setzkasten. Sie aktivieren mit dem Kurzbefehl vorübergehend das Verschieben-Werkzeug, ohne es im Werkzeugbedienfeld wählen zu müssen.

1 Falls der Teller nicht mehr gewählt ist, wiederholen Sie die vorherige Übung, um sie erneut zu wählen.

2 Das Auswahlellipse-Werkzeug (◌) ist im Werkzeugbedienfeld gewählt. Halten Sie die Strg- (Windows) bzw. ⌘-Taste (Mac OS) gedrückt und positionieren Sie den Zeiger innerhalb der Auswahl.

● **Hinweis:** Wenn Sie die Strg- (Windows) bzw. ⌘-Taste (Mac OS) drücken, um zwischendurch das Verschieben-Werkzeug zu wählen, brauchen Sie zum Ziehen die Taste nicht gedrückt zu halten. Das Verschieben-Werkzeug bleibt aktiviert, selbst wenn Sie die Maustaste loslassen. Photoshop geht zum vorher gewählten Werkzeug zurück, sobald Sie außerhalb der Auswahl klicken oder den Befehl »Auswahl aufheben« wählen.

Neben dem Zeiger erscheint eine Schere (▸✂), woran Sie erkennen, dass Photoshop die Auswahl aus der aktuellen Position ausschneidet.

3 Ziehen Sie den Teller auf den mit »B« beschrifteten Bereich des Setzkastens. (Sie arbeiten jetzt mit einer anderen Technik, um die Muschelschale auf die exakte Position zu bringen.)

4 Lassen Sie die Maustaste los, ohne die Muschelschale abzuwählen.

Mit den Pfeiltasten bewegen

Mit den Pfeiltasten können Sie kleinste Änderungen an der Position einer Auswahl vornehmen, das heißt, die Auswahl lässt sich in Schritten von einem Pixel bzw. zehn Pixel verschieben.

Ist ein Auswahlwerkzeug im Werkzeugbedienfeld aktiviert, bewegen die Pfeiltasten die Auswahlbegrenzung, nicht aber deren Inhalt. Wenn das Verschieben-Werkzeug aktiviert ist, bewegen die Pfeiltasten die Auswahlbegrenzung und deren Inhalt.

Sie bewegen jetzt mit den Pfeiltasten den Muschelteller. Der Teller ist noch gewählt.

1 Wählen Sie im Werkzeugbedienfeld das Verschieben-Werkzeug und drücken Sie einige Male die Pfeil-nach-oben-Taste (↑), um die Schale nach oben zu verschieben.

Bei jedem Drücken der Pfeiltaste verschiebt sich der Muschelteller um ein Pixel. Üben Sie auch mit den anderen Pfeiltasten, um deren Auswirkungen auf die Auswahl kennenzulernen.

2 Halten Sie die ⇧-Taste gedrückt und betätigen Sie eine Pfeiltaste.

Die Auswahl verschiebt sich jetzt in Schritten von zehn Pixel.

Manchmal stört die Begrenzung um einen ausgewählten Bereich bei der Arbeit. Deshalb lässt sich die Auswahlbegrenzung zeitweise ausblenden, ohne dass Photoshop die Auswahl dabei aufhebt. Wenn Sie Ihre Änderungen durchgeführt haben, blenden Sie die Auswahlbegrenzung wieder ein.

3 Wählen Sie **Ansicht: Einblenden: Auswahlkanten** oder **Ansicht: Extras** – das Häkchen verschwindet und die Funktion ist abgewählt bzw. deaktiviert.

Die Auswahlbegrenzung um den Muschelteller verschwindet.

4 Drücken Sie die Pfeiltasten so lange, bis der Teller über der Silhouette positioniert ist, sodass sich ein Schatten links und unterhalb des Tellers befindet. Wählen Sie dann **Ansicht: Einblenden: Auswahlkanten** oder **Ansicht: Extras**, um die Auswahlbegrenzung wieder einzublenden.

Auswahlkanten ausgeblendet

Auswahlkanten eingeblendet

5 Wählen Sie **Auswahl: Auswahl aufheben** oder drücken Sie [Strg]+[D] (Windows) bzw. [⌘]+[D] (Mac OS).

6 Wählen Sie **Datei: Speichern**.

Mit dem Zauberstab-Werkzeug wählen

Das Zauberstab-Werkzeug wählt alle Pixel einer bestimmten Farbe oder eines Farbbereichs. Das Werkzeug ist besonders erfolgreich bei der Auswahl von Bereichen mit ähnlichen Farben, die von anderen sehr unterschiedlichen Farben umgeben sind. Sobald Sie die anfängliche Auswahl vorgenommen haben, können Sie Bereiche hinzufügen oder abziehen, indem Sie das Zauberstab-Werkzeug mit einer bestimmten Tastaturkombination verwenden.

In der Optionsleiste des Zauberstab-Werkzeugs bestimmen Sie im Eingabefeld »Toleranz«, wie viele ähnliche Farbtöne Photoshop in die Auswahl einbezieht, sobald Sie auf einen bestimmten Bereich klicken. Der Standardwert ist 32. Dies bedeutet, dass das Zauberstab-Werkzeug 16 ähnliche hellere Farbtöne und 16 ähnliche dunklere Farbtöne wählt. Die ideale Toleranz hängt von den Farbbereichen und den Variationen im Bild ab.

Befindet sich ein mehrfarbiger Bereich vor einem anders gefärbten Hintergrund, ist es meist viel einfacher, den Hintergrund anstelle des Bereichs zu wählen. Sie wählen jetzt mit dem Auswahlrechteck-Werkzeug einen größeren Bereich und ziehen dann mit dem Zauberstab-Werkzeug den Hintergrund von dieser Auswahl ab.

1 Wählen Sie das Auswahlrechteck-Werkzeug (⬚), das unter dem Auswahlellipse-Werkzeug (◯) verborgen ist.

2 Ziehen Sie eine Auswahl um das Stück Koralle. Achten Sie darauf, dass die Auswahl ausreichend Weißraum um die Koralle herum enthält.

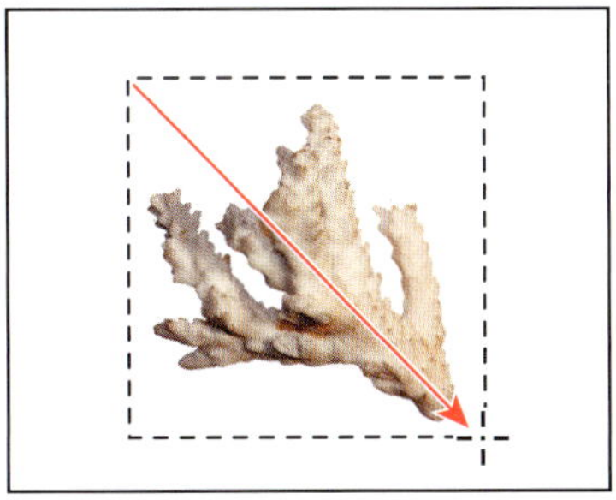

Zu diesem Zeitpunkt sind die Koralle und der weiße Hintergrundbereich gewählt. Als Nächstes ziehen Sie den weißen Bereich von der Auswahl ab, damit sich nur noch die Koralle in der Auswahl befindet.

3 Wählen Sie das Zauberstab-Werkzeug (), das unter dem Schnellauswahlwerkzeug () verborgen ist.

4 Geben Sie wenn nötig in der Optionsleiste unter »Toleranz« den Wert 32 ein, um den Farbumfang für die Auswahl zu reduzieren.

5 Klicken Sie in der Optionsleiste auf die Schaltfläche »Von Auswahl subtrahieren« ().

Neben dem Zauberstab-Werkzeug erscheint ein Minuszeichen. Alles, was Sie jetzt wählen, wird von der anfänglichen Auswahl subtrahiert.

6 Klicken Sie in den weißen Hintergrundbereich innerhalb der Auswahlbegrenzung.

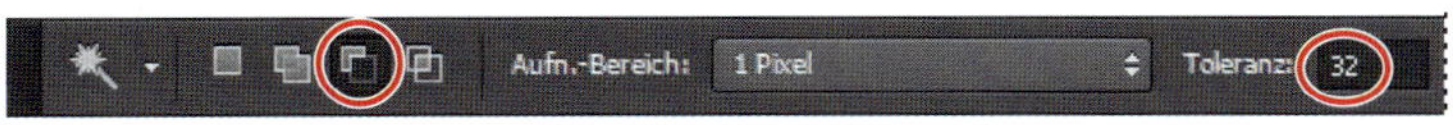

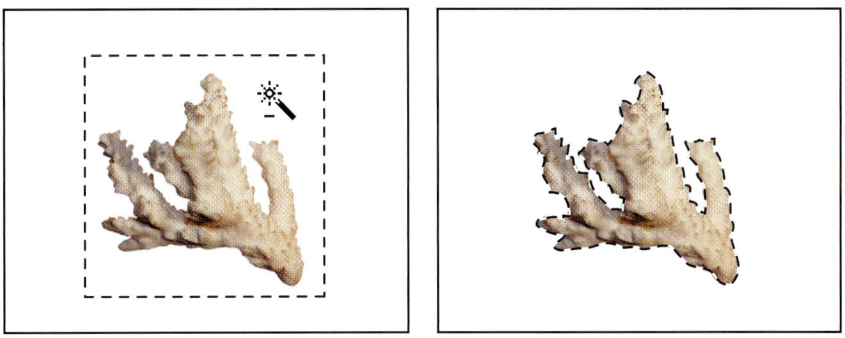

Das Zauberstab-Werkzeug hat den kompletten Hintergrund gewählt und ihn dann von der Auswahl subtrahiert. Jetzt sind alle weißen Pixel abgewählt, das heißt, nur noch die Koralle ist gewählt.

7 Wählen Sie das Verschieben-Werkzeug (▶✢) und ziehen Sie die Koralle auf den mit »C« beschrifteten Bereich des Setzkastens. Positionieren Sie sie so, dass sich links und unter der Koralle ein Schlagschatten zeigt.

8 Wählen Sie **Auswahl: Auswahl aufheben** und speichern Sie Ihre Arbeit.

Eine weiche Auswahlkante erstellen

Sie können harte Kanten einer Auswahl mit der Option »Glätten« oder »Weiche Kante« glätten.

Glätten – hierdurch werden unregelmäßige Kanten einer Auswahl geglättet, indem der Farbübergang zwischen Kantenpixeln und Hintergrundpixeln verwischt wird. Da sich nur die Kantenpixel ändern, bleiben alle Details erhalten. Diese Option ist nützlich, wenn eine Auswahl zum Erstellen von Composite-Bildern ausgeschnitten, kopiert oder eingefügt wird.

Die Option »Glätten« ist für die Werkzeuge Lasso, Polygon-Lasso, Magnetisches-Lasso, Auswahlellipse und Zauberstab verfügbar. (Wählen Sie ein Werkzeug, um die dazugehörige Optionsleiste anzuzeigen.) Sie müssen diese Option wählen, bevor Sie die Werkzeuge verwenden. Nach dem Erstellen einer Auswahl können Sie nicht mehr glätten.

Weiche Kante – Kanten werden dadurch weichgezeichnet, dass eine Übergangsgrenze zwischen der Auswahl und den umliegenden Pixeln erstellt wird. Durch das Weichzeichnen können an der Auswahlkante Details verloren gehen.

Sie können eine weiche Kante für die Werkzeuge Auswahlrechteck, Lasso, Polygon-Lasso oder magnetisches Lasso bei ihrem Verwenden definieren oder einer bereits vorhandenen Auswahl hinzufügen. Weiche-Kante-Effekte sind sichtbar, wenn Sie eine Auswahl verschieben, ausschneiden, kopieren oder füllen.

- Um die Option »Kante verbessern« zu nutzen, erzeugen Sie zuerst eine Auswahl und klicken anschließend in der Optionsleiste auf »Kante verbessern«. Das gleichnamige Dialogfeld wird geöffnet. Sie können diese Option nutzen, um die Auswahlkontur zu glätten, sie weichzuzeichnen oder sie zu erweitern bzw. zu verkleinern.
- Um »Glätten« zu verwenden, wählen Sie die Werkzeuge Lasso, Polygon-Lasso, Magnetisches Lasso, Auswahlellipse oder Zauberstab. Aktivieren Sie die Option »Glätten« in der Optionsleiste.
- Eine weiche Kante wählen Sie mit dem Lasso- oder Auswahlrechteck-Werkzeug aus. Geben Sie in der Optionsleiste unter »Weiche Kante« einen Wert zwischen 1 und 250 Pixeln ein.
- Eine weiche Kante für eine vorhandene Auswahl legen Sie mit **Auswahl: Auswahl verändern: Weiche Kante** fest. Geben Sie unter »Radius« einen Wert ein und klicken Sie auf OK.

Mit den Lasso-Werkzeugen wählen

Wie bereits erwähnt, verfügen Sie in Photoshop über drei Lasso-Werkzeuge: Lasso-Werkzeug, Polygon-Lasso-Werkzeug und Magnetisches-Lasso-Werkzeug. Mit den Lasso-Werkzeugen erstellen Sie Auswahlen, die sich aus frei gezeichneten Linien und geraden Liniensegmenten zusammensetzen. Sie arbeiten mit Tastaturbefehlen, um zwischen dem Lasso-Werkzeug und dem Polygon-Lasso-Werkzeug zu wechseln. Sie wählen die Miesmuschel nun mit dem Lasso-Werkzeug aus. Der Wechsel zwischen geraden und frei gezeichneten Auswahllinien erfordert ein wenig Geschick – wenn Ihnen also beim Auswählen der Miesmuschel ein Fehler unterläuft, heben Sie die Auswahl einfach auf und fangen Sie noch einmal von vorne an.

1 Wählen Sie das Zoom-Werkzeug (🔍) und klicken Sie auf die Miesmuschel, um diese mit 100 % anzuzeigen. Die Miesmuschel füllt das Fenster komplett aus.

2 Wählen Sie das Lasso-Werkzeug (ᑭ). Beginnen Sie unten links im Bild und ziehen Sie um das abgerundete Ende der Miesmuschel. Zeichnen Sie die Form möglichst genau nach und *lassen Sie die Maustaste nicht los.*

3 Halten Sie die [Alt]-Taste (Windows) bzw. die [⌥]-Taste (Mac OS) gedrückt und lassen Sie dann die Maustaste los, damit sich das Lasso-Werkzeug in das Polygon-Lasso-Werkzeug (ᗐ) verwandelt. *Lassen Sie die* [Alt]*- bzw.* [⌥]*-Taste nicht los.*

4 Klicken Sie entlang dem Ende der Miesmuschel, um Ankerpunkte zu setzen. Arbeiten Sie je nach Kontur mit längeren oder kürzeren Segmenten. Während des gesamten Vorgangs halten Sie die [Alt]-Taste bzw. die [⌥]-Taste gedrückt.

Ziehen mit dem Lasso-Werkzeug

Klicken mit dem Polygon-Lasso-Werkzeug

Die Auswahlbegrenzung dehnt sich automatisch wie ein Gummiband zwischen den Ankerpunkten.

5 Wenn Sie die Spitze der Miesmuschel erreichen, lassen Sie die Maustaste weiterhin gedrückt, die [Alt]-Taste bzw. die [⌥]-Taste dagegen los. Der Zeiger verwandelt sich wieder in das Lasso.

6 Ziehen Sie sorgfältig entlang der Miesmuschelspitze und lassen Sie dabei die Maustaste gedrückt.

7 Wenn Sie die Spitze der Miesmuschel nachgezeichnet haben und ihre untere Seite erreichen, drücken Sie wieder die [Alt]-Taste bzw. die [⌥]-Taste, lassen dann die Maustaste los und klicken entlang der unteren Seite der Miesmuschel.

Klicken Sie weiter, bis Sie wieder den Ausgangspunkt Ihrer Auswahl links im Bild erreichen.

8 Klicken Sie auf den Ausgangspunkt der Auswahl, wodurch die Auswahl vollständig geschlossen ist. Lassen Sie erst die [Alt]- bzw. [⌥]-Taste und dann die Maustaste los. Die komplette Miesmuschel ist jetzt gewählt. Lassen Sie die Auswahl für die nächste Übung bestehen.

Auswahl drehen

Nun drehen Sie die Miesmuschel.

Achten Sie darauf, dass die Miesmuschel gewählt ist.

1 Wählen Sie **Ansicht: Ganzes Bild**, um das Bildfenster bildschirmfüllend anzuzeigen.

2 Halten Sie die [Strg]- (Windows) bzw. [⌘]-Taste (Mac OS) gedrückt und ziehen Sie die ausgewählte Miesmuschel auf den mit »D« beschrifteten Bereich des Setzkastens.

Der Zeiger ändert sich beim Drücken der [Strg]- bzw. [⌘]-Taste in das Symbol für das Verschieben-Werkzeug.

3 Wählen Sie **Bearbeiten: Transformieren: Drehen**.

Die Miesmuschel und ihre Auswahlbegrenzung erscheinen jetzt in einem Begrenzungsrahmen.

4 Positionieren Sie den Zeiger außerhalb des Begrenzungsrahmens – er wird zum gebogenen Doppelpfeil (⤿). Ziehen Sie, um die Miesmuschel um 90 Grad zu drehen. Photoshop zeigt den Winkel in der Optionsleiste im Feld »Drehen« an. Drücken Sie die [↵]-Taste, um die Transformation zu bestätigen.

5 Eventuell müssen Sie das Verschieben-Werkzeug (▸✣) wählen. Ziehen Sie dann, um die Position der Miesmuschel zu ändern. Achten Sie darauf, dass auch hier ein Schatten sichtbar bleibt. Wählen Sie abschließend den Befehl **Auswahl: Auswahl aufheben**.

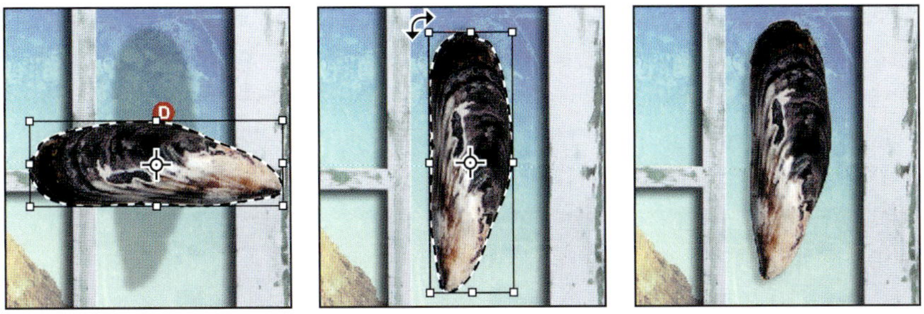

6 Wählen Sie **Datei: Speichern**.

Mit dem Magnetisches-Lasso-Werkzeug wählen

Mit dem Magnetisches-Lasso-Werkzeug erstellen Sie freihändige Auswahlen von Bereichen, die sehr kontrastreich sind. Wenn Sie mit dem magnetischen Lasso-Werkzeug eine Auswahl zeichnen, springt deren Begrenzung automatisch auf die Kontrastkante, die Sie nachziehen. Außerdem lenken Sie den Pfad des Lassos in eine bestimmte Richtung, indem Sie gelegentlich mit der Maus auf die Auswahlbegrenzung klicken, um Fixpunkte zu setzen.

Sie wählen jetzt mit dem Magnetischen-Lasso-Werkzeug den Nautilus und verschieben ihn auf den Setzkasten.

1 Wählen Sie das Zoom-Werkzeug (🔍) und klicken Sie auf den Nautilus. Zoomen Sie auf mindestens 100 % ein.

2 Wählen Sie das Magnetisches-Lasso-Werkzeug (), das sich hinter dem Lasso-Werkzeug () verbirgt.

3 Klicken Sie nun einmal an der linken Ecke des Nautilus und beginnen Sie, die Kontur nachzuzeichnen.

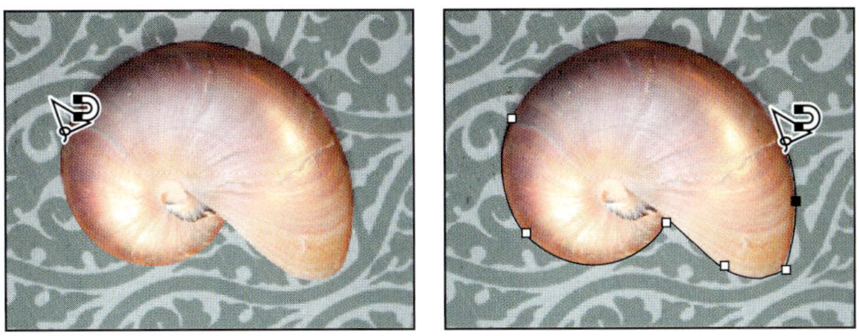

Ohne dass Sie die Maustaste drücken, rastet das Werkzeug an der Kante des Nautilus ein und fügt automatisch Fixpunkte hinzu.

Tipp: Zieht das Lasso-Werkzeug die Kante nicht exakt genug nach, setzen Sie durch Klicken mit der Maustaste Ihre eigenen Fixpunkte auf der Begrenzung. Die Anzahl der Fixpunkte bleibt dabei Ihnen überlassen. Wenn Sie Fixpunkte entfernen und im Pfad zurückgehen wollen, drücken Sie die Entfernen- bzw. Löschtaste und bewegen Sie die Maus zum letzten beizubehaltenden Fixpunkt zurück. Setzen Sie die Auswahl fort.

4 Sobald Sie wieder die rechte Seite des Nautilus erreicht haben, doppelklicken Sie mit der Maustaste. Sie weisen das Magnetisches-Lasso-Werkzeug damit an, zum Ausgangspunkt zurückzukehren und die Auswahl zu schließen. Oder setzen Sie das Magnetisches-Lasso-Werkzeug auf den Ausgangspunkt und klicken Sie einmal.

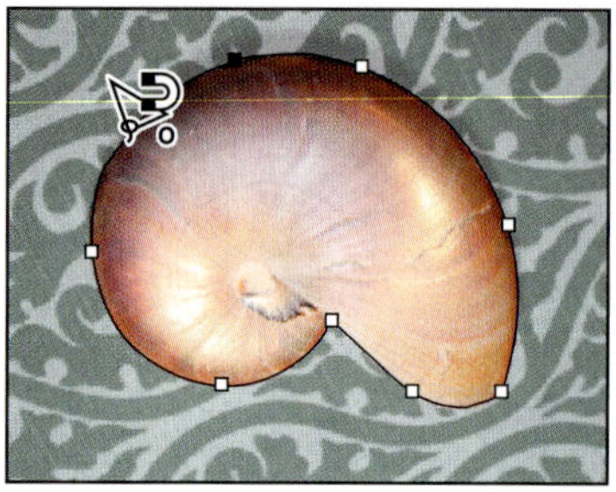

5 Doppelklicken Sie auf das Hand-Werkzeug (✋), um das ganze Bild im Bildfenster anzuzeigen.

6 Wählen Sie das Verschieben-Werkzeug (▸✛) und ziehen Sie den Nautilus auf seine Silhouette im mit »E« beschrifteten Bereich des Setzkastens. Achten Sie darauf, dass links und unter dem Nautilus ein Schatten sichtbar bleibt.

7 Wählen Sie **Auswahl: Auswahl aufheben** und dann **Datei: Speichern**.

Vom Mittelpunkt aus wählen

Bei elliptischen oder rechteckigen Auswahlen ist es manchmal einfacher, die Auswahl vom Objektmittelpunkt aus aufzuziehen. Mit dieser Methode wählen Sie den Schraubenkopf für die Ecken des Setzkastens.

▶ **Tipp:** Um einen perfekten Kreis zu erzielen, ziehen Sie mit gedrückter ⇧-Taste. Wenn Sie die ⇧-Taste zusammen mit dem Auswahlrechteck-Werkzeug drücken, zeichnen Sie ein Quadrat.

1 Wählen Sie das Zoom-Werkzeug (🔍) und vergrößern Sie die Schraube auf 300 %. Die Schraube sollte vollständig im Bildfenster sichtbar sein.

2 Wählen Sie im Werkzeugbedienfeld das Auswahlellipse-Werkzeug (◌).

3 Positionieren Sie den Zeiger ungefähr in der Mitte der Schraube.

4 Klicken Sie und beginnen Sie mit dem Ziehen. Drücken Sie dann mit weiterhin gedrückter Maustaste die Alt- (Windows) bzw. ⌥-Taste (Mac OS) und ziehen Sie die Auswahl bis zum äußeren Rand der Schraube.

Der Ausgangspunkt ist gleichzeitig der Mittelpunkt der Auswahl.

5 Die Schraube ist gewählt. Lassen Sie erst die Maustaste und dann die die [Alt]- (Windows) bzw. [⌥]-Taste (Mac OS) los – und die [⇧]-Taste, sofern Sie sie benutzt haben. Heben Sie die Auswahl noch nicht auf.

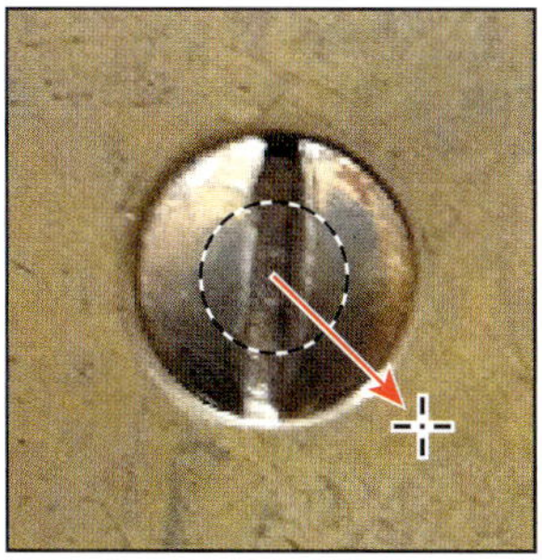

6 Eventuell müssen Sie die Auswahlbegrenzung noch mit einer der bereits erläuterten Methoden angleichen. Falls Sie die die [Alt]- (Windows) bzw. [⌥]-Taste (Mac OS) versehentlich vor der Maustaste loslassen, müssen Sie die Grafik Sally's Seashells erneut wählen.

Auswahl skalieren und kopieren

Nun verschieben Sie die Schraube in die untere rechte Ecke des hölzernen Setzkastens und duplizieren Sie sie dann für die übrigen Ecken.

Inhalte einer Auswahl skalieren

Zuerst verschieben Sie die Schraube. Sie ist jedoch zu groß, sodass Sie sie skalieren müssen.

Die Schraube ist noch gewählt. Ansonsten wählen Sie sie erneut (siehe vorherige Übung).

1 Wählen Sie **Ansicht: Ganzes Bild**, damit das Bild das Bildfenster füllt.

2 Wählen Sie im Werkzeugbedienfeld das Verschieben-Werkzeug (▸✥).

3 Positionieren Sie den Zeiger innerhalb der ausgewählten Schraube.

Der Zeiger erscheint als Pfeil mit Schere (▸✂). Photoshop schneidet beim Ziehen die Auswahl aus der alten Position und versetzt sie an die neue Position.

4 Ziehen Sie die Schraube auf die untere rechte Ecke des Setzkastens.

5 Wählen Sie **Bearbeiten: Transformieren: Skalieren**. Ein Rahmen erscheint um die Auswahl.

6 Halten Sie die [⇧]-Taste gedrückt und ziehen Sie einen der Eckpunkte nach innen, um die Größe der Schraube um 40 % zu reduzieren oder bis sie so klein ist, dass sie auf den Rahmen des Setzkastens passt. Drücken Sie die [↵]-Taste, um die Änderung zuzuweisen und den Transformationsrahmen zu entfernen.

Wenn Sie die Größe des Objekts ändern, ändert sich die Größe des Auswahlrahmens ebenfalls. Halten Sie beim Skalieren der Auswahl die [⇧]-Taste gedrückt, bleiben die Proportionen erhalten, sodass das Objekt beim Verkleinern nicht verzerrt wird.

7 Positionieren Sie die Schraube mit dem Verschieben-Werkzeug nach dem Skalieren in der Ecke des Setzkastens.

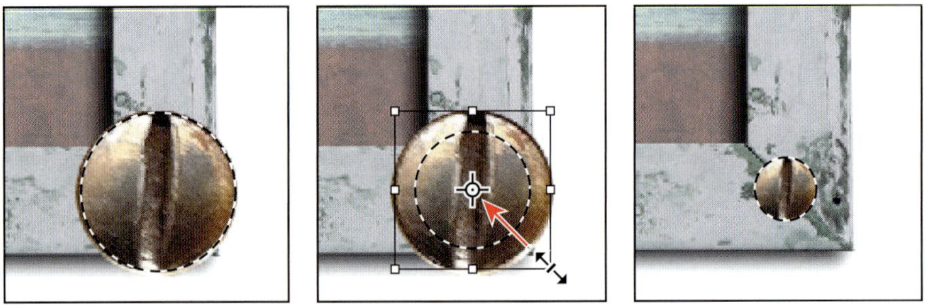

8 Lassen Sie die Schraube ausgewählt und wählen Sie **Datei: Speichern**, um Ihre Arbeit zu sichern.

Gleichzeitig verschieben und duplizieren

Eine Auswahl lässt sich gleichzeitig verschieben und duplizieren. Sie erstellen nun Kopien der Schraube für die übrigen drei Ecken des Setzkastens. Sollte die Schraube nicht mehr gewählt sein, wählen Sie sie mit den bereits erlernten Techniken erneut aus.

1 Bei ausgewähltem Verschieben-Werkzeug (▸✥) halten Sie die die [Alt]-(Windows) bzw. [⌥]-Taste (Mac OS) gedrückt und positionieren Sie den Zeiger innerhalb der Auswahl.

Der Zeiger erscheint als Doppelpfeil, woran Sie erkennen, dass Photoshop beim Bewegen der Auswahl eine Kopie erstellt.

2 Halten Sie die die [Alt]- bzw. [⌥]-Taste weiterhin gedrückt und ziehen Sie die Kopie der Grafik in die obere rechte Ecke des Rahmens. Lassen Sie die Maustaste und die die [Alt]- bzw. [⌥]-Taste los – die Kopie der Grafik bleibt gewählt.

3 Halten Sie die die [⇧]+[Alt]- (Windows) bzw. [⇧]+[⌥]-Taste (Mac OS) gedrückt und ziehen Sie eine weitere Kopie der Schraube direkt nach links in die obere linke Ecke des Setzkastens.

Wenn Sie eine Auswahl mit gedrückter [⇧]-Taste verschieben, beschränken Sie die Bewegung horizontal oder vertikal auf 45°-Schritte.

4 Wiederholen Sie Schritt 3, um eine vierte Schraube in die linke untere Ecke des Rahmens zu ziehen.

5 Wenn Sie mit der Position der vierten Schraube zufrieden sind, wählen Sie **Auswahl: Auswahl aufheben** und dann **Datei: Speichern**.

Auswahl kopieren

Mit dem Verschieben-Werkzeug kopieren Sie eine Auswahl, wenn Sie sie innerhalb oder zwischen Bildern ziehen. Sie können sie auch mit den Befehlen »Kopieren«, »Auf eine Ebene reduziert kopieren«, »Ausschneiden« und »Einfügen« kopieren und verschieben. Beim Ziehen mit dem Verschieben-Werkzeug sparen Sie RAM-Speicher, da die Zwischenablage im Gegensatz zu den einzelnen Befehlen nicht verwendet wird.

Photoshop verfügt über mehrere Kopieren- und Einfügen-Befehle:

- Mit dem Befehl »Kopieren« wird der ausgewählte Bereich in die aktive Ebene kopiert.
- Mit dem Befehl »Auf eine Ebene reduziert kopieren« wird eine reduzierte Kopie aller im gewählten Bereich sichtbaren Ebenen erstellt.
- Mit dem Befehl »Einfügen« wird eine ausgeschnittene oder kopierte Auswahl als neue Ebene in einen anderen Teil des Bilds oder in ein anderes Bild eingefügt.
- Mit dem Befehl »In die Auswahl einfügen« wird eine ausgeschnittene oder kopierte Auswahl innerhalb einer anderen Auswahl in dasselbe Bild oder ein anderes Bild eingefügt. Die Quellauswahl wird auf einer neuen Ebene eingefügt und die Auswahlbegrenzung der Zielauswahl wird in eine Ebenenmaske konvertiert.

Bild freistellen

Nachdem die Komposition fertiggestellt ist, beschneiden Sie das Bild auf seine endgültige Größe. Sie können beim Beschneiden entweder mit dem Freistellungswerkzeug oder dem Freistellen-Befehl arbeiten.

1 Wählen Sie das Freistellungswerkzeug (⌗) oder drücken Sie C, um vom aktuellen Werkzeug zum Freistellungswerkzeug zu wechseln. Photoshop erzeugt einen Freistellungsrahmen um das gesamte Bild.

2 Achten Sie darauf, dass in der Optionsleiste die Option »Verhältnis« gewählt ist und dass keine Verhältniswerte angegeben sind. Dann vergewissern Sie sich, dass »Außerhalb liegende Pixel löschen« aktiviert ist.

Wenn die Option »Verhältnis« gewählt ist, aber keine Verhältniswerte angegeben sind, beschneiden Sie das Bild mit beliebigen Proportionen.

▶ **Tipp:** Um ein Bild mit seinen ursprünglichen Proportionen zuzuschneiden, wählen Sie aus dem Menü in der Optionsleiste »Originale Proportion«.

3 Schneiden Sie den Setzkasten so zu, dass sich darum ein regelmäßiger weißer Bereich befindet. Ziehen Sie die Anfasser so, dass sich der Setzkasten im hervorgehobenen Bereich befindet und die Hintergründe der Originalobjekte außerhalb des Setzkastens im unteren Bildbereich entfernt werden.

4 Gefällt Ihnen die Position des Freistellungsbereichs, klicken Sie in der Optionsleiste auf die Schaltfläche »Aktuellen Freistellungsvorgang bestätigen« (✓).

5 Wählen Sie **Datei: Speichern**.

Sie haben mit verschiedenen Auswahlwerkzeugen sämtliche Muscheln platziert. Die Collage ist damit fertig!

Fragen

1 Welche Bildbereiche einer Auswahl lassen sich bearbeiten?

2 Wie erweitern oder reduzieren Sie eine Auswahl?

3 Wie verschieben Sie eine Auswahlbegrenzung, während Sie die Auswahl erzeugen?

4 Wie garantieren Sie bei der Arbeit mit dem Lasso-Werkzeug, dass die Auswahllinie an der gewünschten Stelle beginnt und endet bzw. die Auswahllinie die gewünschte Form annimmt?

5 Wie funktioniert das Schnellauswahlwerkzeug?

6 Wie bestimmt man mit dem Zauberstab-Werkzeug die zu wählenden Bildbereiche? Was bedeutet Toleranz und wie wirkt sie sich auf eine Auswahl aus?

Antworten

1 Nur der Bereich innerhalb der Auswahlbegrenzung lässt sich bearbeiten.

2 Um eine Auswahl zu erweitern, halten Sie die [⇧]-Taste gedrückt und ziehen oder klicken Sie mit dem aktiven Auswahlwerkzeug in den Bereich, um den die Auswahl erweitert werden soll. Um eine Auswahl zu reduzieren, halten Sie die [Alt]-Taste (Windows) bzw. die [⌥]-Taste (Mac OS) gedrückt und ziehen oder klicken Sie mit dem aktiven Auswahlwerkzeug in den Bereich, um den die Auswahl reduziert werden soll.

3 Halten Sie die Maustaste gedrückt, drücken Sie zusätzlich die Leertaste und ziehen Sie, um die Auswahl neu zu positionieren.

4 Damit die Auswahl die gewünschte Form hat, schließen Sie sie durch Ziehen über den Ausgangspunkt ab. Wenn Sie die Auswahl an verschiedenen Punkten anfangen und beenden, zeichnet Photoshop eine gerade Linie vom Start- bis zum Ausgangspunkt der Auswahl.

5 Das Schnellauswahlwerkzeug »malt« eine Auswahl, die sich nach außen erweitert, das heißt, automatisch Bildkanten findet und diesen folgt.

6 Mit dem Zauberstab-Werkzeug lassen sich farblich verwandte Pixel in einem Bild auswählen. Mit der Toleranz bestimmen Sie, wie viele ähnliche Farbtöne Photoshop in die Auswahl einbezieht. Je größer die Toleranz, desto mehr Farbtöne werden in die Auswahl einbezogen.

4 EBENEN

Überblick

In dieser Lektion lernen Sie Folgendes:

- Bildelemente in Ebenen aufteilen
- Ebenen erstellen, ein-/ausblenden und wählen
- Ebenen anders anordnen, um die Darstellung von Motiven in einem Bild zu ändern
- Füllmethoden auf Ebenen anwenden
- Ebenen skalieren und drehen
- Verläufe auf eine Ebene anwenden
- Filter auf eine Ebene anwenden
- Text und Ebenen-Effekte zu einer Ebene hinzufügen
- Einstellungsebene hinzufügen
- Alle Ebenen auf eine einzige reduzieren und eine Kopie der Datei speichern

Für diese Lektion benötigen Sie weniger als eine Stunde. Falls erforderlich, laden Sie die Projektdateien für Lektion04 von der Buch-DVD in einen Ordner »Lektionen« auf Ihrer Festplatte. Bei der Arbeit mit dieser Lektion überschreiben Sie die Startdateien. Wenn Sie diese wiederherstellen wollen, laden Sie sie einfach von der DVD erneut auf Ihre Festplatte.

Pineapple and flower photography © Image Source, www.imagesource.com

Projekt: Ansichtskarte

Mit Adobe Photoshop können Sie verschiedene Teile eines Bilds auf unterschiedlichen Ebenen isolieren. Jede Ebene lässt sich separat als Einheit bearbeiten, was Ihnen unbegrenzte Flexibilität beim Zusammenstellen und Bearbeiten eines Bilds ermöglicht.

Ebenen

Jedes Bild hat in Adobe Photoshop eine oder mehrere *Ebenen*. Jede neue Datei wird mit einer *Hintergrundebene* erstellt, die eine Farbe oder ein Bild enthält und durch transparente Bereiche nachfolgender Ebenen durchscheint. Alle neuen Ebenen eines Bilds sind transparent, bis Sie Text oder Bildelemente (Pixel) hinzufügen.

Die Ebenen in Photoshop sind mit transparenten Folien vergleichbar, die verschiedene Teile einer Zeichnung enthalten – die einzelnen Folien lassen sich individuell bearbeiten, neu anordnen und komplett entfernen, ohne dass sich dies auf andere Folien auswirkt. Und wenn die Folien übereinandergestapelt sind, sieht man das Bild in seiner Gesamtheit.

Vorbereitungen

Öffnen Sie erst das fertige Bild aus dieser Lektion.

1 Starten Sie Photoshop und halten Sie sofort danach die Tasten Strg + Alt + ⇧ (Windows) bzw. ⌘ + ⌥ + ⇧ (Mac OS) gedrückt, um die standardmäßigen Voreinstellungen zu erhalten. (Siehe »Die Standardeinstellungen wiederherstellen« auf Seite 13.)

2 Klicken Sie im Meldungsfenster zur Bestätigung auf »Ja«, um die Standardeinstellungen zu übernehmen.

3 Wählen Sie **Datei: In Mini Bridge suchen**, um das Mini-Bridge-Bedienfeld zu öffnen. Falls Bridge noch nicht im Hintergrund läuft, klicken Sie auf »Bridge starten«.

Hinweis: Sollten Mini Bridge und Bridge nicht installiert sein, werden Sie aufgefordert, sie zu installieren. Weitere Informationen finden Sie auf Seite 3.

Viele der Funktionen von Adobe Bridge sind direkt in Photoshop zugänglich. Mit dem Mini Bridge-Bedienfeld können Sie Dateien suchen, auswählen, öffnen und importieren, während Sie Ihr Bild in Photoshop bearbeiten.

4 Wählen Sie im Mini-Bridge-Bedienfeld aus dem Popup-Menü links die Option »Favoriten«.

5 Doppelklicken Sie im FAVORITEN-Fenster auf den Ordner *Lektionen*. Doppelklicken Sie dann auf den Ordner *Lektion04*.

6 Wählen Sie im INHALT-Fenster die Datei *04End.psd*. Drücken Sie die Leertaste für die Vollbildvorschau.

Die aus Ebenen zusammengesetzte Komposition zeigt eine Postkarte. Diese gestalten Sie jetzt und lernen dabei, wie Sie Ebenen erzeugen, bearbeiten und organisieren.

7 Drücken Sie erneut die Leertaste, um wieder das Mini-Bridge-Bedienfeld anzuzeigen. Doppelklicken Sie dann auf die *04Start.psd*, um sie in Photoshop zu öffnen.

8 Wählen Sie **Datei: Speichern unter**, benennen Sie die Datei mit **04Arbeit.psd** und klicken Sie auf »Speichern«. Klicken Sie auf OK, wenn das Dialogfeld mit den Photoshop-Formatoptionen erscheint.

Sie vermeiden durch das Speichern einer anderen Version der Startdatei ein versehentliches Überschreiben der Originaldatei.

Ebenenbedienfeld

Das Ebenenbedienfeld zeigt die Ebenen mit ihrem *Ebenennamen* und einer *Ebenenminiatur* der auf der Ebene vorhandenen Bilder an. Mit dem Ebenenbedienfeld können Sie Ebenen aus- und einblenden, neu positionieren, löschen, umbenennen und verschmelzen. Beim Bearbeiten aktualisiert Photoshop automatisch die Miniaturen.

1 Falls das Ebenenbedienfeld auf Ihrem Bildschirm nicht zu sehen ist, wählen Sie **Fenster: Ebenen**.

Das Ebenenbedienfeld für die Datei *04Arbeit.psd* enthält die fünf Ebenen (von oben nach unten): *Postage*, *HAWAII*, *Flower*, *Pineapple* und *Hintergrund*.

2 Klicken Sie auf die Hintergrundebene, um sie zu aktivieren (falls diese Ebene noch nicht gewählt ist). Beachten Sie die Ebenenminiaturen und die Symbole auf der Hintergrundebene:

- Das Schlosssymbol (🔒) zeigt an, dass die Hintergrundebene geschützt ist.
- Das Augensymbol (👁) zeigt an, dass die Ebene im Bildfenster zu sehen ist. Sobald Sie auf das Auge klicken, wird diese Ebene nicht mehr im Bildfenster angezeigt.

▶ **Tipp:** Verwenden Sie das Kontextmenü, um Ebenenminiaturen auszublenden oder ihre Größe zu ändern. Klicken Sie mit der rechten Maustaste (Windows) oder mit gedrückter Ctrl-Taste (Mac OS) in einen leeren Bereich des Ebenenbedienfelds, um das Kontextmenü zu öffnen. Wählen Sie dann unter den Optionen »Keine Miniaturen«, »Kleine Miniaturen«, »Mittelgroße Miniaturen« oder »Große Miniaturen«.

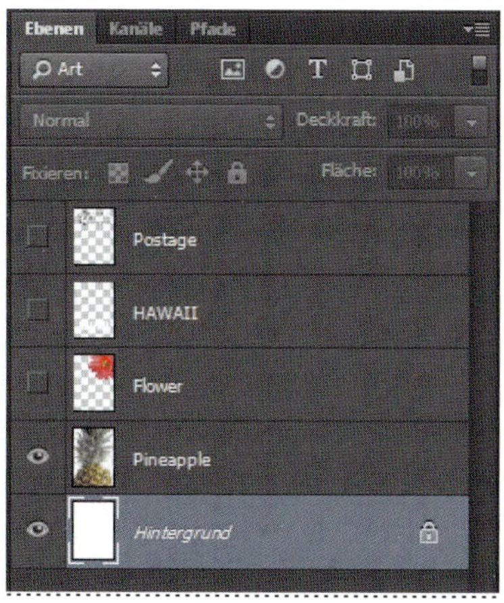

Als erste Aufgabe für dieses Projekt fügen Sie eine Strandaufnahme in die Montage der Postkarte ein. Das Bild öffnen Sie jetzt in Photoshop.

3 Doppelklicken Sie im Mini Bridge-Bedienfeld im Ordner *Lektion04* auf die Datei *Beach.psd*, um sie in Photoshop zu öffnen.

Das Ebenenbedienfeld zeigt nun die Ebeneninformationen und eine Miniatur der Datei *Beach.psd*. Beachten Sie, dass nur eine Ebene vorhanden ist: *Ebene 1* ohne Hintergrundebene. (Weitere Informationen finden Sie unten unter »Die Hintergrundebene«.)

Die Hintergrundebene

Wenn Sie ein neues Bild mit einem weißen oder farbigen Hintergrund erstellen, ist das unterste Bild im Ebenenbedienfeld die Hintergrundebene. Ein Bild kann immer nur eine Hintergrundebene haben. Die Zeichenordnung, Füllmethode und Deckkraft der Hintergrundebene können Sie nicht ändern. Eine Hintergrundebene lässt sich aber in eine normale Ebene konvertieren.

Wenn Sie ein neues Bild mit transparentem Inhalt erstellen, hat es keine Hintergrundebene. Die unterste Ebene hat in diesem Fall nicht die Eigenschaften einer Hintergrundebene. Sie können die Ebene also beliebig im Ebenenbedienfeld verschieben und ihre Deckkraft und Füllmethode ändern.

So konvertieren Sie eine Hintergrundebene in eine Ebene:

1 Doppelklicken Sie im Ebenenbedienfeld auf »Hintergrund« oder wählen Sie **Ebene: Neu: Ebene aus Hintergrund**.

2 Legen Sie die gewünschten Ebenenoptionen und einen neuen Namen fest.

3 Klicken Sie auf OK.

So konvertieren Sie eine Ebene in einen Hintergrund:

1 Wählen Sie eine Ebene im Ebenenbedienfeld.

2 Wählen Sie **Ebene: Neu: Hintergrund aus Ebene**.

Ebene umbenennen und kopieren

Eine neue Ebene zu erstellen, ist so einfach wie das Ziehen einer Datei in das Bildfenster einer anderen Datei. Egal, ob Sie vom Bildfenster der Originaldatei oder von Ihrem Ebenenbedienfeld ziehen – nur die jeweils aktive Ebene erscheint in der Zieldatei.

Sie ziehen nun das Bild *Beach.psd* auf die Datei *04Arbeit.psd*. Bevor Sie beginnen, achten Sie darauf, dass die Dateien *04Arbeit.psd* und *Beach.psd* geöffnet sind. Die Datei *Beach.psd* ist aktiviert.

Sie versehen als Erstes die *Ebene 1* mit einem aussagekräftigeren Namen.

1 Doppelklicken Sie im Ebenenbedienfeld auf den Namen *Ebene 1* und geben Sie **Beach** ein. Drücken Sie dann die [↵]-Taste und lassen Sie die Ebene gewählt.

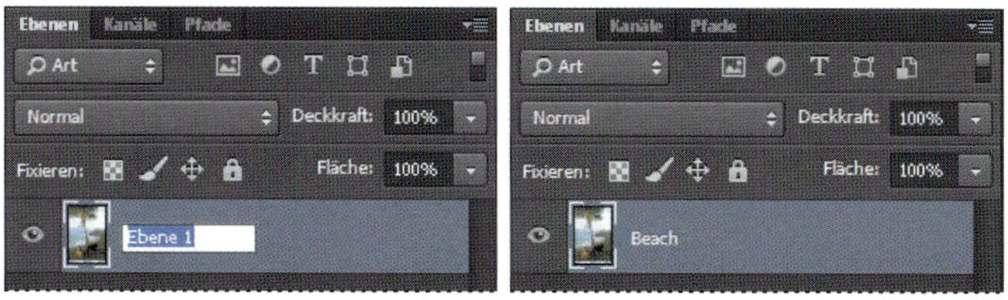

2 Wählen Sie **Fenster: Anordnen: 2 übereinander**. Photoshop zeigt beide geöffneten Bilddateien an. Wählen Sie die Datei *Beach.psd*.

3 Wählen Sie das Verschieben-Werkzeug (▸✥) und ziehen Sie das Bild *Beach. psd* auf das Bildfenster *04Arbeit.psd*.

▶ **Tipp:** Wenn Sie mit gedrückter [⇧]-Taste ein Bild von einer Datei in eine andere ziehen, zentriert es sich automatisch im Ziel-Bildfenster.

Die *Beach*-Ebene erscheint jetzt im Bildfenster der Datei *04Arbeit.psd* und im dazugehörigen Ebenenbedienfeld zwischen den Ebenen *Hintergrund* und *Pineapple*. Photoshop fügt neue Ebenen immer über der gewählten Ebene ein – die Hintergrundebene hatten Sie bereits früher gewählt.

4 Schließen Sie die Datei *Beach.psd*, ohne die Änderungen zu speichern.

5 Doppelklicken Sie auf das Mini-Bridge-Register, um das Bedienfeld zu schließen.

Einzelne Ebenen anzeigen

Das Ebenenbedienfeld zeigt, dass die Datei *04Arbeit.psd* jetzt sechs Ebenen enthält. Einige der Ebenen sind eingeblendet (sichtbar), andere sind ausgeblendet (unsichtbar). Das Augensymbol (●) links neben dem Ebenennamen im Bedienfeld zeigt an, dass diese Ebene sichtbar ist.

1 Klicken Sie auf das Augensymbol (●) neben der *Pineapple*-Ebene, um das Foto auszublenden.

Eine Ebene lässt sich aus- oder einblenden, indem Sie auf das Augensymbol oder in seine Spalte klicken – auch als Ein-/Ausblenden-Spalte bezeichnet.

2 Klicken Sie erneut in die Ein-/Ausblenden-Spalte, um das Bild bzw. die *Pineapple*-Ebene wieder anzuzeigen.

Ebene mit einem Rand versehen

Sie versehen die *Beach*-Ebene nun mit einem weißen Rand, um den Eindruck eines Fotos zu erwecken.

1 Wählen Sie die *Beach*-Ebene. (Um die Ebene zu wählen, klicken Sie auf den Ebenennamen im Ebenenbedienfeld.)

Die Ebene ist blau hervorgehoben, was bedeutet, dass sie aktiviert ist. Änderungen im Bildfenster wirken sich nur auf eine aktive Ebene aus.

2 Um die deckenden Bereiche auf dieser Ebene deutlicher hervorzuheben, blenden Sie alle Ebenen bis auf die *Beach*-Ebene aus. Dafür drücken Sie die `Alt`-Taste (Windows) bzw. ⌥-Taste (Mac OS) und klicken auf das Augensymbol (👁) für die *Beach*-Ebene.

Der weiße Hintergrund und andere Objekte im Bild verschwinden und das Strandbild erscheint vor einem Schachbretthintergrund. Das Schachbrettmuster steht für die transparenten Bereiche in der aktiven Ebene.

3 Wählen Sie **Ebene: Ebenenstil: Kontur**.

Wählen Sie im Dialogfenster »Ebenenstil« die Optionen für die weiße Kontur (den Rand) des Strandbilds.

4 Nehmen Sie die folgenden Einstellungen vor:

- Größe: **5 Px**
- Position: **Innen**
- Füllmethode: **Normal**
- Deckkraft: **100 %**
- Farbe: **Weiß** (klicken Sie im Farbfeld und wählen Sie die Farbe Weiß im Farbwähler)

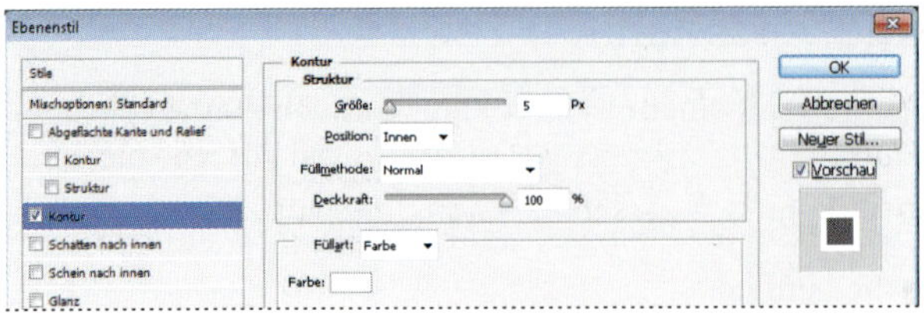

5 Klicken Sie auf OK. Das Strandfoto hat jetzt einen weißen Rand.

Die Anordnung von Ebenen ändern

Die Art, in der Photoshop die Ebenen eines Bilds stapelt, bezeichnet man als Ebenenanordnung. Die Anordnung der Ebenen bestimmt, was im Bild zu sehen ist. Sie können diese Anordnung verändern, um bestimmte Bildelemente vor oder hinter anderen Ebenen erscheinen zu lassen.

Als Nächstes ordnen Sie die Ebenen so um, dass Photoshop das Strandbild vor ein anderes Bild in der Datei stellt (das andere Bild ist noch ausgeblendet).

1 Zeigen Sie die Ebenen *Postage*, *HAWAII*, *Flower*, *Pineapple* und *Hintergrund* an, indem Sie links neben deren Namen in der Ein-/Ausblenden-Spalte klicken. Es erscheint das Augensymbol.

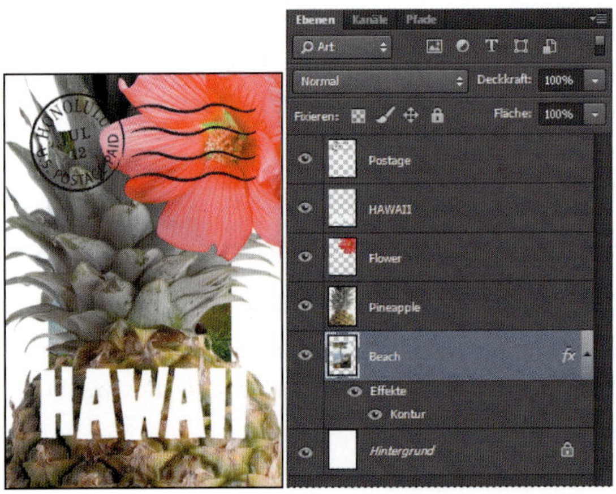

Das Strandbild ist durch die Bilder in den anderen Ebenen zum Teil verdeckt.

2 Ziehen Sie im Ebenenbedienfeld die *Beach*-Ebene so, dass sie zwischen den Ebenen *Pineapple* und *Flower* positioniert ist. Achten Sie dabei auf eine dicke Linie zwischen den Ebenen im Stapel. Lassen Sie dann die Maustaste los.

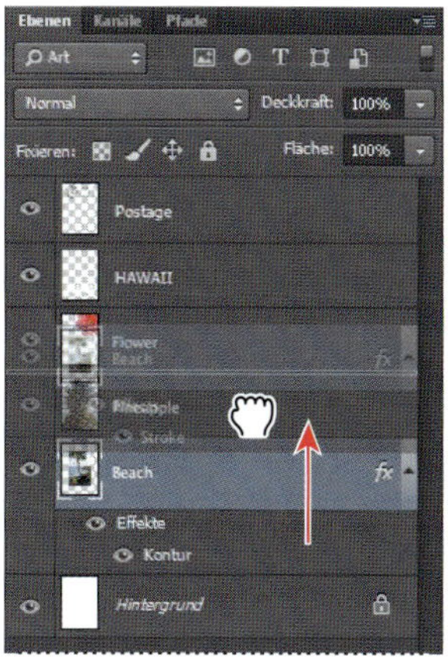

Die *Beach*-Ebene verschiebt sich im Ebenenstapel um eine Stufe nach oben und erscheint über den Bildern mit der Ananas und dem Hintergrund, aber unter der Blume und dem Text *HAWAII*.

▶ **Tipp:** Sie können die Stapelfolge von Ebenen auch kontrollieren, wenn Sie die gewünschte Ebene im Ebenenbedienfeld aussuchen und dann den Befehl **Ebene: Anordnen** und unter den Optionen »In den Vordergrund«, »Schrittweise nach vorne«, »Schrittweise nach hinten« und »In den Hintergrund« wählen.

Deckkraft und Füllmethode einer Ebene ändern

Der Stempel ist deckend und lässt die Blume nicht durchscheinen. Allerdings lässt sich die Deckkraft jeder Ebene so verringern, dass andere Ebenen durchscheinen. Sie ändern die Deckkraft der Ebene *Postage*, damit die Blume und andere Bilder durchscheinen.

1 Wählen Sie die *Postage*-Ebene, klicken Sie dann im Ebenenbedienfeld auf den Pfeil neben dem Textfeld »Deckkraft« und ziehen Sie den Regler auf **25 %**. Oder klicken und ziehen Sie auf der Bezeichnung *Deckkraft*, um den Wert für die Deckkraft einzustellen. Alternativ geben Sie den Wert direkt in das Textfeld ein.

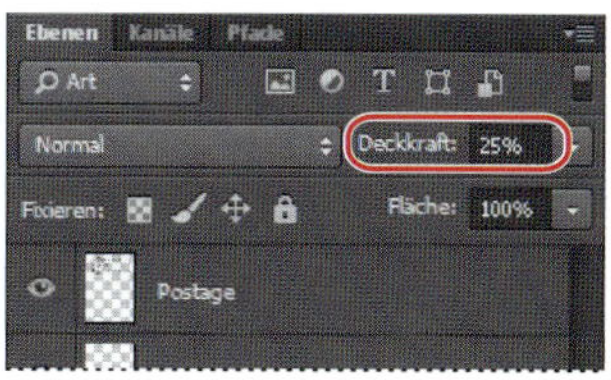

Die *Postage*-Ebene ist nun semitransparent und Sie können den darunter liegenden Hintergrund erkennen. Beachten Sie, dass sich die Änderung der Deckkraft nur auf die Bildelemente der *Postage*-Ebene auswirkt – die Ebenen *Pineapple*, *Beach*, *Flower* und *HAWAII* haben weiterhin die volle Deckkraft.

2 Wählen Sie **Datei: Speichern**.

Ebene duplizieren und Füllmethode ändern

Sie können einer Ebene auch verschiedene Füllmethoden zuweisen. Füllmethoden bestimmen, wie sich im Bild die Pixel auf einer Ebene mit den Pixeln der darunter befindlichen Ebenen vermischen. Sie verstärken erst die Intensität in der *Pineapple*-Ebene. Dann ändern Sie die Füllmethode in der *Postage*-Ebene (beide Ebenen haben noch die Füllmethode »Normal«).

1 Klicken Sie auf die Augensymbole neben den Ebenen *HAWAII*, *Flower* und *Beach*, um sie auszublenden.

2 Klicken Sie mit der rechten Maustaste in der *Pineapple*-Ebene und wählen Sie aus dem Kontextmenü die Option »Ebene duplizieren«. (Klicken Sie auf den Ebenennamen und nicht auf die Ebenenminiatur, um das richtige Kontextmenü zu erhalten.) Klicken Sie im Dialogfeld »Ebene duplizieren« auf OK.

Die Ebene *Pineapple Kopie* erscheint über der *Pineapple*-Ebene im Ebenenbedienfeld.

3 Die Ebene *Pineapple Kopie* ist gewählt. Wählen Sie im Ebenenbedienfeld aus dem Menü »Füllmethode« die Option »Ineinanderkopieren«.

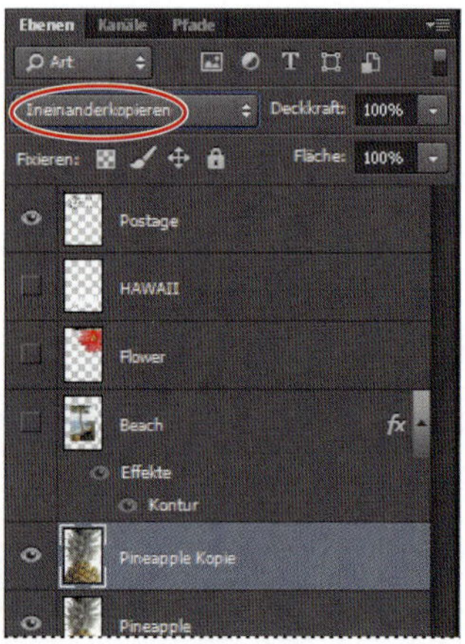

Die Füllmethode »Ineinanderkopieren« vermischt die Ebene *Pineapple Kopie* mit der *Pineapple*-Ebene darunter, wodurch eine farbintensivere Ananas mit tieferen Schatten und helleren Lichtern entsteht.

Julieanne Kost, Adobe-Photoshop-Expertin

Tipps von der Photoshop-Expertin

Effekte mit Füllmethoden

Überlagernde Ebenen in verschiedener Reihenfolge oder unterschiedlicher Gruppierung ändern den Effekt. Sie können eine Füllmethode einer ganzen Ebenengruppe zuweisen und bekommen dann ein ganz anderes Ergebnis, als wenn Sie die gleiche Füllmethode den einzelnen Ebenen individuell zuweisen. Wird eine Füllmethode einer Ebenengruppe zugewiesen, behandelt Photoshop die Gruppe als einzelnes, auf eine Ebene reduziertes Objekt. Experimentieren Sie mit den Füllmethoden, um den gewünschten Effekt zu erzielen.

▶ **Tipp:** Mehr über Füllmethoden mit Beschreibungen und Abbildungen finden Sie in der Photoshop-Hilfe.

4 Wählen Sie die *Postage*-Ebene und dann die Füllmethode »Multiplizieren«.

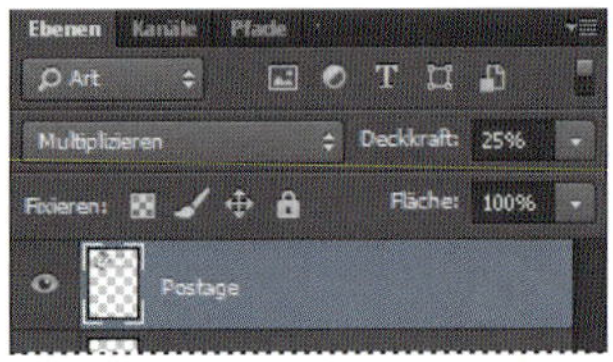

Photoshop multipliziert nun die Pixel der unteren Ebene mit den Pixeln der darüber befindlichen Ebene – der Poststempel wird kräftiger.

5 Wählen Sie **Datei: Speichern**.

Ebenen skalieren und drehen

Ebenen lassen sich skalieren und transformieren.

1 Klicken Sie in der Ein-/Ausblenden-Spalte der *Beach*-Ebene, um sie einzublenden.

2 Wählen Sie im Ebenenbedienfeld die *Beach*-Ebene und dann **Bearbeiten: Frei transformieren**.

Das Strandbild ist nun mit einem Begrenzungsrahmen mit Anfassern in den Ecken und an den Seiten umgeben.

Sie ändern erst die Größe und den Winkel der Ebene.

3 Ziehen Sie einen Eckanfasser mit gedrückter [⇧]-Taste nach innen, um das Strandfoto auf etwa **50 %** zu verkleinern. (Beobachten Sie in der Optionsleiste die Prozentangaben in den Feldern »Breite« und »Höhe«.)

4 Der Begrenzungsrahmen ist noch aktiviert. Setzen Sie den Zeiger etwas außerhalb eines Eckanfassers – der Zeiger wird zu einem gebogenen Doppelpfeil. Ziehen Sie im Uhrzeigersinn, um das Strandbild um etwa **15 Grad** zu drehen. Oder geben Sie in der Optionsleiste in das Feld »Drehen« den Wert **15** ein.

5 Klicken Sie in der Optionsleiste auf die Schaltfläche »Transformieren bestätigen« (✓).

6 Blenden Sie die *Flower*-Ebene ein. Wählen Sie das Verschieben-Werkzeug (▸✥) und ziehen Sie das Strandfoto so, dass sich die Ecke wie in der Abbildung unter der Blume befindet.

7 Wählen Sie **Datei: Speichern**.

Filter für eine Grafik anwenden

Im Folgenden erstellen Sie eine neue, leere Ebene. (Leere Ebenen in eine Datei einzufügen, ist vergleichbar mit dem Hinzufügen leerer Transparentfolien in einem Bilderstapel.) Sie benötigen diese Ebene, um mit einem Photoshop-Filter den Himmel mit realistisch aussehenden Wolken zu versehen.

1 Wählen Sie im Ebenenbedienfeld die Hintergrundebene und klicken Sie unten auf die Schaltfläche »Neue Ebene erstellen« (▣).

Eine neue Ebene mit der Bezeichnung *Ebene 1* erscheint jetzt zwischen den Ebenen *Hintergrund* und *Pineapple*. Das Bildfenster ändert sich nicht, da die Ebene keinen Inhalt hat.

● **Hinweis:** Eine neue Ebene lässt sich mit dem Befehl **Ebene: Neu: Ebene** oder über den Befehl **Neue Ebene** im Menü des Ebenenbedienfelds erstellen.

2 Doppelklicken Sie auf den Ebenennamen *Ebene 1*, geben Sie **Clouds** ein und drücken Sie die ↵-Taste, um die Ebene umzubenennen.

3 Klicken Sie im Werkzeugbedienfeld auf das Feld »Vordergrundfarbe einstellen«, wählen Sie im Farbwähler ein Himmelblau und klicken Sie auf OK. Wir haben eine Farbe mit diesen Werten gewählt: R = 48, G = 138 und B = 174. Die Hintergrundfarbe bleibt weiß.

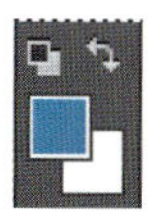

4 Die *Clouds*-Ebene ist noch aktiv. Wählen Sie **Filter: Renderfilter: Wolken**.

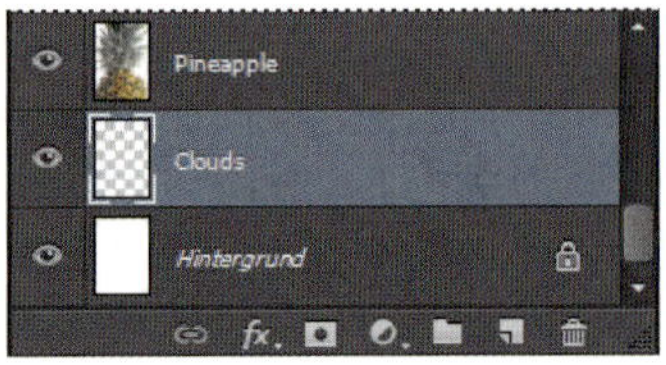

Hinter dem Bild erscheinen nun ziemlich realistisch aussehende Wolken.

5 Wählen Sie **Datei: Speichern**.

Neue Ebene durch Ziehen hinzufügen

Sie können einem Bild eine weitere Ebene hinzufügen, indem Sie ein Bild vom Schreibtisch (Desktop), aus Adobe Bridge, aus Explorer (Windows) bzw. aus dem Finder (Mac OS) in das Bildfenster ziehen.

1 Wenn Photoshop den kompletten Bildschirm einnimmt, verringern Sie die Größe des Photoshop-Fensters:

   - In Windows klicken Sie in der oberen rechten Ecke auf »Maximieren/ Wiederherstellen« (▣) und ziehen Sie dann die untere rechte Ecke des Photoshop-Fensters, um es zu verkleinern.
   - Unter Mac OS klicken Sie in der oberen linken Ecke des Bildfensters auf »Maximieren/Wiederherstellen« (●).

2 Wählen Sie in Photoshop im Ebenenbedienfeld die Ebene *Pineapple Kopie*.

3 Navigieren Sie im Explorer (Windows) bzw. im Finder (Mac OS) zum Ordner *Lektionen*, den Sie von der Website heruntergeladen haben. Navigieren Sie anschließend zum Ordner *Lektion04*.

4 Wählen Sie die Datei *Flower2.psd* und ziehen Sie sie vom Explorer bzw. Finder auf Ihr Bild.

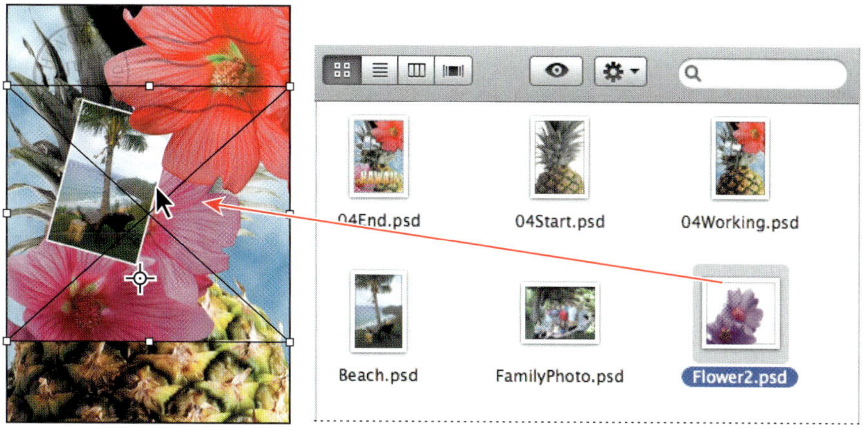

Die Ebene *Flower2* erscheint im Ebenenbedienfeld direkt über der Ebenenkopie *Pineapple*. Photoshop platziert das Bild als Smartobjekt, also als eine Ebene, die Sie ohne permanente Änderung bearbeiten können. Sie arbeiten mit Smartobjekten in den Lektionen 5 und 8.

5 Positionieren Sie die Ebene *Flower2* so in der unteren linken Ecke der Postkarte, dass etwa die Hälfte der Blume zu sehen ist.

6 Klicken Sie in der Optionsleiste auf »Bestätigen« (✓), um die neue Ebene zu übernehmen.

Text hinzufügen

Sie fügen jetzt den Text hinzu. Dazu verwenden Sie das horizontale Text-Werkzeug, das den Text auf einer eigenen Textebene platziert. Anschließend bearbeiten Sie den Text und wenden einen Spezialeffekt auf die Ebene an.

1 Blenden Sie die *HAWAII*-Ebene ein. Sie fügen unterhalb dieser Ebene den Text ein und weisen den Spezialeffekt beiden Ebenen zu.

2 Wählen Sie **Auswahl: Ebenenauswahl aufheben**, um alle Ebenen abzuwählen bzw. zu deaktivieren.

3 Klicken Sie unten im Werkzeugbedienfeld auf das Feld »Vordergrundfarbe einstellen« und wählen Sie im Farbwähler ein Grasgrün. Klicken Sie auf OK, um den Farbwähler zu schließen.

4 Wählen Sie im Werkzeugbedienfeld das horizontale Text-Werkzeug (T). Wählen Sie anschließend **Fenster: Zeichen**, um das Zeichenbedienfeld zu öffnen. Übernehmen Sie jetzt diese Optionen:

- Entscheiden Sie sich für eine Schrift aus dem Popup-Menü »Schriftfamilie einstellen« (wir haben *Birch Std* gewählt; wenn Sie sich für eine andere Schrift entschieden haben, passen Sie die übrigen Einstellungen entsprechend an.)
- Wählen Sie einen Schriftschnitt (wir haben *Regular* gewählt).
- Geben Sie in das Textfeld »Schriftgrad einstellen« die Schriftgröße ein (wir haben mit *36 Punkt* gearbeitet).
- Wählen Sie eine große Laufweite (VA) (wir haben 250 verwendet).
- Klicken Sie auf das Symbol »Faux Fett« (T).
- Klicken Sie auf das Symbol »Großbuchstaben« (TT).
- Wählen Sie aus dem Popup-Menü »Glättungsmethode einstellen« (ªa) die Option »Scharf«.

5 Klicken Sie direkt unter dem *H* in *HAWAII* und geben Sie **Island Paradise** ein. Klicken Sie dann in der Optionsleiste auf die Schaltfläche »Aktuelle Bearbeitungen bestätigen« (✓).

Das Ebenenbedienfeld enthält jetzt die weitere Ebene *Island Paradise*, die mit einem T-Symbol gekennzeichnet ist. Das Symbol weist darauf hin, dass es sich um eine Textebene handelt. Diese Ebene befindet sich ganz oben im Ebenenstapel.

Hinweis: Wenn Ihnen beim Einstellen der Schrift ein Fehler unterläuft, klicken Sie einfach außerhalb des Textes und wiederholen Sie Schritt 5.

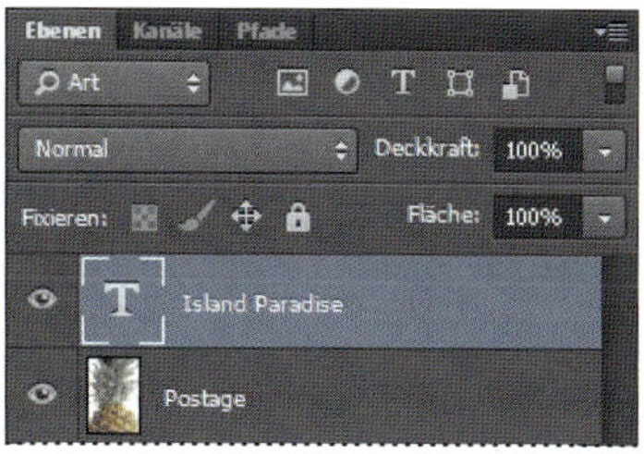

Der Text erscheint im Bild dort, wo Sie geklickt hatten – sicherlich nicht exakt die Stelle, an der Sie den Text positionieren möchten.

6 Wählen Sie das Verschieben-Werkzeug (▸✥) und ziehen Sie den Text *Island Paradise* so, dass die Grundlinie unter *HAWAII* zentriert ist.

Einen Verlauf zu einer Ebene hinzufügen

Sie können eine Ebene vollständig oder auch nur teilweise mit einem Verlauf versehen. In diesem Beispiel bekommt der Text *Hawaii* einen Verlauf und damit mehr Farbe. Dazu wählen Sie erst die Buchstaben und weisen dann den Verlauf zu.

1 Wählen Sie im Ebenenbedienfeld die *HAWAII*-Ebene.

2 Klicken Sie im Ebenenbedienfeld mit der rechten Maustaste oder gedrückter `Ctrl`-Taste auf die Miniatur der *HAWAII*-Ebene und wählen Sie »Pixel auswählen«.

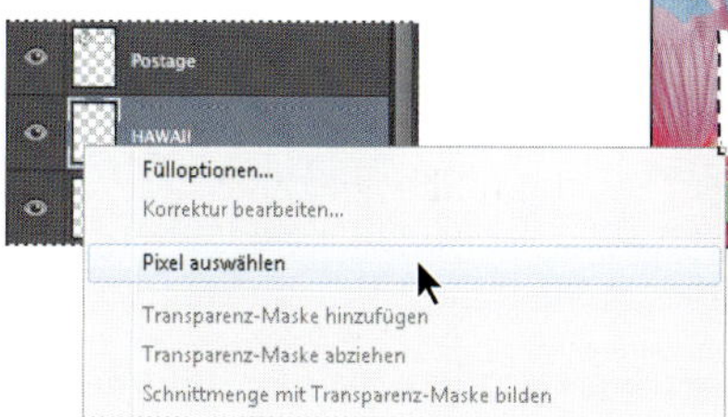

Jetzt ist alles auf der *HAWAII*-Ebene (die weiße Schrift) gewählt. Versehen Sie sie jetzt mit einem Verlauf.

3 Wählen Sie im Werkzeugbedienfeld das Verlaufswerkzeug (■).

4 Klicken Sie im Werkzeugbedienfeld auf das Feld »Vordergrundfarbe einstellen«, wählen Sie im Farbwähler ein helles Orange und klicken Sie auf OK. Die Hintergrundfarbe ist weiterhin Weiß.

5 In der Optionsleiste ist die Option »Linearer Verlauf« (■) gewählt.

▶ **Tipp:** Um Verlaufsfüllungen als Namen und nicht als Miniatur anzuzeigen, klicken Sie in der Auswahlliste auf den nach rechts weisenden Pfeil und wählen Sie »Kleine Liste« oder »Große Liste«. Oder setzen Sie den Zeiger auf eine Miniatur, bis die Quickinfo mit dem Verlaufsnamen angezeigt wird.

6 Klicken Sie neben dem Verlauf-Farbbalken auf den nach unten weisenden Pfeil, um die Liste mit Vorgabe-Verlaufsfüllungen anzuzeigen. Wählen Sie wenn nötig den voreingestellten ersten Verlauf »Vorder- zu Hintergrundfarbe« und klicken Sie anschließend außerhalb der Auswahlliste, um sie wieder zu schließen.

7 Die Auswahl ist noch aktiv. Ziehen Sie das Verlaufswerkzeug im Text von unten nach oben. Soll der Verlauf exakt senkrecht verlaufen, drücken Sie während des Ziehens die [⇧]-Taste.

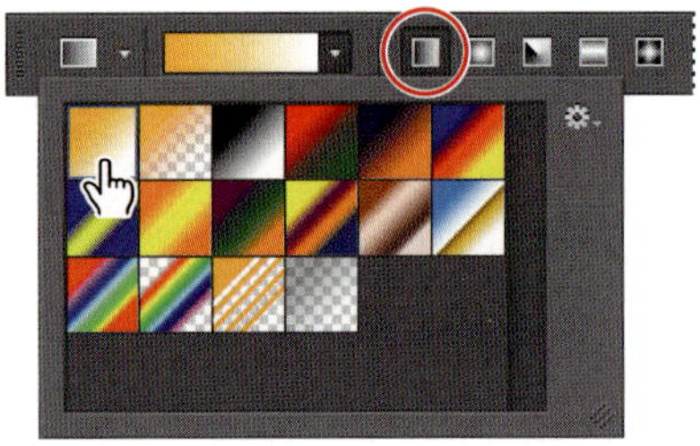

Der Verlauf erstreckt sich über die Schrift – von Orange unten bis zu Weiß oben.

8 Wählen Sie **Auswahl: Auswahl aufheben**, um die Auswahl *HAWAII* zu deaktivieren.

9 Speichern Sie die Arbeit.

Einen Ebenenstil zuweisen

Sie können eine Ebene interessanter gestalten, wenn Sie Schlagschatten, Kontur, Glanz oder andere Spezialeffekte aus einer Sammlung automatisierter und bearbeitbarer Ebenenstile hinzufügen. Diese Stile lassen sich einfach zuweisen und sind direkt mit der von Ihnen angegebenen Ebene verknüpft.

Wie Ebenen können Sie auch einzelne Stile vorübergehend dadurch ausblenden, dass Sie auf das Augensymbol (●) im Ebenenbedienfeld klicken. Stile lassen sich jederzeit ohne Folgen wieder entfernen. Sie haben auch die Möglichkeit, einen Ebenenstil auf eine andere Ebene zu kopieren, indem Sie ihn dorthin ziehen.

Sie haben bereits früher mit einem Ebenenstil gearbeitet, indem Sie das Strandfoto mit einer Kontur versehen haben.

1 Wählen Sie die Ebene *Island Paradise* und dann **Ebene: Ebenenstil: Schlagschatten**.

2 Aktivieren Sie, wenn nötig, im Dialogfeld »Ebenenstil« die Option »Vorschau« und verschieben Sie das Dialogfeld so auf dem Bildschirm, dass Sie den Text *Island Paradise* im Bildfenster sehen.

3 Aktivieren Sie wenn nötig im Bereich »Struktur« die Option »Globales Licht verwenden« und nehmen Sie dann die folgenden Einstellungen vor:

- Füllmethode: Multiplizieren
- Deckkraft: **75 %**
- Winkel: **78 Grad**
- Abstand: **5 Px**
- Überfüllen: **30 %**
- Größe: **10 Px**

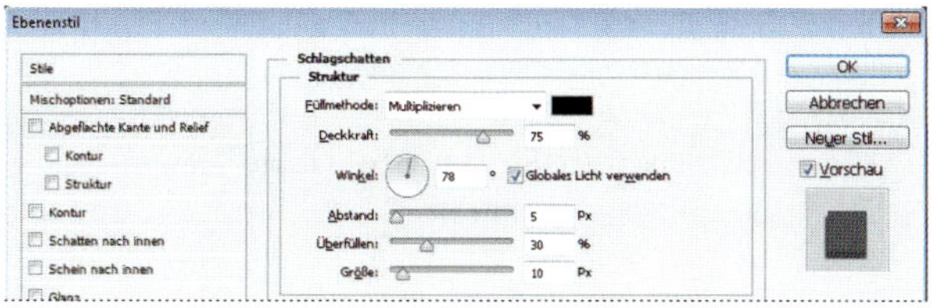

Photoshop versieht den Text *Island Paradise* mit einem Schlagschatten.

4 Klicken Sie auf OK, um die Einstellungen zu übernehmen und das Dialogfeld »Ebenenstil« zu schließen.

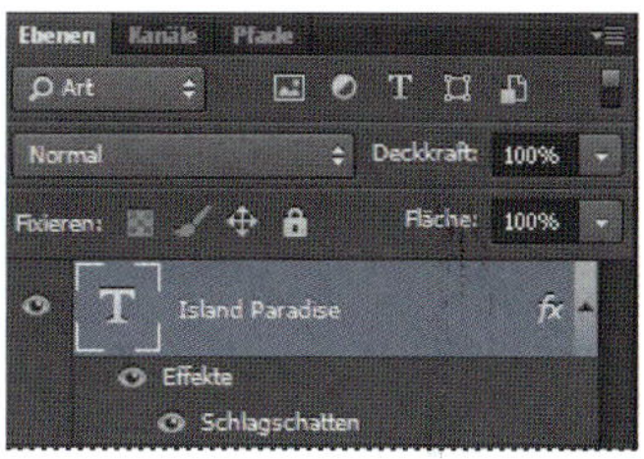

Photoshop verschachtelt den Ebenenstil in der Ebene *Island Paradise*. Die oberste Zeile kennzeichnet ihn als Effekt, gefolgt von dem Effekt, den Sie der Ebene zugewiesen haben (*Schlagschatten*). Außerdem steht ein Augensymbol (◉) neben der Kategorie *Effekte* und dem jeweiligen Effekt. Sie schalten einen Effekt aus, indem Sie auf sein Augensymbol klicken. Ein erneutes Klicken in dieses »Sichtbarkeitsfeld« bringt wieder das Augensymbol (◉) und damit auch den Effekt zurück. Sie können alle Ebenenstile ausblenden, indem Sie auf das Augensymbol für Effekte klicken.

5 Für die nächsten Schritte müssen die Augensymbole für beide Elemente unter der Ebene *Island Paradise* aktiviert sein.

6 Drücken Sie die Alt-Taste (Windows) bzw. ⌥-Taste (Mac OS) und ziehen Sie das *fx*-Symbol (*fx*) nach unten auf die *HAWAII*-Ebene.

Die *HAWAII*-Ebene hat jetzt ebenfalls den Ebenenstil »Schlagschatten«, und zwar mit den gleichen Einstellungen wie für die *Island Paradise*-Ebene. Das Wort *HAWAII* bekommt nun eine grüne Kontur.

7 Wählen Sie im Ebenenbedienfeld die *HAWAII*-Ebene und klicken Sie auf das Symbol »Ebenenstil hinzufügen« (*fx*) . Wählen Sie im Popup-Menü die Option »Kontur«.

8 Nehmen Sie im Dialogfeld »Ebenenstil« unter »Struktur« die folgenden Einstellungen vor und klicken Sie anschließend auf OK:

- Größe: **4 Px**
- Position: **Außen**
- Füllmethode: **Normal**
- Deckkraft: **100 %**
- Farbe: **Grün** (Wählen Sie eine Farbe, die gut zur Farbe von *Island Paradise* passt.)

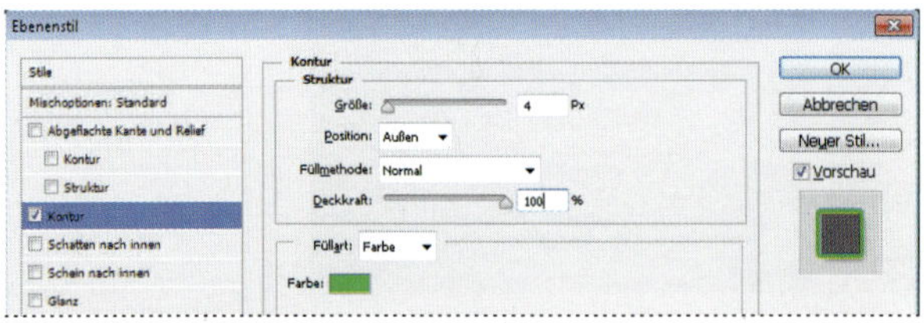

9 Klicken Sie auf OK, um die Kontur zuzuweisen.

Sie fügen jetzt noch einen Schlagschatten hinzu und versehen die Blume mit einem Glanz.

10 Wählen Sie die Flower-Ebene und dann Ebene: Ebenenstil: Schlagschatten. Ändern Sie die folgenden Einstellungen unter »Struktur«:

- Deckkraft: **60 %**
- Abstand: **13 Px**
- Überfüllen: **9 %**.
- Die Option »Globales Licht verwenden« ist ebenso wie die Füllmethode »Multiplizieren« gewählt. Klicken Sie nicht auf OK.

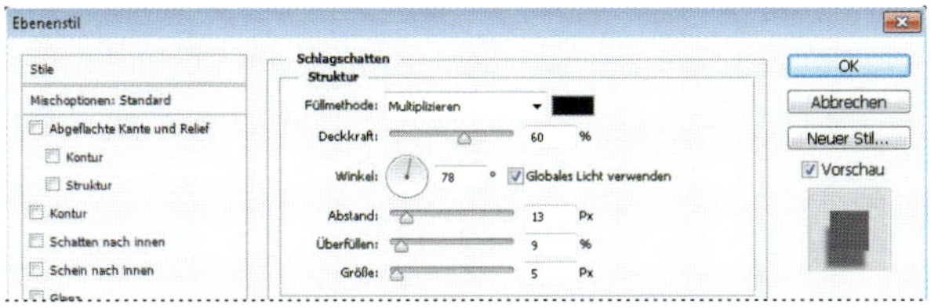

11 Das Dialogfeld »Ebenenstil« ist noch geöffnet. Wählen Sie links die Option »Glanz« und achten Sie darauf, dass die Option »Umkehren« aktiviert ist. Nehmen Sie diese Einstellungen vor:

- Farbe (rechts neben Füllmethode): Purpurrot (wählen Sie eine Farbe, die zur Farbe der Blume passt)
- Deckkraft: **20 %**
- Abstand: **22 Px**

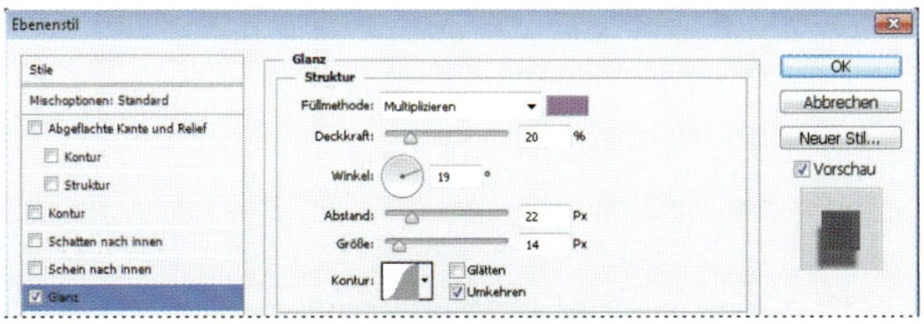

12 Klicken Sie auf OK, um beide Ebenenstile zuzuweisen.

Eine Einstellungsebene hinzufügen

Einstellungsebenen dienen dazu, Farb- oder Farbtonkorrekturen vorzunehmen, ohne die Pixel in einem Bild permanent zu ändern. Wenn Sie beispielsweise eine Farbbalance-Einstellungsebene einem Bild hinzufügen, können Sie nacheinander mit verschiedenen Farben experimentieren, da Photoshop die Änderungen nur in der Einstellungsebene vornimmt. Wenn Sie wieder die ursprünglichen Pixelwerte zurückerhalten möchten, brauchen Sie die Einstellungsebene nur auszublenden oder zu löschen.

Sie haben Einstellungsebenen bereits in anderen Lektionen benutzt. Sie fügen nun eine *Farbton/Sättigung*-Einstellungsebene hinzu, um die Farbe der violetten Blume zu ändern. Eine Einstellungsebene wirkt sich auf alle darunter befindlichen Ebenen aus, es sei denn, eine Auswahl ist beim Anlegen der Einstellungsebene aktiv oder Sie haben eine Schnittmaske erstellt.

1 Wählen Sie die Ebene *Flower2* im Ebenenbedienfeld.

2 Klicken Sie im Korrekturenbedienfeld auf das Symbol »Farbton/Sättigung« für eine entsprechende Einstellungsebene. (Wenn das Korrekturenbedienfeld nicht geöffnet ist, wählen Sie **Fenster: Korrekturen**.)

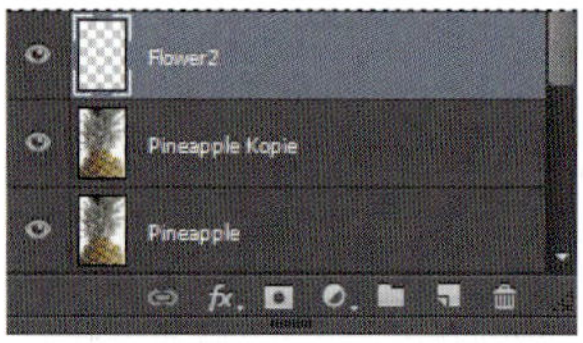

3 Weisen Sie im Eigenschaftenbedienfeld die folgenden Werte zu:

- Farbton: **43**
- Sättigung: **19**
- Helligkeit: **0**

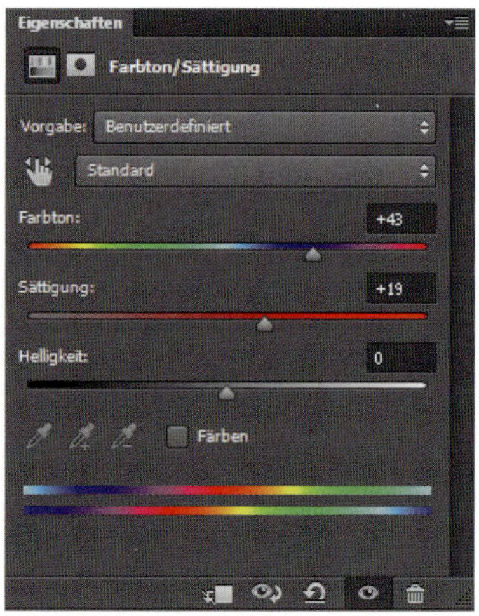

Die Änderungen wirken sich auf die Ebenen *Flower2, Pineapple Kopie, Pineapple, Clouds* und *Hintergrund* aus. Der Effekt ist zwar interessant, aber Sie möchten nur die Ebene *Flower2* ändern.

4 Klicken Sie mit der rechten Maustaste in der Einstellungsebene »Farbton/ Sättigung« und wählen Sie »Schnittmaske erstellen«.

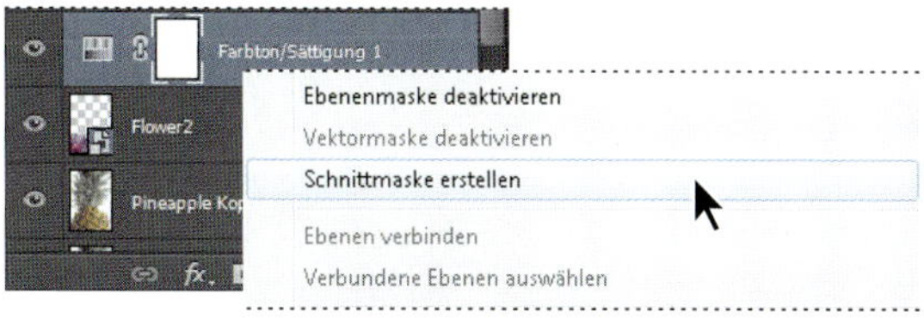

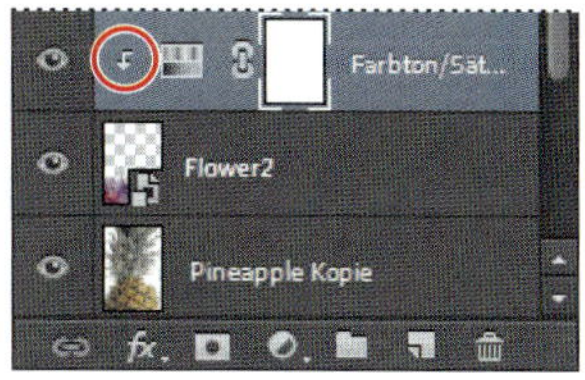

Ein Pfeil erscheint im Ebenenbedienfeld und weist darauf hin, dass sich die Einstellungsebene ausschließlich auf *Ebene2* auswirkt. Sie erfahren mehr über Schnittmasken in den Lektionen 6 und 7.

Ebeneneffekte aktualisieren

Photoshop passt Ebeneneffekte automatisch an, wenn Sie auf einer Ebene Änderungen vornehmen. Bearbeiten Sie den Text und beobachten Sie, wie sich der Ebeneneffekt verändert. Sie arbeiten erst mit der Suchfunktion im Ebenenbedienfeld, um die Textebene zu isolieren.

1 Wählen Sie im Ebenenbedienfeld oben links im Menü »Filtertyp auswählen« die Option »Art«.

Der Filtertyp bestimmt die verfügbaren Filteroptionen.

2 Klicken Sie oben im Ebenenbedienfeld auf die Schaltfläche »Nach Textebenen filtern«.

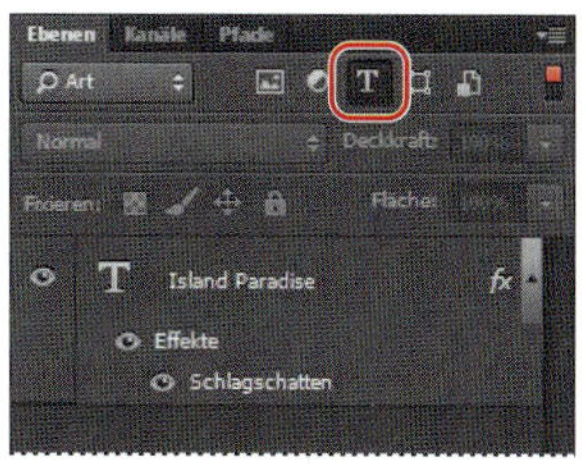

Jetzt ist nur noch die Ebene *Island Paradise* im Ebenenbedienfeld aufgelistet. Die Suchfunktion ermöglicht es, bestimmte Ebenen schnell aufzufinden, wirkt sich aber nicht darauf aus, welche Ebenen in ihrer Stapelfolge sichtbar sind.

Tipp: Sie können Ebenen im Ebenenbedienfeld nach Typ, Name, Effekt, Attribut und Farbe suchen. Wenn Sie mit einer komplexen Datei mit vielen Ebenen arbeiten, ist die gezielte Suche nach bestimmten Ebenen äußerst zeitsparend.

3 Wählen Sie im Ebenenbedienfeld die Ebene *Island Paradise*.

4 Im Werkzeugbedienfeld ist das horizontale Text-Werkzeug (T) gewählt.

5 Ändern Sie in der Optionsleiste den Schriftgrad in **32 Pt** (Punkt) und drücken Sie die [↵]-Taste.

Sie haben den Text nicht durch Ziehen mit dem Text-Werkzeug gewählt (wie Sie es in einem Textverarbeitungsprogramm gemacht hätten), und doch hat *Island Paradise* jetzt eine Schriftgröße von 32 Punkt.

6 Klicken Sie mit dem horizontalen Text-Werkzeug zwischen *Island* und *Paradise* und geben Sie **of** ein.

Der neu eingegebene Text erhält automatisch die bereits vorhandenen Ebenenstile.

7 Tatsächlich benötigen Sie das Wort *of* jedoch nicht, weshalb Sie es wieder löschen.

Hinweis: Sie müssen nach Textveränderungen nicht auf die Schaltfläche »Aktuelle Bearbeitung bestätigen« klicken, da das Verschieben-Werkzeug den gleichen Effekt besitzt.

8 Wählen Sie das Verschieben-Werkzeug (▸✥) und ziehen Sie den Text *Island Paradise*, um ihn unter *HAWAII* zu zentrieren.

9 Klicken Sie oben rechts im Ebenenbedienfeld auf die rote Schaltfläche »Ebenenfilter aktivieren/deaktivieren«, um die Filterfunktion auszuschalten und wieder alle Ebenen der Datei anzuzeigen.

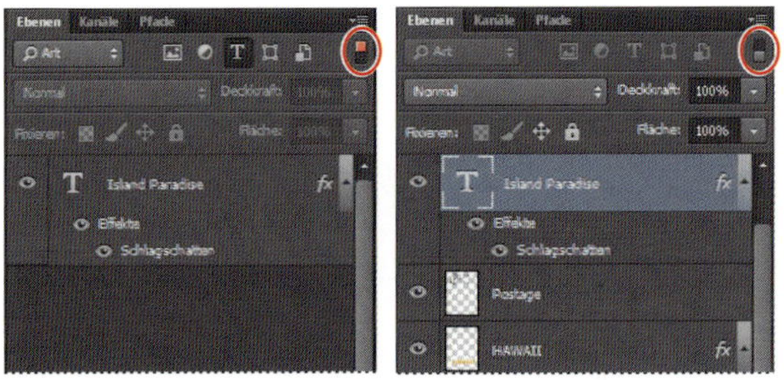

10 Wählen Sie **Datei: Speichern**.

Einen Rand hinzufügen

Die Hawaii-Postkarte ist fast fertig und nahezu alle Elemente sind in der Komposition richtig angeordnet. Sie positionieren jetzt noch den Poststempel und versehen anschließend die Postkarte mit einem weißen Rand.

1 Wählen Sie die Postage-Ebene und ziehen Sie sie mit dem Verschieben-Werkzeug (▸✥) nach rechts zur Bildmitte wie in der folgenden Abbildung.

2 Wählen Sie im Ebenenbedienfeld die Ebene *Island Paradise* und klicken Sie unten auf das Symbol »Neue Ebene erstellen« (▣).

3 Wählen Sie **Auswahl: Alles auswählen**.

4 Wählen Sie **Auswahl: Auswahl verändern: Rand**. Geben Sie im Dialogfeld »Auswahl umranden« in das Feld »Breite« den Wert 10 (Pixel) ein und klicken Sie auf OK.

Um das Bild herum ist nun ein 10 Pixel breiter Rand gewählt, den Sie mit Weiß füllen.

5 Wählen Sie Weiß als Vordergrundfarbe und **Bearbeiten: Fläche füllen**.

6 Im Dialogfeld »Fläche füllen« ist unter »Verwenden« die Option »Vordergrundfarbe« gewählt. Klicken Sie auf OK.

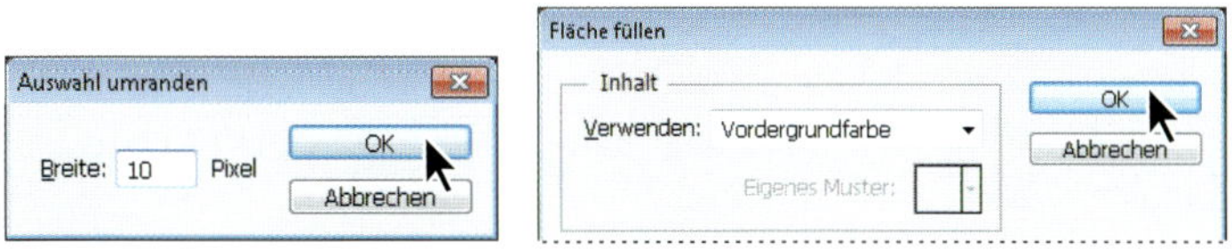

7 Wählen Sie **Auswahl: Auswahl aufheben**.

8 Doppelklicken Sie im Ebenenbedienfeld auf den Namen *Ebene 1* und benennen Sie die Ebene mit **Border**.

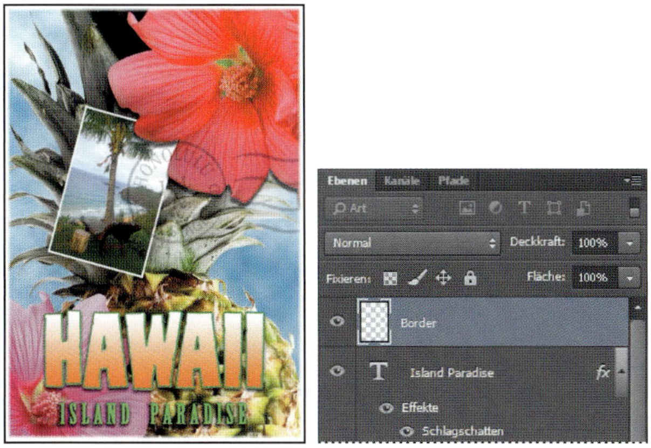

Dateien auf eine Ebene reduzieren und Hintergrundebene speichern

Wenn Sie mit dem Bearbeiten aller Ebenen Ihres Bilds fertig sind, können Sie eine Kopie der Datei mit verschmolzenen Ebenen erstellen. Dabei reduziert Photoshop die Ebenen der Datei auf eine einzige Hintergrundebene. Die Dateigröße verringert sich damit erheblich. Achten Sie darauf, dass Sie die Ebenen erst dann reduzieren, wenn Sie keine gestalterischen Änderungen mehr vornehmen wollen. In den meisten Fällen wird es ratsam sein, eine Kopie der PSD-Datei mit intakten Ebenen anzulegen, falls zu einem späteren Zeitpunkt doch noch Änderungen anfallen sollten.

Um einen Eindruck zu erhalten, was beim Reduzieren einer Datei passiert, beachten Sie die Zahlen für die Dateigröße in der Informationsleiste unten im Bildfenster. Die erste Zahl steht für das reduzierte Bild, das heißt, wenn alle Ebenen im Hintergrund zusammengefügt sind. Die zweite Zahl steht für die aktuelle Dateigröße (ohne Reduzierung). Im aktuellen Beispiel würde die

Hinweis: Wenn die Dateigrößen nicht angezeigt werden, öffnen Sie das Popup-Menü unten in der Statusleiste und wählen Sie »Einblenden: Dateigrößen«.

reduzierte Datei etwa 2,3 MByte groß sein, während die aktuelle Datei viel größer ist. Es lohnt sich also, das vorliegende Bild zu reduzieren.

1 Falls das Text-Werkzeug (T) noch im Werkzeugbedienfeld gewählt ist, wählen Sie ein anderes Werkzeug, um den Bearbeitungsmodus zu verlassen. Wählen Sie **Datei: Speichern** (falls verfügbar), damit sämtliche Änderungen an der Datei gespeichert werden.

2 Wählen Sie **Bild: Duplizieren**.

3 Geben Sie im Dialogfeld »Bild duplizieren« den Dateinamen **04Redu.psd** ein und klicken Sie auf OK.

4 Lassen Sie die Datei *04Redu.psd* geöffnet, aber schließen Sie die Datei *04Arbeit.psd*.

5 Wählen Sie aus dem Menü des Ebenenbedienfelds die Option »Auf Hintergrundebene reduzieren«.

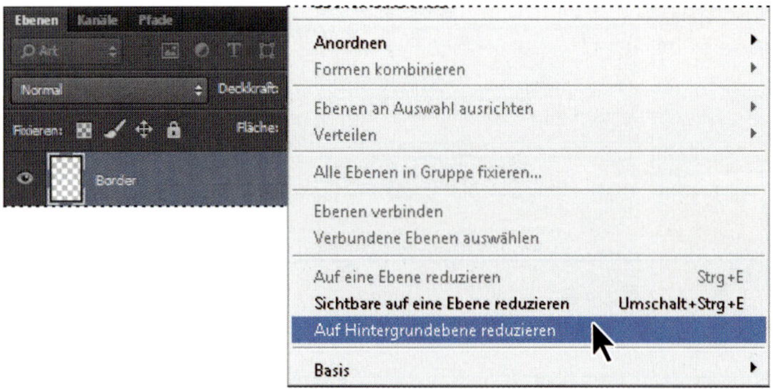

Nur noch die Hintergrundebene bleibt im Ebenenbedienfeld zurück.

6 Wählen Sie **Datei: Speichern**. Obwohl Sie »Speichern« statt »Speichern unter« gewählt haben, erscheint das Dialogfeld »Speichern unter«.

▶ **Tipp:** Möchten Sie nur einige Ebenen in einer Datei reduzieren, klicken Sie auf die Augensymbole, um die Ebenen zu verbergen, die Sie nicht reduzieren möchten. Dann wählen Sie aus dem Bedienfeldmenü des Ebenenbedienfelds den Befehl **Sichtbare auf eine Ebene reduzieren.**

7 Speichern Sie im Ordner *Lektionen/Lektion04*. Klicken Sie auf »Speichern«, um die Vorgaben zu übernehmen.

Sie haben jetzt zwei Dateiversionen gespeichert: eine reduzierte Version der Datei und die Originaldatei, bei der alle Ebenen intakt bleiben.

Sie haben die Arbeit an einer äußerst attraktiven Postkarte abgeschlossen. Diese Lektion bietet nur einen Einblick in die vielen Möglichkeiten und die große Flexibilität, über die Sie durch Photoshop-Ebenen und Ebenenkompositionen verfügen. Im Verlauf der weiteren Lektionen gewinnen Sie noch mehr an Erfahrung, da Sie in fast jeder Lektion neue Ebenentechniken kennenlernen.

Ebenenkompositionen

Ebenenkompositionen (Ebenenkomp.) sind flexibel, da Sie zwischen verschiedenen Ansichten einer aus mehreren Ebenen bestehenden Bilddatei hin und her schalten können. Eine Ebenenkomposition definiert einfach Einstellungen im Ebenenbedienfeld. Wenn Sie eine Ebenenkomposition definiert haben, lassen sich beliebig viele Einstellungen im Ebenenbedienfeld ändern. Danach erstellen Sie eine weitere Ebenenkomposition, um diese Konfiguration der Ebeneneigenschaften zu erhalten. Jetzt schalten Sie zwischen den Ebenenkompositionen um und prüfen so schnell die beiden Designs. Ebenenkompositionen sind besonders dann wichtig, wenn Sie beispielsweise einem Kunden verschiedene Gestaltungsalternativen demonstrieren wollen. Wenn Sie einige Ebenenkompositionen erzeugt haben, können Sie die verschiedenen Gestaltungsvarianten prüfen, ohne die Augensymbole permanent ein- und auszuschalten oder Einstellungen im Ebenenbedienfeld zu ändern.

Sie gestalten beispielsweise eine Broschüre als deutsche und englische Sprachversion. In einer einzigen Bilddatei könnte der deutsche Text auf einer Ebene und der englische auf einer anderen Ebene stehen. Um zwei unterschiedliche Ebenenkompositionen zu erstellen, schalten Sie einfach die Sichtbarkeit der deutschen Ebene ein und die der englischen aus. Anschließend klicken Sie im Ebenenkomp.-Bedienfeld auf das Symbol »Neue Ebenenkomp. erstellen«. Dann gehen Sie umgekehrt vor – schalten Sie die Sichtbarkeit der englischen Ebene ein und die der deutschen aus. Klicken Sie wieder auf die Schaltfläche »Neue Ebenenkomp. erstellen« für die englische Ebenenkomposition.

Um die verschiedenen Ebenenkompositionen anzusehen, klicken Sie neben dem Namen im Feld »Ebenenkomp.«. Sie können sich jetzt bestimmt vorstellen, welche Zeit Sie bei komplexen Varianten einsparen. Ebenenkompositionen sind besonders wertvoll, wenn das Design noch im Entstehen ist oder Sie mehrere Variationen zu einem Grundthema benötigen.

Bonus

Fotos überlagern

Verbessern Sie ein Familienfoto mit dem Befehl »Ebenen automatisch ausrichten«.

1 Öffnen Sie die Datei *Familienfoto.psd* im Ordner *Lektion04*.

2 Blenden Sie im Ebenenbedienfeld die Ebene *Ebene 2* ein und aus, um die beiden ähnlichen Fotos anzuzeigen. Wenn beide Ebenen sichtbar sind, zeigt *Ebene 2* den blinzelnden großen Herrn in der Mitte und die beiden wegsehenden Mädchen unten links.

Sie bringen die beiden Fotos in Deckung und entfernen dann mit dem Radiergummi-Werkzeug die Bereiche auf *Ebene 2*, die Sie verbessern möchten.

3 Beide Ebenen sind sichtbar – wählen Sie beide mit gedrückter [⇧]-Taste. Wählen Sie **Bearbeiten: Ebenen automatisch ausrichten**. Klicken Sie auf OK. Blenden Sie nun *Ebene 2* aus und ein – die Ebenen sind deckungsgleich.

Nun zum Teil, der wirklich Spaß macht! Sie radieren dort im Foto, wo Sie verbessern möchten.

4 Wählen Sie im Werkzeugbedienfeld das Radiergummi-Werkzeug und in der Optionsleiste einen weichen Pinsel (45 Pixel). Wählen Sie *Ebene 2* und radieren Sie im Kopf des blinzelnden Mannes, um das nettere Gesicht darunter freizulegen.

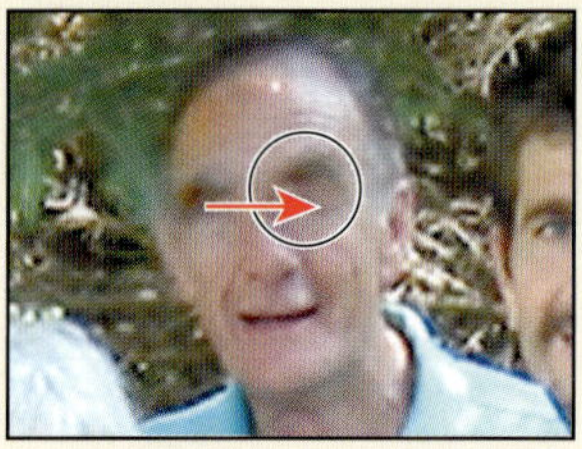

5 Bearbeiten Sie mit dem Radiergummi-Werkzeug die beiden zur Seite schauenden Mädchen, um das darunter befindliche Bild freizulegen, in dem die Mädchen in die Kamera schauen.

Sie verfügen jetzt über ein perfektes Familienfoto.

Fragen

1 Welchen Vorteil hat die Verwendung von Ebenen?

2 Wo erscheint eine neue Ebene im Ebenenstapel?

3 Wie lassen Sie Elemente der einen Ebene vor den Elementen einer anderen Ebene erscheinen?

4 Wie weisen Sie einen Ebenenstil zu?

5 Wie minimieren Sie nach der Fertigstellung eines Bilds seine Dateigröße, ohne die Qualität oder die Maße zu ändern?

Antworten

1 In Ebenen lassen sich verschiedene Teile eines Bilds als separate Einheiten bearbeiten. Einzelne Ebenen lassen sich während der Arbeit an anderen Ebenen ausblenden.

2 Die neue Ebene erscheint direkt über der aktiven Ebene.

3 Eine Ebene mit Bildelementen lassen Sie vor anderen Ebenen erscheinen, indem Sie den Ebenennamen im Ebenenbedienfeld nach oben oder die anderen nach unten in der Stapelfolge ziehen. Oder aber Sie wählen Ebene: Anordnen und die Befehle In den Vordergrund, Schrittweise nach vorne, Schrittweise nach hinten und In den Hintergrund. Die Position der Hintergrundebene lässt sich allerdings nicht ändern.

4 Wählen Sie die Ebene und klicken Sie im Ebenenbedienfeld auf das Symbol »Ebenenstil hinzufügen«. Oder wählen Sie Ebene: Ebenenstil und dann den gewünschten Ebenenstil.

5 Die Dateigröße lässt sich verringern, indem Sie alle Ebenen der Datei auf eine einzige Hintergrundebene reduzieren. Speichern Sie aber auch die Datei mit den Ebenen, falls Sie sie später noch ändern möchten.

5 DIGITALE FOTOS KORRIGIEREN UND AUFWERTEN

Überblick

In dieser Lektion lernen Sie Folgendes:

- Bilder in Camera Raw bearbeiten und die Einstellungen speichern
- Digitale Fotos korrigieren, rote Augen und Rauschen entfernen sowie Lichter und Tiefen besser durchzeichnen
- Bild mit Objektivkorrekturen versehen
- Zwei Bilder ausrichten und kombinieren, um eine größere Schärfentiefe zu erhalten
- Bilder organisieren, verwalten und speichern
- Unterschiedlich belichtete Bilder als HDR-Bild zusammenführen

Sie benötigen für diese Lektion etwa 90 Minuten. Laden Sie den Ordner Lektion05 bei Bedarf von der Buch-DVD in einen Ordner »Lektionen« auf Ihrer Festplatte. Bei der Arbeit mit dieser Lektion überschreiben Sie die Startdateien. Wenn Sie diese wiederherstellen wollen, laden Sie sie einfach von der DVD erneut auf Ihre Festplatte

PROJEKT: FORTGESCHRITTENE BILDOPTIMEIRUNG

Ob Sie nun über ein Bildarchiv für Kunden oder Projekte verfügen oder über eine persönliche Kollektion, die Sie verfeinern und archivieren möchten – Photoshop bietet die Werkzeuge für den Import, die Bearbeitung und das Archivieren Ihrer digitalen Fotos.

Vorbereitungen

Sie arbeiten in dieser Lektion mit mehreren Bildern, um sich mit der Ver- und Bearbeitung von Camera Raw-Bildern in Photoshop vertraut zu machen. Außerdem lernen Sie die unterschiedlichsten Möglichkeiten kennen, mit denen Sie digitale Fotos korrigieren und verbessern. Beginnen Sie, indem Sie sich die Vorher-Nachher-Bilder in Adobe Bridge ansehen.

1 Starten Sie Photoshop und halten Sie sofort danach Strg+Alt+⇧ (Windows) bzw. ⌘+⌥+⇧ (Mac OS) gedrückt, um die standardmäßigen Voreinstellungen zu erhalten. (Siehe »Die Standardeinstellungen wiederherstellen« auf Seite 4.)

2 Klicken Sie im Meldungsfenster zur Bestätigung auf »Ja«, um die Standardeinstellungen wiederherzustellen.

Hinweis: Haben Sie Bridge nicht installiert, werden Sie aufgefordert, dies zu tun, wenn Sie den Befehl **In Bridge suchen** wählen. Mehr darüber erfahren Sie auf Seite 3.

3 Wählen Sie **Datei: In Bridge suchen**, um Adobe Bridge zu öffnen.

4 Doppelklicken Sie im FAVORITEN-Fenster von Bridge auf den Ordner *Lektionen*. Doppelklicken Sie dann im INHALT-Fenster auf den Ordner *Lektion05*, um ihn zu öffnen.

5 Achten Sie auf eine ausreichend große Miniaturansicht Ihrer Bilder und suchen Sie die Dateien *05A_Start.crw* und *05A_End.psd*.

05A_Start.crw

05A_End.psd

Das Originalfoto der im spanischen Stil erbauten Kirche ist eine Camera Raw-Datei. Deshalb fehlt die übliche .psd-Dateierweiterung, mit der Sie bisher in diesem Buch gearbeitet haben. Das Bild wurde mit einer digitalen Canon-Spiegelreflexkamera aufgenommen und hat die Canon-eigene .crw-Dateierweiterung. Sie verarbeiten dieses proprietäre Raw-Format, um es heller, schärfer und brillanter zu machen. Anschließend speichern Sie das Bild als JPEG-Datei für das Internet und als PSD-Datei für die weitere Bearbeitung in Photoshop.

6 Vergleichen Sie die Miniaturansichten der Dateien *05B_Start.nef* und *05B_End.psd*.

05B_Start.nef

05B_End.psd

Sie werden an der Aufnahme verschiedene Farbkorrekturen und Bildverbesserungen in Camera Raw und Photoshop vornehmen, um das Endresultat zu erzielen.

7 Vergleichen Sie die Miniaturansichten der Dateien *05C_Start.psd* und *05C_End.psd*.

05C_Start.psd

05C_End.psd

Sie werden an der Aufnahme mit dem Mädchen am Strand verschiedene Korrekturen vornehmen, wie Details in den Tiefen und Lichtern herausarbeiten, rote Augen entfernen und das Bild schärfen.

8 Betrachten Sie die Miniaturansichten der Dateien *05D_Start.psd* und *05D_End.psd*.

05D_Start.psd

05D_End.psd

Das Originalbild ist verzerrt, die Säulen sind gebogen. Sie korrigieren diesen Objektivfehler.

9 Sehen Sie sich die Dateien *05E_Start.psd* und *Wld 05E_End.psd* in der Miniaturansicht an.

05E_Start.psd

05E_End.psd

Im ersten Bild sind weder das Glas im Vordergrund noch der Strand im Hintergrund scharf. Sie erweitern die Schärfentiefe, um beide Elemente scharf abzubilden. Sie fügen außerdem Pfähle hinzu und versehen das Glas mit einer Iris-Weichzeichnung.

Camera Raw

Eine *Camera Raw*-Datei enthält unverarbeitete Bilddaten aus dem Bildsensor einer Digitalkamera. Viele Digitalkameras können Bilddateien im Camera Raw-Format speichern. Auf diese Weise können Fotografen die Bilddaten später interpretieren und verarbeiten, die Kamera nimmt also nicht automatisch Korrekturen und Konvertierungen wie beim JPEG-Format vor. Deshalb können (oder müssen) Sie

Weißabgleich, Tonwertbereich, Kontrast, Farbsättigung und Scharfzeichnung selbst in Photoshop festlegen. Camera Raw-Dateien entsprechen quasi den Negativen Ihrer Fotos. Die Dateien lassen sich jederzeit neu verarbeiten, um die gewünschten Ergebnisse zu erzielen.

Um Raw-Dateien zu erzeugen, müssen Sie Ihre Kamera so einstellen, dass Dateien im (noch herstellereigenen bzw. proprietären) Raw-Dateiformat gespeichert werden. Sobald Sie eine Camera Raw-Datei aus der Kamera oder der Speicherkarte herunterladen, hat sie eine Erweiterung wie .nef (Nikon) oder .crw (Canon). In Adobe Bridge und Photoshop können Sie Camera Raw-Dateien vieler unterstützter Kameras wie von Canon, Kodak, Leica oder Nikon verarbeiten. Es lassen sich sogar mehrere Bilder gleichzeitig verarbeiten. Anschließend exportieren Sie die proprietären Camera Raw-Dateien als digitales Negativ im DNG-Dateiformat. Adobe hat dieses Dateiformat entwickelt, um Kompatibilität zu gewährleisten und die Verbreitung der unterschiedlichsten proprietären Camera Raw-Dateiformate einzudämmen. Sie können aber auch in den Formaten DNG, JPEG, TIFF oder PSD exportieren.

Hinweis: Das Photoshop Raw-Format (Erweiterung .raw) eignet sich, um Bilder zwischen Programmen und Betriebssystemen auszutauschen, und darf nicht mit den Raw-Formaten von Kameras verwechselt werden.)

Adobe Camera Raw (ACR) verarbeitet Raw-Dateien aller unterstützten Kameras. Sie können aber auch TIFF- und JPEG-Bilder in Camera Raw öffnen und auf Bearbeitungsfunktionen zurückgreifen, die in Photoshop nicht vorhanden sind. Im Gegensatz zu Raw-Dateien sind Weißabgleich und andere Funktionen bei TIFF- oder JPEG-Bildern eingeschränkt. Auch wenn sich Raw-Dateien mit Camera Raw öffnen und bearbeiten lassen, ist das Speichern im proprietären Raw-Format nicht möglich.

Dateien in Camera Raw bearbeiten

Wenn Sie ein Bild in Camera Raw bearbeiten (z.B. das Bild gerade stellen oder beschneiden), bewahren Photoshop und Bridge die Originaldatei. Deshalb können Sie das Bild beliebig bearbeiten und anschließend exportieren. Das Original bleibt unangetastet erhalten.

Bilder in Camera Raw öffnen

Sie können sowohl aus Adobe Bridge als auch aus Photoshop mehrere Bilddateien in Camera Raw gleichzeitig öffnen und bearbeiten. Das ist besonders nützlich, wenn Sie mit Bildern arbeiten, die in der gleichen Umgebung aufgenommen wurden, also mit gleicher Beleuchtung und anderen übereinstimmenden Einstellungen.

»Camera Raw« bietet umfangreiche Einstellmöglichkeiten für Weißabgleich, Belichtung, Kontrast, Schärfe, Tonwertkurven und vieles andere mehr. Sie bearbeiten jetzt eine Aufnahme und weisen diese Einstellungen anschließend anderen ähnlichen Aufnahmen zu.

1 Navigieren Sie in Adobe Bridge zum Ordner *Lektionen/Lektion05/Mission*, der drei Aufnahmen der Ihnen bereits bekannten spanischen Kirche enthält.

2 Klicken Sie mit gedrückter [⇧]-Taste nacheinander auf die Bilder *Mission01.crw*, *Mission02.crw* und *Mission03.crw* (alle drei Bilder sind jetzt gewählt) und wählen Sie **Datei: In Camera Raw öffnen**.

A. Filmstreifen
B. Filmstreifen ein/aus
C. Symbolleiste
D. Vorschau ein/aus
E. RGB-Werte
F. Registerkarten mit Bildeinstellungen
G. Histogramm
H. Camera Raw-Menü »Grundeinstellungen«
I. Zoomstufen
J. Arbeitsablauf-Optionen anzeigen
K. Navgiationspfeile
L. Einstellungsregler

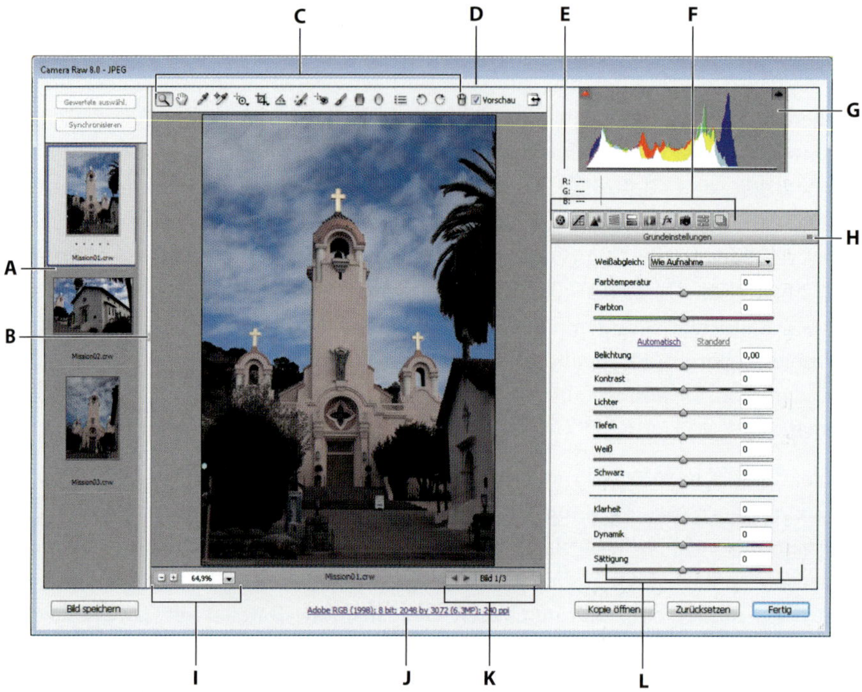

Das Dialogfeld »Camera Raw« zeigt eine große Vorschau des ersten Bilds und links einen Filmstreifen mit allen in Camera Raw geöffneten Bildern. Das Histogramm rechts oben zeigt den Tonwertbereich des ersten Bilds und die Workflow-Optionen unten im Dialogfeld informieren über den Farbraum des ersten Bilds, die Farbtiefe, die Größe und die Auflösung. Die Werkzeuge oben im Dialogfeld ermöglichen es unter anderem, das Bild zu vergrößern und zu verschieben, Farbe aufzunehmen, freizustellen, zu drehen und zu rotieren. Über die Bedienfelder rechts im Dialogfeld stellen Sie den Weißabgleich, die Farbe, den Tonwert und andere Details ein. Außerdem können Sie unter diversen vorgegebenen Einstellungen wählen oder eigene Einstellungen zur späteren Wiederverwendung speichern.

Sie erzielen meist die besten Ergebnisse mit Camera Raw, wenn Sie von links nach rechts und von oben nach unten arbeiten. Sie arbeiten also erst mit den oben angeordneten Werkzeugen und gehen dann nacheinander die Bedienfelder für die notwendigen Änderungen durch.

Diese Einstellungen lernen Sie jetzt während der Bearbeitung der ersten Bilddatei kennen.

3 Klicken Sie auf die Vorwärts-Schaltfläche rechts unten im Haupt-Vorschaubereich. Oder scrollen Sie im Filmstreifen nach unten und wählen Sie nacheinander die Miniaturen, um sich die Bilder anzusehen. Wählen Sie anschließend erneut das Bild *Mission01.crw*.

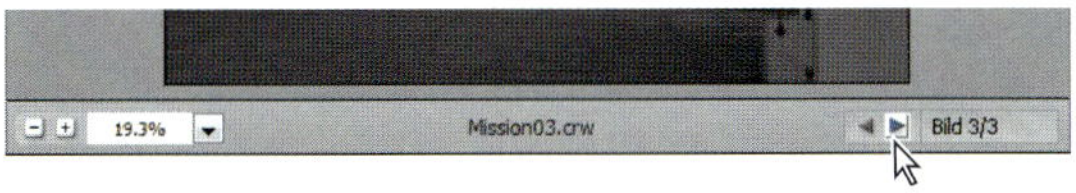

4 Achten Sie darauf, dass oben im Dialogfeld die Option »Vorschau« aktiviert ist, damit Sie Ihre Einstellungen sehen können.

Weißabgleich einstellen

Der Weißabgleich eines Bilds reflektiert die Lichtverhältnisse, die zum Zeitpunkt und am Ort der Aufnahme herrschten. Eine Digitalkamera speichert die entsprechenden Daten bei der Belichtung und deshalb erscheint diese Information auch im »Camera Raw«-Dialogfeld.

Der Weißabgleich besteht aus zwei Komponenten. Zum einen ist es die Temperatur, die in Kelvin gemessen wird und bestimmt, ob ein Bild kalt (blaugrüner Farbton) oder warm (gelbroter Farbton) ist. Die zweite Komponente ist der Farbton, über den sich grünstichige bzw. magentastichige Fotos korrigieren lassen.

Je nach Kameraeinstellungen und Lichtverhältnissen zum Zeitpunkt der Aufnahme (beispielsweise blendet das Licht oder es ist ungleichmäßig) können Sie den Weißabgleich im Bild einstellen. Wenn Sie den Weißabgleich verändern, muss das zuerst geschehen, da sich diese Änderung auf alle weiteren Änderungen im Bild auswirkt.

1 Falls das Grundeinstellungenbedienfeld rechts im Dialogfeld nicht zu sehen ist, klicken Sie auf das Grundeinstellungen-Symbol (◉), um das Bedienfeld zu öffnen.

Standardmäßig ist im Menü »Weißabgleich« die Option »Wie Aufnahme« gewählt. Camera Raw weist die Weißabgleich-Einstellung zum Zeitpunkt der Aufnahme zu. Camera Raw umfasst verschiedene Weißabgleich-Voreinstellungen, die Sie als Ausgangsbasis für unterschiedliche Beleuchtungseffekte nutzen können.

2 Wählen Sie im Weißabgleich-Menü die Option »Trüb«.

Camera Raw stellt Farbtemperatur und Farbton für einen trüben, wolkenverhangenen Tag ein. Manchmal funktioniert eine Voreinstellung jedoch nicht. Auch im vorliegenden Fall weist das Bild weiterhin einen Blaustich auf. Deshalb stellen Sie den Weißabgleich nun manuell ein.

3 Wählen Sie oben im Dialogfeld »Camera Raw« das Weißabgleich-Werkzeug (✐).

Um den korrekten Weißabgleich einzustellen, wählen Sie ein Objekt, das weiß oder grau ist. Camera Raw bestimmt mit dieser Information die Farbe des Lichts, mit dem das Motiv aufgenommen wurde, und stellt dann die passende Farbtemperatur automatisch ein.

4 Klicken Sie auf die weißen Wolken im Bild. Die Farbtemperatur des Bilds ändert sich.

5 Klicken Sie in einen anderen Wolkenbereich. Die Farbtemperatur verschiebt sich.

Sie können mit dem Weißabgleich-Werkzeug schnell und einfach die beste Farbtemperatur für ein Motiv herausfinden. Das Klicken in unterschiedlichen Bereichen ändert die Farbtemperatur, die Datei bleibt aber intakt – Sie können also beliebig experimentieren.

6 Klicken Sie in die Wolken direkt links neben der Kirchturmspitze. Diesmal wird der Farbstich weitestgehend entfernt und Sie erhalten eine realistische Beleuchtung.

▶ **Tipp:** Um Einstellungen rückgängig zu machen, drücken Sie Strg+Z (Windows) bzw. ⌘+Z (Mac OS). Möchten Sie im aktuellen Bedienfeld vorgenommene Änderungen mit dem Originalbild vergleichen, deaktivieren Sie die Vorschau. Schalten Sie die Vorschau wieder ein, um das modifizierte Bild anzuzeigen.

7 Stellen Sie den *Farbtemperatur*-Regler auf **-22** ein, um die Grüntöne zu intensivieren.

Tonale Korrekturen in Camera Raw

Andere Regler im Grundeinstellungenbedienfeld wirken sich auf die Belichtung, den Kontrast und die Sättigung im Bild aus. Das Ziehen der Regler nach rechts hellt die entsprechenden Bildbereiche auf, während das Ziehen nach links die Bereiche abdunkelt – das gilt jedoch nicht für die Kontrast-Einstellung. Die Belichtung bestimmt den Weißpunkt bzw. die hellste Stelle im Bild, damit Camera Raw alles andere entsprechend anpassen kann. Mit dem Schwarzregler stellen Sie dagegen den Schwarzpunkt bzw. die dunkelste Stelle im Bild ein. Die Regler Lichter und Tiefen verstärken die Zeichnung in den Lichter- bzw. Schattenbereichen.

Der Kontrast-Regler bestimmt den Kontrast. Sie erhalten eine noch differenziertere Kontrasteinstellung mit dem Regler »Klarheit«, der durch Verstärkung des lokalen Kontrasts, besonders in den Mitteltönen, das Bild mit Tiefe versieht.

Tipp: Erhöhen Sie den Wert für »Klarheit«, bis Lichthöfe an den Kantendetails zu sehen sind. Reduzieren Sie dann den Wert geringfügig.

Der Sättigungsregler bestimmt die Sättigung aller Farben im Bild – und zwar gleichermaßen. Mit der Einstellung für die *Dynamik* erzielen Sie dagegen einen größeren Effekt bei wenig gesättigten Farben. Sie können deshalb den Hintergrund lebhafter gestalten, ohne jedoch z.B. Hauttöne zu stark zu sättigen.

Wenn Sie die Option »Automatisch« wählen, versucht Camera Raw, die Tonwerte im Bild automatisch einzustellen.

1 Klicken Sie im Grundeinstellungenbedienfeld auf die Option »Automatisch«.

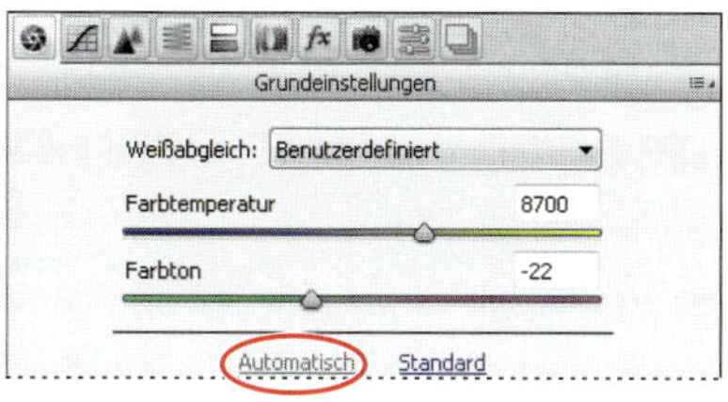

Camera Raw verstärkt die Sättigung und verringert die Schwarztöne und den Kontrast. Sie können diese Einstellung als Ausgangspunkt für weitere (manuelle) Korrekturen nutzen. Sie kehren jedoch in dieser Übung zu den Standardeinstellungen zurück und nehmen individuelle Korrekturen vor.

2 Klicken Sie im Grundeinstellungenbedienfeld auf die Option »Standard«.

3 Nehmen Sie die folgenden Einstellungen vor:

- Belichtung: +**0.20**
- Kontrast: +**18**

- Lichter: **+8**
- Tiefen: **+63**
- Weiß: **+12**
- Schwarz: **-14**
- Klarheit: **+3**
- Dynamik: **+4**
- Sättigung: **+1**

Die Einstellungen bringen die Mitteltöne im Bild heraus und lassen es kräftiger und tiefer aussehen, ohne dass die Farbsättigung zu stark ist.

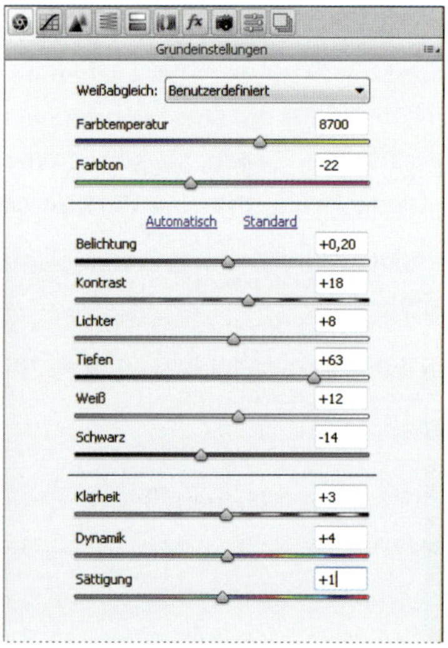

Das Camera Raw-Histogramm

Das Histogramm oben rechts im Dialogfeld »Camera Raw« zeigt alle drei Kanäle (Rot, Grün und Blau) des Vorschaubilds gleichzeitig an. Das Histogramm wird automatisch aktualisiert, sobald Sie Einstellungen ändern. Das Histogramm zeigt außerdem die RGB-Werte für den Pixelbereich unter dem Zeiger eines beliebigen Werkzeugs.

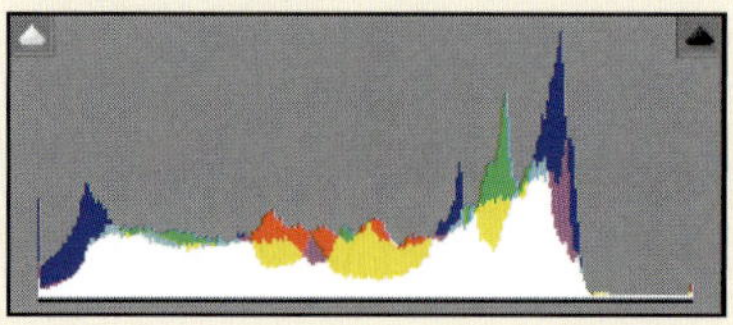

Schärfe zuweisen

Photoshop verfügt zwar über mehrere Schärfefilter, doch wenn Sie ein komplettes Bild schärfen müssen, bietet Camera Raw die besten Einflussmöglichkeiten. Die entsprechenden Einstellungen finden Sie im Details-Bedienfeld. Um die Einstellung im Vorschaubereich zu prüfen, müssen Sie das Bild auf 100 % oder mehr vergrößern.

1 Doppelklicken Sie auf das Zoom-Werkzeug ( ) oben links im Werkzeugbedienfeld, um auf 100 % zu vergrößern. Wählen Sie nun das Hand-Werkzeug ( ) und verschieben Sie das Bild, bis Sie das Kreuz auf dem Turm im Vorschaufenster sehen.

2 Klicken Sie auf das Symbol »Details« ( ), um das Details-Bedienfeld zu öffnen.

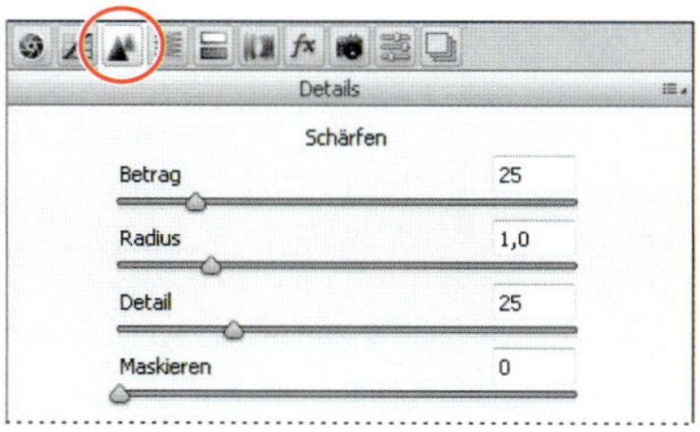

Der Regler »Betrag« bestimmt den von Camera Raw zugewiesenen Schärfegrad. Diese Einstellung wird meist zuerst vorgenommen und erst danach widmen Sie sich den anderen Reglern.

3 Stellen Sie den »Betrag« auf den Wert **100** ein.

Der »Radius« bestimmt den Pixelbereich, den Camera Raw beim Schärfen des Bilds analysiert. Sie kommen bei den meisten Bildern zu guten Ergebnissen, wenn Sie mit einem kleinen Radius arbeiten – sogar kleiner als 1 Pixel. Ein großer Radius kann das Bild unnatürlich und fast wie ein Aquarell aussehen lassen.

4 Bewegen Sie den »Radius«-Regler auf **0,9**.

Der »Detail«-Regler ist zuständig für die Details im Bild. Camera Raw schärft auch dann noch ein wenig, wenn dieser Regler auf **0** eingestellt ist. Normalerweise wählen Sie einen relativ kleinen Wert für die Details.

5 Der »Detail«-Regler ist auf **25** eingestellt.

Der Regler »Maskieren« legt fest, welche Bildbereiche Camera Raw schärft. Ist für Maskieren ein hoher Wert eingestellt, schärft Camera Raw nur die Bildteile mit ausgeprägten Kanten.

Tipp: Verschieben Sie den Maskieren-Regler mit gedrückter [Alt]-Taste (Windows) bzw. [⌥]-Taste (Mac OS) für eine Vorschau des Schärfens von Camera Raw.

6 Stellen Sie wenn nötig den »Maskieren«-Regler auf **61** ein.

Nachdem Sie die Regler »Radius«, »Detail« und »Maskieren« eingestellt haben, können Sie den Betrag verringern und das Schärfen abschließen.

7 Stellen Sie den »Betrag«-Regler auf **70** ein.

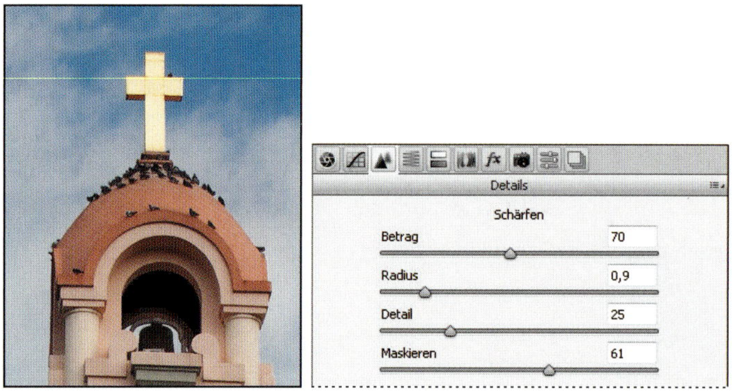

Hinweis: Wenn Sie die Bildansicht verkleinern, scheint das Bild ungeschärft zu sein. Eine zuverlässige Vorschau der Schärfeneffekte erhalten Sie nur bei einer Vergrößerung von 100 % und mehr.

Das Schärfen führt zu stärker betonten Details und Kanten und lässt sich mit dem Maskieren-Regler ausschließlich auf Linien im Bild beschränken. Auf diese Weise vermeiden Sie Artefakte in unscharfen Bereichen und/oder im Hintergrund.

Die Einstellungen im Dialogfeld »Camera Raw« lassen die Daten in der Original-Raw-Datei unangetastet. Sie werden entweder in der Camera Raw-Datenbankdatei oder in einer »angehängten« XMP-Datei gespeichert, die im selben Ordner gespeichert wird. XMP-Dateien erlauben die Wiederherstellung der Camera Raw-Einstellungen, wenn Sie die Bilddatei auf ein Speichermedium oder auf einen anderen Computer verschieben.

Einstellungen auf mehrere Bilddateien anwenden

Da das Bild der Kirche jetzt richtig gut aussieht, können Sie die Camera Raw-Einstellungen automatisch auf die beiden anderen Kirchenbilder anwenden. Alle drei Bilder wurden zur gleichen Tageszeit und unter gleichen Lichtverhältnissen aufgenommen. Für diese Aktion wählen Sie den Befehl »Synchronisieren«.

1 Klicken Sie oben links im Dialogfeld »Camera Raw« auf die Schaltfläche »Alles auswählen«, um alle Miniaturen des Filmstreifens zu wählen.

2 Klicken Sie auf die Schaltfläche »Synchronisieren«.

Im jetzt geöffneten Dialogfeld »Synchronisieren« können Sie die Einstellungen bestimmen, die Sie auf die ausgewählten Bilder anwenden möchten. Standardmäßig sind alle Optionen (»Freistellen«, »Bereichsreparatur« und »Lokale Anpassungen« ausgenommen) gewählt. Das ist so in Ordnung, obwohl Sie nicht alle vorhandenen Einstellungen vorher angepasst haben.

3 Klicken Sie im Dialogfeld »Synchronisieren« auf OK.

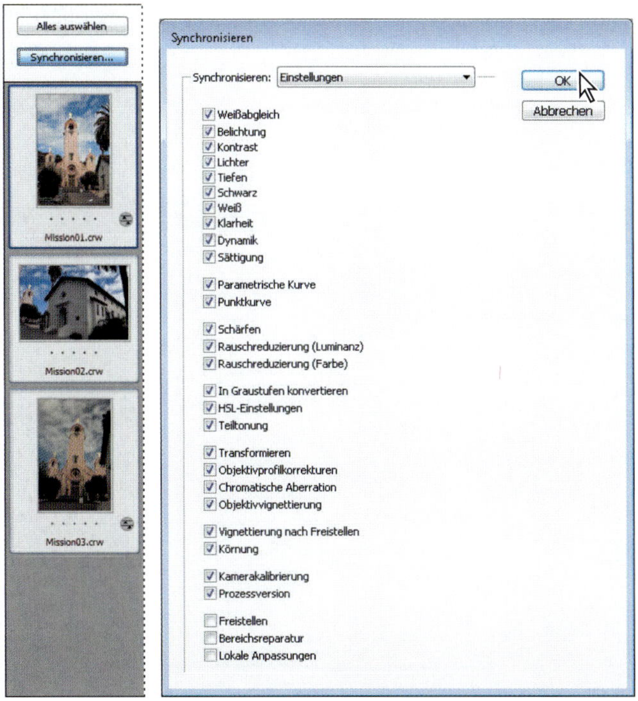

Wenn Sie die Einstellungen unter allen gewählten Bildern synchronisieren, zeigen die Miniaturen die Änderungen an. Gefällt Ihnen das Ergebnis, können Sie sich über die Navigationspfeile bzw. durch Klicken auf die Miniatur die einzelnen Bilder als große Vorschau anzeigen lassen.

Camera Raw-Änderungen speichern

Sie speichern die Bilder zuerst als niedrig auflösende JPEG-Dateien für eine Veröffentlichung im Internet. Anschließend speichern Sie das einzelne Bild *Mission01* für das PDF-Portfolio, das Sie später in dieser Lektion anlegen. Sie öffnen das Bild *Mission01* als Smartobjekt in Photoshop, um jederzeit weitere Änderungen in Camera Raw durchführen zu können.

1 Klicken Sie oben links im Dialogfeld »Camera Raw« auf die Schaltfläche »Alles auswählen«, um alle drei Bilder zu wählen.

2 Klicken Sie unten links auf »Bilder speichern«.

3 Führen Sie im Dialogfeld »Speicheroptionen« Folgendes aus:

- Wählen Sie als »Ziel« »Im selben Ordner speichern« (*Lektionen/ Lektion05/ Mission*).
- Übernehmen Sie unter »Dateibenennung« die Option Dokumentname im ersten Feld.
- Wählen Sie unten im Dialogfeld aus dem Format-Popup-Menü die Option »JPEG«.

● **Hinweis:** Bevor Sie die Bilder im Internet veröffentlichen, sollten Sie sie in Photoshop öffnen und die Größe auf 640 x 480 Pixel einstellen. Die Bilder sind momentan noch viel größer, das heißt, sie lassen sich auf den meisten Bildschirmen nur mit Scrollen vollständig betrachten.

Die korrigierten Bilder werden jetzt als heruntergerechnete 72-dpi-JPEGs gespeichert, damit sie per Mail verschickt oder im Internet veröffentlicht werden können. Die Dateien erhalten die Bezeichnungen *Mission01.jpg*, *Mission02.jpg* und *Mission03.jpg*.

4 Klicken Sie auf »Speichern«.

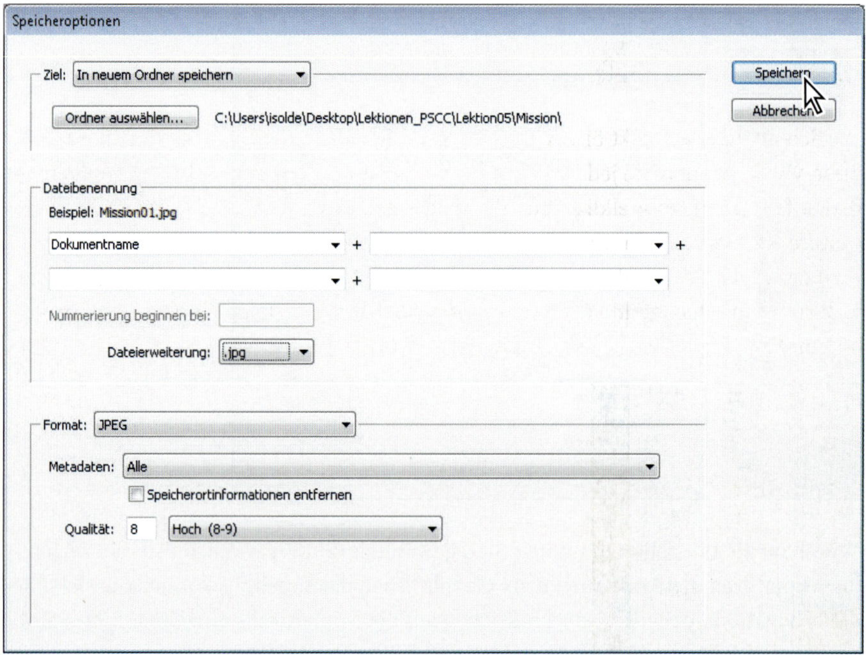

Adobe Bridge bringt Sie zurück in das Dialogfeld »Camera Raw« und zeigt bis zum Speichern an, wie viele Bilder noch von Camera Raw zu verarbeiten sind. Die .crw-Miniaturen befinden sich weiterhin im Dialogfeld »Camera Raw«. Sie verfügen jetzt über JPEG-Versionen und die unbearbeiteten Original-crw-Bilddateien, die Sie jetzt oder später erneut bearbeiten könnten.

Sie öffnen nun eine Kopie des Bilds *Mission01* in Photoshop.

5 Wählen Sie im Filmstreifen des Dialogfelds »Camera Raw« die Datei *Mission01.crw*. Klicken Sie anschließend mit gedrückter [⇧]-Taste unten rechts im Dialogfeld auf »Objekt öffnen«.

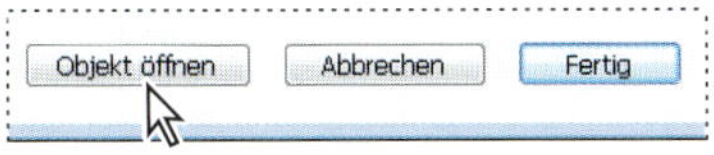

Die Schaltfläche »Objekt öffnen« öffnet das Bild als Smartobjekt in Photoshop. Auf diese Weise können Sie jederzeit auf das Miniaturbild des Smartobjekts im Ebenen-Bedienfeld einen Doppelklick ausführen, um zurück zu Camera Raw zu gehen und weitere Änderungen am Bild vorzunehmen. Wenn Sie auf »Bild öffnen« klicken, wird das Bild als normales Photoshop-Bild geöffnet. Durch Drücken der ⇧-Taste ändern Sie im Dialogfeld »Camera Raw« die Schaltfläche »Bild öffnen« in »Objekt öffnen«.

▶ **Tipp:** Um die Schaltfläche »Objekt öffnen« als Vorgabe einzurichten, klicken Sie in Camera Raw auf die (blaue) Verknüpfung unter dem Vorschaufenster. Aktivieren Sie dann im Dialogfeld »Arbeitsablauf-Optionen« die Option »In Photoshop als Smartobjekte öffnen« und klicken Sie auf OK.

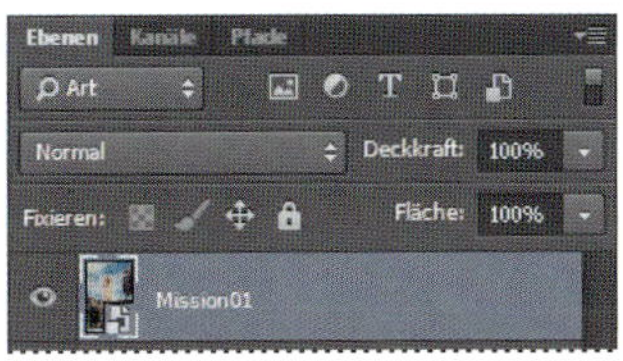

6 Wählen Sie in Photoshop **Datei: Speichern unter** und dann im Dialogfeld »Speichern unter« das Format »Photoshop«. Speichern Sie das Bild unter dem Namen **mission_end.psd** im Ordner *Lektion05*. Falls der Hinweis auf Kompatibilität erscheint, klicken Sie auf OK. Schließen Sie das Bildfenster.

Dateien in Camera Raw speichern

Jede Kamera speichert Raw-Bilder in einem anderen Format, die sich aber mit Adobe Camera Raw verarbeiten lassen. Adobe Camera Raw verarbeitet Raw-Dateien mit spezifischen Voreinstellungen je nach unterstützter Kamera und den EXIF-Daten.

Die proprietären Raw-Dateien Ihrer Kamera können Sie in den Formaten DNG (das von Adobe Camera Raw gespeicherte Format), JPEG, TIFF und PSD speichern. Diese Formate speichern RGB- und CMYK-Halbtonbilder und Bitmaps, wobei alle Formate mit Ausnahme von DNG auch unter Photoshop mit den Befehlen »Speichern« und »Speichern unter« verfügbar sind.

- **Adobe Digital Negative (DNG)** ist ein Dateiformat, das die rohen Bilddaten einer Digitalkamera sowie Metadaten enthält, durch die die Bedeutung dieser Daten definiert wird. DNG, das öffentlich erhältliche Archivierungsformat von Adobe für Camera Raw-Dateien, wurde entwickelt, um Kompatibilität zu gewährleisten und die zunehmende Verbreitung verschiedener Camera Raw-Dateiformate einzudämmen. (Dieses Format lässt sich nur aus dem Dialogfeld »Camera Raw« heraus speichern.)
- Das **JPEG-Format (Joint Photographic Experts Group)** ist das gängige Dateiformat zum Anzeigen von Fotos und anderen RGB-Halbtonbildern im World Wide Web. Das JPEG-Format übernimmt alle Farbinformationen eines Bilds, komprimiert jedoch die Dateigröße durch selektives Entfernen von Daten. Je höher der Komprimierungsgrad, desto niedriger die Bildqualität (und umgekehrt).
- Das **TIFF-Format (Tagged Image File Format)** dient zum Austausch von Dateien zwischen unterschiedlichen Programmen und Plattformen. TIFF ist ein flexibles Bitmap-Bildformat, das von praktisch allen Mal-, Bildbearbeitungs- und Seitenlayoutprogrammen unterstützt wird. Auch können so gut wie alle Desktop-Scanner TIFF-Bilder erstellen.
- Das **Photoshop-Format (PSD)** ist das Standarddateiformat.

Wegen der engen Integration verschiedener Adobe-Produkte können PSD-Dateien direkt in andere Adobe-Anwendungen importiert werden (z.B. in Illustrator, InDesign und Dreamweaver). Dabei bleiben zahlreiche Photoshop-Merkmale erhalten.

Bilder lassen sich auch in Photoshop-kompatiblen Formaten wie Large Document Format (PSB), Cineon, Photoshop Raw, PNG oder Portable Bit Map speichern. (Das Photoshop Raw-Format [RAW] eignet sich, um Bilder zwischen Programmen und Betriebssystemen auszutauschen, und darf nicht mit den Raw-Formaten von Kameras verwechselt werden.)

Weitere Informationen über Dateiformate in Camera Raw und Photoshop finden Sie in der Photoshop-Hilfe.

Fortgeschrittene Farbkorrektur

Sie nutzen die Tonwertkorrektur, das Reparatur-Pinsel-Werkzeug und andere Photoshop-Funktionen, um das Bild des Models zu optimieren.

Den Weißabgleich in Camera Raw einstellen

Das Originalbild der Braut weist einen leichten Farbstich auf. Sie beginnen in Camera Raw mit der Farbkorrektur. Dazu stellen Sie den Weißabgleich ein und passen den allgemeinen Farbton des Bilds an.

1 Navigieren Sie in Bridge zum Ordner *Lektion05*. Wählen Sie die Datei *05B_Start.nef* aus und wählen Sie **Datei: In Camera Raw öffnen**.

2 In Camera Raw wählen Sie das Weißabgleich-Werkzeug (✐) und klicken Sie auf einen weißen Bereich im Kleid der Braut, um die Farbtemperatur anzupassen und den grünen Farbstich zu entfernen.

3 Passen Sie weitere Regler im Grundeinstellungen-Bedienfeld an, um das Bild aufzuhellen und die Farben zu intensivieren:

- Erhöhen Sie die »Belichtung« auf **0.30**.
- Erhöhen Sie den »Kontrast« auf **15**.
- Erhöhen Sie die »Klarheit« auf **+8**.

▶ **Tipp:** Sie können Dateien nicht nur zu Beginn der Bearbeitung in Camera Raw öffnen, sondern die Camera-Raw-Einstellungen auch direkt in Photoshop beliebigen Dateien als Filter zuweisen. Wählen Sie dazu **Filter: Camera Raw-Filter**, nehmen Sie die gewünschten Einstellungen vor und klicken Sie auf OK.

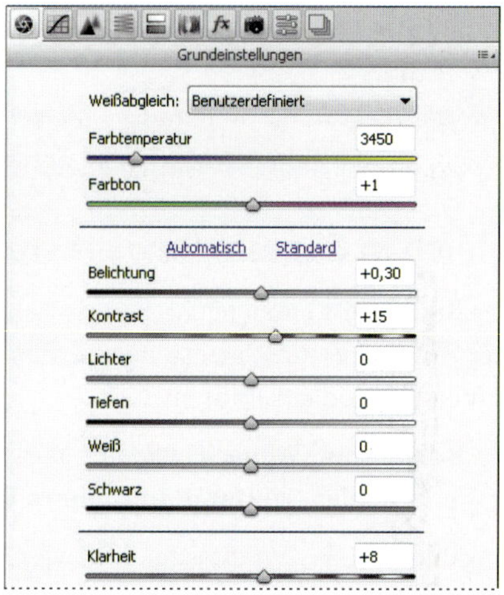

4 Halten Sie die [⇧]-Taste gedrückt und klicken Sie auf »Objekt öffnen«.

Das Bild wird als Smartobjekt in Photoshop geöffnet.

Tonwertkorrektur

Der Tonwertumfang eines Bilds repräsentiert die Stärke des Kontrasts bzw. der Details in einem Bild. Der Tonwertumfang ergibt sich aus der Pixelverteilung im Bild, die von den dunkelsten (schwarzen) bis zu den hellsten (weißen) Pixeln reicht. Sie arbeiten jetzt mit einer Tonwertkorrektur-Einstellungsebene, um den Tonwertumfang noch feiner anzupassen.

1 Wählen Sie in Photoshop **Datei: Speichern unter**, benennen Sie die Datei mit **Model_end.psd** und klicken Sie auf »Speichern«. Klicken Sie auf OK, wenn das Dialogfeld mit den Photoshop-Formatoptionen erscheint.

2 Klicken Sie im Korrekturen-Bedienfeld auf die Schaltfläche »Tonwertkorrektur«.

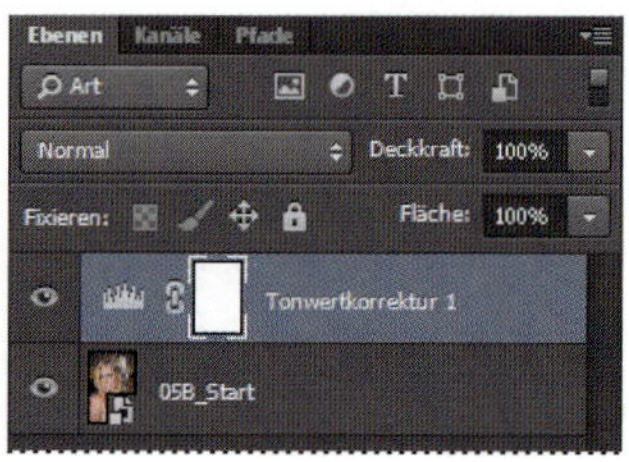

Photoshop fügt dem Ebenenbedienfeld eine Tonwertkorrektur-Einstellungsebene hinzu. Die dazugehörigen Einstellungen sowie ein Histogramm erscheinen im Eigenschaftenbedienfeld. Das Histogramm zeigt die dunklen und hellen Pixelwerte im Bild. Das linke (schwarze) Dreieck repräsentiert die Tiefe und das rechte (weiße) Dreieck die Lichter. Das mittlere (graue) Dreieck steht für die Mitteltöne bzw. das Gamma. So lange Sie keinen besonderen Effekt beabsichtigen, beginnen die Daten in einem Histogramm mit dem Schwarzpunkt und enden mit dem Weißpunkt.

Der mittlere Bereich hat ziemlich gleichmäßige Spitzen und Täler und steht für die Pixeldaten in den Mitteltönen.

3 Klicken Sie auf der linken Seite des Histogramms auf die Schaltfläche »Genaueres Histogramm berechnen« (). Photoshop ersetzt das vorhandene Histogramm.

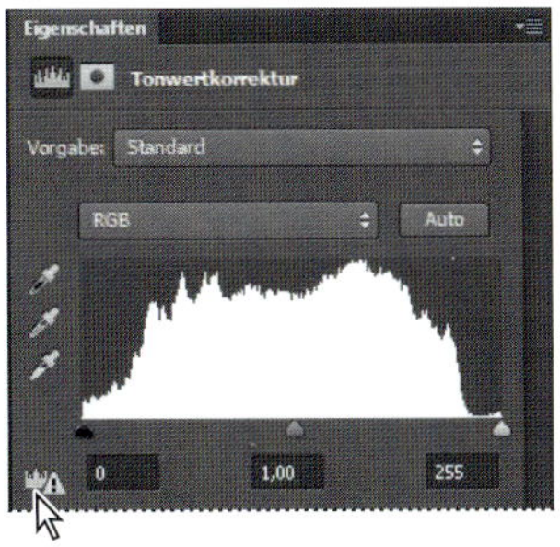

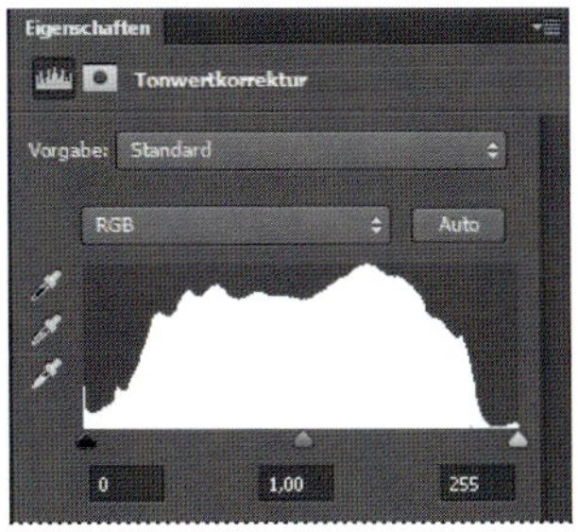

Es gibt eine kleine Erhebung ganz rechts im Histogramm. Dieses stellt den tatsächlichen Weißpunkt dar, doch die wirklichen Daten enden weiter links. Sie verschieben jetzt den Weißpunkt auf das Datenende.

4 Ziehen Sie das rechte (weiße) Dreieck nach links bis zu dem Punkt, an dem das Histogramm den Beginn der hellsten Farben anzeigt.

Beim Ziehen verändern sich der dritte Eingabewert unter der Histogramm-Grafik sowie das Bild selbst.

5 Ziehen Sie das mittlere (graue) Dreieck etwas nach rechts, um die Mitteltöne geringfügig abzudunkeln (wir haben den Wert 90 eingestellt).

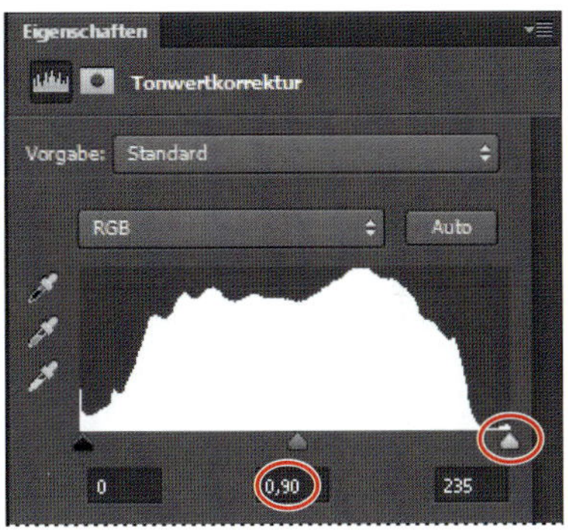

Sättigung in Camera Raw bearbeiten

Die Tonwertkorrektur hat das Bild deutlich verbessert; aber unsere Braut wirkt etwas sonnenverbrannt. Sie passen nun die Sättigung in Camera Raw an, um den Hautton gleichmäßiger zu gestalten.

1 Doppelklicken Sie auf die Ebenenminiatur *05B_Start*, um das Smartobjekt in Camera Raw zu öffnen.

2 Klicken Sie auf das Symbol »HSL/Graustufen« (▤), um das gleichnamige Bedienfeld anzuzeigen.

3 Klicken Sie auf das Register »Sättigung«.

4 Bewegen Sie die folgenden Regler, um den Rotanteil der Haut zu reduzieren:

- Reduzieren Sie die Rottöne auf **-2**.
- Reduzieren Sie die Orangetöne auf **-10**.
- Reduzieren Sie die Magentatöne auf **-3**.

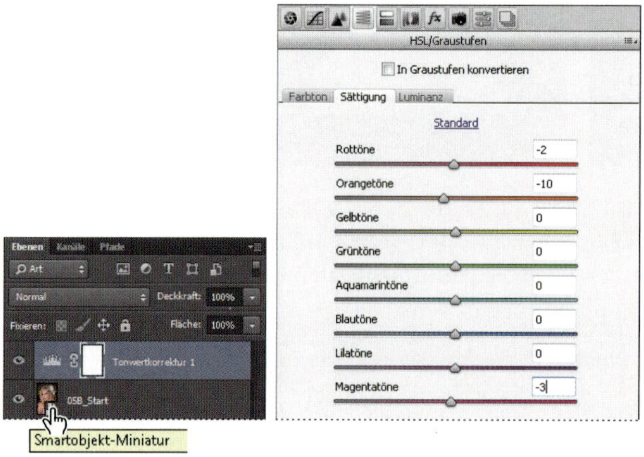

5 Klicken Sie auf OK, um zu Photoshop zurückzukehren.

Mit den Reparatur-Pinsel-Werkzeugen Schönheitsfehler entfernen

Jetzt konzentrieren Sie sich auf das Gesicht des Models. Sie entfernen mit dem Reparatur-Pinsel- und dem Bereichsreparatur-Pinsel-Werkzeug Schönheitsfehler, glätten die Haut, entfernen rote Äderchen in den Augen und sogar das Nasen-Piercing.

1 Wählen Sie im Ebenenbedienfeld die Ebene *05B_Start*. Wählen Sie dann aus dem Menü des Ebenenbedienfelds den Befehl »Ebene duplizieren«. Benennen Sie die neue Ebene mit **Corrections** und klicken Sie auf OK.

Das Arbeiten auf einer Ebenenkopie bewahrt die Originalpixel, so dass Sie endgültige Änderungen erst später vornehmen können. Sie können mit den Reparatur-Pinsel-Werkzeugen keine Änderungen an einem Smartobjekt vornehmen. Deshalb müssen Sie die Ebene zuerst rastern.

2 Wählen Sie **Ebene: Smartobjekte: Rastern**.

3 Vergrößern Sie das Gesicht, sodass Sie es klar erkennen können.

4 Wählen Sie das Bereichsreparatur-Pinsel-Werkzeug (🩹).

5 Wählen Sie in der Optionsleiste die folgenden Einstellungen:

- Pinselgröße: **35** px
- Modus: **Normal**
- Art: **Inhaltssensitiv**

6 Entfernen Sie mit dem Bereichsreparatur-Pinsel-Werkzeug das Nasen-Piercing. Ein einziger Klick ist möglicherweise ausreichend.

Da Sie in der Optionsleiste »Inhaltssensitiv« gewählt haben, ersetzt das Werkzeug den Nasenschmuck durch Haut, die der benachbarten Haut ähnelt.

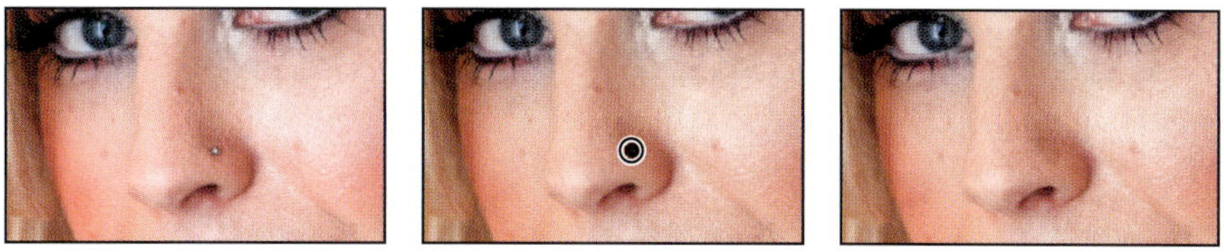

7 Malen Sie über die feinen Linien um Augen und Mund. Sie können zusätzlich die Sommersprossen und Leberflecken im Gesicht, auf dem Hals, den Armen und der Brust »übermalen«. Experimentieren Sie mit einfachem Klicken und aufeinanderfolgenden kurzen Malstrichen. Sie können auch mit unterschiedlichen Einstellungen experimentieren. Um beispielsweise die Linien um den Mund weichzuzeichnen, haben wir in der Optionsleiste die Option »Näherungswert« und die Füllmethode »Aufhellen« gewählt. Entfernen Sie auffällige oder störende Linien und Schönheitsfehler, aber achten Sie darauf, dass die typischen Gesichtszüge und damit der Charakter des Models erhalten bleiben.

Für größere Mängel ist möglicherweise das Reparatur-Pinsel-Werkzeug besser geeignet. Sie haben damit mehr Kontrolle über die Pixel, die Photoshop für die Retusche aufnimmt.

8 Wählen Sie das Reparatur-Pinsel-Werkzeug (🩹), das unter dem Bereichsreparatur-Pinsel-Werkzeug (🩹) verborgen ist, und einen **45-Pixel**-Pinsel mit einer »Härte« von **100 %.**

9 Klicken Sie für die Aufnahmequelle mit gedrückter [Alt]-Taste (Windows) bzw. [⌥]-Taste (Mac OS) in einen Bereich auf den Wangen.

10 Malen Sie über den großen Leberfleck auf der Wange, um ihn mit der aufgenommenen Farbe zu ersetzen. Sie glätten die Struktur später.

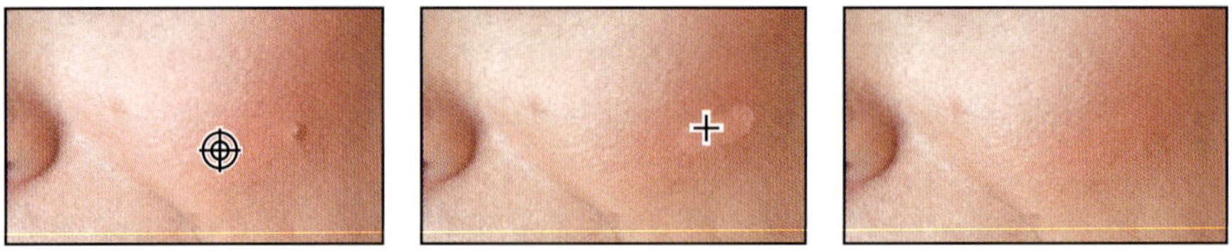

11 Verwenden Sie das Reparatur-Pinsel-Werkzeug, um verbleibende größere Hautunreinheiten zu retuschieren.

12 Wählen Sie **Datei: Speichern**.

Abwedler- und Schwamm-Werkzeug

Verwenden Sie das Schwamm- und das Abwedler-Werkzeug, um die Augen und Lippen aufzuhellen.

1 Wählen Sie das Schwamm-Werkzeug ( ), das unter dem Abwedler-Werkzeug ( ) verborgen ist. In der Optionsleiste ist »Dynamik« aktiviert. Wählen Sie anschließend diese Einstellungen:

- Pinselgröße: **35** px
- Pinselhärte: **0**%
- Modus: **Sättigung erhöhen**
- Fluss: **50**%

2 Wischen Sie mit dem Schwamm-Werkzeug in beiden Augen über die Iris, um die Sättigung zu erhöhen.

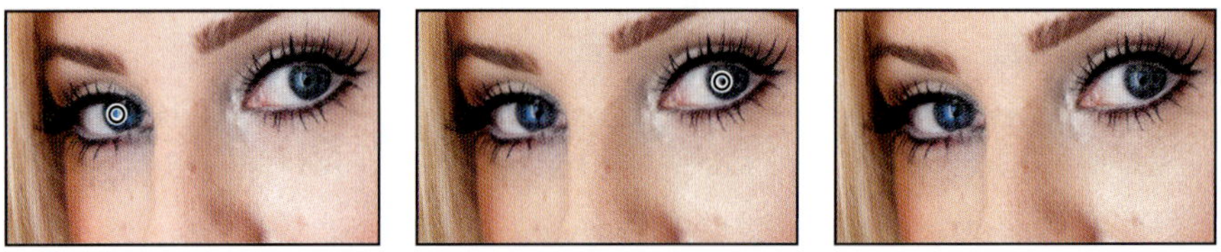

3 Wählen Sie einen Pinseldurchmesser von **70** px und stellen Sie einen Fluss von **10 %** ein. Anschließend malen Sie über die Lippen, um die Sättigung zu erhöhen.

Sie können das Schwamm-Werkzeug auch verwenden, um die Sättigung zu verringern. Sie reduzieren jetzt das Rot in den Augenwinkeln.

4 Ändern Sie die Pinselgröße in **45** px und den Fluss in **50 %**. Wählen Sie »Sättigung verringern« aus dem Menü »Modus« in der Optionsleiste.

5 Malen Sie über den Augenwinkel, um das Rot zu reduzieren.

6 Wählen Sie das Abwedler-Werkzeug ( ), das sich hinter dem Schwamm-Werkzeug verbirgt.

7 In der Optionsleiste ändern Sie die Pinselgröße in **60** px und die Belichtung in **10 %**. Wählen Sie im Menü »Bereich« die Option »Lichter«.

8 Malen Sie mit dem Abwedler-Werkzeug über die Augen – das Weiß und die Iris –, um sie aufzuhellen.

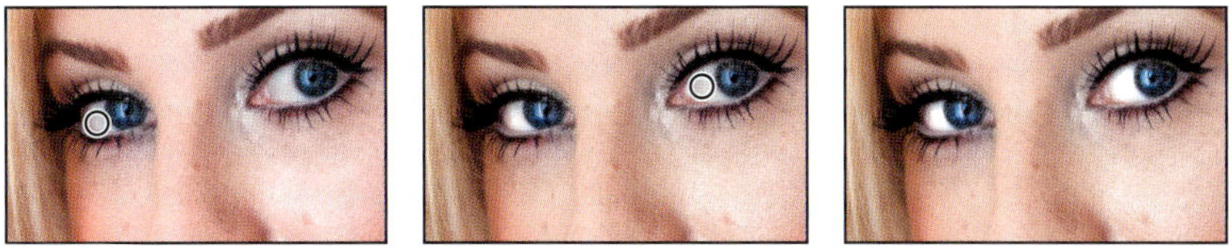

9 Bei weiterhin ausgewähltem Abwedler-Werkzeug wählen Sie im Menü »Bereich« der Optionsleiste die Option »Tiefen«.

10 Hellen Sie mit dem Abwedler-Werkzeug die Schattenbereiche über den Augen auf und die Bereiche um die Iris, um die Farbe herauszuarbeiten.

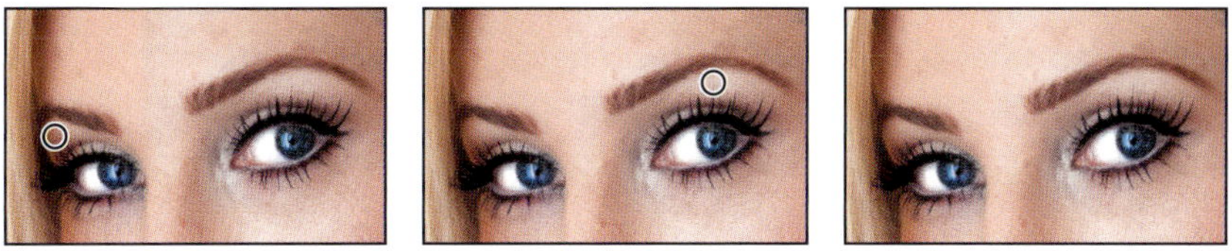

Hauttöne einstellen

Sie können in Photoshop einen Farbbereich für die Hauttöne wählen, um ohne Beeinflussung des Gesamtbilds die Tonwerte und die Farbtöne für die Haut einzustellen. Der Farbbereich der Hauttöne umfasst auch andere Bildbereiche mit ähnlicher Farbe. Da Sie jedoch nur geringfügige Einstellungen vornehmen, kann das normalerweise toleriert werden.

1 Wählen Sie **Auswahl: Farbbereich**.

2 Wählen Sie im Dialogfeld »Farbbereich« aus dem Menü »Auswahl« die Option »Hauttöne«.

Die Vorschau zeigt die ausgewählten Bildbereiche.

3 Aktivieren Sie die Option »Gesichter erkennen«.

Die Auswahlvorschau ändert sich. Jetzt sind das Gesicht, die Lichter in den Haaren und die helleren Hintergrundbereiche ebenso wie einige Falten im Ärmel gewählt.

4 Reduzieren Sie den »Toleranz«-Regler auf **10** und klicken Sie auf OK.

Jay Graham ist seit über 25 Jahren Fotograf. Er begann seine Karriere als Architekt. Heute hat Graham Kunden in der Werbe-, Architektur-, Verlags- und Reisebranche.

Jay Grahams Internet-Portfolio finden Sie auf jaygraham.com.

Pro Foto Workflow

Gute Gewohnheiten machen den Unterschied

Ein sinnvoller Workflow und ein guter Arbeitsstil bewahren Ihre Begeisterung für die Digitalfotografie, sorgen für herausragende Fotos und schützen Sie vor dem Alptraum, Ihre noch nicht gesicherte Arbeit zu verlieren. Hier der grundlegende Workflow für Digitalbilder – ganze Bücher werden darüber geschrieben – von einem Profifotografen mit mehr als 25 Jahren Erfahrung. Die Richtlinien von Jay Graham helfen Ihnen, das Bestmögliche aus Ihren Aufnahmen herauszuholen: Kameraeinstellungen und Einrichten eines Workflows für Farbbilder, die geeigneten Dateiformate aussuchen, Bilder organisieren und verwalten sowie die Präsentation.

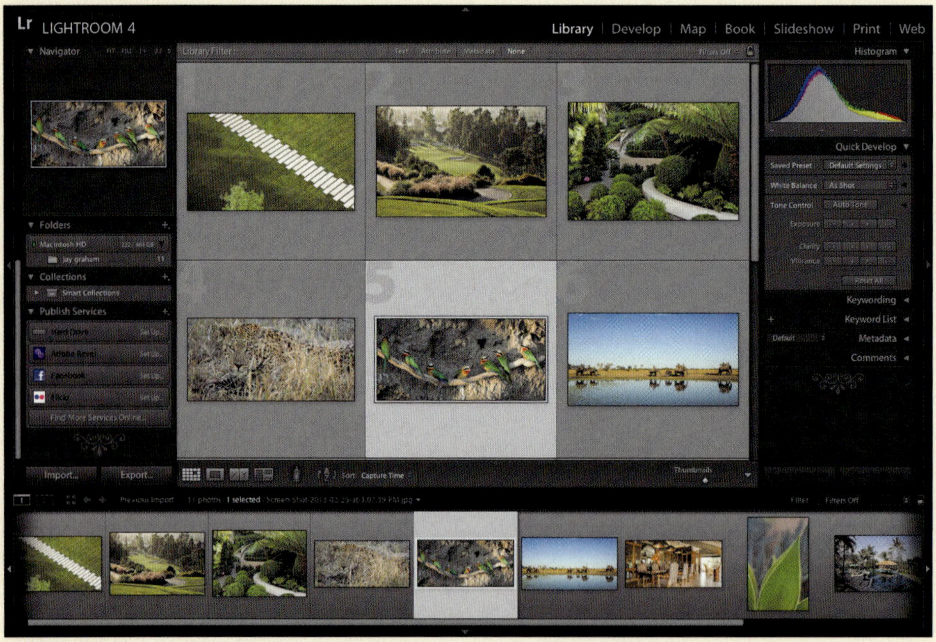

Graham organisiert viele tausend Fotos mithilfe von Adobe Photoshop Lightroom®.

»Die größte Angst ist, Bilder zu verlieren und nicht zu wissen, wo was ist und was drauf ist«, sagt Graham. »Benennen ist daher wichtig.«

Wählen Sie die optimalen Kameraeinstellungen
Fotografieren Sie nur im Camera Raw-Format, sofern Ihre Kamera das zulässt. Nur so erhält man alle Bildinformationen in einem Foto. »Sie fotografieren mit Tageslicht bis hin zu Glühlampenlicht bei Innenaufnahmen – ohne Einbußen, wenn es zur digitalen Entwicklung im Raw-Konverter kommt.«

Beginnen Sie mit dem besten Ausgangsmaterial
Nehmen Sie möglichst viele Daten auf – mit geringer Komprimierung und in hoher Auflösung. Später lassen sich die Bilder noch immer kleiner rechnen.

Organisieren Sie Ihre Dateien
Benennen und katalogisieren Sie Ihre Bilder möglichst sofort nach der Übertragung auf den Computer. Häufig vergeben die Kameras nach dem Löschen der Speicherkarte wieder dieselbe Dateibezeichnung wie vorher. Benutzen Sie Adobe Bridge, um Ihre Fotos zu benennen, zu bewerten und mit Metadaten zu verschlagworten. Löschen Sie alle Fotos, die Sie nicht haben möchten.

Graham benennt seine Fotos nach Datum (und möglichst auch nach Aufnahmeobjekt). Er speichert eine Aufnahmeserie, die am 5. Juni 2012 am Stinson-Strand aufgenommen wurde, im Ordner »20120605_Stinson_01« und benennt die Dateien in diesem Ordner fortlaufend, wobei jedes Bild einen eindeutigen Dateinamen erhält. »Auf diese Weise kann ich bestimmte Bilder schnell auf der Festplatte lokalisieren«, sagt er. Beachten Sie die folgenden Namenskonventionen auch unter Windows, damit die Dateien auch auf anderen Betriebssystemen erkennbar sind (maximal 32 Zeichen, ausschließlich Zahlen, Buchstaben, Unter- und Trennstriche).

Raw-Bilder in Adobe Camera Raw umwandeln
Speichern Sie bearbeitete Raw-Bilder im DNG-Format, das sich im Gegensatz zum proprietären Raw-Format von allen Geräten lesen lässt.

Speichern und behalten Sie das Ausgangsbild
Speichern Sie Ihre Endbilder in den Formaten PSD, TIFF oder Adobe Camera Raw und nicht in JPEG. Wann immer ein JPEG neu geöffnet und wieder gespeichert wird, verschlechtert sich die Bildqualität aufgrund der immer wieder neuen verlustreichen Komprimierung; Ausnahme: JPEG2000, verlustfrei.

Präsentieren Sie Ihre Bilder bei Kunden und Freunden
Arbeiten Sie mit dem besten Farbraum zur Darstellung Ihrer Bilder auf dem Bildschirm oder für den Druck. Speichern Sie deshalb generell als Adobe-RGB.

Sichern Sie Ihre Bilder
Speichern Sie ein Backup auf CD oder DVD. Oder – noch besser – sichern Sie automatisch auf einer externen Festplatte. »Die Frage ist nicht, ob Ihre [interne] Festplatte kaputtgeht«, meint Graham, »sondern wann das passiert.«

Das Bild enthält jetzt die entsprechende Auswahl. Sie wird als gepunktete Linie angezeigt. Sie weisen der Auswahl eine Gradationskurven-Einstellungsebene zu, um das Rot des Hauttons im gesamten Bild abzumildern.

5 Klicken Sie im Korrekturenbedienfeld auf das »Gradationskurven«-Symbol.

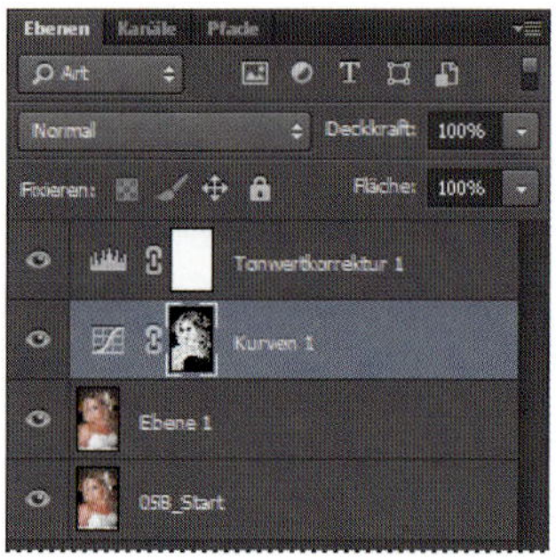

Photoshop fügt eine Gradationskurven-Einstellungsebene über der Corrections-Ebene ein.

6 Wählen Sie »Rot« aus dem Kanäle-Popup-Menü im Eigenschaften-Bedienfeld. Klicken Sie dann in die Mitte des Diagramms und ziehen Sie die Kurve ganz leicht nach unten. Die ausgewählten Bereiche sind nun weniger rot. Achten Sie sorgfältig darauf, dass Sie die Kurve nicht zu weit nach unten ziehen – sonst würden Sie einen Grünstich erhalten. Den Unterschied erkennen Sie, wenn Sie auf das Symbol »Zum Anzeigen des vorherigen Status hier klicken« klicken.

Weil Sie die Hauttöne ausgewählt haben, bevor Sie die Gradationskurven-Einstellungsebene angewandt haben, ändert sich die Hautfarbe; der Hintergrund bleibt aber unverändert. Die Einstellung beeinflusst zwar auch ganz wenige weitere Bereiche, aber nur ganz leicht und unmerklich.

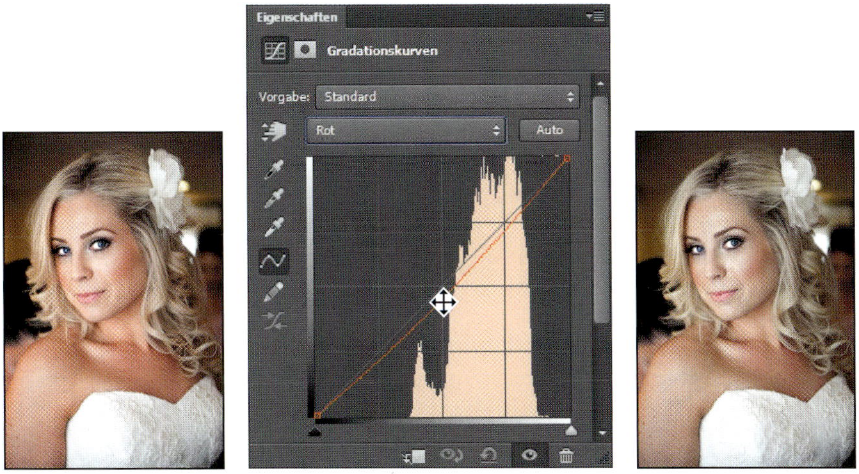

Weichzeichnen mit dem Filter »Matter machen«

Die Retusche des Models ist fast fertig. Sie weisen jetzt nur noch den Filter »Matter machen« für ein insgesamt weicheres Aussehen zu.

1 Wählen Sie die *Corrections*-Ebene und dann **Ebene: Ebene duplizieren**. Benennen Sie die Ebene mit **Weichzeichner** und klicken Sie im Dialogfeld »Ebene duplizieren« auf OK.

2 Die *Weichzeichnen*-Ebene ist aktiviert. Wählen Sie **Filter: Weichzeichnungsfilter: Matter machen**.

3 Übernehmen Sie im Dialogfeld »Weichzeichnen« den Radius **5 Px** und wählen Sie für den »Schwellenwert« **10 Stufen**. Klicken Sie auf OK.

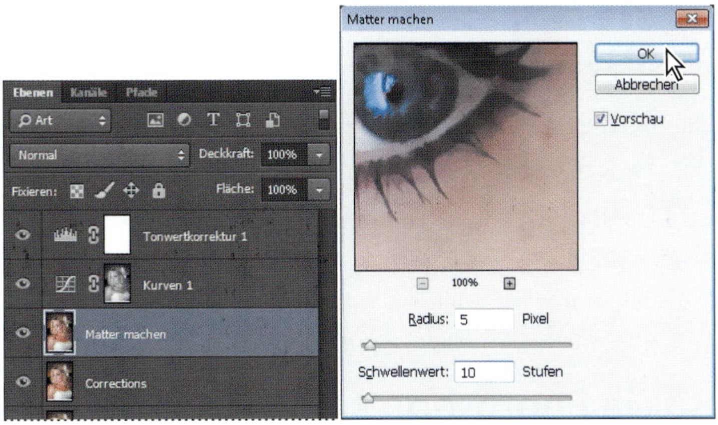

Das Model sieht durch den Filter »Matter machen« ein wenig wächsern aus. Sie schwächen diesen Effekt ab, indem Sie die Deckkraft verringern.

4 Die *Weichzeichner*-Ebene ist aktiviert. Ändern Sie im Ebenenbedienfeld die »Deckkraft« in **40 %.**

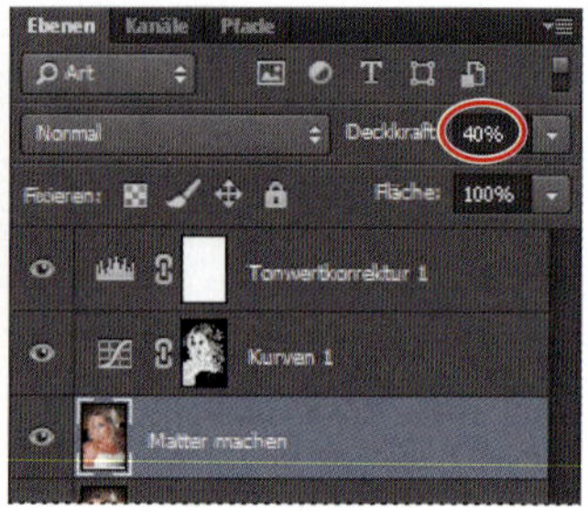

Die Gesichtsstruktur sieht jetzt viel realistischer aus, doch mit dem Radiergummi-Werkzeug stellen Sie die Weichzeichnung noch präziser ein.

5 Wählen Sie das Radiergummi-Werkzeug (). Wählen Sie in der Optionsleiste einen Pinsel zwischen **10** und **50 Px** sowie mit einer **Härte** von **10 %**. Stellen Sie die »Deckkraft« auf **90 %** ein.

6 Ziehen Sie über die Augen, Augenbrauen, die Nasenkonturen und Kleidung. Sie löschen Teile der weichgezeichneten Ebene, so dass hier die darunter befindliche (schärfere) Ebene durchscheint.

7 Verkleinern Sie, um das komplette Bild zu sehen.

8 Speichern Sie Ihre Arbeit.

9 Wählen Sie **Ebene: Auf Hintergrundebene reduzieren**, um die Ebenen und damit auch die Dateigröße zu reduzieren.

10 Speichern Sie das Bild erneut und schließen Sie es.

Digitalfotos in Photoshop korrigieren

Photoshop bietet die unterschiedlichsten Funktionen, mit denen Sie recht einfach die Qualität von Digitalfotos optimieren. Damit verbessern Sie automatisch die Durchzeichnung in den hellen und dunklen Bildbereichen, entfernen rote Augen oder Bildrauschen und schärfen ein Bild. Sie lernen diese Möglichkeiten kennen, indem Sie jetzt ein anderes Digitalfoto bearbeiten: ein Mädchen am Strand.

Tiefen und Lichter einstellen

Der Befehl »Tiefen/Lichter« legt Details in hellen und dunklen Bildbereichen frei und eignet sich besonders für Motive, in denen Objekte im starken Gegenlicht aufgenommen wurden oder wo ein zu naher Blitz zu einer Überbelichtung führte. Die Einstellungen sind auch ideal, um zu dunkle Schattenbereiche in einem sonst guten Bild aufzuhellen.

1 Wählen Sie **Datei: Öffnen**. Navigieren Sie zum Ordner *Lektion05*. Doppelklicken Sie nun auf das Bild *05C_Start.psd*, um es in Photoshop zu öffnen.

2 Wählen Sie **Datei: Speichern unter**. Benennen Sie die Datei mit **05C_Arbeit.psd** und klicken Sie auf »Speichern«.

3 Wählen Sie **Bild: Korrekturen: Tiefen/Lichter**.

Photoshop wendet automatisch die Standardeinstellungen auf das Bild an und hellt den Hintergrund auf. Diese Einstellungen ändern Sie nun, um die Tiefen und Lichter mit mehr Zeichnung bzw. Details zu versehen und den Sonnenuntergang stärker zu betonen.

4 Aktivieren Sie unten im Dialogfeld »Tiefen/Lichter« die Option »Weitere Optionen einblenden« und nehmen Sie die folgenden Einstellungen vor:

- Stellen Sie im Bereich »Tiefen« die »Stärke« auf **50 %**, die »Tonbreite« auf **50 %** und den »Radius« auf **38 Px** ein.
- Stellen Sie im Bereich »Lichter« die »Stärke« auf **14 %**, die »Tonbreite« auf **46 %** und den »Radius« auf **43 Px**.
- Stellen Sie im Bereich »Korrekturen« die »Farbkorrektur« auf **+5** und den »Mittelton-Kontrast« auf **22** ein. Übernehmen Sie die Vorgaben für »Schwarz beschneiden« und »Lichter beschneiden« (jeweils **0,01 %**).

5 Klicken Sie auf OK.

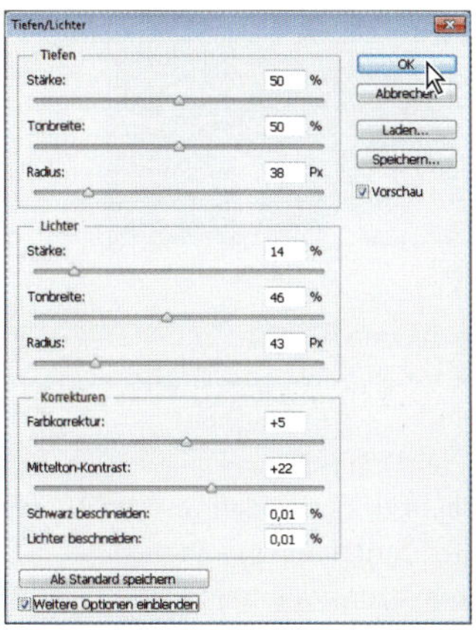

6 Wählen Sie **Datei: Speichern**.

Verwacklung reduzieren

Selbst wenn Sie eine ruhige Hand haben, kann es bei langer Verschlusszeit oder langer Brennweite zu unbeabsichtigten Kamerabewegungen kommen. Der Filter »Verwacklung reduzieren« reduziert die daraus resultierende Verwacklung, sodass Sie ein schärferes Bild erhalten.

Vor der Anwendung des Filters »Verwacklung reduzieren«

Die besten Ergebnisse erzielen Sie, wenn Sie den Filter nicht dem gesamten Bild, sondern einem bestimmten Bildteil zuweisen. Besonders nützlich kann der Filter sein, wenn Text durch Verwacklung unlesbar geworden ist.

Öffnen Sie das Bild und wählen Sie **Filter: Scharfzeichnungsfilter: Verwacklung reduzieren**. Der Filter analysiert das Bild automatisch, wählt einen entsprechenden Bereich aus und korrigiert die Verwacklung. Verwenden Sie den Bereich »Detail« des Dialogfelds, um die Vorschau zu untersuchen. Mehr ist möglicherweise gar nicht nötig. In diesem Fall klicken Sie auf OK, um das Dialogfeld »Verwacklung reduzieren« zu schließen und den Filter zuzuweisen.

Nach der Anwendung des Filters »Verwacklung reduzieren«

Möchten Sie weitere Einstellungen vornehmen, klappen Sie den Bereich »Erweitert« des Dialogfelds aus. Sie können hier den gewünschten Bereich oder seine Größe ändern, die Verwacklungsspur betrachten oder ändern – also die Form und Größe der von Photoshop identifizierten Verwacklung – und die Glättung und Artefaktunterdrückung ändern, um Rauschen und Artefakte zu vermeiden. Sie können die Verwacklungsspur sogar speichern, um die Einstellungen für ein anderes Bild zu nutzen. Umfassende Informationen über den Filter »Verwacklung reduzieren« bietet Ihnen die Photoshop-Hilfe.

Rote-Augen-Effekt korrigieren

Der *Rote-Augen-Effekt* entsteht, wenn das Blitzlicht der Kamera von der Netzhaut des Fotografierten reflektiert wird. Dieser Effekt ist häufig bei Aufnahmen in dunkleren Räumen zu sehen, da die Iris dann weit geöffnet ist. Dieses Problem lässt sich in Photoshop schnell lösen. Sie entfernen jetzt den Rote-Augen-Effekt bei dem Mädchen.

1 Ziehen Sie mit dem Zoom-Werkzeug () eine Auswahl um die Augen des Mädchens, um entsprechend zu vergrößern. Eventuell müssen Sie dazu die Option »Dynamischer Zoom« deaktivieren.

2 Wählen Sie das Rote-Augen-Werkzeug (), das unter dem Bereichsreparatur-Pinsel-Werkzeug () verborgen ist.

3 Übernehmen Sie in der Optionsleiste die Pupillengröße von **50 %**, aber ändern Sie den Verdunkelungsbetrag in **75 %**.

Letztere Einstellung bestimmt, wie dunkel die Pupille sein soll.

4 Klicken Sie im roten Bereich des linken Auges. Die rote Reflexion in der Netzhaut sollte jetzt nicht mehr vorhanden sein.

5 Klicken Sie im roten Bereich des rechten Auges, um auch hier die rote Reflexion zu entfernen.

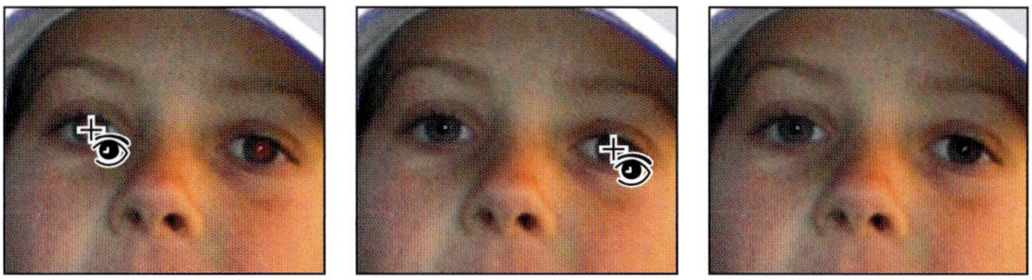

6 Doppelklicken Sie auf das Zoom-Werkzeug, um die Vergrößerung wieder auf **100 %** einzustellen.

7 Wählen Sie **Datei: Speichern**.

Bildstörungen reduzieren

Als nächste Korrektur reduzieren Sie Bildstörungen bzw. Bildrauschen im Bild. Bildrauschen tritt in Form von unerwünschten Pixeln auf, die nicht Teil der Bilddetails sind. Bildstörungen können verursacht werden durch eine hohe ISO-Einstellung einer Digitalkamera, Unterbelichtung oder Aufnahmen in dunkler Umgebung mit niedriger Verschlussgeschwindigkeit. Bei gescannten Bildern kann es zu Bildrauschen kommen, das durch den Scannersensor verursacht wird. Oft ist das Filmkorn im gescannten Bild zu sehen.

Bildstörungen treten in zweierlei Form auf: als Luminanzrauschen (Graustufenrauschen), wodurch das Bild körnig aussieht, und als Farbrauschen, das sich normalerweise als farbige Bilddeffekte im Bild äußert. Der Photoshop-Filter »Rauschen reduzieren« kann beide Arten sogar in einzelnen Farbkanälen unter Beibehaltung der Kantenschärfe reduzieren und auch JPEG-Komprimierungsartefakte korrigieren.

Vergrößern Sie zuerst das Gesicht des Mädchens, um die Bildstörungen zu erkennen.

1 Klicken Sie mit dem Zoom-Werkzeug (🔍) in der Mitte des Gesichts und vergrößern Sie auf **300 %**.

Das Rauschen in diesem Bild ist fleckig und grob mit ungleichmäßiger Körnung in der Haut. Mit dem Filter »Rauschen reduzieren« zeichnen Sie diesen Bereich weich.

2 Wählen Sie **Filter: Rauschfilter: Rauschen reduzieren**. Zoomen Sie ein, sodass Sie das Rauschen deutlich im Vorschaufenster erkennen können.

3 Führen Sie im Dialogfeld »Rauschen reduzieren« Folgendes aus:

- Erhöhen Sie die Stärke auf **8** (diese Option kontrolliert den Anteil der Luminanzstörungen).
- Verringern Sie »Details erhalten« auf **30 %**.
- Erhöhen Sie »Farbstörung reduzieren« auf **80 %**.
- Erhöhen Sie »Detail scharfzeichnen« auf **30 %**.

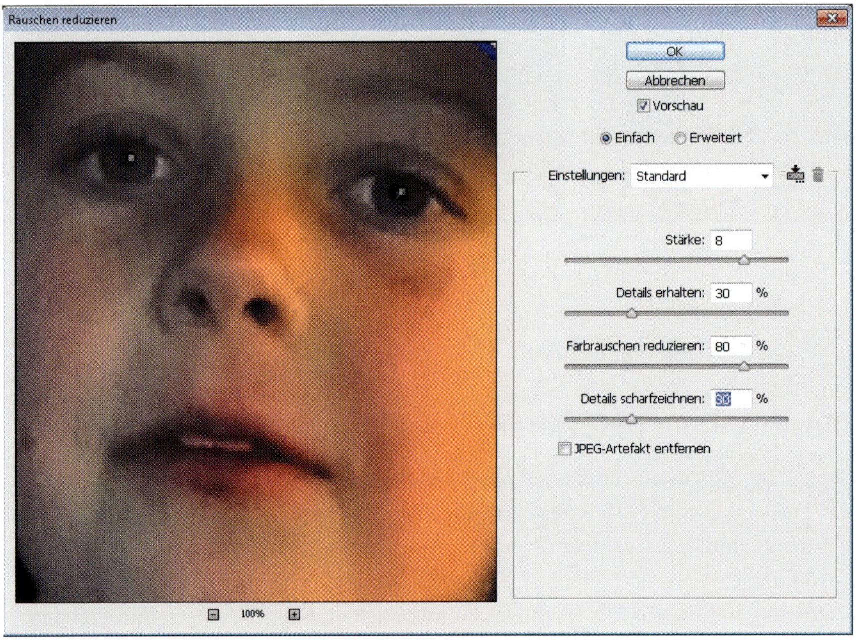

Hinweis: Um das Rauschen in den einzelnen Kanälen zu reduzieren, wählen Sie die Option »Erweitert«. Klicken Sie dann auf das Register »Pro Kanal«, um die gleichen Einstellungen in den einzelnen Kanälen vorzunehmen.

Sie brauchen die Option »JPEG-Artefakt entfernen« nicht zu aktivieren, da das vorliegende Bild kein JPEG ist und deshalb auch keine JPEG-Artefakte hat.

4 Ziehen Sie, um das Gesicht im Vorschaubereich zu positionieren. Klicken Sie mit gedrückter Maustaste im Vorschaubereich für das »Vorher«-Bild. Lassen Sie die Maustaste los, um das korrigierte Bild zu betrachten.

5 Klicken Sie auf OK, um die Änderungen zuzuweisen und das Dialogfeld »Rauschen reduzieren« zu schließen. Doppelklicken Sie dann wenn nötig im Werkzeugbedienfeld auf das Zoom-Werkzeug, um das Bild wieder mit 100 % anzuzeigen

6 Wählen Sie **Datei: Speichern** und schließen Sie die Datei.

Bildverzerrungen korrigieren

Der Filter »Objektivkorrektur« korrigiert häufige Objektivprobleme, z.B. tonnen- und kissenförmige Verzerrungen, Vignettierungen und chromatische Aberrationen. Die tonnenförmige Verzerrung ist ein Objektivfehler, bei dem gerade Linien an den Rändern des Bilds nach außen gebogen werden. Die kissenförmige Verzerrung führt zum gegenteiligen Effekt, gerade Linien werden nach innen gebogen. Vignettierungen sind Fehler, bei denen Kanten, vor allem Ecken, von Bildern dunkler sind als der Mittelpunkt. Chromatische Aberration führt zu Farbsäumen entlang von Objekträndern, die durch Fokussieren der Blende auf verschiedene Lichtfarben in verschiedenen Ebenen verursacht werden.

Diese Fehler treten bei einigen Objektiven auf und hängen von der Brennweite und den Blendenwerten ab. Sie können für den »Objektivkorrektur«-Filter Einstellungen einrichten, die auf den Einstellungen der Kamera, des Objektivs und der Brennweite basieren, mit denen das Bild aufgenommen wurde. Außerdem können Sie Bilder drehen oder Fehler der Bildperspektive korrigieren, die durch eine vertikale oder horizontale Neigung der Kamera verursacht wurden. Das Bildraster in diesem Filter erleichtert diese Aufgabe und ermöglicht präzisere Korrekturen als der Befehl »Transformieren«.

Sie korrigieren in der folgenden Übung die Objektivverzerrungen in einem Bild eines griechischen Tempels.

1 Wählen Sie **Datei: Öffnen**. Navigieren Sie zum Ordner *Lektion05*. Doppelklicken Sie auf die Datei *05D_Start.psd*, um das Bild in Photoshop zu öffnen.

Die beiden Säulen neigen sich in Richtung Kamera und sind gekrümmt. Grund für diese Verzerrung waren ein zu naher Aufnahmestandpunkt und der gleichzeitige Einsatz eines Weitwinkelobjektivs.

2 Wählen Sie **Datei: Speichern unter**. Benennen Sie die Datei mit **Saeulen_End.psd** und speichern Sie im Ordner *Lektion05*. Klicken Sie auf OK, wenn das Dialogfeld mit den Photoshop-Formatoptionen erscheint.

3 Wählen Sie **Filter: Objektivkorrektur**. Es öffnet sich das Dialogfeld »Objektivkorrektur«.

4 Sofern noch nicht geschehen, aktivieren Sie unten im Dialogfeld die Option »Raster einblenden«.

Ein Raster für die Ausrichtung liegt über dem Bild. Darüber hinaus finden sich im Dialogfeld Einstellungen für das Entfernen von Verzerrungen, die Korrektur der chromatischen Aberration, das Entfernen von Randabschattungen (Vignettierungen) und zur Korrektur der Perspektive.

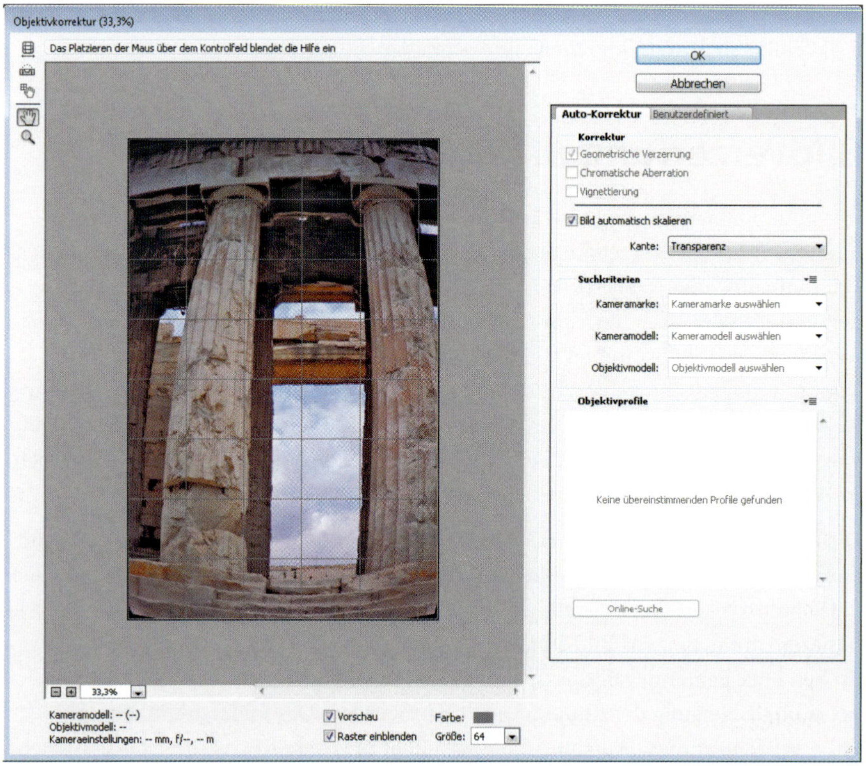

Das Dialogfeld »Objektivkorrektur« bietet auch die Möglichkeit einer Auto-Korrektur. Dazu verändern Sie nur eine Einstellung im Auto-Korrektur-Fenster und passen dann die Einstellungen an.

5 Im Korrektur-Bereich des Auto-Korrektur-Fensters ist die Option »Bild automatisch skalieren« gewählt. Außerdem ist im Popup-Menü »Kante« die Option »Transparenz« gewählt.

6 Klicken Sie auf das Register »Benutzerdefiniert«.

7 Ziehen Sie im Fenster »Benutzerdefiniert« den Regler »Verzerrung entfernen« auf etwa **+52.00**, um die tonnenförmige Bildverzerrung zu entfernen. Alternativ können Sie auch das Verzerrung-entfernen-Werkzeug ()wählen und in der Bildvorschau ziehen, bis die Säulen gerade sind.

Die Einstellung verursacht eine kissenförmige Verzerrung. Da Sie die Option »Bild automatisch skalieren« gewählt haben, skaliert der Filter »Objektivkorrektur« automatisch das Bild innerhalb des Bildrahmens.

8 Klicken Sie auf OK, um die Änderungen zuzuweisen, und schließen Sie das Dialogfeld »Objektivkorrektur«.

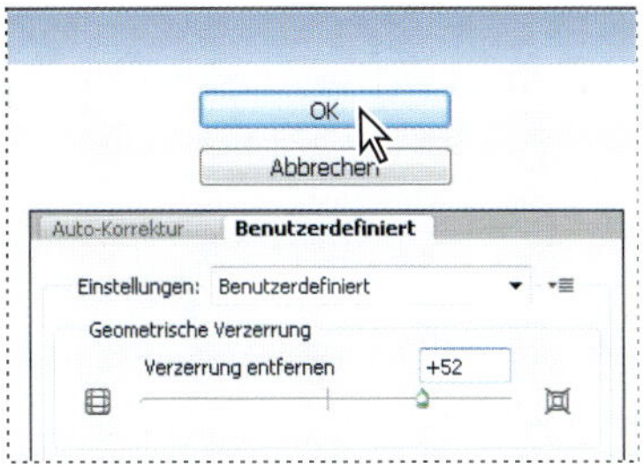

Die Verzerrung durch das Weitwinkelobjektiv und den zu nahen und zu niedrigen Aufnahmestandpunkt ist jetzt nicht mehr vorhanden.

9 (Optional) Um den Effekt der Änderung im Hauptbildfenster zu sehen, drücken Sie zweimal Strg + Z (Windows) bzw. ⌘ + Z (Mac OS). Auf diese Weise machen Sie den Filter rückgängig und wiederholen ihn.

10 Wählen Sie **Datei: Speichern unter**, klicken Sie auf OK, wenn das Dialogfeld **Photoshop-Formatoptionen** angezeigt wird, und schließen Sie dann das Bildfenster.

Tipp: Beobachten Sie während des Änderns das Raster der Blendenkorrektur, um zu sehen, wann die vertikalen Säulen im Bild gerade stehen.

Schärfentiefe hinzufügen

Während einer Aufnahme müssen Sie häufig entscheiden, ob Sie auf den Hintergrund oder den Vordergrund scharf einstellen. Wenn das komplette Bild scharf sein soll, machen Sie einfach zwei Aufnahmen. Bei dem einen Foto liegt die Schärfe auf dem Hintergrund und bei dem anderen auf dem Vordergrund. Danach führen Sie beide Bilder in Photoshop zusammen.

Da die Bilder exakt ausgerichtet sein müssen, sollten Sie die Kamera auf einem Stativ befestigen. Dennoch können Sie auch mit Aufnahmen aus der Hand überraschend gute Ergebnisse erzielen. Sie benutzen diese Technik für ein Foto mit Wein am Strand.

1 Wählen Sie **Datei: Öffnen**. Navigieren Sie zum Ordner *Lektion05* und doppelklicken Sie auf die Datei *05E_Start.psd*, um sie zu öffnen.

2 Wählen Sie **Datei: Speichern unter**. Benennen Sie die Datei mit **Glas_ End.psd** und speichern Sie im Ordner *Lektion05*. Klicken Sie auf OK, wenn das Dialogfeld mit den Photoshop-Formatoptionen erscheint.

3 Blenden Sie im Ebenenbedienfeld die Ebene *Beach* aus, damit nur noch die Ebene *Glass* angezeigt wird. Das Glas ist scharf, der Hintergrund ist dagegen unscharf. Blenden Sie jetzt die Ebene *Beach* ein und die Ebene *Glass* aus. Jetzt ist der Strand scharf, das Glas aber unscharf.

Sie fügen beide Ebenen zusammen, aber nur die jeweils scharfen Bereiche. Zuerst müssen Sie aber die Ebenen ausrichten.

4 Blenden Sie beide Ebenen ein, drücken Sie die [⇧]-Taste und wählen Sie beide Ebenen.

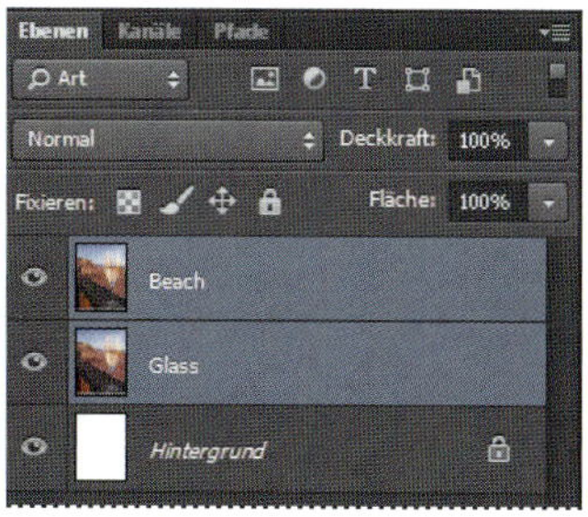

5 Wählen Sie **Bearbeiten: Ebenen automatisch ausrichten**.

Da der Aufnahmewinkel beider Bilder identisch ist, ist »Auto« die richtige Wahl.

6 Die Option »Auto« ist aktiviert. Klicken Sie auf OK, um die Ebenen auszurichten.

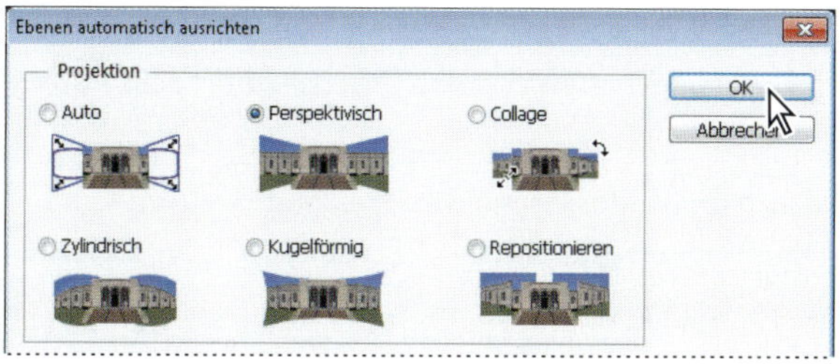

Die Ebenen sind perfekt ausgerichtet, weshalb Sie sie nun überblenden bzw. zusammenführen können.

7 Beide Ebenen sind im Ebenenbedienfeld gewählt. Wählen Sie **Bearbeiten: Ebenen automatisch überblenden**.

8 Wählen Sie im Dialogfeld die Optionen »Bilder stapeln« und »Nahtlose Töne und Farben«. Klicken Sie dann auf OK.

Das Weinglas und der Strand dahinter sind scharf. Sie fügen jetzt eine Dynamik-Einstellungsebene hinzu, um das Bild etwas brillanter zu machen.

9 Wählen Sie **Ebene: Sichtbare auf eine Ebene reduzieren**.

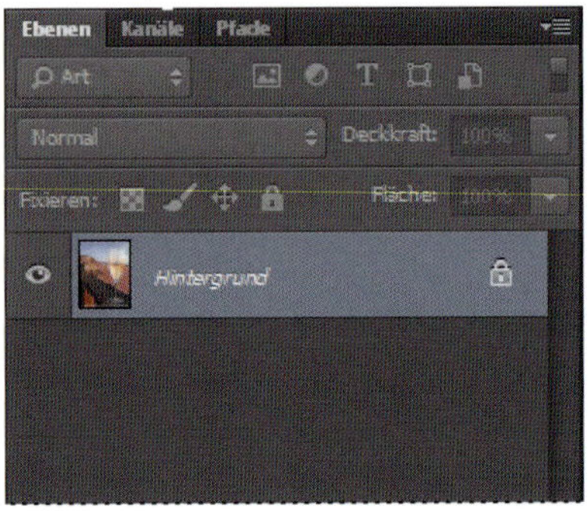

Objekte mit dem Inhaltsbasiert-verschieben-Werkzeug erweitern

Sie benutzen das Inhaltsbasiert-verschieben-Werkzeug, um weitere Pfähle am Strand so hinzuzufügen, dass sie das Geländer des Decks wiederholen – die Bildkomposition wird dadurch eleganter.

1 Wählen Sie das Inhaltsbasiert-verschieben-Werkzeug (), das unter dem Rote-Augen-Werkzeug verborgen ist.

2 Wählen Sie in der Optionsleiste im Modus-Menü die Option »Erweitern« und im Anpassung-Menü die Option »Streng«.

3 Ziehen Sie eine Auswahl um die beiden Pfähle am Ende der Reihe einschließlich etwas Sand mit den Schatten.

4 Ziehen Sie die Auswahl etwas unterhalb und rechts der Originalpfähle, um die Reihe fortzusetzen.

Sobald Sie die Maustaste loslassen, fügt Photoshop zwei neue Pfähle nahtlos in die vorhandene Szenerie ein.

5 Wählen Sie **Auswahl: Auswahl aufheben**.

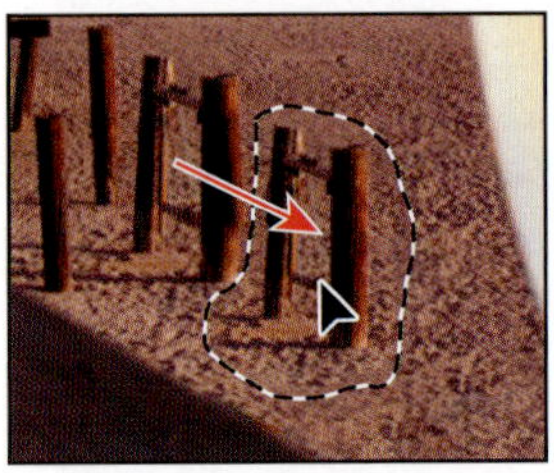

Interaktive Weichzeichnung

Photoshop CC bietet Ihnen die sogenannte interaktive Weichzeichnung – Sie stellen Ihre individuelle Weichzeichnung ein und verfügen jederzeit über eine Vorschau in Ihrem Bild. Sie fügen nun eine Iris-Weichzeichnung und damit eine Vignette um das Glas herum hinzu.

1 Wählen Sie **Ebene: Smartobjekte: In Smartobjekt konvertieren.**

2 Wählen Sie **Filter: Weichzeichnungsfilter: Iris-Weichzeichnung.**

Eine Weichzeichnungsellipse befindet sich nun zentriert auf dem Bild. Sie bestimmen die Position und den Weichzeichnungsgrad durch Verschieben des zentralen Pins sowie mit den Anfassern für den Weichzeichnungsbeginn und den Eckpunkten. Photoshop öffnet außerdem die Weichzeichner-Werkzeuge- und Weichzeichnungseffekte-Bedienfelder.

3 Ziehen Sie den zentralen Pin auf die rechte Seite des Weinglases.

4 Klicken Sie auf die Ellipse und ziehen Sie, um den Weichzeichnungsbereich zu vergrößern.

5 Ziehen Sie mit gedrückter [Alt]-Taste (Windows) bzw. [⌥]-Taste (Mac OS) die Anfasser entsprechend dem zweiten Bild (unten). Wenn Sie die [Alt]-bzw. [⌥]-Taste drücken, können Sie jeden Griff separat ziehen.

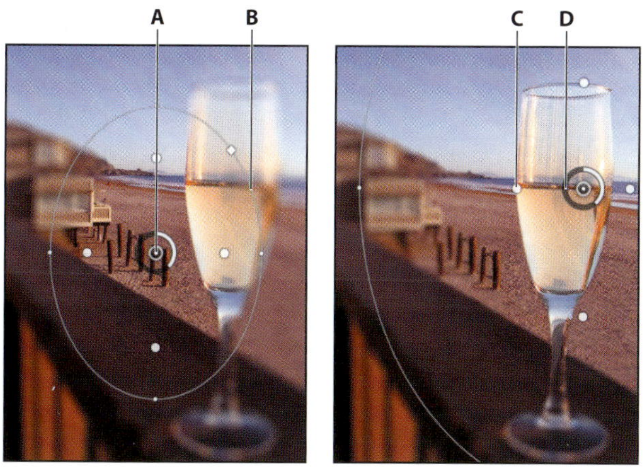

A. Zentraler Pin **B.** Ellipse **C.** Anfasser für Weichzeichnungsbeginn **D.** Schärfering

6 Klicken und ziehen Sie neben dem Schärfering, um das Weichzeichnen auf **6 Px** zu reduzieren – Sie erhalten eine graduelle, aber durchaus erkennbare Weichzeichnung. Sie ändern den Weichzeichnungsgrad, indem Sie ihn mit dem Regler für die Iris-Weichzeichung im Weichzeichner-Werkzeuge-Bedienfeld einstellen.

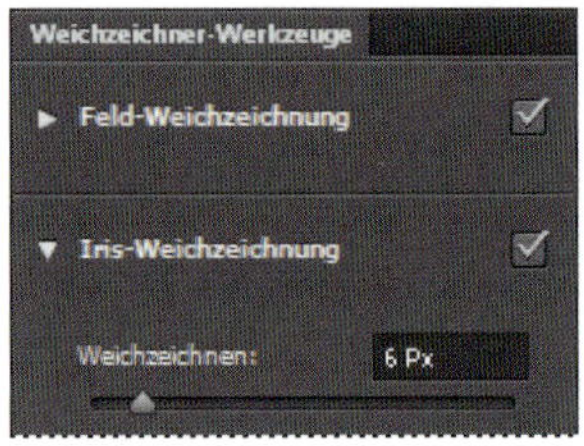

7 Klicken Sie in der Optionsleiste auf OK, um die Weichzeichnung zuzuweisen.

Das Bild sieht hervorragend aus. Sie sind fast fertig. Sie fügen nur noch eine Dynamik-Einstellungsebene hinzu, um das Bild noch etwas aufzupeppen.

8 Klicken Sie im Korrekturen-Bedienfeld auf das Symbol »Dynamik«.

9 Ziehen Sie den »Dynamik«-Regler auf **+33** und den »Sättigung«-Regler auf **-5**.

Die Dynamik-Einstellungsebene beeinflusst alle darunter liegenden Ebenen.

10 Wählen Sie **Datei: Speichern**, um Ihre Arbeit zu speichern. Schließen Sie die Datei dann.

Sie haben fünf Bilder verbessert, wobei Sie unterschiedliche Techniken eingesetzt haben, um Belichtung und Tonwerte anzupassen, rote Augen zu entfernen, Objektivverzerrungen zu korrigieren, Schärfentiefe hinzuzufügen usw. Sie können diese Techniken einzeln oder in Kombination für Ihre eigenen Bilder nutzen.

Bonus

HDR-Bilder (High dynamic range)

Unsere Augen adaptieren unterschiedliche Helligkeiten, so dass wir auch die Einzelheiten in den Schatten und Lichtern erkennen können. Kameras und Monitore reproduzieren dagegen nur einen eingeschränkten Kontrastumfang bzw. Dynamikbereich (das Verhältnis zwischen dunklen und hellen Bereichen). Mit dem Erzeugen von HDR-Bildern (High Dynamic Range = großer Kontrastumfang) können Sie den Helligkeitsumfang der »realen Welt« auch in Ihren Bildern wiedergeben. HDR-Bilder kommen hauptsächlich in Filmen, für spezielle Effekte und in anderen Bereichen der professionellen Fotografie zum Einsatz. Ein HDR-Bild lässt sich aber auch mit mehreren unterschiedlich belichteten Bildern erzeugen. Auf diese Weise erscheinen die Details der jeweiligen Einzelbilder in einem Gesamtbild.

Sie benutzen den Befehl **Zu HDR Pro zusammenfügen**, um drei verschieden belichtete Aufnahmen einer Straßenszenerie zu kombinieren.

1 Öffnen Sie in Adobe Bridge den Ordner *Lektion05/HDR_ExtraCredit* und prüfen Sie die Dateien *StreetA.jpg*, *StreetB.jpg* und *StreetC.jpg*. Die Bilder beinhalten das gleiche Motiv, wurden aber unterschiedlich belichtet. Sie könnten statt der JPEG-Bilder auch mit RAW-Bildern arbeiten.

2 Wählen Sie in Photoshop den Befehl **Datei: Automatisieren: Zu HDR Pro zusammenfügen**.

3 Klicken Sie im Dialogfeld »Zu HDR Pro zusammenfügen« auf »Durchsuchen«. Navigieren Sie zum Ordner *Lektion05/ HDR_ExtraCredit* und wählen Sie mit gedrückter ⇧-Taste die Dateien *StreetA.jpg*, *StreetB.jpg* und *StreetC.jpg*. Klicken Sie auf OK bzw. »Öffnen«.

4 Die Option »Quellbilder nach Möglichkeit automatisch ausrichten« ist gewählt. Klicken Sie auf OK.

Photoshop öffnet die einzelnen Dateien und fügt sie zu einem einzelnen Bild zusammen. Das Bild erscheint im Dialogfeld »Zu HDR Pro zusammenfügen«, wobei die Standardeinstellungen bereits zugewiesen sind. Die drei zusammengefügten Einzelbilder sehen Sie unten links im Dialogfeld.

5 Nehmen Sie im Dialogfeld »Zu HDR Pro zusammenfügen« die folgenden Einstellungen vor:

- Verschieben Sie im Bereich »Leuchtkonturen« den Radius-Regler auf **403 Px** und den Stärke-Regler auf **0,75**.
- Im Bereich »Farbton und Detail« ändern Sie den Gamma-Wert auf **1,15**, die Belichtung auf **0,30** und die Details auf **300 %**. Jede Einstellung beeinflusst die Gesamt-Tonwerte des Bilds.
- Im Bereich »Erweitert« ändern Sie die Tiefen in **2 %**, die Lichter in **11 %**. Damit bestimmen Sie, wie viel Detailzeichnung in den Tiefen bzw. Lichtern sichtbar wird. Ändern Sie die Dynamik in **65 %** und die Sättigung in **55 %**, um die Farbintensität anzupassen.

6 Klicken Sie auf OK, um die Änderungen zu übernehmen und das Dialogfeld »Zu HDR Pro zusammenfügen« zu schließen. Photoshop reduziert auf eine Ebene und weist die von Ihnen festgelegten Einstellungen zu.

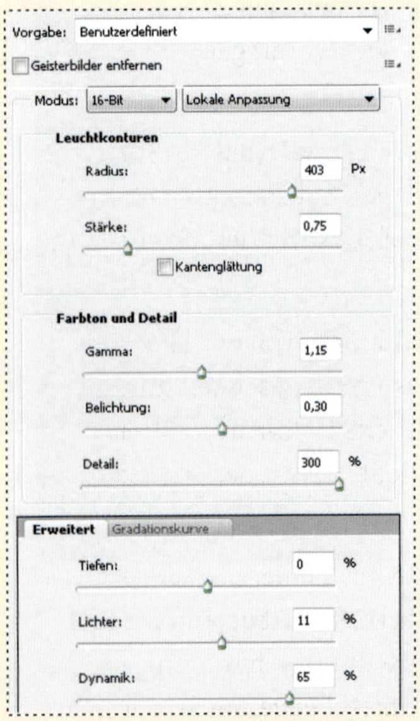

7 Wählen Sie **Datei: Speichern**. Speichern Sie mit dem Namen **ExtraCredit_final.psd**.

8 Schließen Sie die Datei.

Fragen

1 Was passiert mit Raw-Bildern bei der Bearbeitung in Photoshop oder Adobe Bridge?

2 Welchen Vorteil hat das Adobe Digital Negative-Dateiformat?

3 Wie korrigieren Sie rote Augen in Photoshop?

4 Wie korrigiert Photoshop häufige Objektivprobleme und was ist der Grund für diese Probleme?

Antworten

1 Eine Raw-Datei enthält rohe, unverarbeitete Bilddaten des Sensors einer Digitalkamera. So haben Fotografen die uneingeschränkte Kontrolle über die Bilddaten und müssen sich nicht mit den Einstellungen und Umwandlungen in der Kamera selbst abfinden. Wenn Sie ein Bild in Camera Raw bearbeiten, lassen Photoshop und Adobe Bridge die ursprünglichen Daten unangetastet. Auf diese Weise lässt sich ein Bild beliebig bearbeiten und exportieren und später kann das Original wieder mit ganz anderen Einstellungen genutzt werden.

2 Das Adobe Digital Negative-Dateiformat (DNG) enthält die Raw-Daten der Digitalkamera sowie Metadaten, die das Bild beschreiben. DNG ist ein neuer, herstellerübergreifender Standard für Raw-Bilddaten und eignet sich deshalb hervorragend für Archivierungszwecke.

3 Der Rote-Augen-Effekt entsteht, wenn das Blitzlicht der Kamera von der Netzhaut der fotografierten Person reflektiert wird. Sie lösen dieses Problem schnell in Adobe Photoshop, indem Sie die Augen des Objekts vergrößern, das Rote-Augen-Werkzeug wählen und dann in die roten Augen klicken – die rote Reflexion ist danach nicht mehr vorhanden.

4 Der Filter »Objektivkorrektur« korrigiert häufige Objektivprobleme, z.B. tonnen- und kissenförmige Verzerrungen, Vignettierungen und chromatische Aberrationen, die zu Farbsäumen entlang der Objektränder führen. Diese Fehler treten bei einigen Objektiven auf und hängen von der Brennweite und den Blendenwerten ab oder von einer vertikalen bzw. horizontalen Neigung der Kamera.

6 MASKEN UND KANÄLE

Überblick

In dieser Lektion lernen Sie Folgendes:

- Eine Maske erzeugen, um ein Objekt vom Hintergrund zu entfernen
- Maske für komplexe Kanten verfeinern
- Temporäre Maske für Änderungen in bestimmten Bereichen erzeugen
- Maske im Maskenbedienfeld bearbeiten
- Bilder mit dem Formgitter verändern
- Auswahl als Alphakanal speichern
- Maske im Kanälebedienfeld ansehen
- Kanal als Auswahl laden
- Kanal für bestimmte Bildkorrekturen isolieren

Für diese Lektion benötigen Sie etwa eine Stunde. Laden Sie die Lektionsdateien für die Lektion06 von der Buch-DVD in einen Ordner »Lektionen« auf Ihrer Festplatte. Bei der Arbeit mit dieser Lektion überschreiben Sie die Startdateien. Wenn Sie diese wiederherstellen wollen, laden Sie sie einfach von der DVD erneut auf Ihre Festplatte.

Photography © Image Source, www.imagesource.com

PROJEKT: MAGAZINCOVER

In Adobe Photoshop benutzen Sie Masken, um Teile eines Bilds zu isolieren, die Sie dann gesondert bearbeiten. Eine Maske ist wie eine Schablone: Nur der ausgeschnittene Teil der Maske lässt sich ändern. Sie erstellen Masken für einmalige Anwendungen oder speichern sie für wiederholten Gebrauch.

Mit Masken und Kanälen arbeiten

Photoshop-Masken isolieren und schützen bestimmte Bildteile, so wie Sie beim Lackieren eines Fensterrahmens die Scheiben mit Klebeband vor Farbe schützen. Wenn Sie einen Teil eines Bilds wählen, ist der nicht gewählte Teil maskiert und damit vor Änderungen geschützt. Mit Masken erstellen Sie zeitaufwendige Auswahlen und speichern sie, um sie später wieder zu benutzen. Darüber hinaus lassen sich Masken für viele andere, komplexe Aufgaben einsetzen – wie für Farbänderungen, Filter und andere Effekte.

Im Adobe Photoshop-Maskierungsmodus können Sie eine *temporäre Maske* erstellen oder zeitaufwendige Auswahlen mit Masken als *Alphakanäle* (spezielle Graustufen-Kanäle) speichern und diese später wieder verwenden. Photoshop benutzt Kanäle auch, um Informationen über die in einem Bild vorhandenen Farben und Volltonfarben zu speichern. Anders als Ebenen lassen sich Kanäle nicht immer drucken. Sie benutzen das Kanälebedienfeld, um die Kanäle zu sehen und mit ihnen zu arbeiten. Ein Schlüsselkonzept beim Maskieren ist, dass Schwarz verbirgt und Weiß freilegt. Wie im richtigen Leben auch ist etwas selten ganz schwarz oder ganz weiß. Deshalb verbergen bzw. schützen Grautöne nur partiell, je nach der jeweiligen Graustufe (0 entspricht Schwarz [verborgen] und 255 entspricht Weiß [freigelegt]).

Vorbereitungen

Sie öffnen erst das fertige Bild aus dieser Lektion, um eine Vorstellung von dem zu erhalten, was Sie anschließend mit Masken und Kanälen selber gestalten.

1 Starten Sie Photoshop und halten Sie sofort danach die Tasten Strg + Alt + ⇧ (Windows) bzw. ⌘ + ⌥ + ⇧ (Mac OS) gedrückt, um die standardmäßigen Voreinstellungen zu erhalten. (Siehe »Die Standardeinstellungen wiederherstellen« auf Seite 4.)

2 Klicken Sie im Meldungsfenster zur Bestätigung auf »Ja«, um die Standardeinstellungen zu übernehmen.

Hinweis: Sollte Bridge nicht installiert sein, werden Sie aufgefordert, es nachzuinstallieren, wenn Sie den Befehl **In Bridge suchen** wählen. Weitere Informationen erhalten Sie auf Seite 3.

3 Wählen Sie **Datei: In Bridge suchen**, um Adobe Bridge zu öffnen.

4 Klicken Sie auf das FAVORITEN-Register unten links im Bridge-Fenster. Wählen Sie den *Lektionen*-Ordner und doppelklicken Sie dann auf den Ordner *Lektion06* im INHALT-Fenster.

5 Sehen Sie sich die Datei *06End.psd* an. Um die Miniatur zu vergrößern, ziehen Sie den Miniaturen-Regler unten im Bridge-Fenster nach rechts.

Sie erstellen in dieser Lektion einen Zeitschriftentitel. Das Titel-Model wurde jedoch vor einem ungeeigneten Hintergrund fotografiert. Deshalb maskieren Sie das Model und platzieren es dann vor einem passenden Hintergrund.

6 Doppelklicken Sie auf die Miniatur der Datei *06Start.psd*, um sie in Photoshop zu öffnen.

Eine Maske erstellen

Sie benutzen das Schnellauswahl-Werkzeug, um die anfängliche Maske zum Freistellen des Models vom Hintergrund zu erzeugen.

1 Wählen Sie **Datei: Speichern unter**, benennen Sie die Datei **06Arbeit.psd** und klicken Sie auf »Speichern«. Klicken Sie auf OK, wenn eine Warnung hinsichtlich der Kompatibilität erscheint.

Durch das Speichern einer neuen Version der Startdatei können Sie bei Bedarf jederzeit auf das Original zurückgreifen.

2 Wählen Sie das Schnellauswahl-Werkzeug ( ). Wählen Sie in der Optionsleiste die Pinselgröße **15 Px** mit einer Härte von **100 %**.

3 Ziehen Sie, um den Mann auszuwählen. Die Auswahl von Hemd und Gesicht ist ziemlich einfach, beim Haar wird es jedoch komplizierter. Machen Sie sich keine Sorgen, wenn die Auswahl nicht ganz perfekt ist – Sie überarbeiten die Maske noch in der nächsten Übung.

▶ **Tipp:** Mehr über Auswählen finden Sie in Lektion 3, »Auswahlbereiche«.

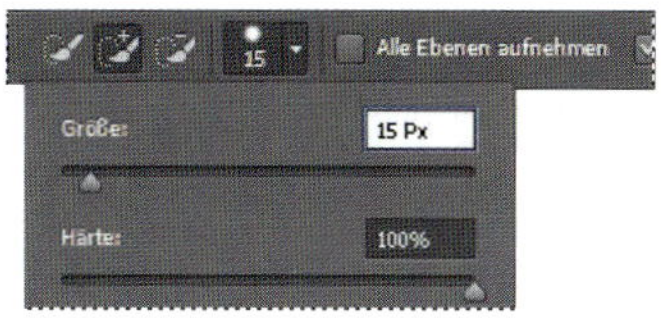

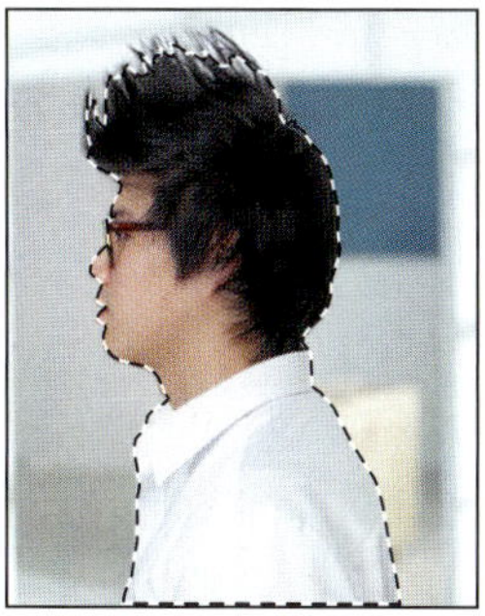

4 Klicken Sie unten im Ebenenbedienfeld auf die Schaltfläche »Ebenenmaske hinzufügen« ( ), um eine Ebenenmaske zu erzeugen.

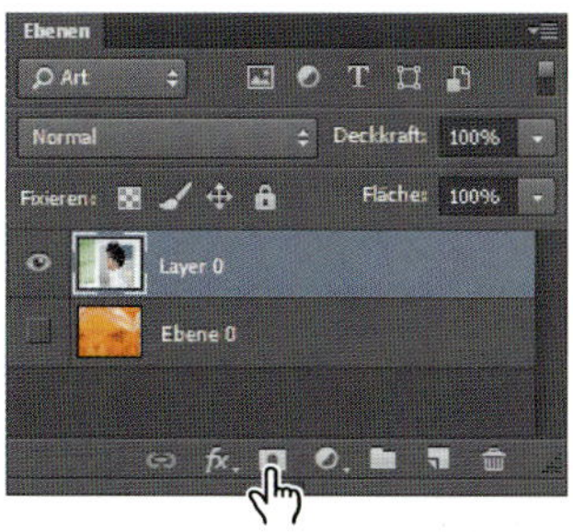

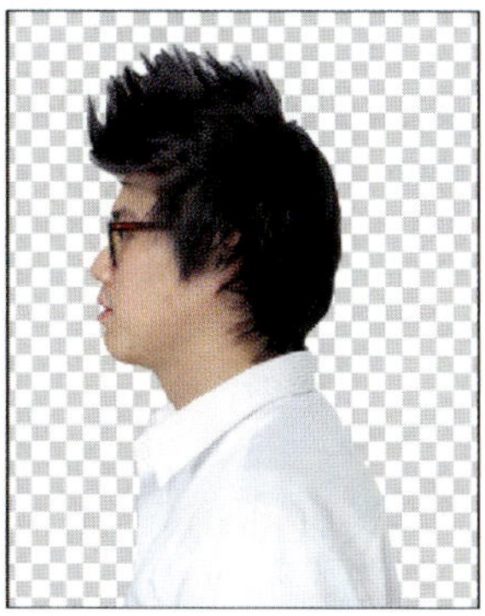

Die Auswahl wird zu einer Pixelmaske und erscheint als Teil von *Ebene 0* im Ebenenbedienfeld. Alles außerhalb der Auswahl ist transparent, was an dem Schachbrettmuster zu erkennen ist.

Masken und Maskieren

Alphakanäle, Kanalmasken, Schnittmasken, Ebenenmasken und Vektormasken – worin besteht der Unterschied? In einigen Fällen sind die Masken austauschbar: Eine Kanalmaske lässt sich in eine Ebenenmaske umwandeln, eine Ebenenmaske in eine Vektormaske und umgekehrt.

Hier eine Beschreibung als Hilfe, die einzelnen Maskenarten auseinanderzuhalten. Alle Masken speichern Auswahlbereiche und lassen sich ohne Schaden anzurichten in einem Bild bearbeiten – Sie können jederzeit wieder auf Ihr Original zurückgreifen.

- **Alphakanal:** (auch Maske oder Auswahl) ein zusätzlicher Kanal in einem Bild mit Auswahlbereichen als Graustufenbilder. Sie erstellen und speichern Masken in Alphakanälen.
- **Ebenenmaske:** wie ein Alphakanal, nur an eine bestimmte Ebene gebunden. Eine Ebenenmaske bestimmt, welcher Teil einer Ebene freigelegt oder verborgen wird. Eine Ebenenmaske erscheint als leere Miniatur neben der Ebenenminiatur im Ebenenbedienfeld. Ein schwarzer Rahmen zeigt an, dass die Maske gewählt ist.
- **Vektormaske:** Im Gegensatz zur Ebenenmaske besteht sie aus Vektoren und nicht aus Pixeln. Vektormasken, die auflösungsunabhängig sind, haben scharfe Kanten und werden mit einem Zeichenstift- oder Form-Werkzeug erstellt. Da sie keine Transparenz unterstützen, gibt es auch keine weichen Kanten. Die Miniaturen entsprechen denen von Ebenenmasken.
- **Schnittmaske:** wird auf Ebenen angewendet. Mit einer Schnittmaske können Sie den Inhalt einer Ebene zum Maskieren der darüber liegenden Ebenen verwenden. Die Maskierung wird vom Inhalt der untersten Ebene oder Grundebene bestimmt. Der nicht transparente Inhalt der Grundebene beschneidet (enthüllt) den Inhalt der darüber liegenden Ebenen in der Schnittmaske. Alle anderen Inhalte in den beschnittenen Ebenen maskiert Photoshop. Der Name der Grundebene in der Maske ist unterstrichen und die Miniaturen für die darüber liegenden Ebenen sind eingerückt. Für die über der Grundebene liegenden Ebenen erscheint ein Pfeil als Schnittmaskensymbol.
- **Kanalmaske:** Beschränkt die Bearbeitung auf einen bestimmten Kanal (beispielsweise den Cyan-Kanal in einem CMYK-Bild). Kanalmasken sind nützlich für komplexe, ausgefranste oder büschelartige Auswahlbereiche. Sie erstellen eine Kanalmaske auf der Basis einer vorherrschenden Bildfarbe oder eines starken Kontrasts in einem isolierten Kanal, beispielsweise zwischen Objekt und Hintergrund. Eine Alternative zur Kanalmaske ist der Extrahieren-Befehl, mit dem Sie komplexe Objekte freistellen (aus dem Hintergrund »ausschneiden«).

Maske verbessern

Die Maske ist schon recht gut, doch konnte das Schnellauswahl-Werkzeug nur unvollständig das Haar des Models wählen. Die Maske ist an den Konturen von Hemd und Gesicht etwas abgehackt. Sie glätten nun die Maske und präzisieren sie im Bereich des Haares.

1 Wählen Sie **Fenster: Eigenschaften**, um das Eigenschaftenbedienfeld zu öffnen.

2 Achten Sie darauf, dass im Ebenenbedienfeld die Maske in *Ebene 0* gewählt ist.

3 Klicken Sie im Eigenschaftenbedienfeld auf »Maskenkante«. Es erscheint das Dialogfeld »Maske verbessern«.

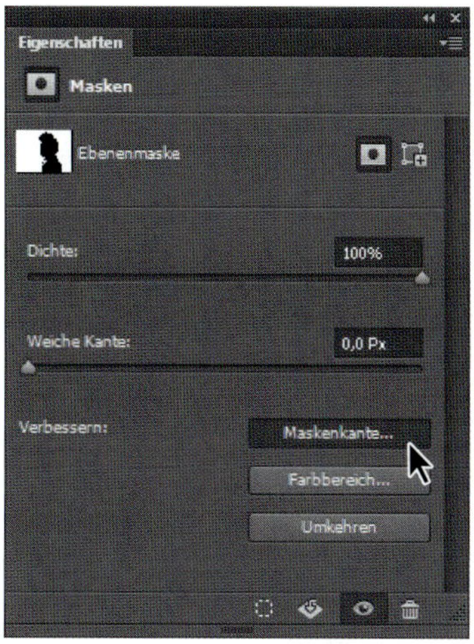

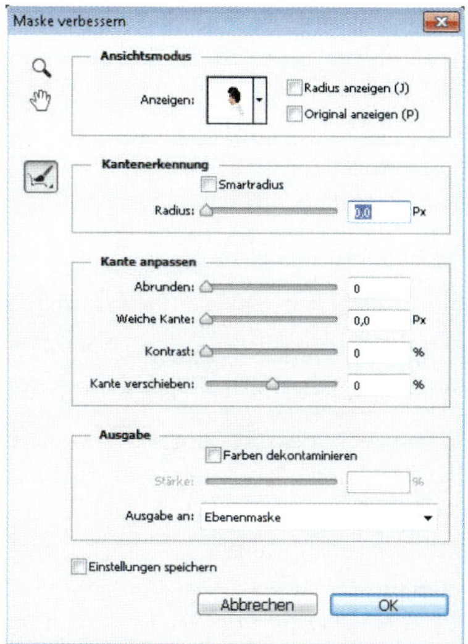

4 Klicken Sie im Ansichtsmodus des Dialogfelds auf den Pfeil neben der Miniatur bzw. dem Vorschaufenster. Wählen Sie aus dem Popup-Menü die Option »Auf Schwarz«.

Die Maske steht jetzt vor einem schwarzen Hintergrund, so dass die Kanten des weißen Hemds und des Gesichts einfacher zu erkennen sind.

5 Stellen Sie im Bereich »Kante anpassen« die Regler so ein, dass Sie eine leicht abgerundete Auswahlbegrenzung entlang des Hemds und des Gesichts erhalten. Die optimalen Einstellungen hängen von Ihrer Auswahl ab, sollten aber unseren ähneln: Abrunden = 15, Kontrast = 40 % und Kante verschieben = -8 %.

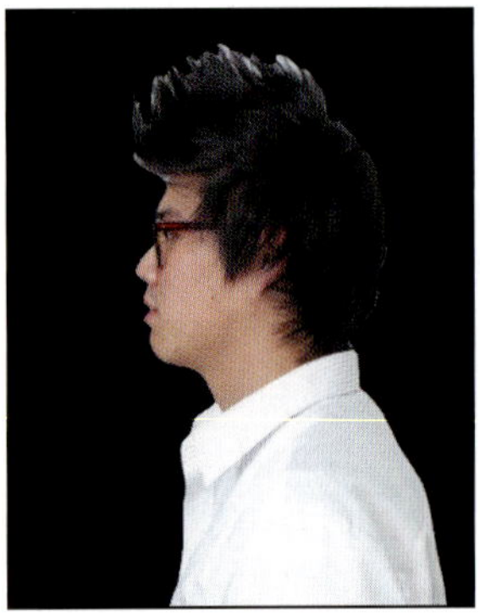

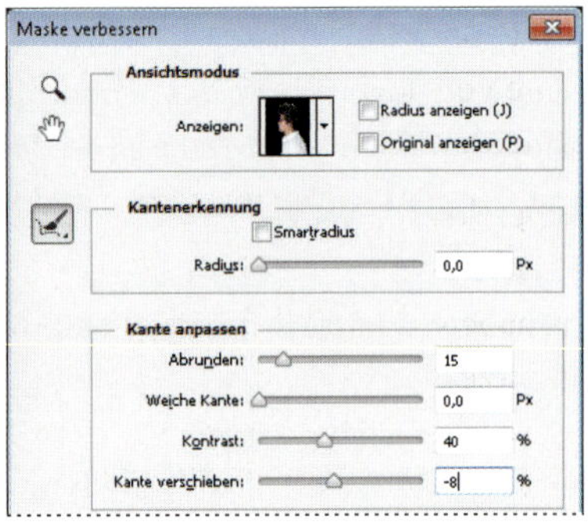

6 Aktivieren Sie im Ausgabebereich des Dialogfelds die Option »Farben dekontaminieren«. Wählen Sie aus dem Popup-Menü »Ausgabe an« die voreingestellte Option »Neue Ebene mit Ebenenmaske«.

7 Wählen Sie das Zoom-Werkzeug im Dialogfeld »Maske verfeinern« und vergrößern Sie im Hauptfenster das Gesicht.

8 Wählen Sie das Radius-verbessern-Werkzeug (✓) im Dialogfeld »Maske verbessern«. Malen Sie über eventuell noch vorhandene (weiße) Hintergrundbereiche bei den Lippen und an der Nase. Verändern Sie die Pinselgröße mit dem Größenregler oben links in der Optionsleiste.

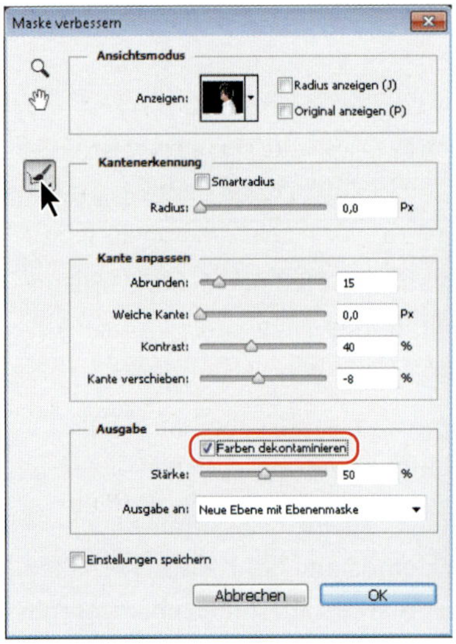

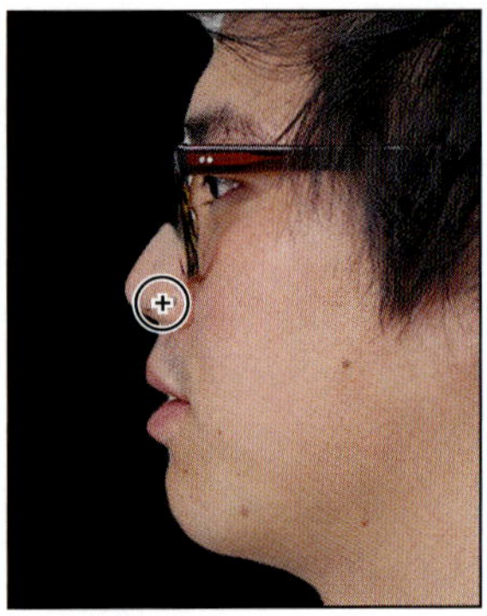

9 Wenn Ihnen die Maske im Gesichtsbereich zusagt, klicken Sie auf OK.

Im Ebenenbedienfeld erscheint die Ebene *Ebene 0 Kopie*. Sie arbeiten mit dieser Ebene, um die Haare präziser zu maskieren.

10 *Ebene 0 Kopie* ist gewählt. Klicken Sie im Maskenbedienfeld auf die Option »Maskenkante«, um erneut das Dialogfeld »Maske verbessern« zu öffnen.

11 Wählen Sie aus dem Popup-Menü »Anzeigen« die Option »Auf Weiß«. Das schwarze Haar ist gut vor dem weißen Hintergrund zu erkennen. Eventuell müssen Sie auszoomen oder mit dem Hand-Werkzeug das Bild so positionieren, dass das Haar komplett zu sehen ist.

12 Wählen Sie im Dialogfeld »Maske verbessern« das Radius-verbessern-Werkzeug. Verändern Sie die Pinselgröße mit dem Größenregler oben links in der Optionsleiste. (Wir haben mit 300 Px angefangen.) Malen Sie so hoch im Haar, dass auch die Haarspitzen enthalten sind. Verkleinern Sie die Pinselgröße über die Optionsleiste etwa um die Hälfte. Malen Sie entlang der rechten Seite des Kopfes über alle hervorstehenden feinen Haare bzw. Haarspitzen.

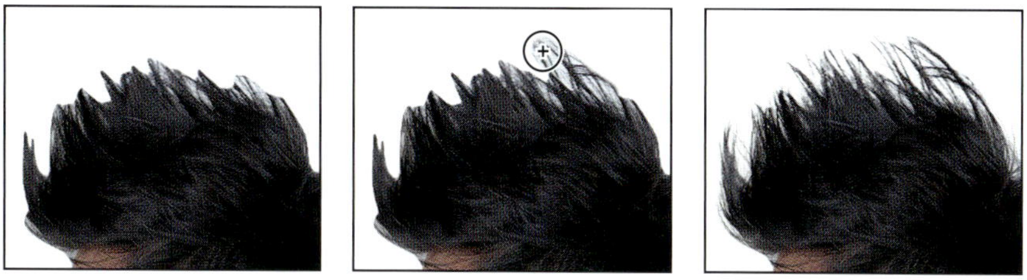

Während Sie malen, verfeinert Photoshop die Maskenkante auch für das Haar und entfernt dabei nahezu vollständig den Hintergrund. Würden Sie auf einer Ebenenmaske malen, wäre der Hintergrund eingeschlossen. Die Funktion »Maske verbessern« ist gut, aber nicht perfekt. Sie entfernen jetzt die Hintergrundbereiche, die noch beim Haar vorhanden sind.

13 Wählen Sie im Dialogfeld »Maske verbessern« das Verfeinerungen-löschen-Werkzeug (), das unter dem Radius-verbessern-Werkzeug verborgen ist. Klicken Sie ein- oder zweimal in allen Bereichen, in denen noch Hintergrundfarbe zu sehen ist. Sobald Sie einen Bereich löschen, löscht Photoshop ähnliche Farben und verbessert automatisch die Maske. Achten Sie darauf, die bereits vorgenommenen Verbesserungen der Haarkanten nicht zu löschen. Aktionen lassen sich rückgängig machen. Sie können Kanten auch mit dem Radius-verbessern-Werkzeug wiederherstellen.

14 Aktivieren Sie die Option »Farben dekontaminieren« und stellen Sie eine Stärke von **85 %** ein. Wählen Sie im Popup-Menü »Ausgabe an« die Option »Neue Ebene mit Ebenenmaske«. Klicken Sie auf OK.

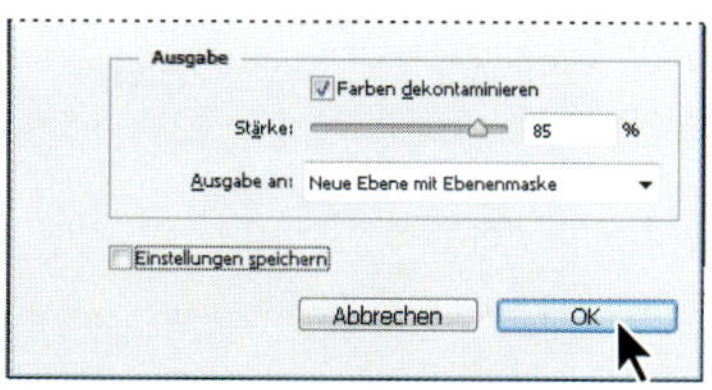

15 Blenden Sie im Ebenenbedienfeld die Ebene *Magazine Background* ein. Das Modell erscheint vor einem orange gemusterten Hintergrund.

Julieanne Kost, Adobe-Photoshop-Expertin

Tipps von der Photoshop-Expertin

Tastenkürzel für das Zoom-Werkzeug

Wenn Sie ein Bild bearbeiten, müssen Sie häufig einzoomen, um ein Detail zu bearbeiten, und dann wieder auszoomen, um die Änderungen im Gesamtzusammenhang zu prüfen. Nachfolgend einige Tastenkombinationen, mit denen Sie noch leichter und schneller zoomen.

- Wählen Sie ein beliebiges Werkzeug und drücken Sie zum Einzoomen die Taste `Strg` (Windows) oder `⌘` (Mac OS) sowie das Pluszeichen `+`. Zum Auszoomen drücken Sie stattdessen die Minus-Taste `-`.
- Doppelklicken Sie auf das Zoom-Werkzeug im Werkzeugbedienfeld, um das Bild wieder bei 100 % anzuzeigen.
- Wenn Sie in der Optionsleiste »Dynamischer Zoom« ausgewählt haben, ziehen Sie mit dem Zoom-Werkzeug zum Einzoomen nach links, zum Auszoomen nach rechts.
- Drücken Sie `Alt` (Windows) oder `⌥` (Mac OS), um nicht ein-, sondern auszuzoomen. Klicken Sie auf den Bildbereich, den Sie verkleinern möchten. Mit jedem Klick bei gedrückter `Alt`/`⌥`-Taste reduzieren Sie das Bild um die nächste voreingestellte Zoomstufe.

Eine temporäre Maske erstellen

Sie erstellen eine temporäre Maske, um die Farbe des Brillengestells zu ändern. Zuerst räumen Sie aber das Ebenenbedienfeld auf.

1 Blenden Sie die Ebene *Magazine Background* aus, um sich auf das Model zu konzentrieren. Löschen Sie dann *Ebene 0* und *Ebene 0 Kopie*. Klicken Sie auf »Ja« oder »Löschen«, um das Löschen von Ebenen oder deren Masken zu

bestätigen. Sie benötigen die Maske für die aktuelle Ebene nicht, da *Ebene 0 Kopie 2* bereits mit einer Maske versehen ist.

2 Doppelklicken Sie auf den Namen *Ebene 0 Kopie 2* und benennen Sie die Ebene mit **Model**.

3 Klicken Sie im Werkzeugbedienfeld auf die Schaltfläche »Im Maskierungsmodus bearbeiten«. (Bislang haben Sie im vorgegebenen Standardmodus gearbeitet.)

Im Maskierungsmodus bedeckt ein roter Farbüberzug (ähnlich einer *Rotfolie*, mit der im grafischen Gewerbe maskiert wird) den geschützten Bereich, also das gesamte Bild außerhalb der Auswahlbegrenzung. Sie können nur den ungeschützten Bereich, der sichtbar und ausgewählt ist, verändern. Beachten Sie außerdem, dass die gewählte Ebene im Ebenenbedienfeld grau erscheint und darauf hinweist, dass der Maskierungsmodus aktiviert ist.

4 Wählen Sie im Werkzeugbedienfeld das Pinsel-Werkzeug (🖌).

5 Achten Sie darauf, dass in der Optionsleiste der Modus »Normal« gewählt ist. Klicken Sie anschließend auf den Pfeil, um das Pinsel-Popup-Bedienfeld anzuzeigen. Wählen Sie einen großen weichen Pinsel mit dem Durchmesser **13 Pixel**. Klicken Sie außerhalb des Bedienfelds, um es zu schließen.

6 Malen Sie auf dem Bügel des Brillengestells. Ein roter Überzug erscheint immer dort, wo Sie malen, und zeigt an, dass Sie eine Maske anlegen.

7 Malen Sie weiter, um den Bügel und die Fassung der Gläser zu maskieren. Verkleinern Sie die Pinselgröße beim Maskieren der Fassung. Machen Sie sich keine Gedanken über den Bügel, der vom Haar bedeckt ist – machen Sie weiter und übermalen Sie ihn.

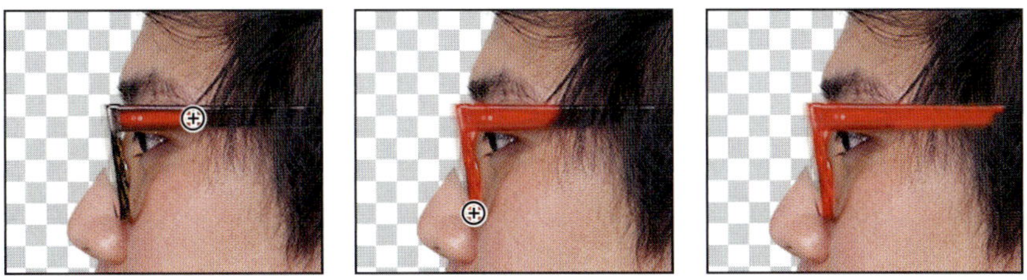

Im Maskierungsmodus aktiviert Photoshop automatisch den Graustufenmodus sowie die standardmäßige Vordergrundfarbe (Schwarz) und Hintergrundfarbe (Weiß). Wenn Sie im temporären Maskierungsmodus mit einem Mal- oder Bearbeitungswerkzeug arbeiten, sollten Sie Folgendes berücksichtigen:

- Malen mit Schwarz vergrößert die Maske (den roten Farbüberzug) und verkleinert den Auswahlbereich.
- Malen mit Weiß löscht die Maske und vergrößert den Auswahlbereich.
- Malen mit Grau erweitert die Maske teilweise.

8 Klicken Sie im Werkzeugbedienfeld erneut auf die Schaltfläche »Im Maskierungsmodus bearbeiten«, um den Modus zu beenden.

Der nicht maskierte Bereich ist gewählt. Solange Sie eine temporäre Maske nicht als permanenten Alphakanal speichern, verwirft Photoshop die temporäre Maske, nachdem diese in eine Auswahl umgewandelt ist.

9 Wählen Sie **Auswahl: Auswahl umkehren**, um den ursprünglich maskierten Bereich umzukehren.

10 Wählen Sie **Bild: Korrekturen: Farbton/Sättigung**.

11 Ändern Sie im Dialogfeld »Farbton/Sättigung« den Farbton in **70** – das Brillengestell wird grün. Klicken Sie auf OK.

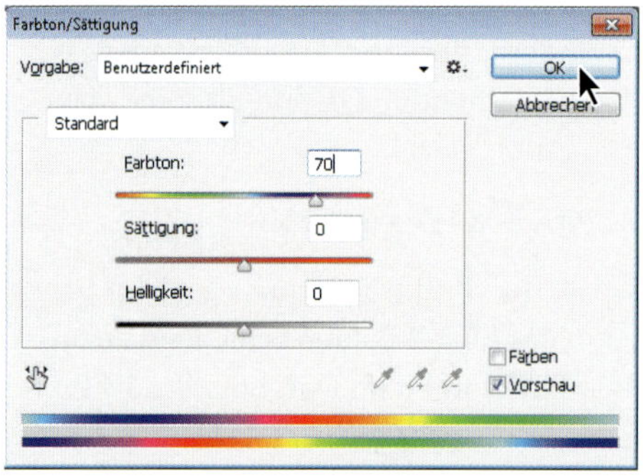

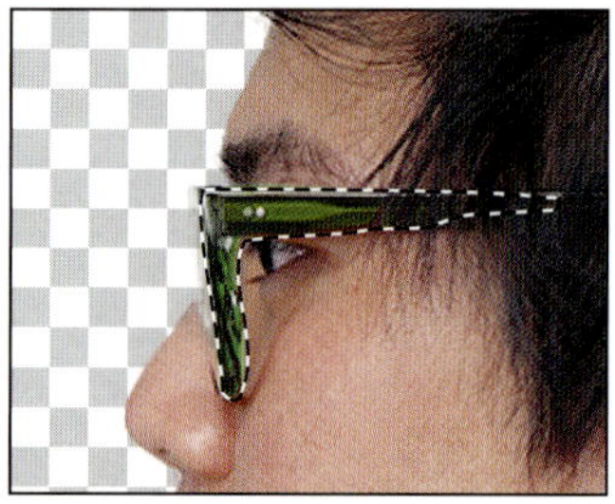

12 Wählen Sie **Auswahl: Auswahl aufheben**.

13 Speichern Sie Ihre Arbeit.

Bild mit dem Formgitter verändern

Die Formgitter-Funktion in Photoshop CS5 macht die Bildmanipulation noch flexibler. Positionieren Sie Bereiche wie Haar oder Arm so, als ob Sie an den Fäden einer Marionette ziehen. Sie platzieren Pins an den Stellen, an denen Sie eine Bewegung einstellen möchten. Sie neigen jetzt mit dem Formgitter den Kopf des Models nach hinten, damit es nach oben blickt.

1 Zoomen Sie aus, sodass Sie das Model im Ganzen sehen.

2 Im Ebenenbedienfeld ist die Ebene *Model* gewählt. Wählen Sie **Bearbeiten: Formgitter**.

Ein Gitter (Mesh) liegt nun über den sichtbaren Bereichen der Ebene – hier über dem Model. Sie platzieren Pins auf dem Mesh an den Stellen, wo Sie Bewegung einstellen möchten (oder an den Stellen, wo keine Bewegung stattfinden soll).

3 Klicken Sie entlang der Hemdkante. Mit jedem Klick fügt Photoshop dem Formgitter einen Pin hinzu. Für die Aufgabe hier sollten zehn Pins ausreichen.

Die Pins fixieren das Hemd, während Sie den Kopf neigen.

4 Wählen Sie den Pin am Nacken. Ein schwarzer Punkt im Pin zeigt an, dass der Pin gewählt ist.

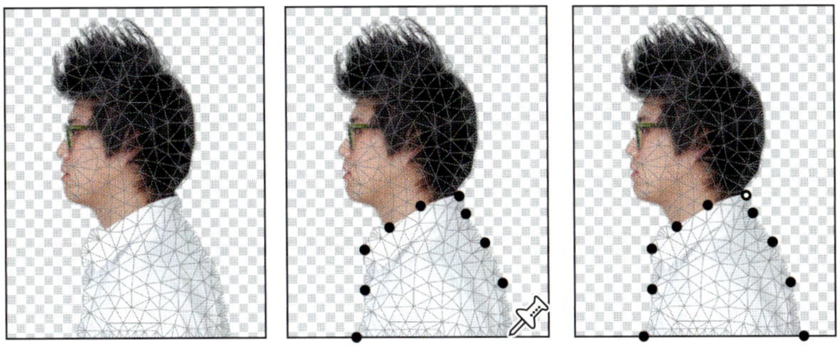

5 Drücken Sie die Alt-Taste (Windows) bzw. ⌥-Taste (Mac OS). Ein größerer Kreis erscheint um den Pin herum und ein gebogener Doppelpfeil daneben. Lassen Sie Alt/⌥ weiter gedrückt und ziehen Sie den Zeiger, um den Kopf nach hinten zu neigen bzw. zu drehen. Der Drehwinkel erscheint in der Optionsleiste; Sie können in das entsprechende Feld den Wert **135** auch direkt eingeben.

Hinweis: Achten Sie sorgfältig darauf, dass Sie nicht den Punkt selbst mit gedrückter Alt-/⌥-Taste anklicken. Sie würden damit den Pin löschen.

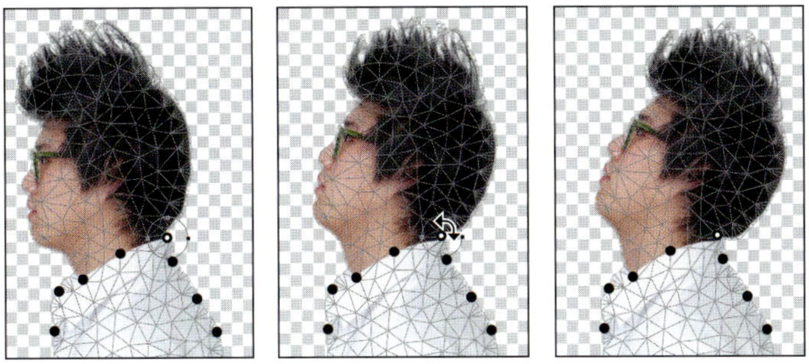

6 Wenn Ihnen die Drehung zusagt, klicken Sie in der Optionsleiste auf die Schaltfläche »Formgitter bestätigen« (✓) oder drücken Sie die ↵-Taste.

7 Speichern Sie Ihre Arbeit.

Mit Kanälen arbeiten

So wie unterschiedliche Bildinformationen in diversen Ebenen gespeichert sind, können Sie auch über Kanäle auf unterschiedliche Information zugreifen. Alphakanäle speichern Auswahlen als Graustufenbilder. Farbkanäle enthalten dagegen Informationen über die einzelnen Farben in einem Bild. Ein RGB-Bild setzt sich z.B. automatisch aus den Kanälen Rot, Grün, Blau und dem darauf zusammengesetzten Kanal (RGB) zusammen.

Um Masken und Kanäle nicht zu verwechseln, stellen Sie sich Kanäle als Container für die Bildfarbe und Auswahlinformationen vor; Ebenen enthalten dagegen Malerei und Effekte. Sie erzeugen mit einem Alphakanal einen Schatten für das Model. Anschließend wandeln Sie das Bild in den CMYK-Modus um und benutzen den Kanal Schwarz, um das Haar mit farbigen Effektlichtern zu versehen.

Per Alphakanal einen Schatten erzeugen

Sie haben bereits eine Maske des Models erzeugt. Für einen Schatten müssen Sie diese Maske nur duplizieren und anschließend verschieben. Dafür benutzen Sie einen Alphakanal.

1 Klicken Sie im Ebenenbedienfeld mit gedrückter [Strg]- (Windows) bzw. [⌘]-Taste (Mac OS) auf das Ebenensymbol in der Model-Ebene. Der maskierte Bereich ist gewählt.

2 Wählen Sie **Auswahl: Auswahl speichern**. Im Dialogfeld »Auswahl speichern« ist im Menü »Kanal« die Option »Neu« gewählt. Benennen Sie den Kanal mit **Model Outline** und klicken Sie auf OK.

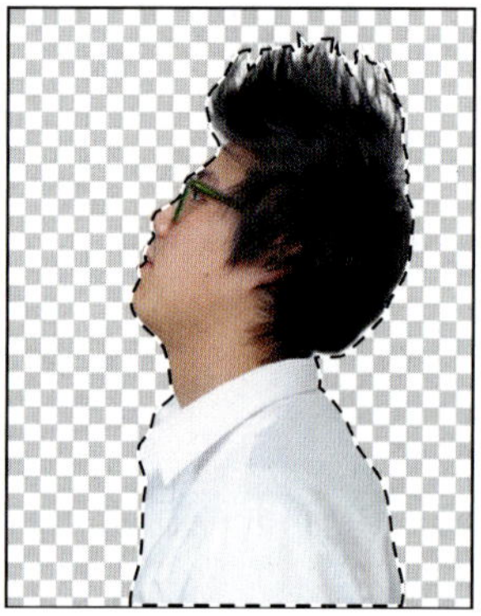

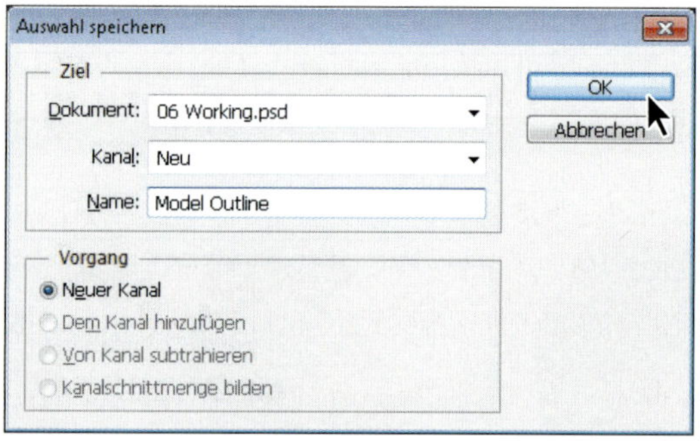

Im Ebenenbedienfeld und im Bildfenster ändert sich nichts. Allerdings wurde der neue Kanal Model Outline im Kanälebedienfeld hinzugefügt.

3 Klicken Sie unten im Ebenenbedienfeld auf das Symbol »Neue Ebene erstellen« (▣). Ziehen Sie die neue Ebene unter die Model-Ebene. Doppelklicken Sie dann auf den Ebenennamen und benennen Sie die Ebene mit **Shadow**.

4 Die Ebene *Shadow* ist gewählt. Wählen Sie **Auswahl: Kante verbessern**. Stellen Sie im Dialogfeld »Kante verbessern« den Regler »Kante verschieben« auf **+36 %** ein. Klicken Sie auf OK.

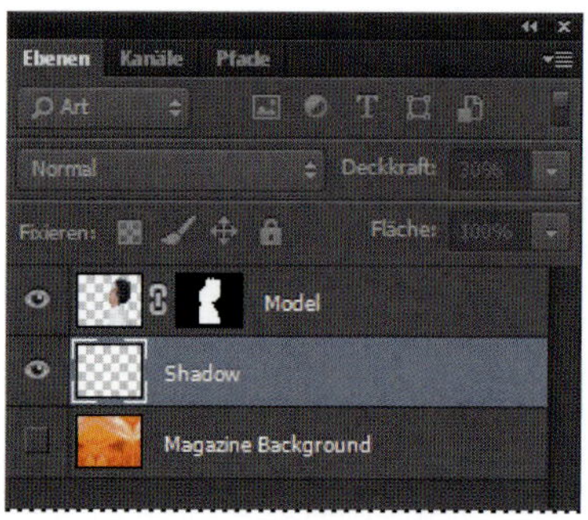

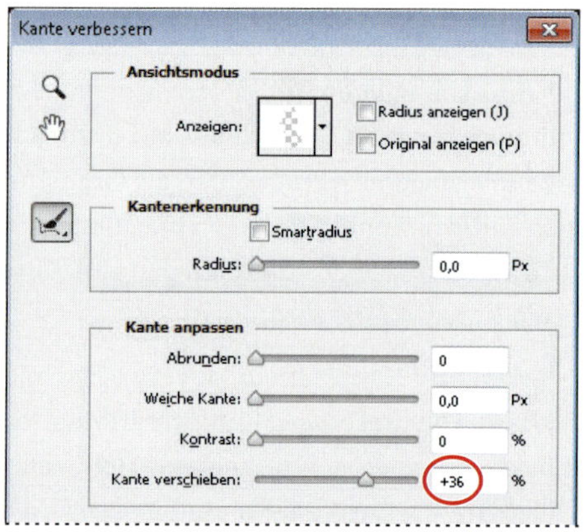

5 Wählen Sie **Bearbeiten: Fläche füllen**. Wählen Sie im Dialogfeld »Fläche füllen« aus dem Popup-Menü »Verwenden« die Option »Schwarz«. Klicken Sie auf OK.

Die *Shadow*-Ebene zeigt eine schwarz gefüllte Kontur des Models. Schatten sind normalerweise nicht so dunkel wie die Person, die den Schatten wirft. Sie verringern deshalb die Ebenendeckkraft.

6 Ändern Sie im Ebenenbedienfeld die Deckkraft in **30 %**.

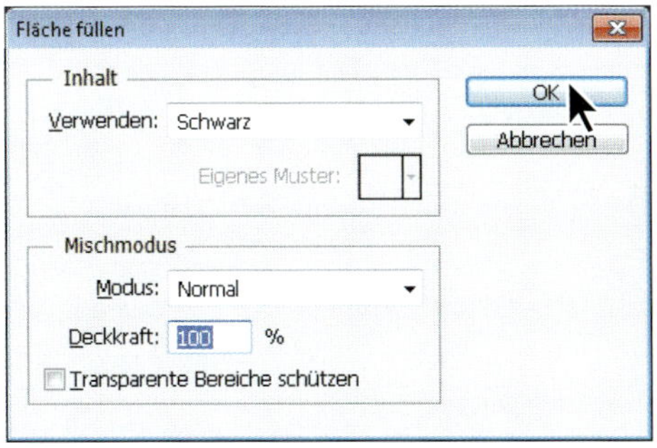

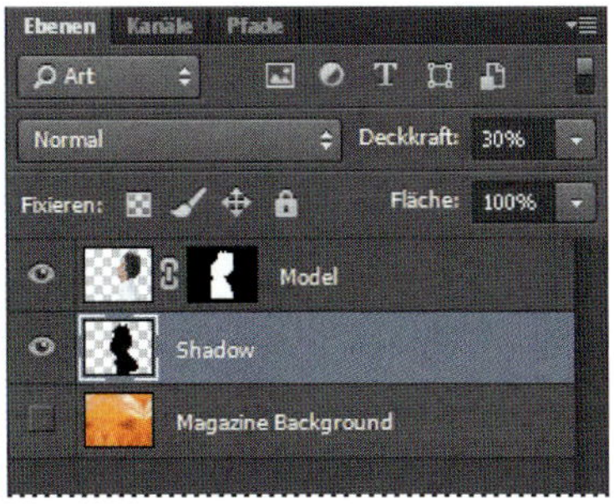

Der Schatten befindet sich an derselben Position wie das Model und ist daher nicht zu sehen – Sie müssen den Schatten verschieben.

7 Wählen Sie **Auswahl: Auswahl aufheben**, um die Auswahl zu entfernen.

8 Wählen Sie **Bearbeiten: Transformieren: Drehen**. Drehen Sie den Schatten per Hand oder geben Sie in das »Drehen«-Feld in der Optionsleiste -15° ein. Ziehen Sie dann den Schatten nach links oder geben Sie in das X-Feld in der Optionsleiste den Wert **845** ein. Klicken Sie in der Optionsleiste auf die Schaltfläche »Transformieren bestätigen« (✓) oder drücken Sie die [↵]-Taste.

9 Wählen Sie **Datei: Speichern**.

Alphakanäle

Ein Alphakanal besitzt die folgenden Eigenschaften:

- Jedes Bild kann bis zu 56 Kanäle enthalten, einschließlich aller Farb- und Alphakanäle (zuzüglich CMYK/RGB o. Ä.).
- Alle Kanäle sind 8-Bit-Graustufenbilder, mit denen 256 Graustufen angezeigt werden können.
- Sie können für jeden Kanal einen Namen, eine Farbe, eine Maskenoption und eine Deckkraft festlegen. (Die Deckkraft wirkt sich auf die Vorschau des Kanals aus, nicht auf das Bild.)
- Alle neuen Kanäle haben dieselben Dimensionen und dieselbe Pixelanzahl wie das Originalbild.
- Sie können die Maske in einem Alphakanal mit den Mal- und Bearbeitungswerkzeugen sowie mit Filtern bearbeiten.
- Sie können Alphakanäle in Volltonfarbenkanäle konvertieren.

Individuelle Kanäle einstellen

Das Bild für den Zeitschriftentitel ist fast fertig. Sie müssen nur noch das Haar des Models mit farbigen Effektlichtern versehen. Dafür wandeln Sie das Bild in CMYK um und nutzen den Schwarz-Kanal.

1 Wählen Sie im Ebenenbedienfeld die *Model*-Ebene.

2 Wählen Sie **Bild: Modus:: CMYK-Farbe**. Klicken Sie im Dialogfeld auf »Nicht zusammenfügen«, da Sie die Ebenen erhalten wollen. Klicken Sie auf OK, falls eine Profilmeldung erscheint.

3 Klicken Sie mit gedrückter [Alt]-Taste (Windows) bzw. [⌥]-Taste (Mac OS) auf das Augensymbol der *Model*-Ebene, um alle anderen Ebenen auszublenden.

4 Wählen Sie das *Kanäle*-Register. Wählen Sie im Kanälebedienfeld den Kanal Schwarz und dann im Menü des Kanälebedienfelds die Option »Kanal duplizieren«. Benennen Sie den Kanal mit **Hair** und klicken Sie auf OK.

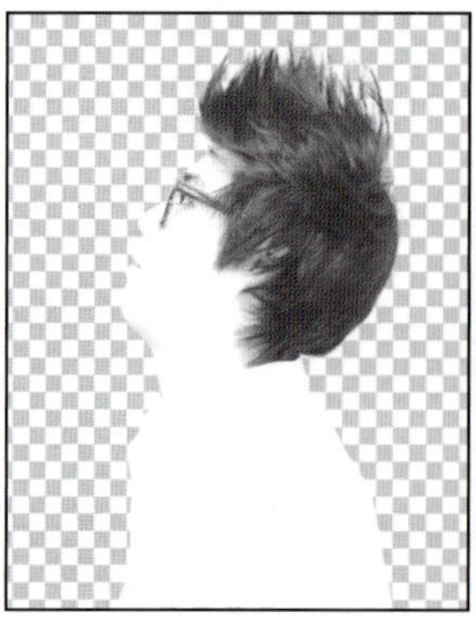

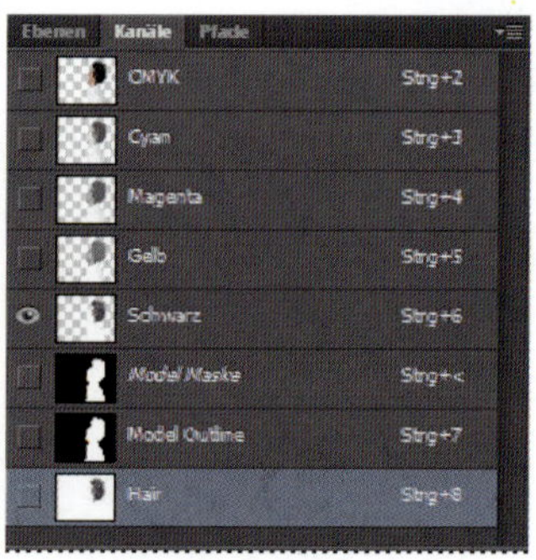

Einzelne Kanäle werden als Graustufen angezeigt. Sind im Kanälebedienfeld mehrere Kanäle sichtbar, erscheinen sie in Farbe.

5 Machen Sie den Hair-Kanal sichtbar und blenden Sie den Schwarz-Kanal aus. Wählen Sie den Hair-Kanal und dann **Bild: Korrekturen: Tonwertkorrektur**.

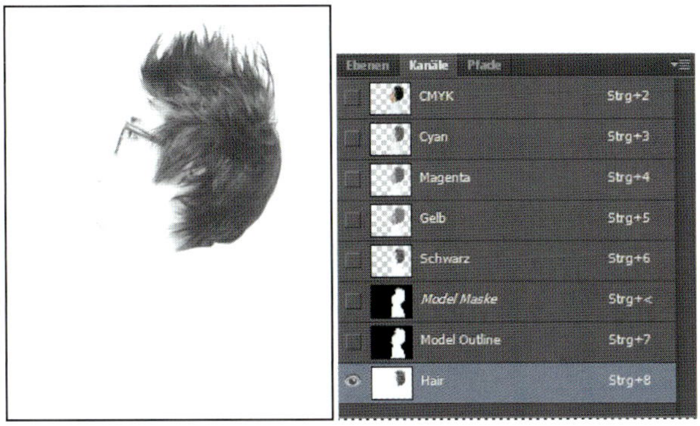

6 Verschieben Sie im Dialogfeld »Tonwertkorrektur« Schwarz auf **85**, die Mitteltöne auf **1** und Weiß auf **165**. Klicken Sie auf OK.

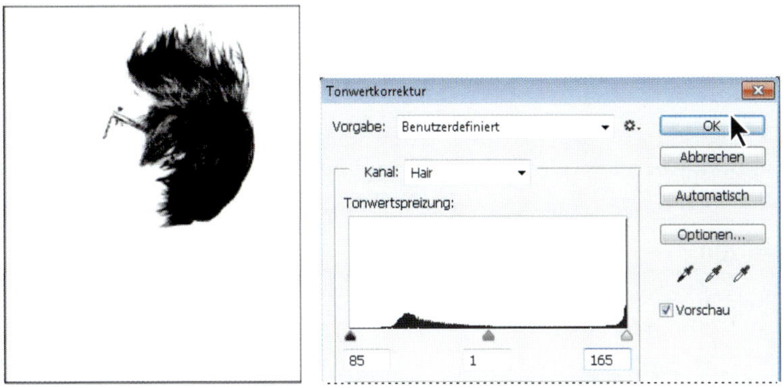

7 Der *Hair*-Kanal ist noch gewählt. Wählen Sie **Bild: Korrekturen: Umkehren**. Der Kanal erscheint weiß vor dunklem Hintergrund.

8 Wählen Sie das Pinsel-Werkzeug und klicken Sie unten im Werkzeugbedienfeld auf das Symbol »Vorder- und Hintergrundfarbe vertauschen« – die Vordergrundfarbe ist nun Schwarz. Malen Sie über die Gläser, Augen und alle anderen Bereiche, ausgenommen das Haar.

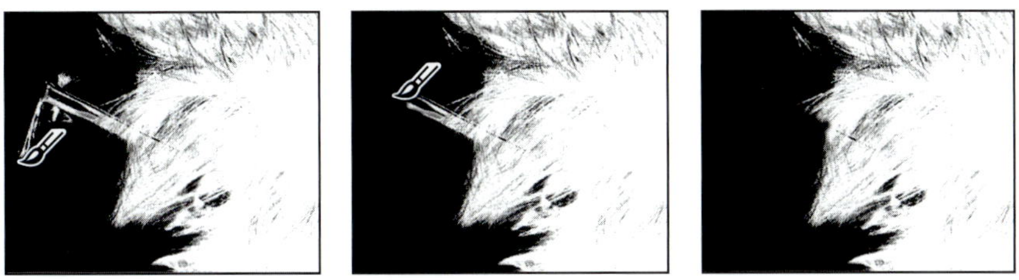

9 Klicken Sie unten im Kanälebedienfeld auf das Symbol »Kanal als Auswahl laden«.

10 Klicken Sie auf das Ebenenregister. Wählen Sie im Ebenenbedienfeld die Ebene *Model.*

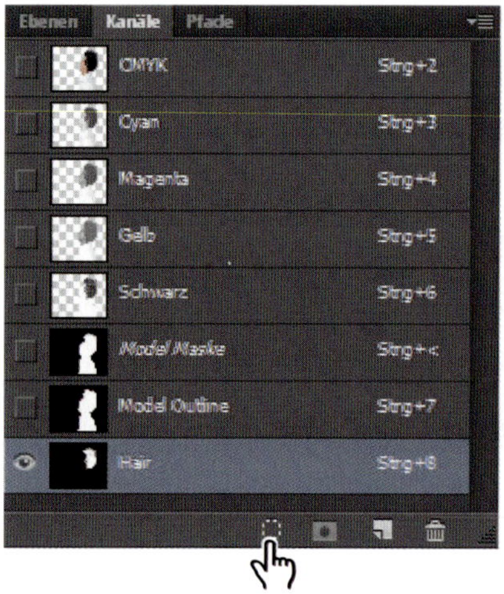

11 Wählen Sie **Auswahl: Kante verbessern**. Stellen Sie im Dialogfeld »Kante verbessern« den Regler »Weiche Kante« auf **1,2** Px ein und klicken Sie dann auf OK.

12 Wählen Sie **Bild: Korrekturen: Farbton/Sättigung**. Aktivieren Sie »Färben« mit den folgenden Einstellungen. Klicken Sie dann auf OK.

- Farbton: **230**
- Sättigung: **56**
- Helligkeit: **11**

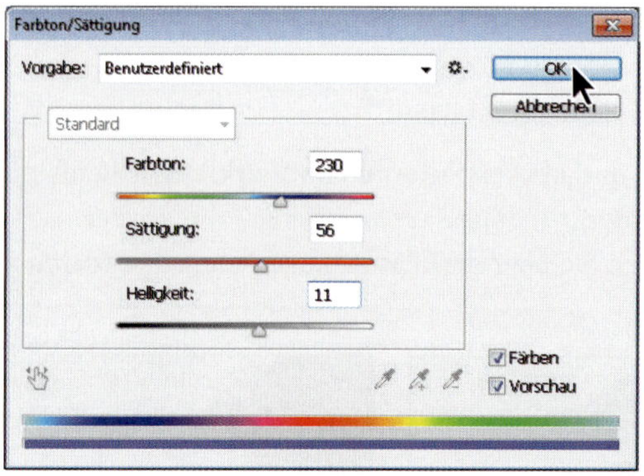

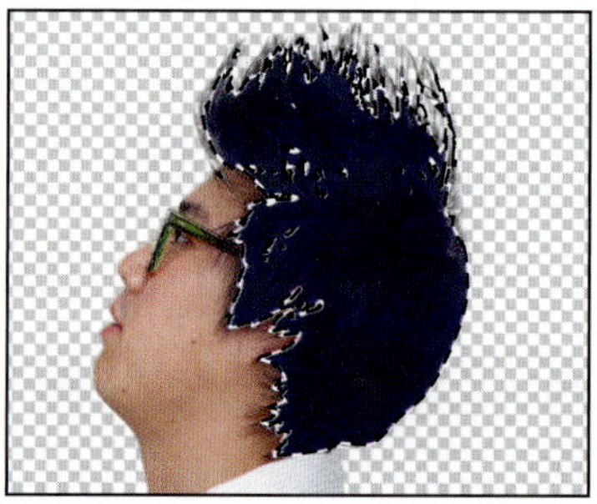

13 Wählen Sie **Bild: Korrekturen: Tonwertkorrektur**. Verschieben Sie die Regler im Dialogfeld »Tonwertkorrektur« so wie in der folgenden Abbildung. Klicken Sie auf OK. Wir haben die Werte **58**, **1,65** und **255** verwendet, Ihre Werte könnten jedoch abweichen.

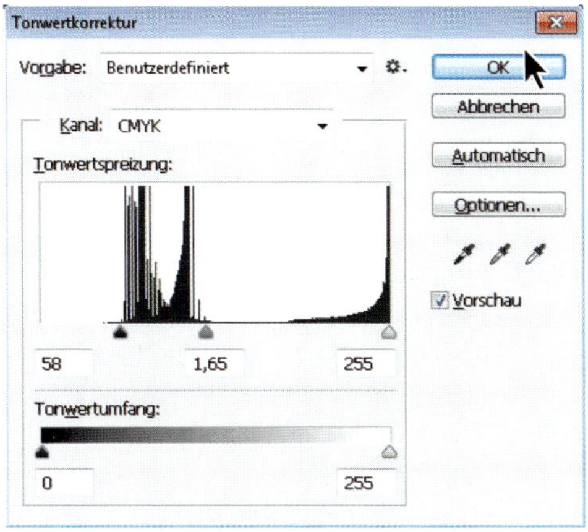

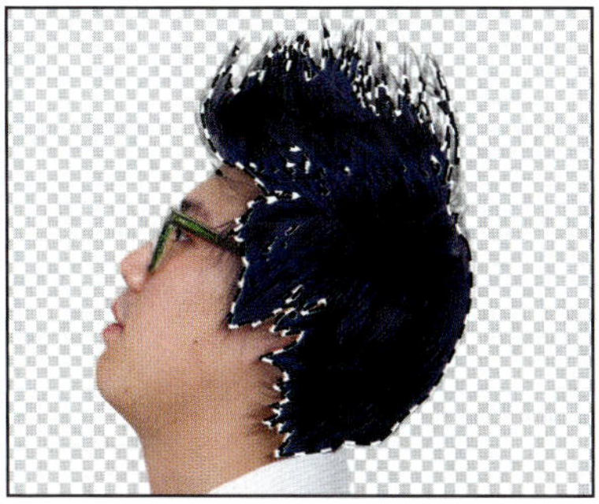

14 Blenden Sie im Ebenenbedienfeld die Ebenen *Shadow* und *Magazine Background* ein.

15 Wählen Sie **Auswahl: Auswahl aufheben**.

16 Wählen Sie **Datei: Speichern.**

Ihr Zeitschriftentitel kann jetzt in den Druck gehen!

Tipps und Abkürzungen für das Maskieren

Wenn Sie die Arbeit mit Masken beherrschen, können Sie in Photoshop effizienter arbeiten. Diese Tipps helfen Ihnen beim Einstieg:

- Masken funktionieren zerstörungsfrei, was bedeutet, dass Sie zurückgehen und Masken erneut bearbeiten können, ohne auch nur ein Pixel zu verlieren.
- Achten Sie beim Bearbeiten einer Maske auf die im Werkzeugbedienfeld gewählte Farbe. Schwarz verdeckt, Weiß legt frei und Grautöne verdecken oder legen teilweise frei. Je dunkler das Grau, desto mehr wird durch die Maske verdeckt.
- Um den Inhalt einer Ebene ohne Maskeneffekte freizulegen, deaktivieren Sie die Maske, indem Sie mit gedrückter [⇧]-Taste auf die Miniatur der Ebenenmaske klicken oder **Ebene: Ebenenmaske: Deaktivieren** wählen. Danach erscheint ein rotes X über der Maskenminiatur im Ebenenbedienfeld.
- Um eine Ebenenmaske wieder zu aktivieren, klicken Sie mit gedrückter [⇧]-Taste auf die Maskenminiatur mit dem roten X im Ebenenbedienfeld oder wählen Sie **Ebene: Ebenenmaske: Aktivieren**. Falls die Maske im Ebenenbedienfeld nicht zu sehen ist, wählen Sie **Ebene: Ebenenmaske: Alle einblenden**.
- Heben Sie die Verbindung zwischen Ebenen und Masken auf, um beide unabhängig voneinander zu verschieben. Um die Verbindung einer Ebene oder Ebenengruppe mit einer Maske oder Vektormaske aufzuheben, klicken Sie auf das Verbindungssymbol zwischen den Miniaturen im Ebenenbedienfeld. Um beide wieder zu verbinden, klicken Sie einfach zwischen den beiden Miniaturen.
- Um eine Vektormaske in eine Ebenenmaske umzuwandeln, wählen Sie die entsprechende Ebene mit der Vektormaske. Wählen Sie dann **Ebene: Rastern: Vektormaske**. Wenn Sie eine Vektorebene gerastert haben, lässt sie sich nicht mehr in ein Vektorobjekt zurückwandeln.
- Um eine Maske zu modifizieren, benutzen Sie die Regler »Dichte« und »Weiche Kante« im Maskenbedienfeld. Der Regler »Dichte« bestimmt die Deckkraft der Maske: Die Maske hat bei 100 % die volle Wirkung, bei niedrigeren Werten nimmt der Kontrast ab und bei 0 % hat die Maske keine Wirkung. Der Regler »Weiche Kante« sorgt für weiche Maskenkanten.

Fragen

1 Worin liegt der Vorteil einer temporären Maske?

2 Was passiert mit einer temporären Maske, wenn Sie sie abwählen?

3 Sie speichern eine Auswahl als Maske. Wo wird diese Maske gespeichert?

4 Wie bearbeiten Sie eine zuvor gespeicherte Maske in einem Kanal?

5 Worin unterscheiden sich Kanäle von Ebenen?

Antworten

1 Temporäre Masken sind sinnvoll für das schnelle Anlegen einmaliger Auswahlen. Außerdem lässt sich mit der temporären Maske und den Malwerkzeugen eine Auswahl einfach bearbeiten.

2 Die temporäre Maske verschwindet.

3 Photoshop speichert Masken in Kanälen, die man sich als Speicherbereiche innerhalb eines Bilds für Farb- und Auswahlinformationen vorstellen kann.

4 Sie malen in einer in einem Kanal enthaltenen Maske direkt mit den Farben Schwarz, Weiß und Abstufungen von Grau.

5 Photoshop benutzt Kanäle als Speicherbereiche für gespeicherte Auswahlen. Ein Kanal erscheint weder im Bild noch im Ausdruck, es sei denn, Sie lassen sich den Kanal explizit anzeigen. Im Gegensatz zu den Kanälen lassen sich mit Ebenen einzelne Bildelemente isolieren, um sie mit Mal- oder Bearbeitungswerkzeugen sowie anderen Effekten separat zu bearbeiten.

7 TYPODESIGN

Überblick

In dieser Lektion lernen Sie Folgendes:

- Mit Hilfslinien den Text in einer Komposition anordnen
- Schnittmasken aus Text erstellen
- Text mit anderen Ebenen kombinieren
- Text formatieren
- Text entlang einem Pfad verteilen
- Stilvorlagen erzeugen und anwenden
- Schrift mit fortgeschrittenen Funktionen steuern und positionieren

Sie benötigen für diese Lektion etwa eine Stunde. Laden Sie die Lektionsdateien für die Lektion07 von der Buch-DVD in einen Ordner »Lektionen« auf Ihrer Festplatte. Bei der Arbeit mit dieser Lektion überschreiben Sie die Startdateien. Wenn Sie diese wiederherstellen wollen, laden Sie sie einfach von der DVD erneut auf Ihre Festplatte.

Photography © Image Source, www.imagesource.com

PROJEKT: MAGAZINCOVER

Photoshop verfügt über vielseitige Textwerkzeuge, die Ihnen große Flexibilität und viele kreative Freiheiten bieten.

Über Schrift

Schrift in Photoshop besteht aus mathematisch definierten Formen, die Buchstaben, Zahlen und Symbole einer Schriftart beschreiben. Viele Schriftarten sind in unterschiedlichen Formaten verfügbar, wie Type 1 oder PostScript, TrueType und OpenType (mehr darüber später in dieser Lektion unter »OpenType in Photoshop«).

Wenn Sie ein Bild in Photoshop mit Schrift versehen, setzen sich die Zeichen aus Pixeln zusammen und haben die gleiche Auflösung wie die Bilddatei. Sobald Sie ein Zeichen stark vergrößern, erkennen Sie die stufenförmigen Kanten. Allerdings bewahrt Photoshop die vektorbasierten Schriftkonturen (Outlines) und benutzt sie, sobald die Schrift skaliert oder eine andere Schriftgröße eingestellt wird, Sie eine PDF- oder EPS-Datei speichern oder das Bild auf einem PostScript-Drucker ausgeben. Auf diese Weise erhalten Sie scharfe, auflösungsunabhängige Schriftkanten, können der Schrift Effekte und Stile zuweisen und ihre Form und Größe ändern.

Vorbereitungen

Sie arbeiten in dieser Lektion an dem Titellayout für ein Technik-Magazin. Sie beginnen mit der Illustration, die Sie in Lektion 6 gestaltet haben: das Titelbild mit dem Model, seinem Schatten und dem orangefarbigen Hintergrund. Sie erweitern den Titel um Text und gestalten ihn – wozu auch das Verkrümmen der Schrift gehört.

Beginnen Sie mit der Lektion, indem Sie sich die fertige Komposition ansehen.

1 Starten Sie Photoshop und halten Sie sofort danach Strg+Alt+⇧ (Windows) bzw. ⌘+⌥+⇧ (Mac OS) gedrückt, um die standardmäßigen Voreinstellungen zu erhalten. (Siehe »Die Standardeinstellungen wiederherstellen« auf Seite 4.)

2 Klicken Sie im Meldungsfenster zur Bestätigung auf »Ja«, um die Standardeinstellungen wiederherzustellen.

3 Wählen Sie **Datei: In Bridge suchen**, um Adobe Bridge zu starten.

4 Doppelklicken Sie links in Adobe Bridge im FAVORITEN-Fenster auf den Ordner *Lektionen*. Doppelklicken Sie dann im INHALT-Fenster auf den Ordner *Lektion07*.

5 Wählen Sie die Datei *07End.psd*. Ziehen Sie unten rechts den Miniaturen-Regler nach rechts, um die Datei vergrößert anzuzeigen.

Sie kümmern sich in Photoshop jetzt um die Schrift, um den Zeitschriftentitel fertigzustellen. Sämtliche dafür benötigten Mittel stehen Ihnen in Photoshop zur Verfügung, das heißt, Sie brauchen nicht in ein anderes Programm zu wechseln.

6 Doppelklicken Sie auf die Datei 07Start.psd, um sie in Photoshop zu öffnen.

Hinweis: Falls Bridge nicht installiert ist, erhalten Sie eine Aufforderung, es herunterzuladen und zu installieren. Weitere Informationen erhalten Sie auf Seite 3.

Hinweis: Zwar beginnt diese Lektion dort, wo Lektion 6 endete. Verwenden Sie trotzdem die Datei 07Start.psd. Die Startdatei enthält einen Pfad und eine Anmerkung, die in der von Ihnen gespeicherten Datei 06Working.psd nicht enthalten sind.

7 Wählen Sie **Datei: Speichern unter**, benennen Sie die Datei mit **07Arbeit.psd** und klicken Sie auf »Speichern«.

8 Klicken Sie auf OK, wenn das Dialogfeld mit den Photoshop-Formatoptionen erscheint.

9 Wählen Sie rechts oben in der Optionsleiste im Arbeitsbereich-Menü die Option »Typografie«.

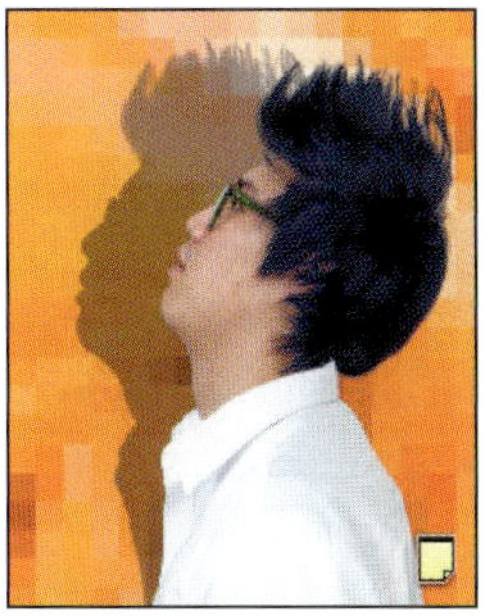

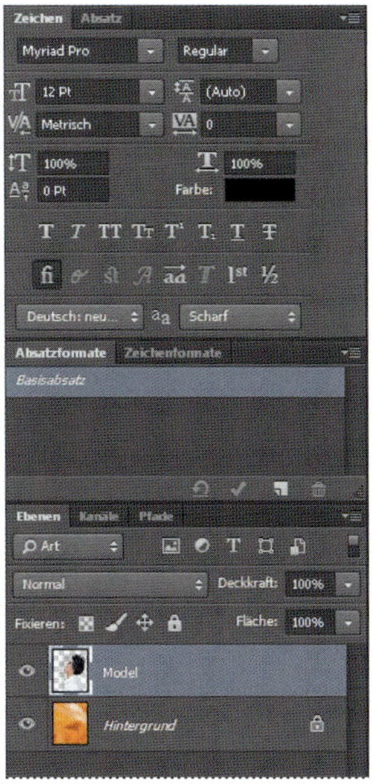

Der Arbeitsbereich Typografie enthält u.a. die Bedienfelder Zeichen, Absatz, Absatzformate, Zeichenformate, Ebenen und Pfade. Sie benötigen diese Bedienfelder für die Arbeit in dieser Lektion.

Schnittmaske aus Schrift erstellen

Eine *Schnittmaske* ist ein Objekt oder eine Gruppe mit Objekten, deren Form andere Grafiken so maskieren, dass nur die Bereiche innerhalb der Form des maskierenden Objekts zu sehen sind. Tatsächlich beschneiden Sie die Grafik entsprechend der Form des Objekts (oder der Maske). Sie erstellen in Photoshop eine Schnittmaske aus Formen oder Buchstaben. In dieser Übung benutzen Sie Buchstaben als Schnittmaske, damit ein Bild in einer anderen Ebene innerhalb der Buchstaben zu sehen ist.

Hilfslinien für das Positionieren von Text

Die Datei *07Arbeit.psd* enthält eine Hintergrundebene als Ausgangsbasis für die Typografie. Zuerst vergrößern Sie Ihren Arbeitsbereich und verwenden Hilfslinien zum Ausrichten der Schrift.

1 Wählen Sie **Ansicht: Ganzes Bild**, um den kompletten Titel anzuzeigen.

2 Wählen Sie wenn nötig **Ansicht: Lineale**, um links und oben im Bildfenster die Lineale zum Platzieren von Hilfslinien anzuzeigen.

3 Ziehen Sie jetzt eine senkrechte Hilfslinie aus dem linken Lineal in die Mitte des Titels (ca. 10,8 cm).

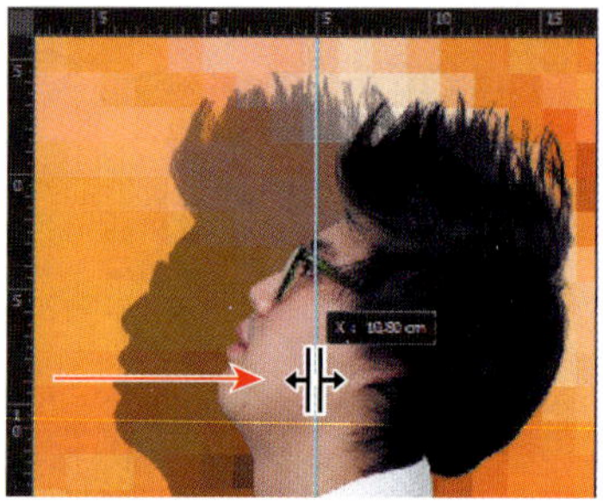

Punkttext hinzufügen

Damit haben Sie alles vorbereitet, um Text hinzuzufügen. Sie können sowohl horizontalen als auch vertikalen Text beliebig im Bild platzieren. Das kann Punkttext (einzelne Buchstaben, Wörter oder Zeilen) oder Absatztext sein. Sie arbeiten in dieser Lektion mit beiden Varianten und beginnen jetzt mit Punkttext.

1 Hintergrund ist im Ebenenbedienfeld gewählt.

2 Wählen Sie das horizontale Text-Werkzeug (T) und nehmen Sie in der Optionsleiste folgende Einstellungen vor:

- Wählen Sie aus dem Popup-Menü »Schriftfamilie einstellen« eine serifenlose Schrift wie die *Myriad Pro* und aus dem Popup-Menü »Schriftschnitt einstellen« *Semibold* (Halbfett).
- Geben Sie in das Feld »Schriftgrad einstellen« **144 Pt** ein und drücken Sie die [↵]-Taste.
- Klicken Sie auf die Schaltfläche »Text zentrieren«.

3 Ändern Sie im Zeichenbedienfeld unter »Laufweite für ausgewählte Zeichen einstellen« die Laufweite in **100**.

4 Klicken Sie auf der mittleren Hilfslinie für eine Einfügemarke und geben Sie **DIGITAL** (Großbuchstaben) ein. Klicken Sie dann in der Optionsleiste auf die Schaltfläche »Aktuelle Bearbeitungen bestätigen« (✓).

Hinweis: Wenn Sie Text in einem Photoshop-Bildfenster eingeben, versetzen Sie das Text-Werkzeug in den Bearbeiten-Modus. Bevor Sie anschließend wieder eine andere Aktion ausführen oder andere Werkzeuge benutzen können, müssen Sie die Bearbeitung in der Textebene bestätigen. Aktuelle Bearbeitungen lassen sich nicht durch Drücken der [↵]-Taste bestätigen, weil so nur eine neue Textzeile erzeugt wird.

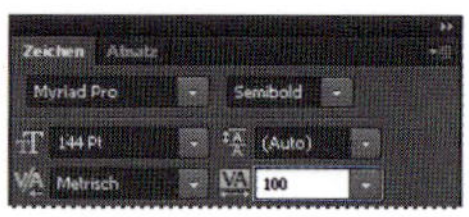

Auf dem Titel befindet sich nun das Wort DIGITAL, das im Ebenenbedienfeld als neue Textebene DIGITAL erscheint. Textebenen lassen sich wie andere Ebenen bearbeiten und verwalten. Sie können Text hinzufügen oder ändern, die Schrift neu ausrichten oder glätten sowie Ebenenstile, Transformationen und Masken erzeugen. Eine Textebene lässt sich natürlich auch verschieben, also im Stapel neu anordnen, kopieren oder wie andere Ebenen bearbeiten.

5 Ziehen Sie mit gedrückter ⇧-Taste den Text *DIGITAL*, um ihn mit dem Verschieben-Werkzeug oben im Titel zu zentrieren.

6 Wählen Sie **Datei: Speichern**.

Beschneidungspfad und Schlagschatten erzeugen

Photoshop hat die Buchstaben in der standardmäßigen Textfarbe Schwarz angelegt. Die Buchstaben sollen jedoch mit dem Bild einer Schaltplatine gefüllt werden. Deshalb erzeugen Sie mit den Buchstaben einen Beschneidungspfad, damit eine andere Bildebene durchscheinen kann.

1 Wählen Sie **Datei: Öffnen**, um die Datei *Circuit_board.tif* aus dem Ordner *Lektion07* zu öffnen.

2 Wählen Sie **Fenster: Anordnen: 2 übereinander**. Die Dateien *Circuit-board.tif* und *07Arbeit.psd* erscheinen gemeinsam auf dem Bildschirm. Klicken Sie auf *Circuit-board.tif*, um diese Datei zum aktiven Fenster zu machen.

3 Wählen Sie das Verschieben-Werkzeug. Ziehen Sie mit gedrückter ⇧-Taste im Ebenenbedienfeld des Bilds *Circuit-board.tif* die Hintergrund-Ebene in die Mitte der Datei *07Arbeit.psd*. Lassen Sie die Maustaste wieder los. Durch Ziehen mit gedrückter ⇧-Taste wird das Bild *Circuit-board.tif* in der Komposition zentriert.

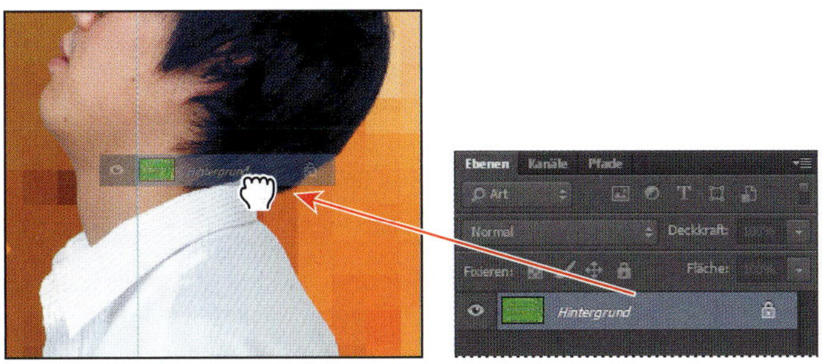

Die neue Ebene *Ebene 1* erscheint im Ebenenbedienfeld von *07Arbeit.psd*. Diese neue Ebene enthält das Bild mit der Platine, das durch die Schrift durchscheinen soll. Doch bevor Sie den dazu benötigten Beschneidungspfad erzeugen, müssen Sie das Bild verkleinern – es ist noch zu groß für die Komposition.

4 Schließen Sie die Datei *Circuit-board.tif*, ohne Änderungen zu speichern.

5 *Ebene 1* ist in der Datei *07Arbeit.psd* gewählt. Wählen Sie **Bearbeiten: Transformieren: Skalieren**.

6 Ziehen Sie mit gedrückter ⇧-Taste einen Eckanfasser des Begrenzungsrahmens, um das Bild mit der Platine zu verkleinern. Drücken Sie Alt + ⇧-Taste (Windows) oder ⌥ + ⇧-Taste (Mac OS), während Sie die Bildbreite an die des Textbereichs anpassen.

Die gedrückte ⇧-Taste sorgt dafür, dass die Proportionen erhalten bleiben. Mit Alt oder ⌥ bleibt es zentriert.

7 Ordnen Sie die Schaltplatine so an, dass das Bild den Text bedeckt, und drücken Sie die ↵-Taste, um die Transformation anzuwenden.

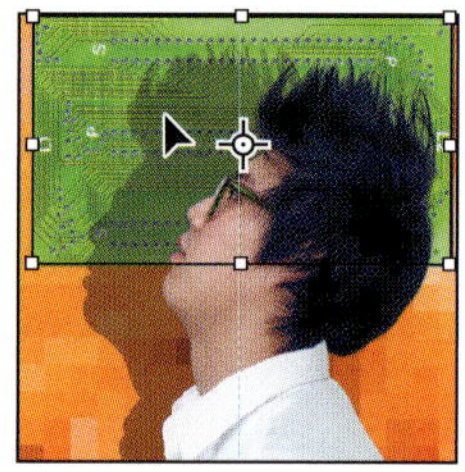

8 Doppelklicken Sie auf den Namen von *Ebene 1* (oben im Ebenenstapel) und ändern Sie ihn in **Platine**. Drücken Sie anschließend die ↵-Taste oder klicken Sie außerhalb des Namens im Ebenenbedienfeld, um die Änderung zuzuweisen.

▶ **Tipp:** Eine Schnittmaske lässt sich auch erstellen, indem Sie mit gedrückter Alt- (Windows) bzw. ⌥-Taste (Mac OS) zwischen die Platine-Ebene und die Textebene klicken.

9 Die *Platine*-Ebene ist noch gewählt. Wählen Sie aus dem Menü des Ebenenbedienfelds (▾≡) die Option »Schnittmaske erstellen«.

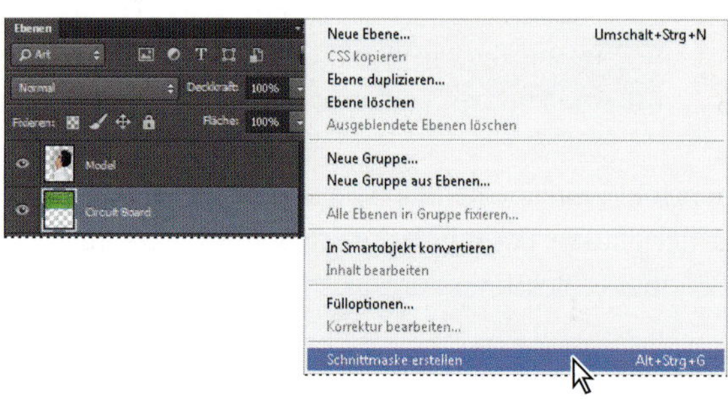

Die Schaltplatine scheint jetzt durch die Buchstaben *DIGITAL* hindurch. Ein kleiner Pfeil in der *Platine*-Ebene weist auf eine vorhandene Schnittmaske hin. Um den Buchstaben mehr Tiefe zu geben, fügen Sie jetzt einen Schatten nach innen hinzu.

10 Wählen Sie die Textebene *DIGITAL* und klicken Sie unten im Ebenenbedienfeld auf die Schaltfläche »Ebenenstil hinzufügen« (*fx*). Wählen Sie aus dem Popup-Menü die Option »Schatten nach innen«.

11 Ändern Sie im Dialogfeld »Ebenenstil« die Füllmethode in Multiplizieren und nehmen Sie diese Einstellungen vor: Deckkraft = **48 %**, Abstand = **18**, Unterfüllen = **0** und Größe = **16**. Klicken Sie auf OK.

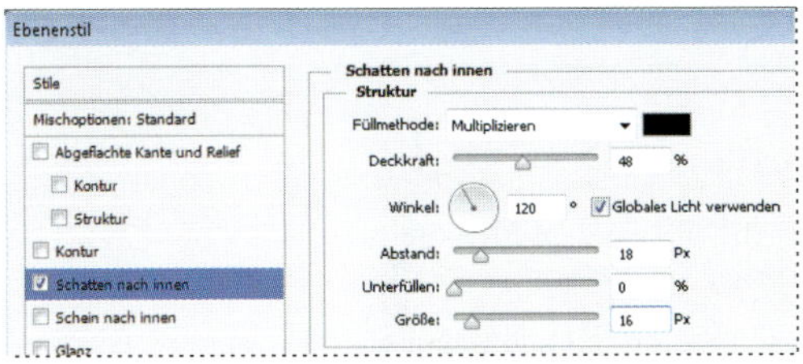

12 Wählen Sie **Datei: Speichern**.

Text auf einem Pfad erzeugen

Sie können in Photoshop Text erzeugen, der entlang einem Pfad verläuft. Den Pfad legen Sie mit dem Zeichenstift- oder dem Eigene-Form-Werkzeug an. Die Richtung des Textflusses hängt davon ab, in welcher Reihenfolge die Ankerpunkte dem Pfad hinzugefügt wurden. Wenn Sie Text mit dem horizontalen Text-Werkzeug einem Pfad hinzufügen, sind die Buchstaben senkrecht zur Grundlinie des Pfads angeordnet. Sobald Sie die Form oder den Pfad verschieben, wandert auch der Text mit.

Sie erstellen Text entlang einem Pfad, um ein Fragezeichen zu formen, das aus dem Mund des Models kommt. Wir haben bereits den Pfad angelegt.

1 Wählen Sie im Ebenenbedienfeld die Hintergrundebene.

2 Klicken Sie in der Gruppe mit dem Ebenenbedienfeld auf das *Pfade*-Register.

3 Wählen Sie im Pfadebedienfeld den Pfad Speech. Der Pfad scheint aus dem Mund des Models zu kommen.

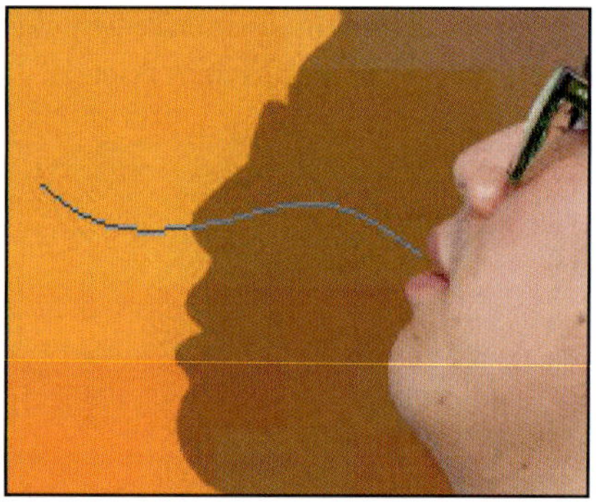

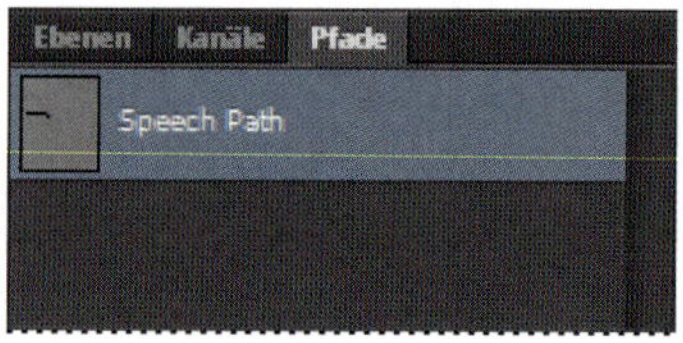

4 Wählen Sie das horizontale Text-Werkzeug.

5 Klicken Sie in der Optionenleiste auf das Symbol »Text rechts ausrichten«.

Julieanne Kost, Adobe-Photoshop-Expertin

Tipps von der Photoshop-Expertin

Tricks für das Text-Werkzeug

- Klicken Sie mit dem Text-Werkzeug [T] bei gedrückter [⇧]-Taste, um eine neue Textebene anzulegen, wenn Sie zu dicht an einem anderen Textblock sind und Photoshop diesen automatisch wählen will.
- Doppelklicken Sie im Ebenenbedienfeld auf die Miniatur einer Textebene, um den kompletten Text in dieser Ebene zu wählen.
- Wählen Sie den Text aus und klicken Sie mit der rechten Maustaste darauf. Aus dem dann erscheinenden Kontextmenü wählen Sie »Rechtschreibprüfung«.

6 Nehmen Sie im Zeichenbedienfeld diese Einstellungen vor:

- Schriftfamilie: Myriad Pro
- Schriftschnitt: Regular
- Schriftgrad ( ): **16** pt
- Laufweite ( ): **-10**
- Farbe: White
- Großbuchstaben (TT)

7 Setzen Sie das Text-Werkzeug auf den Pfad. Sobald eine kleine geneigte Linie auf der Einfügemarke erscheint, klicken Sie auf das Pfadende, das sich dicht am Mund des Models befindet, und geben Sie den Text WHAT'S NEW WITH GAMES? ein.

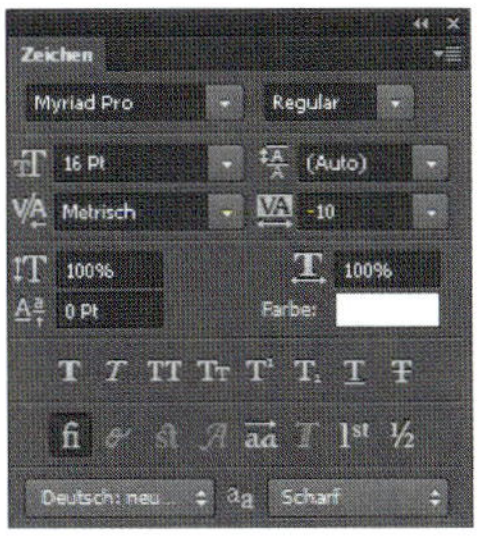

8 Wählen Sie das Wort GAMES und ändern Sie den Schriftschnitt in Bold (Fett). Klicken Sie oben in der Optionsleiste auf »Aktuelle Bearbeitungen bestätigen« (✓).

9 Klicken Sie auf das Ebenen-Register, um es in den Vordergrund zu bringen. Wählen Sie im Ebenenbedienfeld die Ebene **What's New with Games** und dann aus dem Menü des Ebenenbedienfelds die Option »Ebene duplizieren«. Benennen Sie die Ebene mit **What's new with music?** und klicken Sie auf OK.

10 Wählen Sie mit dem Text-Werkzeug das Wort *GAMES* und ersetzen Sie es durch **music**. Klicken Sie in der Optionsleiste auf »Aktuelle Bearbeitungen bestätigen«.

11 Wählen Sie **Bearbeiten: Pfad frei transformieren**. Drehen Sie die linke Seite des Pfads um etwa 30 Grad und verschieben Sie den Pfad nach oben über den ersten Pfad und ein wenig nach rechts, wie im nächsten Bild gezeigt. Klicken Sie in der Optionsleiste auf die Schaltfläche »Transformieren bestätigen«.

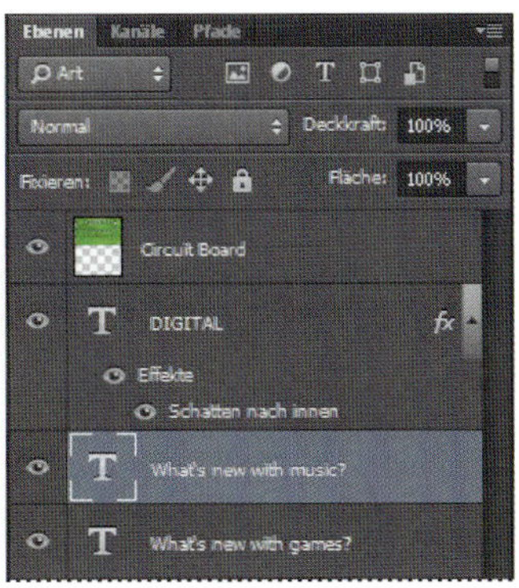

12 Wiederholen Sie die Schritte 9 bis 11 und ersetzen Sie das Wort GAMES durch PHONES. Drehen Sie die linke Seite des Pfads um etwa -30 Grad und verschieben Sie ihn unter den ursprünglichen Pfad.

13 Wählen Sie **Datei: Speichern**.

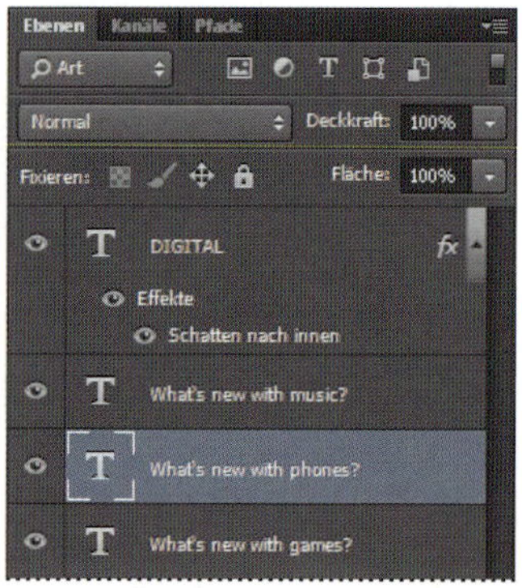

Punkttext verformen

Text auf Pfaden ist schon interessanter als in gerade ausgerichteten Zeilen, doch jetzt verkrümmen Sie den Text, um ihn noch wirkungsvoller zu machen. Verkrümmen ermöglicht es, Schriften in den unterschiedlichsten Formen zu verzerren – beispielsweise bogen- oder wellenförmig. Der gewählte Verkrümmungsstil ist ein Attribut der Textebene und lässt sich jederzeit ändern. Außerdem können Sie mit den Verkrümmungsoptionen die Ausrichtung und die Perspektive des Verkrümmungseffekts steuern.

1 Scrollen Sie oder benutzen Sie das Hand-Werkzeug (✋), um das Bildfenster so einzustellen, dass sich die Sätze links vom Modell in der Bildschirmmitte befinden.

2 Klicken Sie im Ebenenbedienfeld mit der rechten Maustaste auf die Ebene What's New with Games? und wählen Sie im Kontextmenü die Option »Text verformen«.

3 Wählen Sie im Dialogfeld »Text verformen« aus dem Popup-Menü »Art« die Option »Welle«. Die Option »Horizontal« muss aktiviert sein. Stellen Sie die Biegung auf **+33 %**, die horizontale Verzerrung auf **-23 %** und die vertikale Verzerrung auf **+5 %** ein. Klicken Sie dann auf OK.

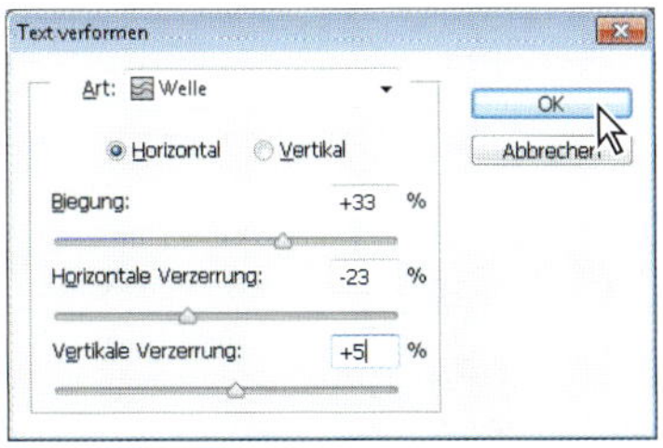

Die Wörter **What's new with games?** erscheinen wie eine Welle auf dem Titel.

4 Wiederholen Sie die Schritte 2 und 3, um auch die beiden anderen Textebenen zu verkrümmen.

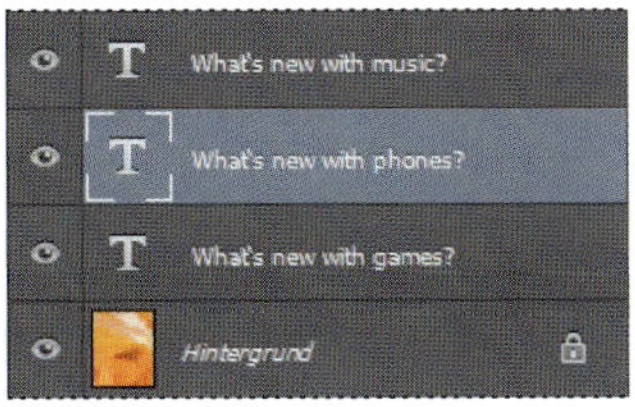

5 Speichern Sie Ihre Arbeit.

Textabsätze gestalten

Bis jetzt setzt sich der Text aus wenigen einzelnen Wörtern oder Linien zusammen – also aus Punkttext. Viele Designs verlangen aber nach ganzen Textabsätzen. Derartiger Absatztext lässt sich auch in Photoshop gestalten, das heißt, Sie benötigen kein spezielles Seitenlayoutprogramm für anspruchsvollen Absatztext.

Hilfslinien einrichten

Sie versehen jetzt in Photoshop den Titel mit Textabsätzen. Dazu legen Sie erst einmal einige Hilfslinien für die genaue Positionierung des Absatzes an und richten ein neues Absatzformat ein.

1 Ziehen Sie eine Hilfslinie aus dem linken senkrechten Lineal. Die Hilfslinie platzieren Sie etwa 0,6 cm vom rechten Rand des Titels entfernt.

2 Ziehen Sie eine Hilfslinie aus dem oberen horizontalen Lineal etwa 5 cm vom oberen Rand des Titels entfernt.

Absatztext aus einer Anmerkung hinzufügen

Jetzt können Sie Text hinzufügen. In einer realen Gestaltungsumgebung würde Ihnen der Text als Textverarbeitungsdokument oder per E-Mail zur Verfügung gestellt werden, woraus Sie ihn dann kopieren und in Photoshop einfügen. Oder Sie tippen den Text einfach ein. Oder der Texter könnte (wie in unserem Beispiel) den gewünschten Text als Anmerkung in die Bilddatei einfügen.

1 Aktivieren Sie das Verschieben-Werkzeug und doppelklicken Sie auf das gelbe Anmerkungssymbol unten rechts im Bildfenster, um das Anmerkungenbedienfeld zu öffnen. Eventuell müssen Sie das Fenster vergrößern, um den kompletten Text zu sehen.

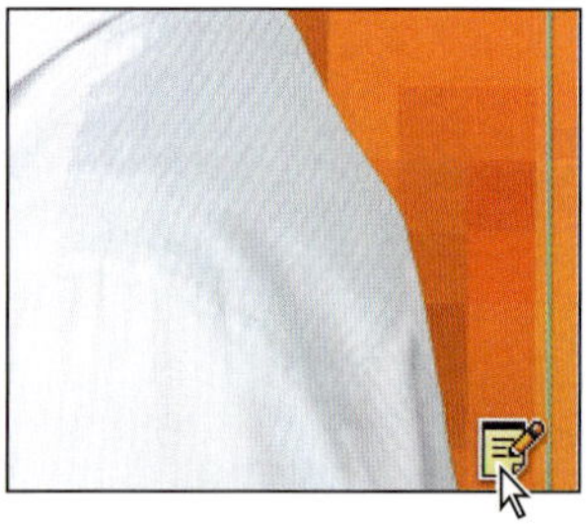

▶ **Tipp:** Halten Sie beim Aufziehen eines Textfelds die [⇧]-Taste gedrückt, damit Photoshop eine neue Textebene erstellt, statt eine vorhandene Textebene zu wählen.

2 Wählen Sie im Anmerkungenbedienfeld den kompletten Text, etwa mit [Strg]+[A] (Windows) bzw. [⌘]+[A] (Mac OS), und drücken Sie [Strg]+[C] (Windows) bzw. [⌘]+[C] (Mac OS), um den Text in die Zwischenablage zu kopieren. Schließen Sie das Anmerkungenbedienfeld.

3 Wählen Sie die Ebene *Model*.

4 Ziehen Sie nun mit dem horizontalen Text-Werkzeug (T) ein Textfeld auf der rechten Seite des Zeitschriftentitels auf. Das Textfeld sollte etwa 10 x 20 cm groß und etwa 0,6 vom rechten Titelrand entfernt sein. Richten Sie die obere und rechte Kante des Textrahmens an den Hilfslinien aus.

▶ **Tipp:** Sollte der Text nicht sichtbar sein, prüfen Sie, ob sich die neue Textebene im Ebenen-Bedienfeld über der Ebene *Model* befindet.

5 Drücken Sie [Strg]+[V] (Windows) bzw. [⌘]+[V] (Mac OS), um den Text aus der Zwischenablage in das Textfeld einzufügen. Die neue Textebene befindet sich ganz oben im Ebenenbedienfeld, so dass der Text vor dem Model erscheint.

Der eingefügte Text ist 16 Punkt groß und er ist rechts ausgerichtet. Dies sind die letzten von Ihnen verwendeten Texteinstellungen. Sie weisen dem kompletten Text nun eine lesbare Größe und danach ein Format zu.

6 Wählen Sie die ersten drei Zeilen (*The Trend Issue*) und nehmen Sie im Zeichenbedienfeld die folgenden Einstellungen vor:

- Schriftfamilie: Myriad Pro (oder eine andere serifenlose Schrift)
- Schriftschnitt: Regular
- Schriftgrad (T): **70** pt
- Zeilenabstand (A): **55** pt

- Laufweite (VA): **50**
- Farbe: Weiß

7 Wählen Sie jetzt das Wort *Trend* und ändern Sie den Schriftschnitt in *Bold*.

8 Klicken Sie in der Optionsleiste auf die Schaltfläche »Aktuelle Bearbeitungen bestätigen« (✓).

9 Wählen Sie **Auswahl: Auswahl aufheben**. So stellen Sie sicher, dass keine Ebene gewählt ist.

Sie haben den Titel formatiert.

Mit Formaten arbeiten

Sie erstellen Absatzformate und Zeichenformate, mit denen Sie den restlichen Text formatieren. Ein Absatzformat besteht aus einer Sammlung von Schriftattributen, die Sie durch einfaches Klicken einem kompletten Absatz zuweisen. Ein Zeichenformat ist eine Sammlung von Attributen, die Sie einzelnen Zeichen zuweisen können. Absatz- und Zeichenformate in Photoshop ähneln Formaten in Seitenlayoutprogrammen wie InDesign oder in Textverarbeitungsprogrammen. Der in Photoshop erzeugte Text ist bereits standardmäßig mit dem Basisabsatzformat versehen.

Absatzformate erstellen

Sie erstellen nun Absatzformate für den restlichen einfügten Text.

1 Klicken Sie unten im Absatzformatebedienfeld auf die Schaltfläche »Neues Absatzformat erstellen« (▫).

2 Doppelklicken Sie auf *Absatzformat 1*, um die Attribute zu ändern.

3 Nehmen Sie im Dialogfeld »Absatzformatoptionen« die folgenden Einstellungen vor:

- Formatname: **Cover Teasers**
- Schriftfamilie: Myriad Pro
- Schriftschnitt: Regular
- Schriftgrad: **28** pt

- Laufweite (): **28** pt
- Farbe: Weiß

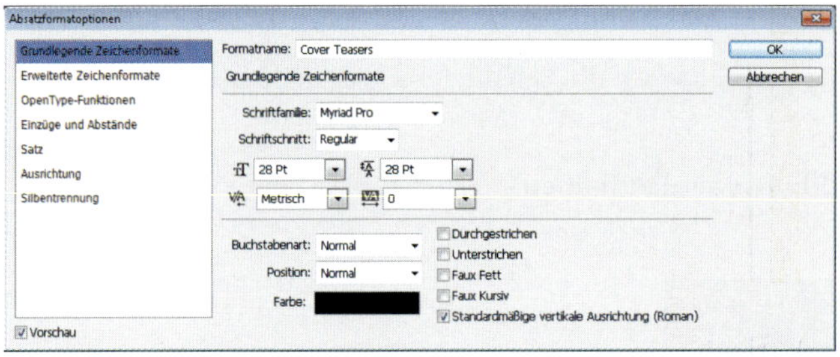

4 Wählen Sie links im Dialogfeld »Absatzformatoptionen« die Option »Einzüge und Abstände«.

5 Wählen Sie im Menü »Ausrichtung« die Option »Rechtsbündig« und klicken Sie auf OK.

Sie haben ein Absatzformat erstellt, mit dem Sie schnell den Titelaufmacher formatieren können. Sie erstellen nun ein weiteres Absatzformat für die (kleineren) Unterüberschriften.

▶ **Tipp:** Sie können dieselben Absatz- und Zeichenformate in verschiedenen Dateien nutzen. Um die aktuellen Formate als Standard für alle neuen Dokumente zu speichern, wählen Sie Schrift: Standardschriftstile speichern. Wenn Sie Ihre Standardformate in einem Dokument verwenden möchten, wählen Sie Schrift: Standardschriftstile laden.

6 Klicken Sie erneut unten im Absatzformatebedienfeld auf die Schaltfläche »Neues Absatzformat erstellen«.

7 Doppelklicken Sie auf *Absatzformat 1* und nehmen Sie die folgenden Einstellungen vor:

- Formatname: **Teaser Subheads**
- Schriftfamilie: Myriad Pro
- Schriftschnitt: Regular
- Schriftgrad: **22** pt
- Laufweite: **28** pt
- Farbe: Weiß

8 Wählen Sie links im Dialogfeld »Absatzformatoptionen« die Option »Einzüge und Abstände«.

9 Wählen Sie im Menü »Ausrichtung« die Option »Rechtsbündig« und klicken Sie auf OK.

Absatzformate zuweisen

Absatzformate lassen sich ganz einfach zuweisen, indem Sie den Text wählen und dann nur noch auf den Formatnamen klicken. Wurde ein Text mit dem Basisabsatzformat mit einem neuen Absatzformat geändert, erhält Photoshop die Attribute des Basisabsatzformats und weist nur die davon abweichenden Formatattribute zu. In diesem Fall müssen Sie die Überschreibungen löschen, um sämtliche Formatattribute zuzuweisen.

1 Wählen Sie den Text *What's Hot* und dann im Absatzformatebedienfeld das Format *Cover Teasers*.

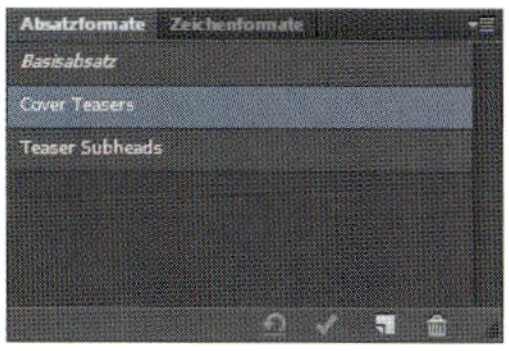

Photoshop weist einige Attribute im Aufmacher dem Absatz zu, doch nicht alle. Grund: Es gab Formatüberschreibungen beim Zuweisen des Absatzformats.

2 Klicken Sie unten im Absatzformatebedienfeld auf die Schaltfläche »Überschreibung löschen« (⎌).

3 Wählen Sie den Text unter *What's Hot* und dann im Absatzformatebedienfeld das Format *Teaser Subheads*. Klicken Sie erneut auf die Schaltfläche »Überschreibung löschen«.

4 Wiederholen Sie die Schritte 1 bis 3 für die Abschnitte *What's Not* und *Coming this year*.

Sie nehmen eine weitere Änderung an diesem Text vor – dieses Mal ohne ein Format.

5 Wählen Sie *Coming this year* und den danach folgenden Text. Ändern Sie im Zeichenbedienfeld die Textfarbe in Schwarz.

6 Klicken Sie abschließend in der Optionsleiste auf die Schaltfläche »Aktuelle Bearbeitungen bestätigen«, um die Textformatierungen zu übernehmen.

Absatzformate bearbeiten

Absatzformate erleichtern Ihnen die Textformatierung und auch die schnelle Änderung von Schriftmerkmalen in mehreren Absätzen. Wenn Sie statt einzelnen Absätzen die Absatzformate ändern, stellen Sie eine einheitliche Textformatierung sicher. Sie bearbeiten nun das Format »Cover Teasers«, sodass die Überschriften fett formatiert werden.

1 Wählen Sie **Auswahl: Ebenenauswahl aufheben**, sodass im Ebenenbedienfeld nichts ausgewählt ist.

2 Doppelklicken Sie im Absatzformatebedienfeld auf das Format »Cover Teasers«.

3 Wählen Sie aus dem Menü »Schriftschnitt« die Option »Bold«.

4 Klicken Sie auf OK.

Photoshop weist die Änderung allen Texten im Dokument zu, denen Sie das Format »Cover Teasers« zugewiesen haben.

▶ **Tipp:** Wenn Sie vorab eine Vorschau Ihrer Open-Type-Einstellungen wünschen, arbeiten Sie mit dem Glyphenbedienfeld in Adobe Illustrator: Kopieren Sie den Text in Photoshop und fügen Sie ihn in ein Illustrator-Dokument ein. Öffnen Sie dann mit **Fenster: Schrift: Glyphen** das Glyphenbedienfeld. Wählen Sie den zu ändernden Text und **Anzeigen: Alternativen für aktuelle Auswahl**. Doppelklicken Sie auf eine Glyphe, um sie zuzuweisen. Kopieren Sie anschließend die neue Schrift in Ihre Photoshop-Datei.

Zeichenformate erstellen

Sie haben Absatzformate verwendet, um ganzen Textabsätzen Attribute zuzuweisen. Mit Zeichenformaten können Sie Attribute auf Zeichenebene zuweisen (beispielsweise Schriftgröße, Schriftstil oder -größe), wodurch die Absatzformate und andere Formatierungen außer Kraft gesetzt werden. Sie erstellen jetzt ein Zeichenformat, um einige Wörter auf dem Cover hervorzuheben.

1 Vergewissern Sie sich, dass im Ebenenbedienfeld keine Ebenen ausgewählt sind. (Wählen Sie bei Bedarf **Auswahl: Ebenenauswahl aufheben**.)

2 Klicken Sie auf das Zeichenformate-Register, um das Bedienfeld in den Vordergrund zu setzen.

3 Klicken Sie auf das Symbol »Neues Zeichenformat erstellen«.

4 Doppelklicken Sie auf das Zeichenformat, um es zu bearbeiten.

5 Im Dialogfeld »Zeichenformatoptionen« legen Sie die folgenden Einstellungen fest und klicken Sie auf OK.

- Formatname: **Emphasis**
- Schriftfamilie: Myriad Pro
- Schriftschnitt: Bold Italic

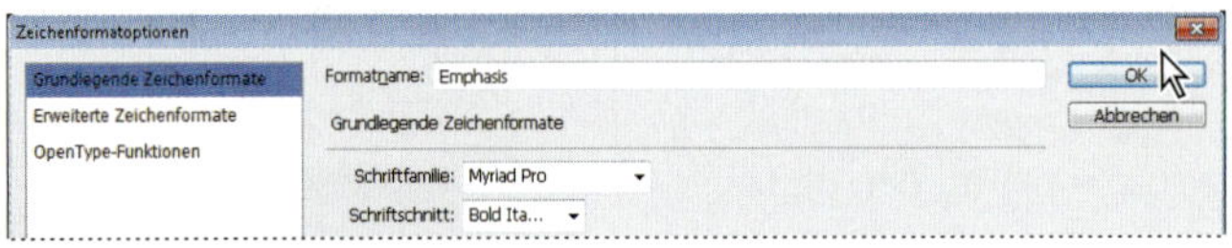

6 Mit dem Horizontalen Text-Werkzeug wählen Sie »must-have« im Abschnitt »What's Hot!«.

7 Klicken Sie im Zeichenformatebedienfeld auf das neue Format *Emphasis*.

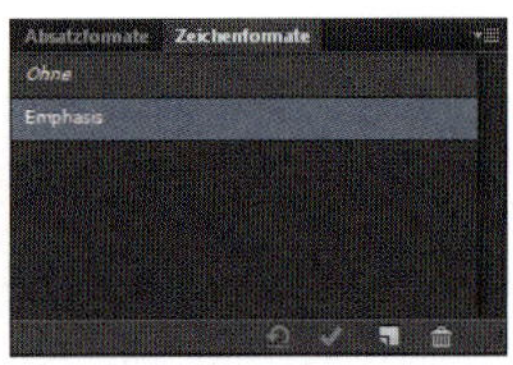

8 Wiederholen Sie die Schritte 6–7, um das Format »Emphasis« auch den Wörtern »hard drives« und »next gen« zuzuweisen.

9 Klicken Sie auf das Symbol »Aktuelle Bearbeitungen bestätigen« in der Optionsleiste.

Sie haben jedes Mal dasselbe Zeichenformat zugewiesen und jedes Mal hat Photoshop das Schriftformat Bold Italic zugewiesen. Beachten Sie, dass das Zeichenformatebedienfeld keine anderen Schriftformatierungen beeinflusst hat. Wenn die Schrift weiß war, blieb sie weiß; wenn sie schwarz war, blieb sie schwarz.

OpenType in Photoshop

Der Schriftstandard OpenType wurde gemeinsam von Adobe und Microsoft entwickelt. Bei OpenType-Schriften ist die Schriftdatei für Windows- und Macintosh-Computer identisch, weshalb Dateien ohne Schriftersetzung und andere Textumbruchprobleme zwischen den Plattformen ausgetauscht werden können. OpenType-Schriften können erweiterte Zeichensätze und Layout-Funktionen enthalten, die eine bessere Unterstützung für verschiedene Sprachen und eine ausgefeiltere typografische Kontrolle bieten. Photoshop CS5 unterstützt OpenType – hier einige Highlights:

Das OpenType-Menü: Das entsprechende Menü im Zeichenbedienfeld enthält ein Untermenü mit allen Möglichkeiten für eine gewählte OpenType-Schrift, beispielsweise Ligaturen, Alternativen und Bruchziffern. Abgeblendete Optionen sind für die gewählte Schrift nicht verfügbar und markierte wurden zugewiesen.

Ligaturen: Um zwei OpenType-Buchstaben als Ligatur zu bestimmen, wie ein »th« in der Schrift Bickham Script Standard, wählen Sie die Buchstaben im Bildfenster und dann aus dem Menü des Zeichenbedienfelds die Option »OpenType: Bedingte Ligaturen«.

Stilistische Alternativen: Um alternative Zeichen zu erzeugen, wählen Sie den gewünschten Buchstaben (z.B. das »T« in der Bickham Script) und dann »OpenType: Formvarianten«.

Bruchziffern: Geben Sie einen Bruch ein (z.B. 1/2), wählen Sie die Zeichen und dann aus dem Menü des Zeichenbedienfelds die Option »OpenType: Brüche«.

Ein abgerundetes Rechteck hinzufügen

Der Text für das Magazin-Cover ist fast fertig. Sie müssen nur noch die Ausgabenummer in der oberen rechten Ecke anbringen. Zuerst erstellen Sie ein Rechteck mit abgerundeten Ecken, das als Hintergrund für die Ausgabenummer dienen soll.

1 Wählen Sie das Abgerundetes-Rechteck-Werkzeug (▢), das sich hinter dem Rechteck-Werkzeug (▢) im Werkzeugbedienfeld verbirgt.

2 Ziehen Sie in dem Bereich über dem Buchstaben »L« in der oberen rechten Ecke des Covers ein Rechteck auf. Platzieren Sie seine rechte Seite entlang der Hilfslinie.

3 In der Optionsleiste geben Sie für die Breite **67** px ein. Vergewissern Sie sich, dass die Konturbreite 3 pt beträgt.

4 Klicken Sie in der Optionsleiste auf das Flächenfarbfeld und wählen Sie das Farbfeld »Hellgelborange« in der dritten Zeile aus.

Standardmäßig haben alle Ecken des Rechtecks denselben Radius. In Photoshop CC können Sie den Radius für jede Ecke separat festlegen. Sie können die Ecken bei

Bedarf sogar noch nachträglich ändern. Sie ändern nun das Rechteck so ab, dass nur die untere linke Ecke abgerundet ist.

5 Heben Sie die Verknüpfung der Eckradiuswerte im Eigenschaftenbedienfeld auf. Ändern Sie die linke untere Ecke in **16 px** und setzen Sie alle anderen Ecken auf **0 px**.

6 Ziehen Sie das Rechteck mit dem Verschieben-Werkzeug an den oberen Rand des Bilds.

7 Wählen Sie in der Optionsleiste das Kontrollfeld »Transformationssteuerung«. Ziehen Sie den unteren Teil des Rechtecks nach unten, bis er sich nahe am Buchstaben »L« befindet. Das Rechteck sollte so lang sein, dass der Text hineinpasst. Anschließend klicken Sie auf das Symbol »Transformieren bestätigen« (✓).

Vertikalen Text hinzufügen

Sie sind mit dem Layout des Zeitschriftentitels fast fertig und müssen nur noch die Zahl für die Ausgabe einfügen. Dazu verwenden Sie das vertikale Text-Werkzeug.

1 Wählen Sie **Auswahl: Ebenenauswahl aufheben**. Wählen Sie das Vertikale Text-Werkzeug (↓T), das unter dem Horizontalen Text-Werkzeug verborgen ist.

2 Halten Sie die ⇧-Taste gedrückt und klicken Sie in das soeben erzeugte Rechteck.

Wenn Sie beim Klicken die ⇧-Taste gedrückt halten, erzeugen Sie ein neues Textfeld, statt den Titel auszuwählen.

Ziehen Sie mit gedrückter ⇧-Taste in der oberen rechten Ecke des Titels in der Nähe des L. Lassen Sie die ⇧-Taste los und ziehen Sie ein senkrechtes Rechteck auf.

3 Geben Sie **VOL 9** ein.

Die Buchstaben sind so groß, dass sie nicht mehr sichtbar sind. Sie müssen ihre Größe ändern, damit Sie sie erkennen können.

4 Wählen Sie **Auswahl: Alles auswählen**. Wählen Sie anschließend im Zeichenbedienfeld:

- Schriftfamilie: eine serifenlose Schrift wie die Myriad Pro
- Schriftschnitt: ein leichter oder enger Schnitt wie Light Condensed
- Schriftgrad: **15** pt
- Laufweite: **10**
- Farbe: Schwarz

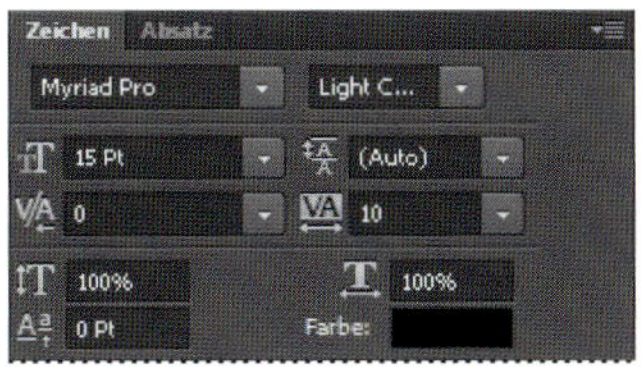

5 Klicken Sie in der Optionsleiste auf »Aktuelle Bearbeitungen bestätigen« (✓) Der vertikale Text erscheint jetzt auf der Ebene VOL 9. Eventuell müssen Sie den Text mit dem Verschieben-Werkzeug (▸✢) nach rechts ziehen, um ihn innerhalb der Fläche zu zentrieren.

Sie räumen nun ein wenig auf.

6 Klicken Sie, um die Anmerkung zu wählen, und klicken Sie dann mit der rechten Maustaste (Windows) bzw. mit gedrückter `Ctrl`-Taste (Mac OS) und wählen Sie aus dem Kontextmenü die Option »Anmerkung löschen«.

7 Blenden Sie die Hilfslinien aus, indem Sie das Hand-Werkzeug (✋) wählen. Wählen Sie **Ansicht: Anzeigen: Hilfslinien**. Verkleinern Sie die Ansicht, um die Arbeit komplett sehen zu können.

8 Wählen Sie **Datei: Speichern**.

Glückwunsch! Sie haben den Zeitschriftentitel erfolgreich mit Text versehen. Sie reduzieren jetzt alle Ebenen auf eine Ebene und speichern die Bilddatei für den Druck.

9 Wählen Sie **Datei: Speichern unter** und benennen Sie die Datei mit **07Arbeit_reduziert**. Klicken Sie auf OK, wenn das Dialogfeld mit dem Kompatibilitätshinweis erscheint.

Die Dateiversion *07Arbeit.psd* mit allen intakten Ebenen ermöglicht eine spätere Bearbeitung.

10 Wählen Sie **Ebene: Auf Hintergrundebene reduzieren**.

11 Wählen Sie **Datei: Speichern** und schließen Sie anschließend das Bildfenster.

Als Photoshop PDF speichern

Die von Ihnen hinzugefügte Schrift besteht aus vektorbasierten Konturen, die scharf und sauber bleiben, wenn Sie einzoomen oder ihre Größe ändern. Wenn Sie jedoch eine Datei als JPEG- oder TIF-Bilder speichern, rastert Photoshop die Schrift und Sie verlieren diese Flexibilität. Wenn Sie eine Photoshop-PDF-Datei speichern, wird die Vektorschrift darin eingebettet.

Sie können auch weitere Photoshop-Bearbeitungsmöglichkeiten in einer Photoshop-PDF-Datei beibehalten, zum Beispiel Ebenen, Farbinformationen und sogar Notizen.

Um sicherzustellen, dass Sie die Datei später bearbeiten können, wählen Sie im Dialogfeld »Adobe PDF speichern« die Option »Photoshop-Bearbeitungsfunktionen erhalten«. Um alle Notizen in der Datei beizubehalten und diese in Acrobat-Kommentare zu konvertieren, wenn Sie als PDF speichern, wählen Sie im Bereich »Speichern« des Dialogfelds die Option »Anmerkungen«.

Sie können eine Photoshop-PDF-Datei in Acrobat oder Photoshop öffnen, sie in einer anderen Anwendung platzieren oder sie ausdrucken. Weitere Informationen über das Speichern als Photoshop PDF finden Sie in der Photoshop-Hilfe.

Fragen

1 Wie geht Photoshop mit Text um?

2 Unterscheidet sich eine Textebene von anderen Ebenen in Photoshop und wenn ja wie?

3 Was ist eine Schnittmaske und wie erzeugen Sie eine aus Text?

4 Was ist ein Absatzformat?

Antworten

1 Text in Photoshop besteht aus mathematisch definierten Formen für Buchstaben, Zahlen und Symbole einer Schriftart. Wenn Sie ein Bild in Photoshop mit Text versehen, bestehen die Zeichen aus Pixeln in der gleichen Auflösung wie die Bilddatei. Allerdings bewahrt Photoshop die vektorbasierten Konturen und benutzt sie für das Skalieren von Schrift, beim Speichern im PDF- oder EPS-Format oder für die Ausgabe auf einem PostScript-Drucker.

2 Text, der einem Bild hinzugefügt wurde, erscheint im Ebenenbedienfeld als eine Textebene, die sich wie jede andere Ebenenart bearbeiten und verwalten lässt. Sie können Text hinzufügen und bearbeiten, die Textausrichtung ändern, den Text glätten und verschieben, ihn im Ebenenstapel neu anordnen, kopieren sowie die Ebenenoptionen ändern.

3 Eine *Schnittmaske* ist ein Objekt oder eine Gruppe, deren Form eine andere Grafik so maskiert, dass nur die Bereiche innerhalb der Form sichtbar sind. Buchstaben auf einer Ebene werden zur Schnittmaske, wenn Sie die Textebene und die durchscheinende Ebene wählen und im Menü des Ebenenbedienfelds »Schnittmaske erstellen« wählen.

4 Ein Absatzformat ist eine Ansammlung von Schriftattributen, die Sie schnell einem kompletten Absatz zuweisen.

8 MIT VEKTOREN ZEICHNEN

Überblick

In dieser Lektion lernen Sie Folgendes:

- Zwischen Pixelbildern und Vektorgrafiken unterscheiden
- Gerade und gebogene Pfade mit dem Zeichenstift-Werkzeug zeichnen
- Einen Pfad in eine Auswahl umwandeln und umgekehrt
- Pfade speichern
- Ebenenformen zeichnen und bearbeiten
- Eigene Ebenenformen zeichnen
- Smartobjekte aus Adobe Illustrator importieren und bearbeiten

Für diese Lektion benötigen Sie etwa 90 Minuten. Laden Sie die Lektionsdateien für die Lektion08 von der Buch-DVD in einen Ordner »Lektionen« auf Ihrer Festplatte. Bei der Arbeit mit dieser Lektion überschreiben Sie die Startdateien. Wenn Sie diese wiederherstellen wollen, laden Sie sie einfach von der DVD erneut auf Ihre Festplatte.

PROJEKT: DESIGN FÜR SPIELZEUGVERPACKUNGEN

Vektorgrafiken behalten anders als Pixelbilder ihre scharfen Kanten bei jeder Vergrößerung. Vektorformen und -pfade zeichnen Sie direkt in Ihren Photoshop-Bildern und bestimmen mit Vektormasken, was später davon zu sehen ist.

Pixelbilder und Vektorgrafiken

Bevor Sie mit Vektorformen und Vektorpfaden arbeiten, sollten Sie über den Unterschied zwischen Pixelbildern (Bitmaps) und Vektorgrafiken Bescheid wissen. Computergrafiken lassen sich in zwei Kategorien einteilen: Bitmaps und Vektorgrafiken. Beide Grafiktypen lassen sich in Photoshop verwenden; eine Photoshop-Datei kann zudem sowohl Bitmap- als auch Vektordaten enthalten.

Bitmaps werden auch als Rasterbilder bezeichnet. Sie verwenden für die Darstellung von Bildern ein Farbraster (sog. Pixel). Jedem Pixel sind eine bestimmte Position und ein Farbwert zugewiesen. Bei Bitmap-Bildern bearbeiten Sie nicht Objekte oder Formen, sondern Pixel. Bitmaps sind das gängigste elektronische Medium für Halbtonbilder wie z.B. Fotos oder digitale Malerei, da sie Schattierungen und Farben in feinen Abstufungen wiedergeben. Bitmaps sind auflösungsabhängig, das heißt, sie enthalten eine bestimmte Zahl an Pixeln. Beim Skalieren auf dem Bildschirm oder Drucken mit einer zu niedrigen Auflösung gehen daher Details verloren oder es treten Unebenheiten auf.

Vektorgrafiken bestehen aus Linien und Kurven, die mathematisch definierte Objekte, sog. Vektoren, sind. Vektoren beschreiben Bilder anhand ihrer geometrischen Eigenschaften. Vektorgrafiken sind auflösungsunabhängig, das heißt, die Detailtreue und die Bildschärfe bleiben auch beim Skalieren und Drucken mit anderer Auflösung erhalten. Der jeweilige Drucker druckt Vektorgrafiken grundsätzlich in der bestmöglichen Auflösung. Sie eignen sich daher vor allem für Grafiken, in denen Linien auch bei unterschiedlichen Größen gestochen scharf sein müssen (z.B. Logos).

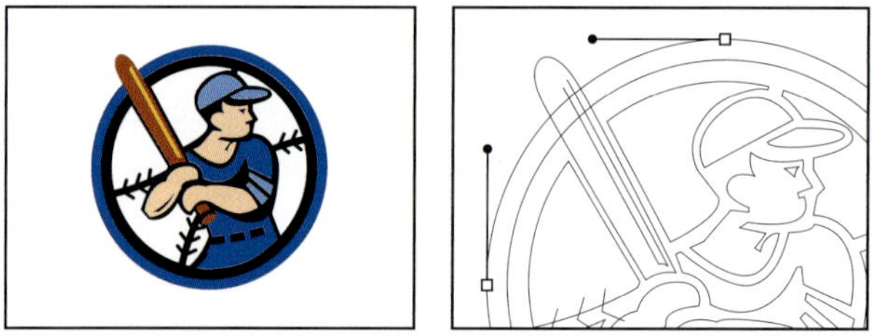

Logo als Vektorgrafik gezeichnet

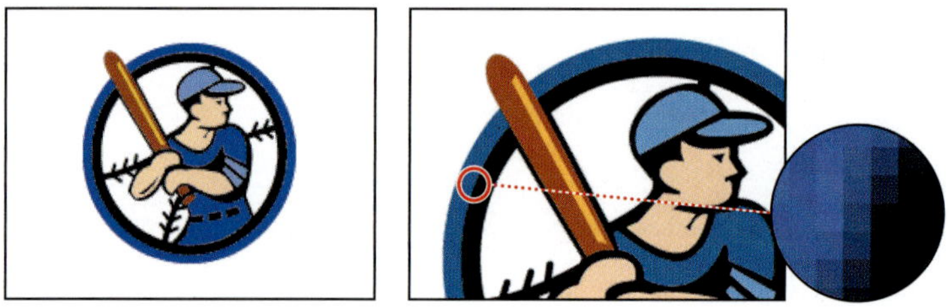

Logo als Pixelbild gerastert

Pfade und das Zeichenstift-Werkzeug

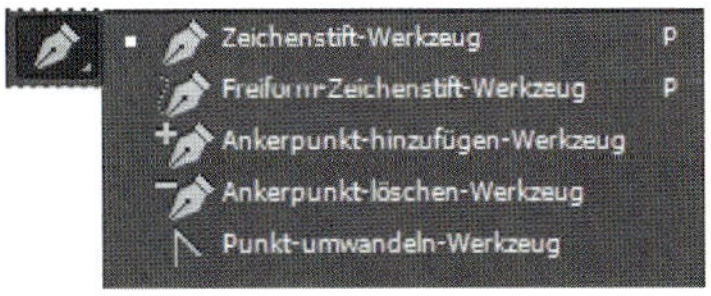

In Photoshop wird die Kontur bzw. der Umriss einer Form als Pfad bezeichnet. Ein Pfad ist eine Linie oder Form, die Sie mit dem Zeichenstift-Werkzeug, dem magnetischen Zeichenstift-Werkzeug oder dem Freiform-Zeichenstift-Werkzeug zeichnen. Von diesen Werkzeugen bietet das Zeichenstift-Werkzeug die größtmögliche Kontrolle und Genauigkeit beim Zeichnen. Mit dem Freiform-Zeichenstift-Werkzeug arbeiten Sie wie mit einem Bleistift auf Papier.

Julieanne Kost, Adobe-Photoshop-Expertin

Tipps von der Photoshop-Expertin

Schnell auf Werkzeuge zugreifen

Werkzeuge lassen sich mit einem einzelnen Buchstaben wählen. Drücken Sie beispielsweise P für das Zeichenstift-Werkzeug. Mit gleichzeitig gedrückter ⇧-Taste blättern Sie in einer Werkzeuggruppe. ⇧+P schaltet zwischen Zeichenstift- und Freiform-Zeichenstift-Werkzeug um.

Pfade sind offen oder geschlossen. Offene Pfade (wie eine Wellenlinie) haben zwei deutliche Endpunkte. Geschlossene Pfade haben weder Anfang noch Ende, ein Kreis ist beispielsweise ein geschlossener Pfad. Der Pfadtyp bestimmt, wie Photoshop den Pfad wählt und anpasst.

Pfade sind beim Ausdruck nicht zu sehen. (Das kommt daher, dass es sich um Vektorobjekte ohne Pixel handelt, im Gegensatz zu den Bitmap-Formen, die Sie mit dem Linienzeichner und anderen Malwerkzeugen zeichnen.)

Vorbereitungen

Sie öffnen jetzt eine Kopie des fertigen Bilds, um eine Vorstellung von dem zu erhalten, was Sie erstellen – das Schild eines fiktiven Spielzeugherstellers.

1 Starten Sie Photoshop und halten Sie sofort danach die Tasten Strg+Alt+⇧ (Windows) bzw. ⌘+⌥+↵ (Mac OS) gedrückt, um die standardmäßigen Voreinstellungen zu erhalten. (Siehe »Die Standardeinstellungen wiederherstellen« auf Seite 4.)

2 Klicken Sie im Meldungsfenster zur Bestätigung auf »Ja« für die standardmäßigen Voreinstellungen.

3 Wählen Sie **Datei: In Mini Bridge suchen**, um das Mini-Bridge-Bedienfeld zu öffnen. Falls Bridge noch nicht im Hintergrund läuft, klicken Sie **Bridge starten**.

4 Wählen Sie im Mini-Bridge-Bedienfeld aus dem Popup-Menü links die Option »Favoriten«. Doppelklicken Sie auf den Ordner *Lektionen* und doppelklicken Sie anschließend auf den Ordner *Lektion08*.

5 Wählen Sie die Datei *08End.psd* und drücken Sie die Leertaste, um die Datei im Vollbildmodus anzuzeigen.

Hinweis: Wenn Sie die Datei *08End.psd* in Photoshop öffnen, werden Sie eventuell aufgefordert, die Textebenen zu aktualisieren. Klicken Sie in diesem Fall auf »Aktualisieren«. Der Hinweis erscheint, wenn Daten zwischen Computern übertragen werden, speziell zwischen Windows und Mac OS.

Um dieses Schild zu gestalten, öffnen Sie das Bild mit der fliegenden Untertasse und zeichnen Pfade und Auswahlen mit dem Zeichenstift-Werkzeug. Während Sie Hintergrundformen und Text erzeugen, erfahren Sie alles über den Einsatz von Pfaden und Vektormasken sowie die Arbeit mit Smartobjekten.

6 Drücken Sie nach dem Betrachten der Datei *08End.psd* wieder die Leertaste. Doppelklicken Sie dann auf die Datei *08Start.psd*, um sie in Photoshop zu öffnen.

7 Wählen Sie **Datei: Speichern unter** und benennen Sie die Datei mit **08Arbeit.psd**. Klicken Sie nach dem Bestätigen des Kompatibilitätshinweises auf »Speichern«.

Einen Pfad in einem Bild zeichnen

Zeichnen Sie jetzt mit dem Zeichenstift-Werkzeug Auswahlbereiche in dem Bild der fliegenden Untertasse. Die Untertasse hat lange, weich gebogene Kanten, die mit anderen Methoden nur schwierig auszuwählen sind.

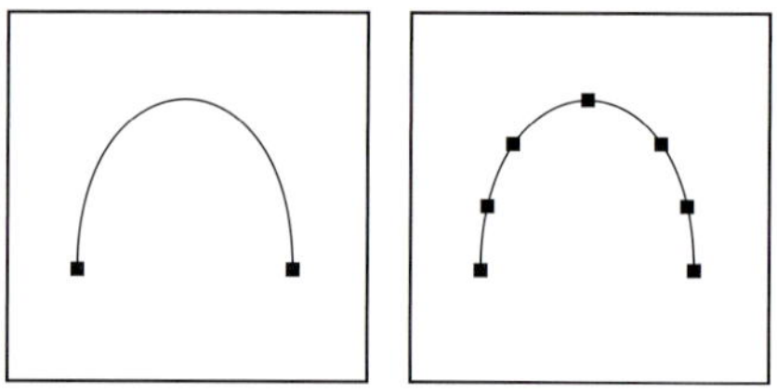

Korrekte Punkteanzahl   Zu viele Punkte

Zeichnen Sie einen Pfad um das Bild und erstellen Sie zwei weitere Pfade innerhalb des Bilds. Danach wandeln Sie die Pfade in Auswahlbereiche um. Ziehen Sie dann eine Auswahl von einer anderen ab, damit nur noch die Untertasse gewählt ist. Schließlich erstellen Sie von dem Bild mit der Untertasse eine neue Ebene und ändern das Bild, das unter dieser Ebene erscheint.

Wenn Sie mit dem Zeichenstift-Werkzeug einen Freiformpfad zeichnen, sollten Sie für die gewünschte Form möglichst wenig Punkte verwenden – je weniger Punkte, desto gleichmäßiger sind die Kurven.

Pfade mit Zeichenstift-Werkzeug erstellen

Mit dem Zeichenstift-Werkzeug erstellen Sie gerade und gebogene Pfade, die offen oder geschlossen sind. Die Arbeit mit dem Zeichenstift-Werkzeug kann anfänglich etwas verwirrend sein. Deshalb sollten Sie über die einzelnen Pfadelemente und ihre Erstellung Bescheid wissen.

Gerade Pfade erhalten Sie durch Drücken der Maustaste. Sobald Sie das erste Mal mit der Maustaste klicken, bestimmen Sie einen Anfangspunkt für den Pfad. Bei jedem weiteren Klicken zieht Photoshop zwischen dem vorherigen und dem aktuellen Punkt eine gerade Linie. Fügen Sie weitere Punkte hinzu, um auch komplexe gerade Pfade zu erstellen.

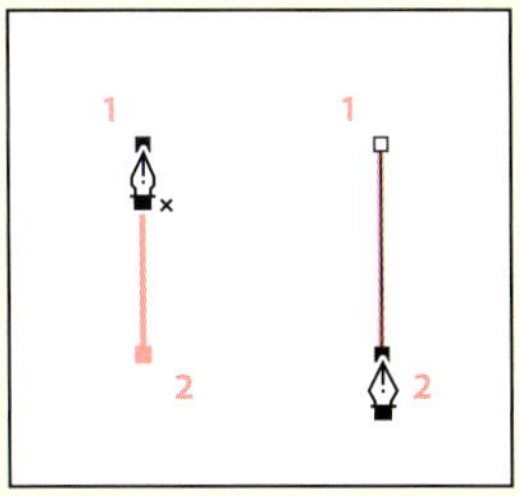

Gerade erstellen

Um einen Kurvenpfad zu erstellen, klicken Sie für einen Ankerpunkt. Ziehen Sie von diesem Punkt aus für eine Grifflinie und klicken Sie für den nächsten Ankerpunkt. Jede Grifflinie endet in Griffpunkten. Die Position der Grifflinien und -punkte bestimmt die Größe und Form eines Kurvensegments. Durch Verschieben der Grifflinien und -punkte ändern Sie die Kurve in einem Pfad.

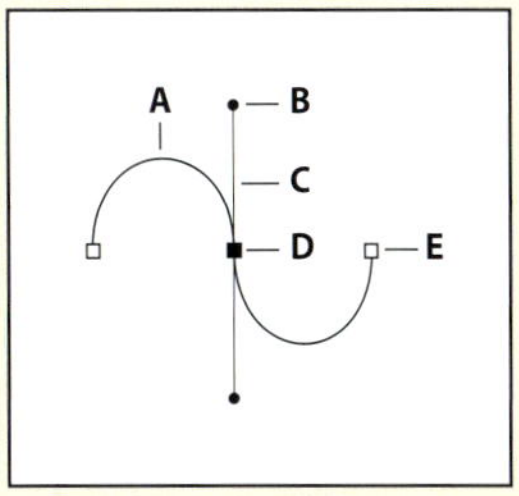

***A.** Gekrümmtes Liniensegment*
***B.** Griffpunkt*
***C.** Grifflinie*
***D.** Gewählter Ankerpunkt*
***E.** Nicht gewählter Ankerpunkt*

Sanfte Kurven sind durch Ankerpunkte (Kurvenpunkte) verbunden. Stark gekrümmte Pfade sind durch Eckpunkte verbunden. Wenn Sie eine Grifflinie auf einem Kurvenpunkt verschieben, werden die Kurvensegmente auf beiden Seiten des Punkts gleichzeitig angepasst. Wenn Sie dagegen eine Grifflinie auf einem Eckpunkt verschieben, wird nur die Kurve angepasst, die auf der Seite des Punkts liegt, auf der sich die Grifflinie befindet.

Pfadsegmente und Ankerpunkte lassen sich einzeln oder als Gruppe verschieben. Enthält ein Pfad mehrere Segmente, können Sie die einzelnen Ankerpunkte ziehen, um einzelne Segmente anzupassen. Oder Sie wählen alle Ankerpunkte in einem Pfad, um den kompletten Pfad zu bearbeiten. Mit dem Direkt-Auswahl-Werkzeug wählen und ändern Sie einen Ankerpunkt, ein Pfadsegment oder den Pfad.

Ein geschlossener Pfad unterscheidet sich von einem geöffneten durch die Art, wie Sie den Pfad enden lassen. Um einen geöffneten Pfad enden zu lassen, klicken Sie im Werkzeugbedienfeld auf das Zeichenstift-Werkzeug. Um einen geschlossenen Pfad zu erstellen, setzen Sie den Zeiger des Zeichenstift-Werkzeugs über den Anfangspunkt und klicken. Der Pfad wird so automatisch auch beendet. Nach Schließen des Pfads ist das Zeichenstift-Werkzeug mit einem kleinen x versehen – ein weiteres Klicken würde einen neuen Pfad beginnen.

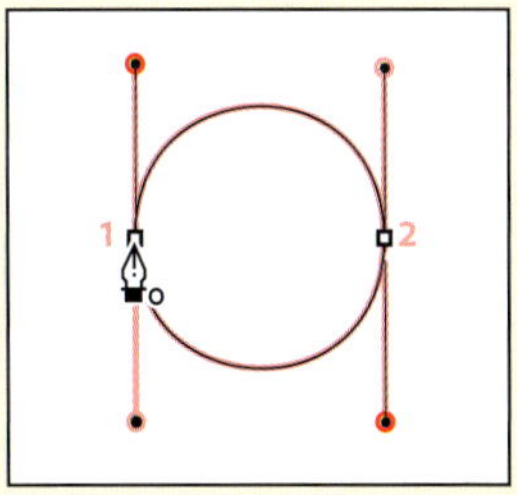

Geschlossenen Pfad erstellen

Während Sie Pfade zeichnen, erscheint ein temporärer Speicherbereich mit Pfadebedienfeld. Sie der Bezeichnung sollten die Arbeitspfade im speichern, besonders, wenn mehrere einzelne Pfade in einer Bilddatei vorhanden sind. Wenn Sie einen Arbeitspfad im Pfadebedienfeld abwählen und neu zeichnen, wird er durch den neuen Pfad ersetzt. Um einen Arbeitspfad zu speichern, doppelklicken Sie auf den Pfad im Pfadebedienfeld und geben Sie im Dialogfeld »Pfad speichern« einen Namen ein. Klicken Sie dann auf OK, um den Pfad mit dem neuen Namen zu speichern. Der Pfad bleibt weiterhin im Pfadebedienfeld gewählt.

Mit dem Zeichenstift-Werkzeug zeichnen

Verwenden Sie das Zeichenstift-Werkzeug, um die Punkte von Position A bis Position S und dann wieder zurück mit Position A zu verbinden. Arbeiten Sie mit geraden Segmenten, weichen Kurvenpunkten und Eckpunkten.

Zuerst stellen Sie die Optionen für das Zeichenstift-Werkzeug ein und passen Ihren Arbeitsbereich an. Mit Hilfe einer Vorlage zeichnen Sie dann die Kontur der fliegenden Untertasse nach.

1 Doppelklicken Sie auf das Mini-Bridge-Register, um das Bedienfeld für einen größeren Arbeitsbereich zu schließen.

2 Wählen Sie im Werkzeugbedienfeld das Zeichenstift-Werkzeug ( ).

3 Wählen Sie in der Optionsleiste Folgendes:

- Wählen Sie im Menü »Werkzeugmodus auswählen« die Option »Pfade«.
- Wählen Sie im Menü »Pfadvorgänge« die Option »Formen kombinieren«. Achten Sie darauf, dass im Popup-Menü »Zeichenstift-Optionen« das Kontrollkästchen »Gummiband« nicht gewählt ist.
- Aktivieren Sie wenn nötig die Option »Autom. hinzuf./löschen«.

A. Werkzeugmodus auswählen **B.** Zeichenstift-Optionen

4 Klicken Sie auf das Register des Pfadebedienfelds, um dieses Bedienfeld in der Ebenenbedienfeldgruppe in den Vordergrund zu bringen.

Das Pfadebedienfeld zeigt die Miniaturen der gezeichneten Pfade – im Moment ist es noch leer, da Sie noch nichts gezeichnet haben.

5 Eventuell sollten Sie vergrößern, um die mit Buchstaben gekennzeichneten Punkte bzw. Positionen und die roten Punkte auf der bereits vorbereiteten Vorlage gut erkennen zu können. Achten Sie darauf, dass das Bildfenster die komplette Vorlage zeigt, und wählen Sie nach dem Zoomen wieder den Zeichenstift.

6 Klicken Sie auf Punkt A (der blaue Punkt oben auf der fliegenden Untertasse) und lassen Sie die Maustaste los. Sie haben den ersten Ankerpunkt erzeugt.

7 Klicken Sie auf Punkt B und ziehen Sie nach unten bis zum roten Punkt. Lassen Sie die Maustaste los.

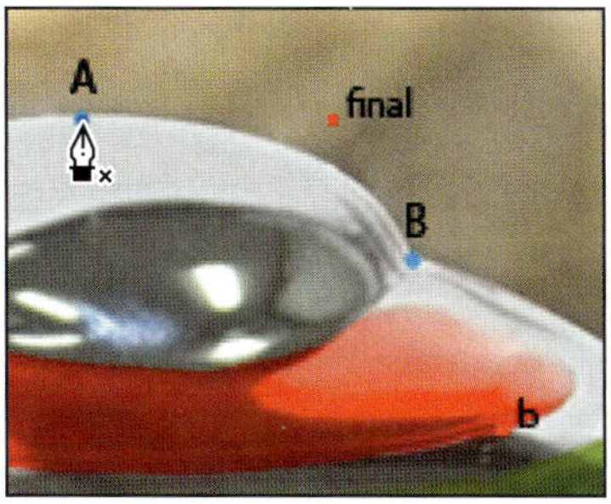

Den ersten Ankerpunkt bei A setzen

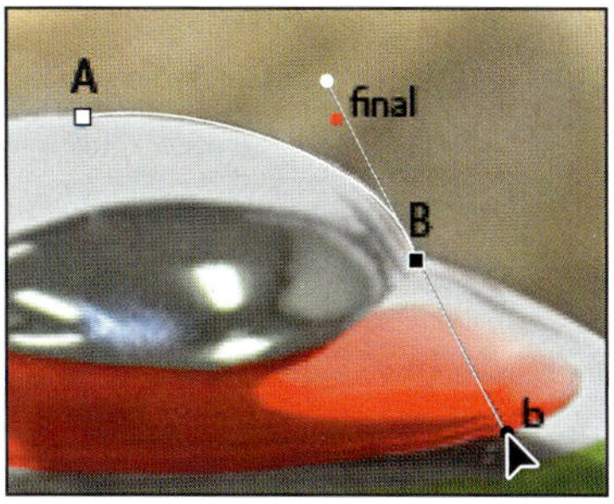

Kurvenpunkt bei B setzen

Sie müssen an der Ecke der Kanzel (Punkt B) einen Eckpunkt setzen, um einen harten Übergang zwischen dem Kurvensegment und dem geraden Segment zu erzeugen.

8 Klicken Sie mit gedrückter Alt-Taste (Windows) bzw. ⌥-Taste (Mac OS) auf den Punkt an Position B, um den Kurvenpunkt in einen Eckpunkt umzuwandeln (eine der Grifflinien entfällt).

9 Klicken Sie auf Position C und ziehen Sie zum roten Punkt c. Führen Sie die gleiche Aktion für die Positionen D und E aus.

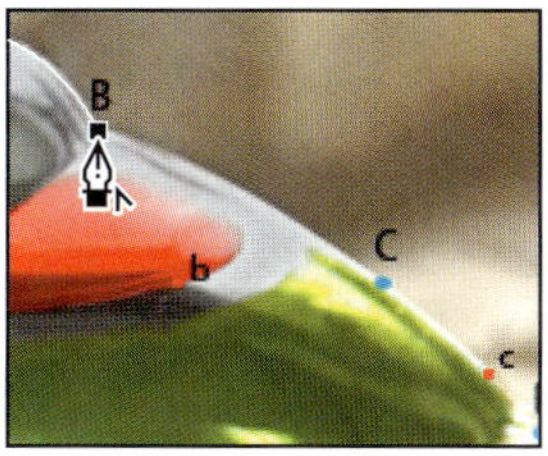

Kurvenpunkt in Eckpunkt umwandeln

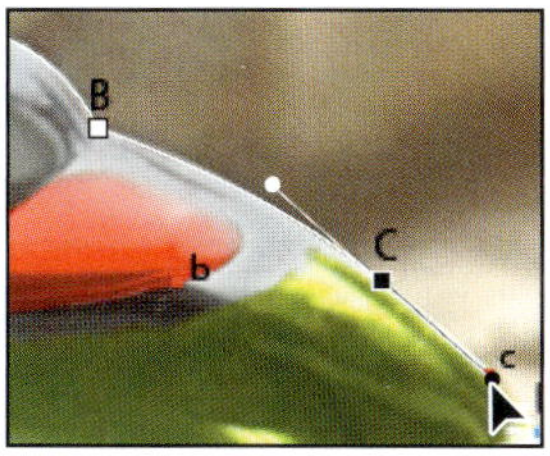

Segment hinzufügen

Ecke abrunden

Falls Ihnen beim Zeichnen ein Fehler unterläuft, wählen Sie **Bearbeiten: Rückgängig**. Fahren Sie anschließend mit dem Zeichnen fort.

Die Kontur fertigstellen

Sie haben die grundlegenden Techniken zum Nachzeichnen der vollständigen Kontur eingesetzt. Machen Sie weiter, bis Sie ganz um das Raumschiff herumgekommen sind und wieder am Ausgangspunkt angelangen.

1 Klicken Sie auf Position F und lassen Sie die Maus los, ohne einen Anfasser zu ziehen.

2 Klicken Sie auf Position G und ziehen Sie von Position G nach links bis zum dazugehörigen roten Punkt.

3 Klicken Sie auf Position H und ziehen Sie nach oben bis zum dazugehörigen Punkt. Klicken Sie mit gedrückter Alt-Taste (Windows) bzw. ⌥-Taste (Mac OS) für einen weiteren Eckpunkt an Position H.

4 Klicken Sie auf Position I und ziehen Sie nach oben zum dazugehörigen Punkt im gelben Bereich. Klicken Sie mit gedrückter [Alt]-Taste (Windows) bzw. [⌥]-Taste (Mac OS) für einen weiteren Eckpunkt an Position I.

5 Klicken Sie auf Position J und ziehen Sie am dazugehörigen Punkt. Erzeugen Sie dann einen Eckpunkt an Position J.

6 Klicken Sie auf Position K und ziehen Sie am dazugehörigen Punkt. Klicken Sie auf Position L und ziehen Sie am dazugehörigen Punkt. Erzeugen Sie dann einen Eckpunkt an Position L.

7 Klicken Sie auf Position M und ziehen Sie am dazugehörigen Punkt. Erzeugen Sie einen Eckpunkt an Position M. Klicken Sie dann auf Position N und ziehen Sie am dazugehörigen Eckpunkt.

8 Klicken Sie an den Positionen O und P für Gerade. Klicken Sie auf Position Q und ziehen Sie den Anfasser bis zum dazugehörigen roten Punkt, um eine Kurve um das Ende der Flosse zu erzeugen.

9 Klicken Sie auf die Positionen R und S, ohne jedoch für Geraden zu ziehen.

10 Setzen Sie den Zeiger auf Position A – ein kleiner Kreis erscheint neben dem Zeigersymbol – und klicken Sie, um den Pfad zu schließen. (Der kleine Kreis ist schwierig zu erkennen, da das Bild dunkel ist.) Ziehen Sie von Punkt A zum roten Punkt und lassen Sie dann die Maustaste los, um die letzte Kurve zu zeichnen.

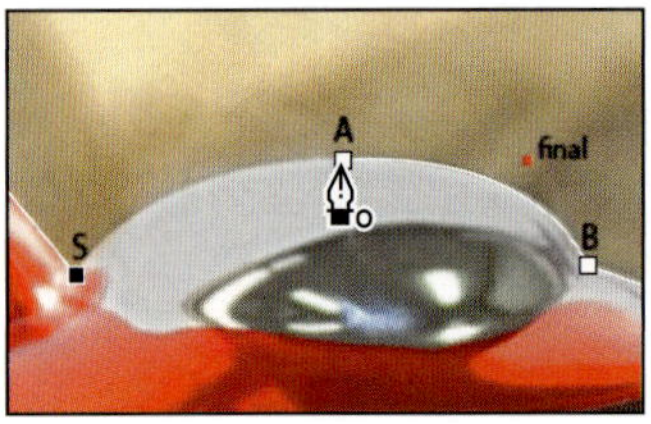

11 Doppelklicken Sie im Pfadebedienfeld auf den Arbeitspfad, geben Sie den Namen **Spaceship** ein und klicken Sie auf OK, um den Pfad zu speichern.

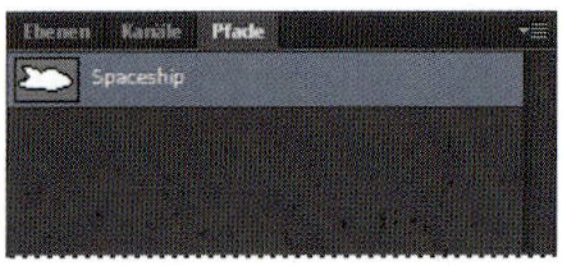

12 Wählen Sie **Datei: Speichern**.

Auswahlbereiche in Pfade umwandeln

Nun erstellen Sie über eine andere Methode einen zweiten Pfad. Sie verwenden zuerst ein Auswahlwerkzeug, um einen farblich ähnlichen Bereich auszuwählen, und wandeln diese Auswahl dann in einen Pfad um. (Jede mit einem Auswahlwerkzeug erstellte Auswahl lässt sich in einen Pfad umwandeln.)

1 Klicken Sie auf das Register des Ebenenbedienfelds und ziehen Sie die *Template*-Ebene auf die Schaltfläche »Ebene löschen« unten in das Bedienfeld. Diese Ebene wird nicht mehr benötigt.

2 Wählen Sie das Zauberstab-Werkzeug (), das unter dem Schnellauswahl-Werkzeug im Werkzeugbedienfeld verborgen ist.

3 In der Optionsleiste ist im Feld »Toleranz« der Wert **32** eingegeben.

4 Klicken Sie sorgfältig im grünen Bereich auf der senkrechten Flosse der Untertasse.

5 Klicken Sie auf das Register des Pfadebedienfelds, um das Bedienfeld in der Gruppe nach vorne zu bringen. Klicken Sie dann unten im Bedienfeld auf die Schaltfläche »Arbeitspfad aus Auswahl erstellen« ().

Photoshop wandelt die Auswahl in einen Pfad um und erstellt einen neuen Arbeitspfad.

6 Doppelklicken Sie auf den Arbeitspfad, nennen Sie ihn **Flosse** und klicken Sie auf OK, um ihn zu speichern.

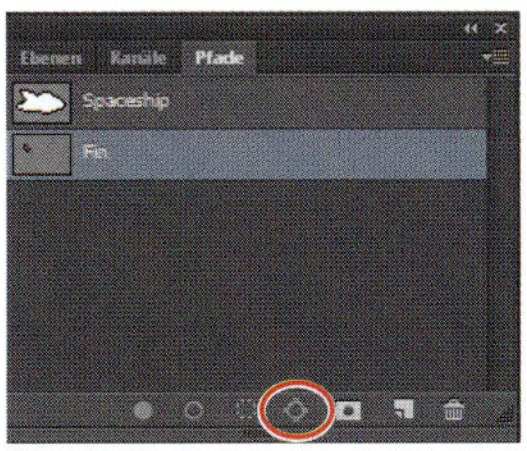

7 Wählen Sie **Datei: Speichern**.

Pfade in Auswahlbereiche umwandeln

Ähnlich wie sich Auswahlbereiche in Pfade umwandeln lassen, können Sie auch Pfade in Auswahlbereiche umwandeln. Die glatten Konturen von Pfaden ermöglichen präzise Auswahlen. Wenn Sie Pfade für die Untertasse und deren Flossen gezeichnet haben, wandeln Sie sie in Auswahlbereiche um. Anschließend wenden Sie auf diese Bereiche einen Filter an.

1 Klicken Sie im Pfadebedienfeld auf den Pfad *Spaceship*, um ihn dadurch zu aktivieren.

▶ **Tipp:** Sie können auch unten im Pfadebedienfeld auf die Schaltfläche »Pfad als Auswahl laden« klicken, um den aktiven Pfad in eine Auswahl umzuwandeln.

2 Wählen Sie im Menü des Pfadebedienfelds die Option »Auswahl erstellen«, um den Spaceship-Pfad in eine Auswahl umzuwandeln. Klicken Sie im aufgerufenen Dialogfeld auf OK.

Nun ziehen Sie die Auswahl *Flosse* von der Auswahl *Spaceship* ab, damit der Hintergrund durch die leeren Bereiche in den Flossen scheint.

3 Klicken Sie im Pfadebedienfeld auf den Pfad *Flosse* und wählen Sie aus dem Bedienfeldmenü die Option »Auswahl erstellen«.

4 Wählen Sie im Dialogfeld »Auswahl erstellen« im Bereich »Vorgang« die Option »Von Auswahl subtrahieren«. Klicken Sie dann auf OK.

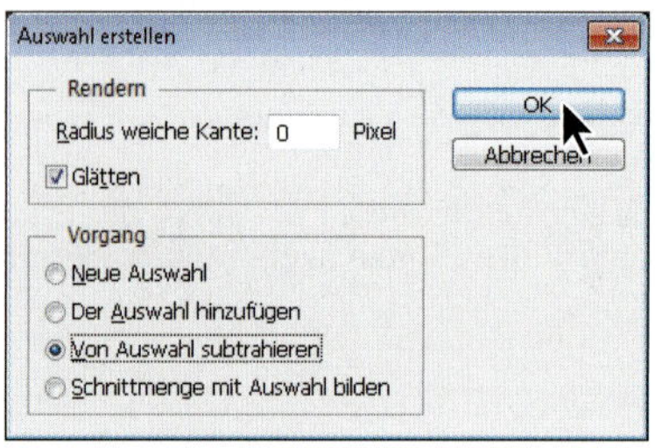

Der *Flosse*-Pfad wird in eine Auswahl umgewandelt und gleichzeitig von der *Spaceship*-Auswahl abgezogen.

Lassen Sie die Pfade gewählt, da Sie die Auswahl im nächsten Abschnitt noch benötigen.

Eine Auswahl in eine Ebene umwandeln

Nun erfahren Sie, wie die Auswahl mit dem Zeichenstift-Werkzeug Ihnen helfen kann, interessante Effekte in einem Bild zu erzeugen. Da Sie die Untertasse isoliert haben, können Sie eine exakte Kopie auf einer neuen Ebene erstellen. Diese Kopie können Sie in ein anderes Bild kopieren – speziell in das Bild mit dem Himmel als Hintergrund für das Spielzeugladenschild.

1 Im Bildfenster ist die Auswahlkontur zu sehen. Haben Sie die Auswahl aufgehoben, müssen Sie die vorherige Prozedur wiederholen (»Pfade in Auswahlbereiche umwandeln«).

2 Wählen Sie **Ebene: Neu: Ebene durch Kopie**.

3 Klicken Sie auf das Ebenen-Register, um das entsprechende Bedienfeld anzuzeigen.

Eine neue Ebene mit der Bezeichnung *Ebene 2* erscheint im Bedienfeld. Die Miniatur *Ebene 2* zeigt, dass die Ebene nur das Bild der fliegenden Untertasse und nicht den Untergrund der Originalebene enthält.

4 Doppelklicken Sie im Ebenenbedienfeld auf *Ebene 2*, geben Sie den Namen **Spaceship** ein und drücken Sie die [↵]-Taste.

5 Wählen Sie **Datei: Öffnen** und doppelklicken Sie auf die Datei *08Landschaft.psd* im Ordner *Lektionen/Lektion08*.

Die Datei *08Landschaft.psd* enthält die Landschaft, die Sie als Hintergrund für die Untertasse verwenden.

6 Wählen Sie **Fenster: Anordnen: 2 übereinander**, um beide geöffneten Dateien gleichzeitig anzuzeigen. Klicken Sie auf das Bild *08Arbeit.psd*, um es zu aktivieren.

7 Wählen Sie das Verschieben-Werkzeug (▸+) und ziehen Sie aus dem Bildfenster die Datei *08Arbeit.psd* so in das Bildfenster *08Landschaft.psd*, dass die Untertasse vor dem Himmel zu schweben scheint.

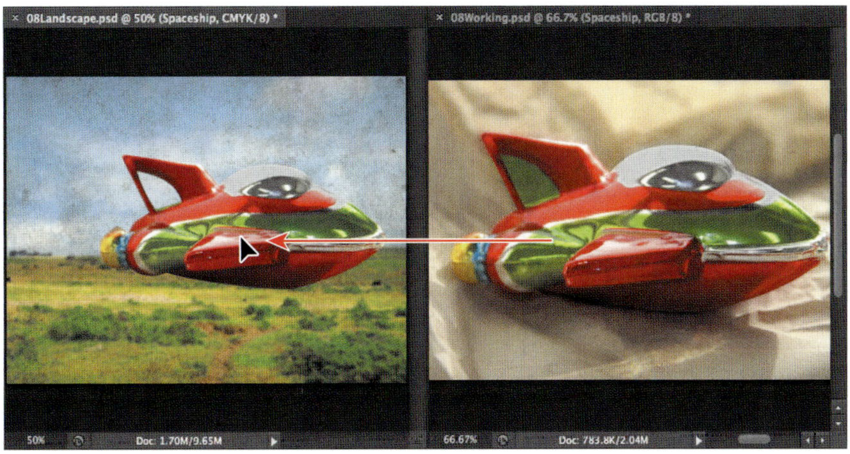

8 Schließen Sie das Bild *08Arbeit.psd*, ohne zu speichern. Die Datei *08Landschaft.psd* ist weiterhin geöffnet und aktiviert.

Sie positionieren jetzt die Untertasse etwas genauer auf dem Hintergrund.

9 Wählen Sie wenn nötig im Ebenenbedienfeld die *Spaceship*-Ebene und dann **Bearbeiten: Frei transformieren**.

Die Untertasse ist mit einem Begrenzungsrahmen versehen.

● **Hinweis:** Falls Sie die Untertasse versehentlich verzerren statt zu drehen, drücken Sie ESC und beginnen von vorn.

10 Setzen Sie den Zeiger in die Nähe eines Eckanfassers. Sobald der Zeiger zum Drehen-Symbol (↶) wird, ziehen Sie, um die Untertasse um etwa -12 Grad zu drehen. Drücken Sie anschließend die [↵]-Taste. Sie können den Wert aber auch direkt in das Feld »Drehen« in der Optionsleiste eingeben und die [↵]-Taste drücken.

11 Um die Untertasse interessanter anzuordnen, achten Sie darauf, dass die Ebene *Spaceship* weiterhin gewählt ist. Ziehen Sie die Untertasse mit dem Verschieben-Werkzeug an die Position wie im dritten Bild unten.

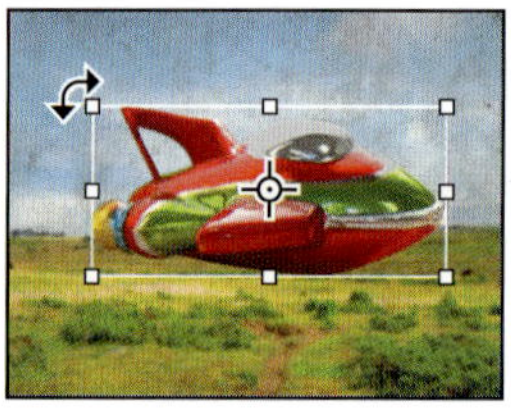
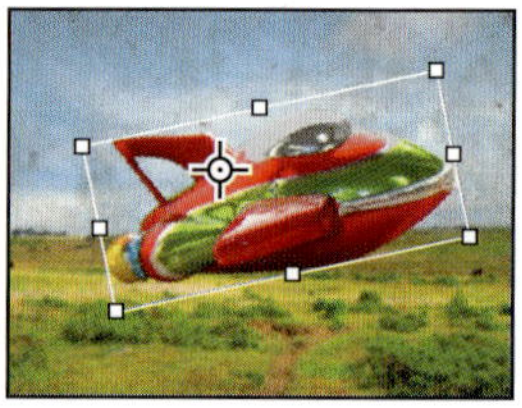

12 Wählen Sie **Datei: Speichern unter**, benennen Sie die Datei mit **08B_Arbeit.psd** und klicken Sie auf »Speichern«. Klicken Sie im Dialogfeld mit den Photoshop-Formatoptionen auf OK.

Vektorobjekte für den Hintergrund erstellen

Viele Logos und Schilder sind so gestaltet, dass sie sich beliebig verkleinern oder vergrößern lassen, ohne an Schärfe zu verlieren. Dazu eignen sich die Vektorformen ideal. Sie erstellen jetzt Vektorformen mit Pfaden und verwenden Masken, um festzulegen, was auf dem Schild zu sehen ist. Da sich Vektorformen beliebig skalieren lassen, können Sie das Design jederzeit ohne Qualitätsverlust verändern.

Eine skalierbare Form zeichnen

Sie beginnen mit der Gestaltung eines weißen nierenförmigen Objekts für den Hintergrund des Schilds.

1 Wählen Sie **Ansicht: Lineale**, um das horizontale und vertikale Lineal anzuzeigen.

2 Ziehen Sie das Register des Pfadebedienfelds aus der Ebenenbedienfeldgruppe.

Da Sie häufig auf beide Bedienfelder zugreifen, ist deren getrennte Anordnung bequemer.

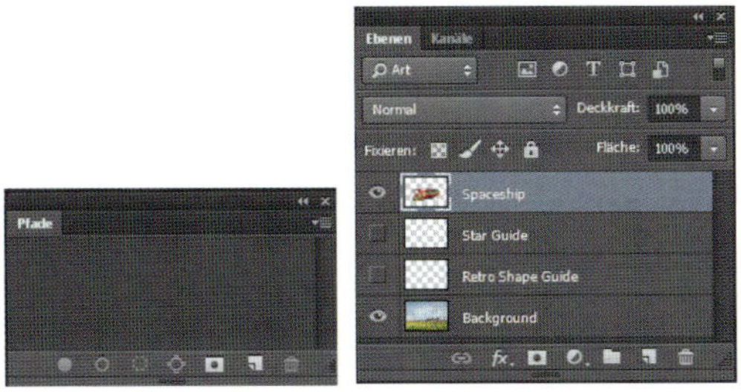

3 Blenden Sie alle Ebenen aus, ausgenommen die Ebenen *Retro* und *Background*. Klicken Sie dazu auf die jeweiligen Augensymbole im Ebenenbedienfeld. Wählen Sie dann die Hintergrundebene.

Die *Retro*-Ebene dient als Vorlage für das Zeichnen der Nierenform.

4 Wählen Sie im Werkzeugbedienfeld das Zeichenstift-Werkzeug (✒).

5 Wählen Sie in der Optionsleiste im Popup-Menü links die Option »Form« und klicken Sie dann auf »Fläche«. Wählen Sie Weiß als Füllfarbe.

6 Erstellen Sie die Form, indem Sie folgendermaßen klicken und ziehen:

- Klicken Sie auf Position A und ziehen Sie eine Grifflinie nach oben und nach rechts auf Position B. Lassen Sie die Maustaste los.
- Klicken Sie auf Position C und ziehen Sie eine Grifflinie in Richtung und etwas oberhalb von Position D. Lassen Sie die Maustaste los.
- Ziehen Sie auf diese Weise weitere Kurvensegmente um die Form. Wenn Sie wieder an Position A angelangt sind, klicken Sie, um den Pfad zu schließen.

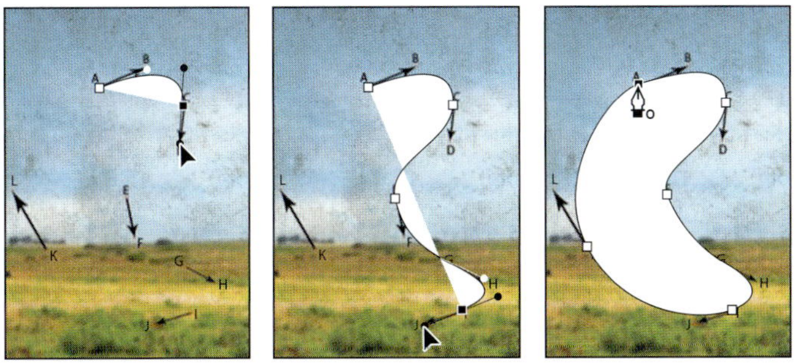

Hinweis: Wenn Sie in Schwierigkeiten geraten, öffnen Sie das Bild mit der Untertasse und zeichnen Sie einen Pfad entlang der Untertassenform – einfach, um sich mit dem Zeichnen von Kurvensegmenten vertraut zu machen. Lesen Sie außerdem die Informationen unter »Pfade mit dem Zeichenstift-Werkzeug erstellen«.

Während Sie gezeichnet haben, hat Photoshop automatisch die neue Ebene *Form 1* im Ebenenbedienfeld über der aktiven Ebene (*Hintergrund*) angelegt.

7 Doppelklicken Sie auf die Formebene *Form1*, benennen Sie die Ebene mit **Retro Shape** und drücken Sie die [↵]-Taste.

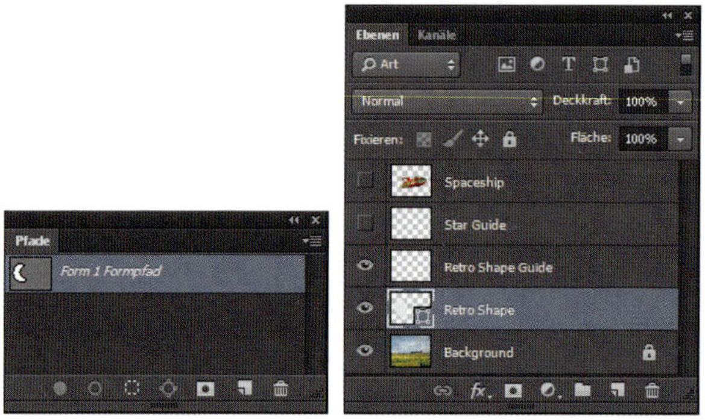

8 Blenden Sie die *Retro*-Ebene im Ebenenbedienfeld aus, indem Sie auf das entsprechende Augensymbol klicken.

Pfade abwählen

Manchmal ist es notwendig, Pfade abzuwählen bzw. zu deaktivieren, damit die richtige Optionsleiste für das entsprechende Vektor-Werkzeug eingeblendet wird. Außerdem lassen sich so bestimmte Effekte anzeigen, die bei einem aktivierten Pfad verdeckt sind.

Es wird Ihnen auffallen, dass die Begrenzung zwischen der weißen Nierenform und dem blauen Hintergrund körnig ist. Was Sie hier sehen, ist der Pfad als solcher – ein nicht druckendes Element, das nur zeigen soll, dass die Ebene *Retro Shape* weiterhin gewählt ist. Bevor Sie mit dieser Lektion fortfahren, wählen Sie alle Pfade ab.

1 Klicken Sie im Pfadebedienfeld im leeren Bereich unter dem Pfad, um alle Pfade abzuwählen.

2 Wählen Sie **Datei: Speichern**.

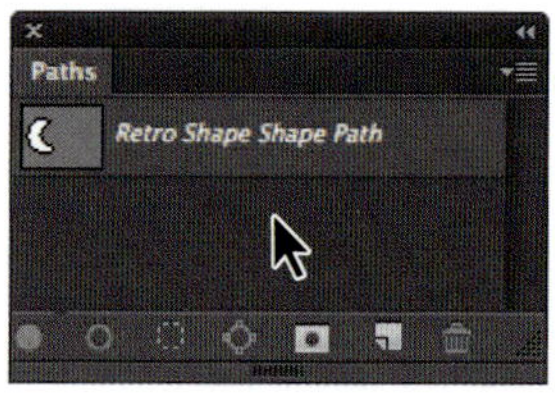

Füllfarbe einer Formebene ändern

Sie haben eine Form mit einer weißen Füllung erstellt, damit die Form einfach zu erkennen ist. Doch für das Schild ändern Sie die Farbe in Blau.

1 Achten Sie darauf, dass im Ebenenbedienfeld die Ebene Retro Shape gewählt ist.

2 Wählen Sie das Zeichenstift-Werkzeug im Werkzeugbedienfeld aus.

3 Klicken Sie in der Optionsleiste auf »Fläche«. Wählen Sie die Farbe *Hellcyanblau*.

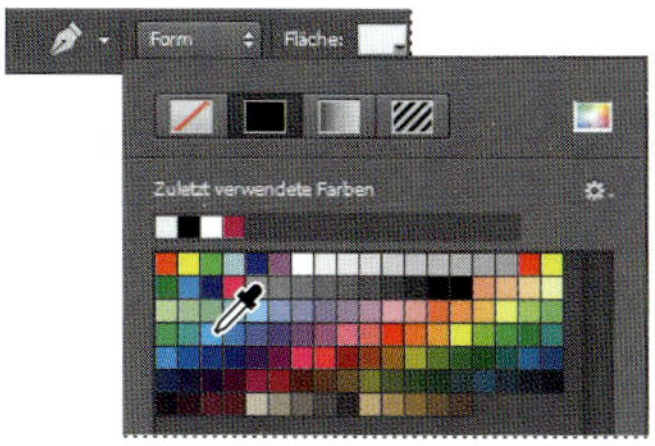

Die Füllfarbe der Form ändert sich in das gewählte Blau.

Formen von der Formebene subtrahieren

Wenn Sie eine Formebene (eine Vektorgrafik) erzeugt haben, können Sie Optionen bestimmen, um neue Formen von der Vektorgrafik zu subtrahieren. Sie können auch das Pfadauswahl-Werkzeug und das Direktauswahl-Werkzeug benutzen, um Formen zu bewegen, zu skalieren und zu bearbeiten. Sie machen die Retro-Form jetzt noch etwas interessanter, indem Sie einen Stern von ihr subtrahieren – dadurch scheint der Hintergrund durch. Als Hilfe für die Position des Sterns dient die Ebene *Star Guide*, die wir bereits für Sie erstellt haben. Diese Ebene ist noch ausgeblendet.

1 Klicken Sie im Ebenenbedienfeld auf das Feld ganz links neben der Ebene *Star Guide*, um für diese Ebene das Augensymbol anzuzeigen. Die Ebene *Retro Shape* bleibt gewählt. Die Ebene *Star Guide* ist jetzt im Bildfenster zu sehen.

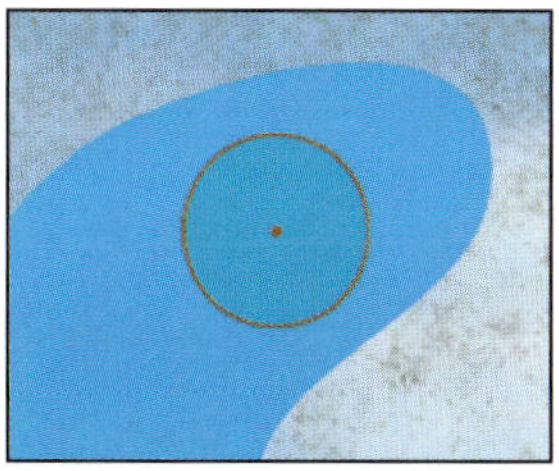

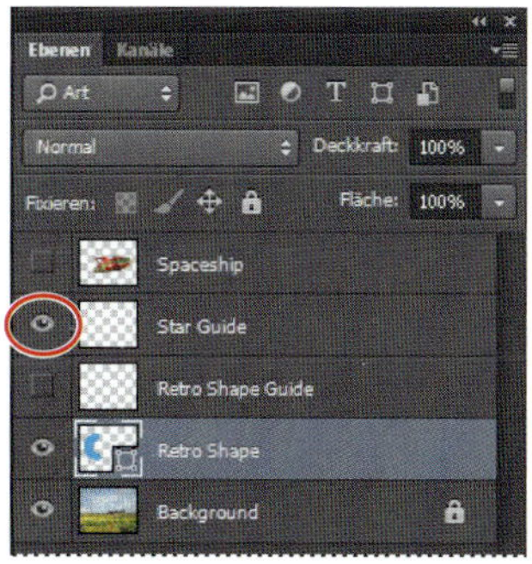

2 Vergewissern Sie sich, dass im Pfadebedienfeld die *Retro Shape*-Vektormaske aktiviert ist.

3 Wählen Sie im Werkzeugbedienfeld das Polygon-Werkzeug (⬢), das unter dem Rechteck-Werkzeug (▢) verborgen ist.

4 Nehmen Sie in der Optionsleiste die folgenden Einstellungen vor:

- Geben Sie in das Feld »Seiten« den Wert **11** ein.
- Wählen Sie im Popup-Menü »Pfadvorgänge« die Option »Vordere Form subtrahieren«. Der Zeiger erscheint jetzt als Fadenkreuz mit einem kleinen Minuszeichen (+-).

- Klicken Sie auf das Einstellungen-Symbol links neben der Seiten-Option, um das Fenster mit den Polygon-Optionen anzuzeigen. Wählen Sie Stern und geben Sie in das Feld »Seiten einziehen um« den Wert 50% ein. Klicken Sie anschließend in einem leeren Bereich in der Optionsleiste, um das Fenster zu schließen.

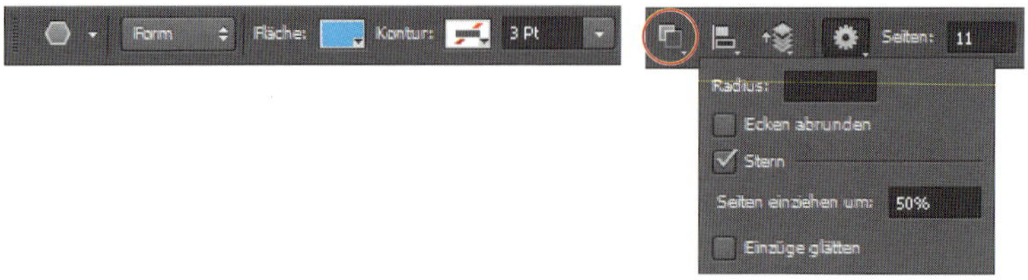

● **Hinweis:** Sie können den Stern während des Ziehens drehen, indem Sie den Zeiger seitwärts ziehen.

5 Setzen Sie das Polygon-Werkzeug (Fadenkreuz-Zeiger) auf den orangefarbenen Punkt in der Mitte des orangefarbenen Kreises im Bildfenster und ziehen Sie nach außen, bis die Spitzen der Sternstrahlen die Kante des Lichtkranzes um den Punkt erreichen.

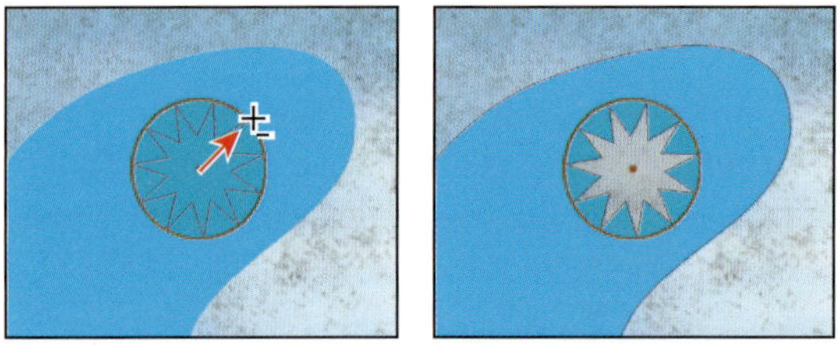

Wenn Sie die Maustaste loslassen, wird die Sternform so ausgestanzt, dass der Planet durchscheint.

Der Stern hat eine unschöne Kontur, was jedoch nur darauf hinweist, dass diese Form gewählt ist. Ein weiterer Hinweis für die gewählte Form ist der ausgewählte Pfad der Form *Retro Shape*.

6 Klicken Sie im Ebenenbedienfeld auf das Augensymbol für die Ebene *Star Guide*, um diese Ebene auszublenden.

Betrachten Sie die geänderten Miniaturen in den Bedienfeldern. Sie zeigen die Form *Retro Shape* mit der sternförmigen Ausstanzung.

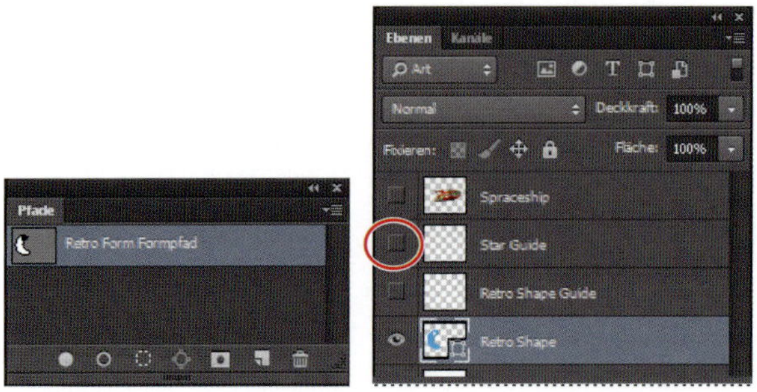

7 Klicken Sie im Bereich unter dem Pfad im Pfadebedienfeld, um den Pfad abzuwählen.

Die Pfade sind nun abgewählt und die störenden Pfadlinien sind verschwunden. Endlich haben Sie eine scharfe Kante zwischen den blauen und weißen Bereichen. Die Vektormaske *Retro Shape* ist im Pfadebedienfeld nicht mehr hervorgehoben. Die Form ist jedoch ziemlich hell und könnte die Untertasse überstrahlen. Sie machen die Form jetzt halbtransparent.

8 Verringern Sie im Ebenenbedienfeld die Deckkraft der Ebene *Retro Shape* auf **40 %**.

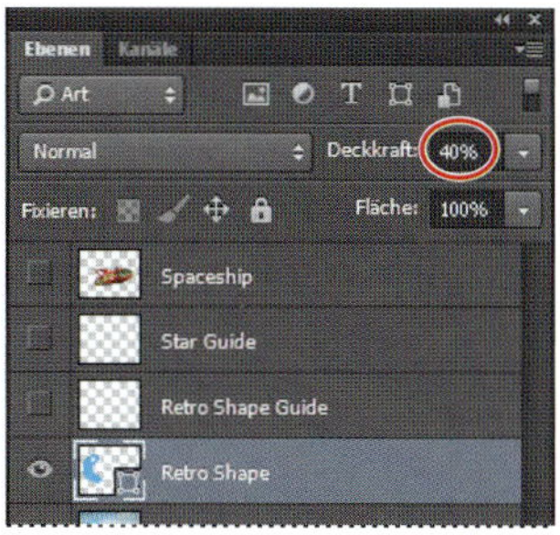

9 Wählen Sie **Datei: Speichern**.

Mit eigenen Formen arbeiten

Sie können auch eigene Formen erzeugen. Dazu wählen Sie das Eigene-Form-Werkzeug, entscheiden sich für eine Form in der Auswahlliste und zeichnen im Bildfenster. Sie versehen jetzt den Hintergrund des Schilds mit einem Schachbrettmuster und Grasbüscheln.

1 Die *Retro Shape*-Ebene ist im Ebenenbedienfeld gewählt. Klicken Sie auf die Schaltfläche »Neue Ebene erstellen« (▣) für eine Ebene über der *Retro Shape*-Ebene. Doppelklicken Sie auf den standardmäßigen Ebenennamen *Ebene 1*, geben Sie den neuen Namen **Pattern** ein und drücken Sie die [↵]-Taste.

2 Wählen Sie im Werkzeugbedienfeld das Eigene-Form-Werkzeug (✱), das unter dem Polygon-Werkzeug (⬢) verborgen ist.

3 Wählen Sie links in der Optionsleiste im Menü »Werkzeugmodus auswählen« die Option »Pixel«.

Im Pixel-Modus zeichnen Sie gerasterte Formen (keine Vektorformen) direkt auf die bestehende Ebene.

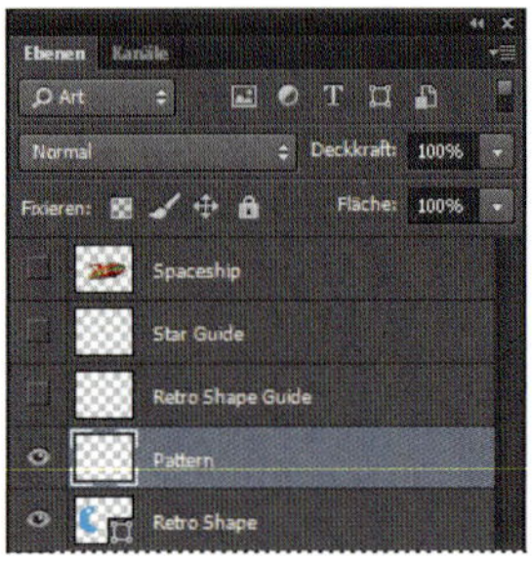

4 Klicken Sie in der Optionsleiste auf den Popup-Pfeil neben »Form«, um die Auswahlliste für eigene Formen zu öffnen.

5 Doppelklicken Sie unten in der Liste (eventuell müssen Sie scrollen oder die Ecke der Auswahlliste ziehen) auf die Miniatur des Schachbrettmusters, um dieses Muster zu wählen und gleichzeitig die Auswahlliste zu schließen.

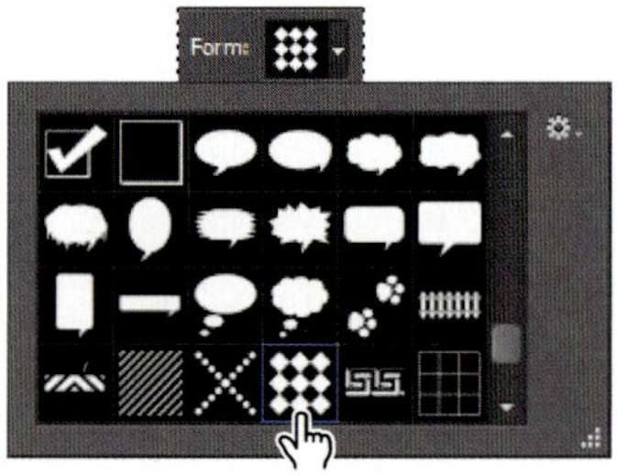

Hinweis: Die Optionen in der Optionsleiste ändern sich, je nachdem, was Sie im Werkzeugvorgaben-Menü wählen. Wenn Sie im Form-Modus arbeiten, können Sie in der Optionsleiste eine Fläche oder Kontur wählen; diese Optionen sind im Pixel-Modus nicht verfügbar.

6 Ändern Sie die Vordergrundfarbe auf Weiß. Ziehen Sie mit gedrückter ⇧-Taste diagonal im Bildfenster, um die Form in der Größe von ca. 5 x 5 cm zu zeichnen.

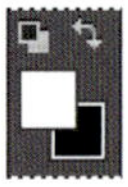

Sie zeichnen mit gedrückter ⇧-Taste die Form unter Beibehaltung der Originalproportionen.

7 Fügen Sie vier weitere Schachbretter in unterschiedlichen Größen hinzu – Ihre Grafik sollte in etwa der folgenden Abbildung entsprechen.

8 Verringern Sie im Ebenenbedienfeld die Deckkraft der Pattern-Ebene auf **75 %**.

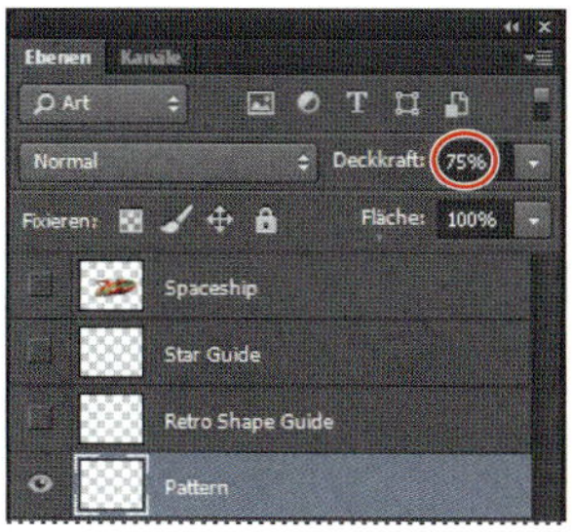

9 Blenden Sie im Ebenenbedienfeld die Ebene *Spaceship* ein, so dass die komplette Komposition zu sehen ist.

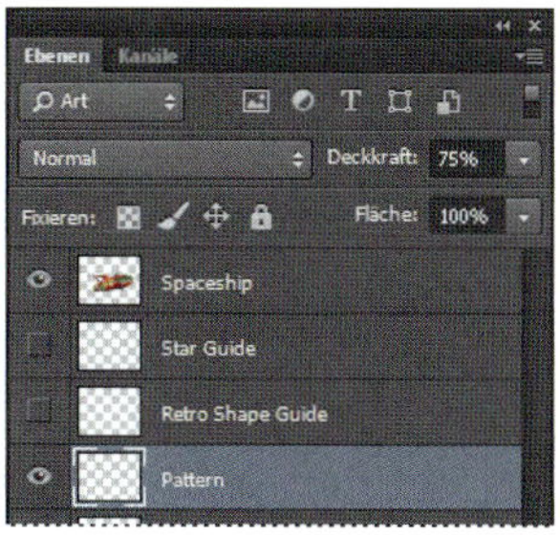

Sie verwenden das Eigene-Form-Werkzeug, um den Hintergrund mit Grasbüscheln zu versehen. Während Sie im Form-Modus arbeiten, können Sie Formen mit einer Fläche und/oder Kontur versehen.

10 Das Eigene-Form-Werkzeug ist noch gewählt. Öffnen Sie in der Optionsleiste neben »Form« die Auswahlliste für eigene Formen und doppelklicken Sie auf die Grassode (*Gras 2*).

Tipp: Im Optionsmenü des Eigene-Form-Werkzeugs können Sie Kategorien auswählen. Dadurch erhalten Sie noch weitere Formen.

11 Wählen Sie in der Optionsleiste im Menü »Werkzeugmodus auswählen« die Option »Form«. Wählen Sie dann für »Fläche« die Farbe Dunkelgelbgrün und für »Kontur« die Farbe Dunkelgrüncyan. Geben Sie in das Feld »Formkonturbreite einstellen« den Wert **0,75** ein.

12 Zeichnen Sie mit gedrückter [⇧]-Taste vier Grasbüschel in der unteren linken Ecke des Hintergrunds und weitere Grasbüschel in der unteren rechten Ecke.

Hinweis: Befinden sich die Grasbüschel auf separaten Ebenen, haben Sie beim Zeichnen die [⇧]-Taste nicht gedrückt. Löschen Sie das Gras und wiederholen Sie die Schritte 12 bis 13.

Die beim Zeichnen gedrückte [⇧]-Taste stellt sicher, dass sich alle Formen auf derselben Ebene befinden.

13 Wählen Sie im Werkzeugbedienfeld das Pfadauswahl-Werkzeug (▶) und wählen Sie mit gedrückter [⇧]-Taste alle fünf Grasbüschel.

14 Wählen Sie in der Optionsleiste im Menü »Pfadausrichtung« die Option »Breiten verteilen«.

Photoshop verteilt die Grasbüschel gleichmäßig am unteren Rand des Hintergrunds.

15 Benennen Sie die Ebene mit **Grass**, ändern Sie die Deckkraft in **60 %** und ziehen Sie die Ebene über die *Background*-Ebene.

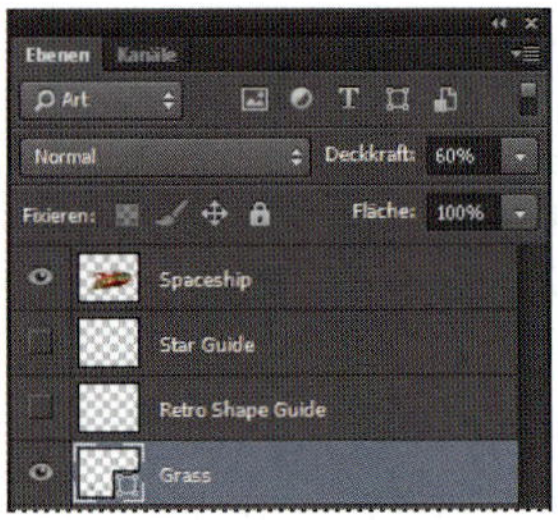

16 Wählen Sie die Ebene ab und dann **Datei: Speichern**.

Mit Photoshop-Dateien in Illustrator arbeiten

In dieser Lektion importieren Sie Vektorgrafiken, die in Illustrator erstellt wurden. Diese verwenden Sie als Logo für das Schild. Sie können in Illustrator auch Photoshop-Dateien öffnen, platzieren oder einfügen.

Auch wenn Sie Vektorgrafiken in Photoshop erzeugen und bearbeiten können, dient es in erster Linie der Bearbeitung von Pixelbildern. Ganz ähnlich können Sie Pixelbilder in Illustrator bearbeiten; seine Stärke liegt aber in der Erstellung und Bearbeitung von Vektorgrafiken. Je nachdem, an welcher Art Projekt Sie arbeiten, benötigen Sie möglicherweise beide Anwendungen, um Funktionen zu nutzen, die jeweils nur in einem der beiden Programme vorhanden sind.

Illustrator unterstützt die meisten Photoshop-Daten, etwa Ebenenkompositionen, Ebenen, bearbeitbaren Text und Pfade. Das bedeutet, dass Sie Dateien zwischen Photoshop und Illustrator austauschen können, wobei die Grafiken bearbeitbar bleiben. Wenn Illustrator die Photoshop-Daten konvertieren muss, erhalten Sie eine Warnmeldung, sodass Sie wissen, welche Merkmale während der Umwandlung verloren gehen würden.

Ein Smartobjekt importieren

Smartobjekte sind Ebenen, die Sie in Photoshop nichtzerstörend bearbeiten können; alle am Bild vorgenommenen Änderungen sind weiterhin bearbeitbar und haben keinen Einfluss auf die aktuellen Bildpixel. Unabhängig davon, wie häufig Sie ein Smartobjekt auch skalieren, drehen, verzerren oder anderweitig transformieren, es behält seine scharfen und genauen Konturen.

Außerdem lässt sich das Originalobjekt in Illustrator bearbeiten, wobei das in der Photoshop-Bilddatei platzierte Smartobjekt entsprechend aktualisiert wird. Sie haben bereits in früheren Lektionen ein wenig über Smartobjekte erfahren. Dieses Wissen vertiefen Sie jetzt, indem Sie einen in Illustrator erstellten Text in Ihrem Schild platzieren.

Die Überschrift hinzufügen

Wir haben den Namen für das Spielwarengeschäft bereits in Illustrator gestaltet, damit Sie ihn jetzt in das Schild einfügen können.

1 Wählen Sie das Verschieben-Werkzeug (▸✥). Die *Spaceship*-Ebene ist gewählt. Wählen Sie **Datei: Platzieren**. Suchen Sie im Ordner *Lektionen/Lektion08* die Datei *Title.ai* und klicken Sie auf »Platzieren«. Klicken Sie im Dialogfeld »PDF platzieren« auf OK.

Der Text *Retro Toyz* erscheint in der Mitte der Komposition innerhalb eines Begrenzungsrahmens mit Anfassern und das Ebenenbedienfeld enthält nun eine neue Ebene mit dem Namen *Title*.

2 Ziehen Sie das Objekt *Retro Toyz* in die obere linke Ecke des Schilds, drücken Sie die [⇧]-Taste und ziehen Sie die untere rechte Ecke, um das Textobjekt proportional zu vergrößern – der Text nimmt nun den oberen Bereich der Grafik ein (siehe folgende Abbildung). Drücken Sie anschließend die [↵]-Taste oder klicken Sie in der Optionsleiste auf die Schaltfläche »Transformieren bestätigen« (✓).

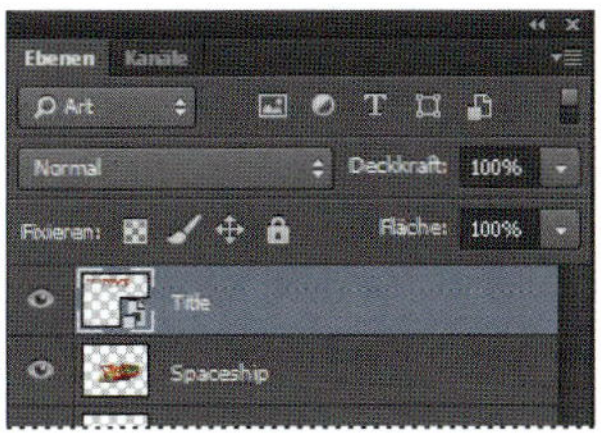

Sobald Sie das Transformieren bestätigt haben, ändert sich das Symbol der Ebenenminiatur und weist darauf hin, dass die Title-Ebene ein Smartobjekt ist.

Da es sich bei dem Titel Retro Toyz um ein Smartobjekt handelt, können Sie Größe und Form beliebig oft bearbeiten. Wählen Sie einfach die Ebene und dann **Bearbeiten: Frei transformieren**, um mit den Anfassern die Größe einzustellen. Oder wählen Sie das Verschieben-Werkzeug (▸✣) und aktivieren Sie in der Optionsleiste die Option »Transformationssteuerungen«, um wieder über die Anfasser den Titel anzupassen.

Eine Vektormaske einem Smartobjekt hinzufügen

Sie verwandeln nun spaßeshalber die Zentren der beiden Buchstaben *O* im Titel jeweils in einen Stern, der in die früher erstellte Ausstanzung passt. Sie benutzen eine Vektormaske, die Sie mit einem Smartobjekt in Photoshop verknüpfen können.

1 Wählen Sie die *Title*-Ebene und dann **Ebene: Vektormaske: Alle einblenden**.

2 Wählen Sie das Polygon-Werkzeug (⬢), das unter dem Eigene-Formen-Werkzeug (✱) verborgen ist. Die früher für das Erstellen des Sterns benutzten Optionen sollten noch aktiviert sein.

Das Polygon-Werkzeug merkt sich so lange Ihre Einstellungen, bis Sie sie wieder ändern.

3 Wählen Sie in der Optionsleiste im Menü »Werkzeugmodus auswählen« die Option »Pfad«. Achten Sie darauf, dass im Menü »Pfadvorgänge« weiterhin die Option »Vordere Front subtrahieren« gewählt ist. Wählen Sie anschließend in der Title-Ebene die Miniatur der Vektormaske.

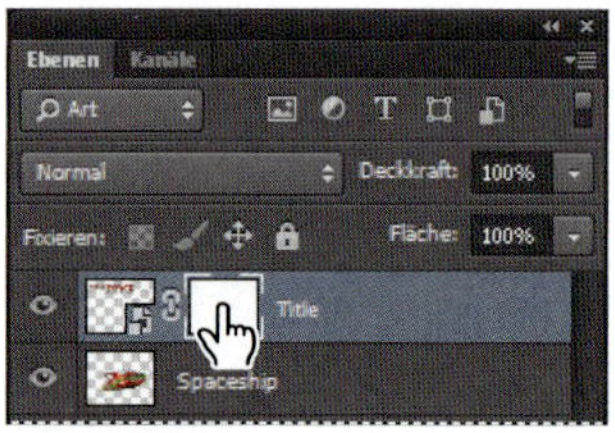

4 Klicken Sie im Zentrum des *O* in *Toyz* und ziehen Sie nach außen, bis der Stern die Mitte vom *O* bedeckt.

5 Wiederholen Sie Schritt 4 für einen Stern im kleineren *O* in *Retro*. Heben Sie dann im Pfadebedienfeld die Auswahl der Title-Vektormaske auf.

Die Arbeitsfläche drehen (nur mit OpenGL)

Bei der Arbeit an dem Bild lag *Retro Toyz* ganz oben im Arbeitsbereich und der Planet unten. Wenn jedoch Ihre Grafikkarte OpenGL unterstützt, können Sie den Arbeitsbereich drehen und zeichnen, Text eingeben oder Objekte anders anordnen. Sie drehen jetzt die Ansicht für die Eingabe des Copyrights. (Wenn Ihre Grafikkarte nicht OpenGL unterstützt, überspringen Sie diesen Abschnitt.)

Sie geben zuerst den Text ein.

1 Wählen Sie **Fenster: Zeichen**, um das Zeichenbedienfeld zu öffnen. Wählen Sie im Zeichenbedienfeld eine Serifenschrift wie die *Myriad Pro* mit kleiner Schriftgröße (10 Pt) und in der Farbe Weiß.

2 Wählen Sie das horizontale Text-Werkzeug und klicken Sie in der unteren linken Bildecke. Geben Sie **Copyright IHR NAME Productions** ein (geben Sie Ihren Namen statt **IHR NAME** ein).

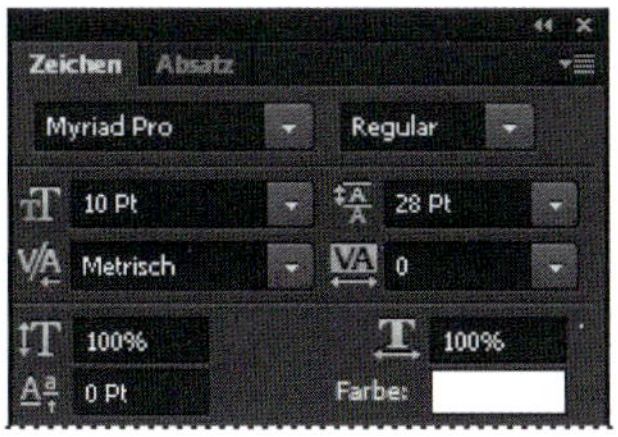

Der Copyright-Hinweis soll an der linken Bildseite von unten nach oben laufen. Sie drehen die Arbeitsfläche, um den Text besser zu positionieren.

3 Wählen Sie das Ansichtdrehung-Werkzeug (), das unter dem Hand-Werkzeug () verborgen ist.

4 Ziehen Sie das Werkzeug mit gedrückter [⇧]-Taste in einem Bogen, um die Arbeitsfläche um 90 Grad im Uhrzeigersinn zu drehen. Das Drücken der [⇧]-Taste beschränkt die Drehung auf 45°-Schritte.

▶ **Tipp:** Sie können auch in der Optionsleiste in das Feld »Drehwinkel« einen Wert eingeben.

5 Wählen Sie die Textebene mit dem Copyright und dann **Bearbeiten: Transformieren: Um 90° gegen UZS drehen**.

6 Richten Sie mit dem Verschieben-Werkzeug den Text an der oberen Bildkante aus (also die linke Bildkante, wenn das Bild normal angeordnet ist).

7 Wählen Sie erneut das Ansichtdrehung-Werkzeug und klicken Sie in der Optionsleiste auf »Ansicht zurücksetzen«.

8 Wählen Sie **Datei: Speichern**.

Fertigstellen

Räumen Sie im letzten Schritt das Ebenenbedienfeld auf, indem Sie die Vorlage mit den Hilfslinien löschen.

1 Die Ebenen *Copyright, Title, Spaceship, Pattern, Retro Shape, Grass* und *Background* sind die einzigen sichtbaren Ebenen im Ebenenbedienfeld.

2 Wählen Sie aus dem Menü des Ebenenbedienfelds die Option »Ausgeblendete Ebenen löschen« und klicken Sie auf »Ja«, um den Löschvorgang zu bestätigen.

3 Wählen Sie **Datei: Speichern**.

Glückwunsch – die Arbeit an dem Schild ist damit abgeschlossen. Es sollte nun der folgenden Abbildung entsprechen.

Bonus

Photoshop-Dateien in InDesign verwenden

Adobe InDesign kann mit nativen Photoshop-Dateien umgehen. Sie können PSD-Dateien im Dokument platzieren und sie problemlos wieder zur Bearbeitung in Photoshop öffnen. Die verknüpfte Datei in InDesign wird dann automatisch aktualisiert.

Bilder platzieren

Sie platzieren das Bild des Schilds mit der fliegenden Untertasse und dem Geschäftslogo in eine Briefpapiervorlage in InDesign. Dann verändern Sie das Bild in Photoshop, um es an diesen Verwendungszweck anzupassen.

1 Wählen Sie in Photoshop **Datei: Speichern unter**. Speichern Sie die Datei als *Final_spaceship.psd*. Klicken Sie im Dialogfeld »Photoshop-Formatoptionen« auf OK.

2 Öffnen Sie InDesign und wählen Sie **Datei: Öffnen**. Ein Doppelklick auf die Datei *Lektion08/Extra_Credit/08_Stationery.indd* öffnet das Bild.

3 Wählen Sie unten im InDesign-Werkzeugbedienfeld den Modus »Normal«, damit Ihnen die Objektrahmen in der Vorlage angezeigt werden.

4 Wählen Sie mit dem Auswahlwerkzeug den Rahmen am oberen Rand des Briefkopfs aus.

5 Wählen Sie **Datei: Platzieren** und führen Sie einen Doppelklick auf die Datei *Lektion08/Final_spaceship.psd* aus.

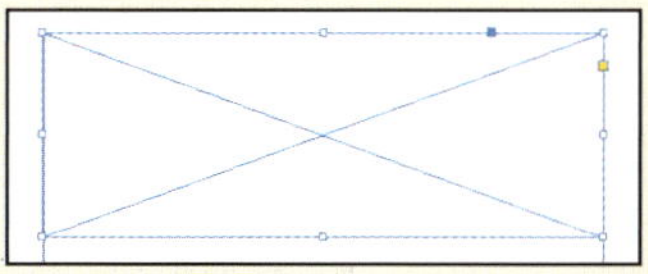

Das Bild erscheint im von Ihnen ausgewählten Rahmen. Die Rahmeneinpassungsoptionen wurden den Rahmen bereits in der Vorlage zugewiesen, das Bild wird also proportional eingepasst und die untere Hälfte wird abgeschnitten.

6 Wiederholen Sie die Schritte 4–5, um dasselbe Bild auch auf der Postkarte und der Visitenkarte zu platzieren.

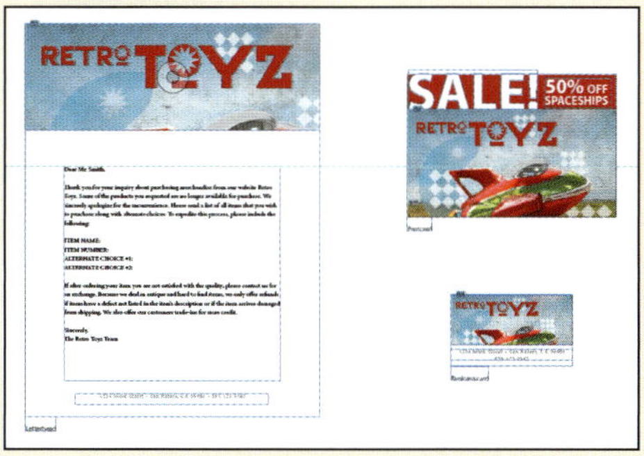

Bonus (Fortsetzung)

Bilder bearbeiten

Sie nehmen einige Änderungen am verknüpften Bild vor, damit es besser zur Briefpapiervorlage passt: Sie ändern die Position des Raumschiffs und des Urheberhinweises und verzichten zudem auf das störende Hintergrundmuster. Nicht in jeden der Objektrahmen wird das Bild vollständig hineinpassen, aber es wird mehr von der fliegenden Untertasse und dem Urheberhinweis zu sehen sein.

1 In InDesign wählen Sie **Fenster: Verknüpfungen**, um das Verknüpfungenbedienfeld zu öffnen.

2 Wählen Sie den Eintrag »Final_spaceship.psd (3)« aus und klicken Sie am unteren Rand des Verknüpfungenbedienfelds auf die Schaltfläche **Original bearbeiten**.

Die Datei *Final_spaceship.psd* öffnet sich in Photoshop.

3 Wählen Sie in Photoshop die *Spaceship*-Ebene und bewegen Sie es mit dem Verschieben-Werkzeug näher an den Namen *Retro Toyz*.

4 Verbergen Sie die *Pattern*-Ebene.

5 Wählen Sie die *Copyright*-Ebene und bewegen Sie sie mit dem Verschieben-Werkzeug in die obere rechte Ecke. Wählen Sie dann **Bearbeiten: Transformieren: Um 180° drehen.**

6 Wählen Sie in Photoshop **Datei: Speichern** und kehren Sie dann zurück zu InDesign.

Das verknüpfte Bild übernimmt automatisch Ihre in Photoshop getroffenen Änderungen. Wenn Sie die Änderungen nicht sehen könen, klicken Sie in InDesign unten im Verknüpfungen-Bedienfeld auf die Schaltfläche **Verknüpfung aktualisieren**.

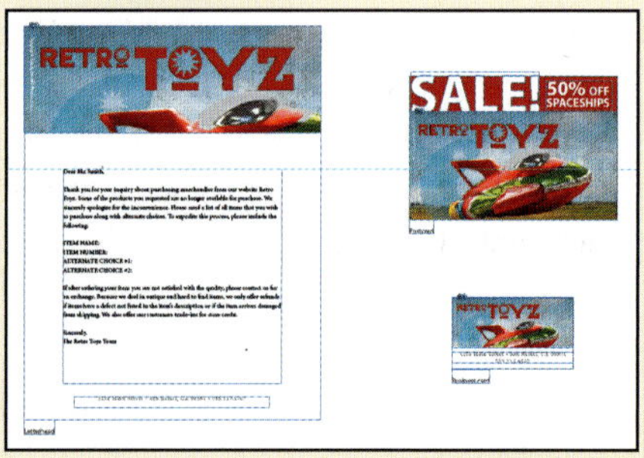

Fragen

1 Wann eignet sich das Zeichenstift-Werkzeug auch als Auswahl-Werkzeug?

2 Was ist der Unterschied zwischen einem Pixelbild und einer Vektorgrafik?

3 Was bewirkt eine Formebene?

4 Welche Werkzeuge werden zum Bewegen und Skalieren von Pfaden und Formen benutzt?

5 Was sind Smartobjekte und worin liegt ihr Nutzen?

Antworten

1 Wenn Sie eine sehr präzise Auswahl erstellen möchten, ist es oft einfacher, einen Pfad mit dem Zeichenstift-Werkzeug zu ziehen und den Pfad dann in eine Auswahl umzuwandeln.

2 Pixelbilder (auch Bitmaps oder Rasterbilder) basieren auf einem Farbraster (sog. Pixel) und eignen sich für die Darstellung von Halbtonbildern. Vektorgrafiken bestehen aus mathematisch beschriebenen Formen und eignen sich für Illustrationen, Text und Zeichnungen, die auch in unterschiedlichen Skalierungen detailgetreu und scharf sein müssen.

3 Eine Formebene speichert die Kontur einer Form im Pfadebedienfeld. Sie ändern die Kontur einer Form, indem Sie ihren Pfad ändern.

4 Sie benutzen das Pfadauswahl-Werkzeug und das Direktauswahl-Werkzeug, um Formen zu bewegen, in der Größe zu ändern und zu bearbeiten. Sie modifizieren eine Form oder einen Pfad auch über den Befehl **Bearbeiten: Frei transformieren**.

5 Smartobjekte sind Vektorobjekte, die Sie auch aus Adobe Illustrator importieren und in Photoshop ohne Qualitätseinbußen platzieren und bearbeiten können. Ein großer Vorteil bei der Arbeit mit Smartobjekten ist, dass sich das Originalobjekt in Illustrator bearbeiten lässt und dass das in der Photoshop-Bilddatei platzierte Smartobjekt sofort aktualisiert wird.

9 SPEZIALEFFEKTE

Überblick

In dieser Lektion lernen Sie Folgendes:

- Smartfilter anwenden und bearbeiten
- Farbeffekte ausgewählten Bildbereichen zuweisen
- Verschiedene Effekte durch Anwendung von Filtern erstellen
- Eine Aktion zum Automatisieren von Arbeitsschritten aufzeichnen und abspielen
- Eine bedingte Aktion erzeugen
- Ein Bild mit geringer Auflösung für hochauflösende Druckausgabe hochskalieren
- Bilder zu Panoramen zusammenführen

Für diese Lektion benötigen Sie etwa 90 Minuten. Laden Sie die Lektionsdateien für die Lektion09 von der Buch-DVD in einen Ordner »Lektionen« auf Ihrer Festplatte. Bei der Arbeit mit dieser Lektion überschreiben Sie die Startdateien. Wenn Sie diese wiederherstellen wollen, laden Sie sie einfach von der DVD erneut auf Ihre Festplatte.

Monster makeup imagery courtesy of Russell Brown, with illustration by John Connell

PROJEKT: PLAKAT FÜR MONSTERFILM

Die Vielzahl der in Adobe Photoshop eingebauten Filter ermöglicht es Ihnen, schlichte Bilder durch außergewöhnliche Effekte zu verbessern. Mit Smartfiltern können Sie diese Transformationen bearbeiten. Photoshop besitzt viele Funktionen, mit denen Sie das Aussehen Ihrer Bilder verändern. Mit Aktionen können Sie sich wiederholende Aufgaben schnell durchführen und sparen so Zeit für Ihre kreative Arbeit.

Vorbereitungen

Sie erstellen in dieser Lektion Werbematerialien für einen Monsterfilm. Sie gestalten aus mehreren Bildern eine Postkarte und »stitchen« anschließend ein Panorama für ein Webbanner. Sie sehen sich jedoch zuerst die fertigen Lektionsdateien an.

1 Starten Sie Photoshop und halten Sie sofort danach die Tasten [Strg]+[Alt]+[⇧] (Windows) bzw. [⌘]+[⌥]+[⇧] (Mac OS) gedrückt, um die standardmäßigen Voreinstellungen zu erhalten (siehe »Die Standardeinstellungen wiederherstellen« auf Seite 4).

2 Klicken Sie im Meldungsfenster zur Bestätigung auf »Ja«, um die Standardeinstellungen wiederherzustellen.

Hinweis: Sollte Bridge nicht installiert sein, werden Sie bei der Auswahl des Befehls »In Bridge suchen« aufgefordert, es zu installieren. Weitere Informationen erhalten Sie auf Seite 3.

3 Wählen Sie **Datei: In Bridge suchen**.

4 Wählen Sie in Bridge im Menü links die Option »Favoriten«, doppelklicken Sie auf den Ordner *Lektionen*. Wählen Sie den Ordner *Lektion09*.

5 Betrachten Sie die Miniatur der Datei *09A_End.psd*. Verschieben Sie den Regler am unteren Rand des Bridge-Fensters, falls Sie näher heranzoomen möchten, um die Miniaturbilder deutlicher zu erkennen.

Bei dieser Datei handelt es sich um ein Filmposter. Es besteht aus einem Hintergrund, einem Monsterbild und einigen kleineren Bildern. Auf jedes der Bilder wurden ein oder mehrere Filter oder Effekte angewendet.

Das Monster besteht aus einem Bild eines ganz normalen (wenn auch etwas bedrohlich wirkenden) Kerls und einigen schaurigen Bildern. Diese monströsen Extras stammen von Russell Brown, mit Illustrationen von John Connell.

6 Betrachten Sie nun die Bildminiatur *09B_End.jpeg*.

Bei dieser Datei handelt es sich um ein Webbanner mit einem Panoramabild und Text. Doch zuerst gestalten Sie das Poster. Zunächst kombinieren Sie dabei in Photoshop mehrere Ebenen, um das Monster zusammenzusetzen.

7 Suchen Sie in Bridge nach dem Verzeichnis *Lektion09/Monster-Makeup* und öffnen Sie es.

8 Klicken Sie bei gedrückter [⇧]-Taste auf alle Dateien im Ordner *Monster-Makeup* und wählen Sie **Werkzeuge: Photoshop: Dateien in Photoshop-Ebenen laden**.

Photoshop importiert alle ausgewählten Dateien als einzelne Ebenen in eine neue Photoshop-Datei. Die Sichtbarkeitssymbole der Ebenen, aus denen das Monster entsteht, sind rot hinterlegt.

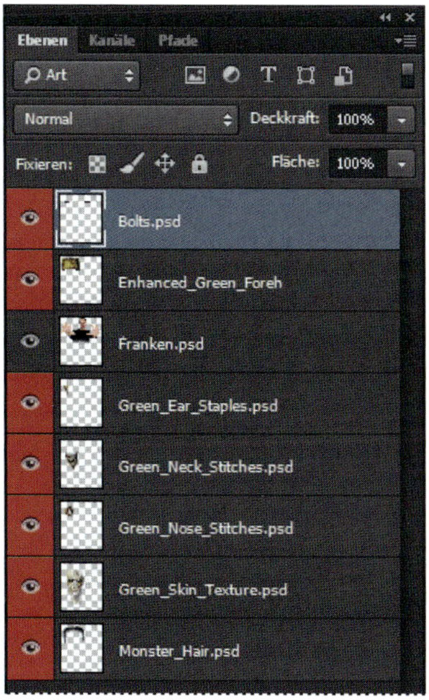

9 In Photoshop wählen Sie **Datei: Speichern unter**. Wählen Sie als Format Photoshop und nennen Sie die neue Datei **09Working.psd**. Speichern Sie sie in den Ordner *Lektion09*. Klicken Sie im Dialogfeld »Photoshop-Formatoptionen« auf OK.

Ebenen anordnen

Ihre Bilddatei besteht aus acht Ebenen, die in alphabetischer Reihenfolge importiert wurden. In dieser Anordnung ergeben sie kein besonders überzeugendes Monster. Sie müssen die Ebenen beim Zusammensetzen des Monsters neu sortieren und teilweise die Größe ihrer Inhalte anpassen.

1 Zoomen Sie heraus oder scrollen Sie, damit Sie alle Ebenen auf der Zeichenfläche sehen können.

2 Im Ebenenbedienfeld ziehen Sie die *Monster_Hair*-Ebene im Ebenenstapel ganz nach oben.

3 Ziehen Sie die *Franken*-Ebene ans untere Ende des Ebenenstapels.

4 Wählen Sie das Verschieben-Werkzeug und bewegen Sie die *Franken*-Ebene (das Bild der Person) an den unteren Seitenrand.

5 Markieren Sie im Ebenenbedienfeld bei gedrückter ⇧-Taste alle Ebenen außer der *Franken*-Ebene und wählen Sie **Bearbeiten: Frei transformieren**.

6 Drücken Sie die ⇧-Taste und ziehen Sie eine Ecke der Auswahl nach unten, um alle ausgewählten Ebenen ungefähr auf 50% ihrer ursprünglichen Größe zu verkleinern. (Achten Sie dabei in der Optionsleiste auf die Prozentangaben zur Höhe und Breite.)

7 Die verkleinerten Ebenen sind immer noch markiert; schieben Sie sie nun über den Kopf der *Franken*-Ebene. Drücken Sie dann Enter, um die Transformation zu bestätigen.

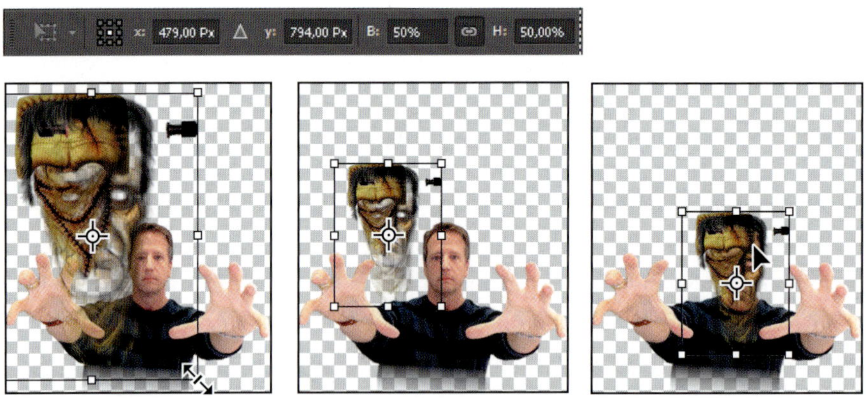

8 Zoomen Sie heran, um den Kopf deutlich zu erkennen.

9 Verbergen Sie alle Ebenen außer den Ebenen *Green_Skin_Texture* und *Franken*.

10 Wählen Sie nur die *Green_Skin_Texture*-Ebene aus und zentrieren Sie sie mit Hilfe des Verschieben-Werkzeugs über dem Gesicht.

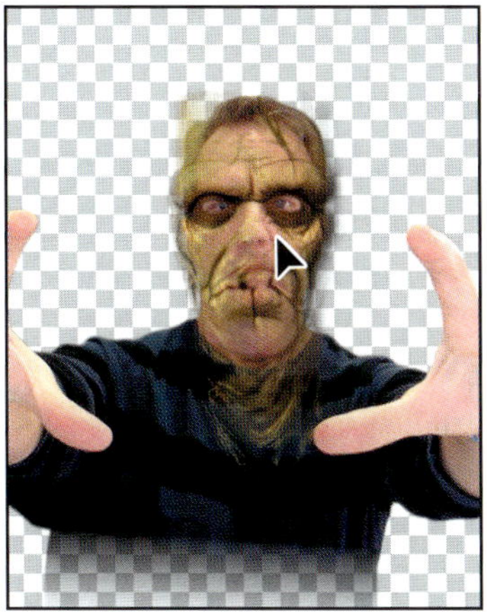

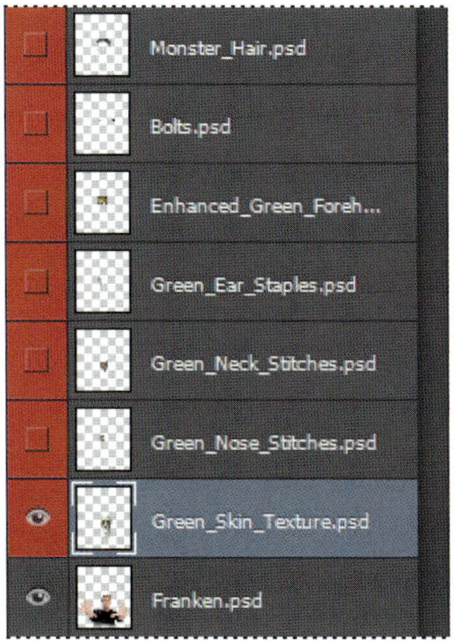

11 Wählen Sie erneut **Bearbeiten: Frei transformieren,** um die Textur an das Gesicht anpassen zu können. Verwenden Sie die seitlichen Griffe zum Anpassen der Breite, die oberen und unteren Griffe zum Anpassen der Höhe und die Pfeiltasten zur Korrektur der Ebenenposition. Orientieren Sie sich dabei an Augen und Mund. Wenn Sie die Hauttextur platziert haben, drücken Sie Enter, um die Transformation abzuschließen.

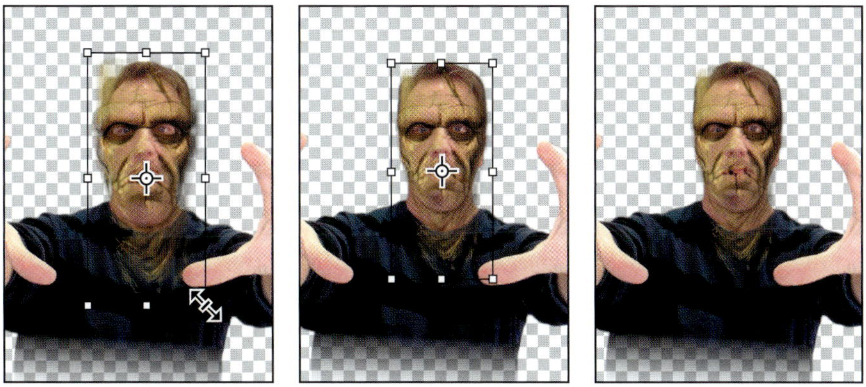

12 Speichern Sie Ihre Datei.

Smartfilter anwenden

Im Gegensatz zu regulären Filtern, die ein Bild permanent ändern, sind Smartfilter nicht zerstörend (nicht destruktiv): Sie lassen sich einstellen, aus- und einschalten sowie entfernen. Smartfilter lassen sich allerdings nur auf eine Smartobjekt-Ebene anwenden, wodurch Sie die Ebene selbst nicht mehr bearbeiten können, sondern nur ihre Smartfilter-Effekte.

Den Verflüssigen-Filter anwenden

Mit dem Verflüssigen-Filter verengen Sie die Augenöffnungen und verändern die Gesichtsform des Monsters. Da Sie die Filtereinstellungen gegebenenfalls auch später noch anpassen möchten, setzen Sie den Verflüssigen-Filter als Smartfilter ein. Sie müssen also zunächst die *Green_Skin_Texture*-Ebene in ein Smartobjekt umwandeln.

1 Achten Sie darauf, dass die *Green_Skin_Texture*-Ebene im Ebenenbedienfeld ausgewählt ist, und wählen Sie dann aus dem Bedienfeldmenü des Ebenenbedienfelds »In Smartobjekt konvertieren«.

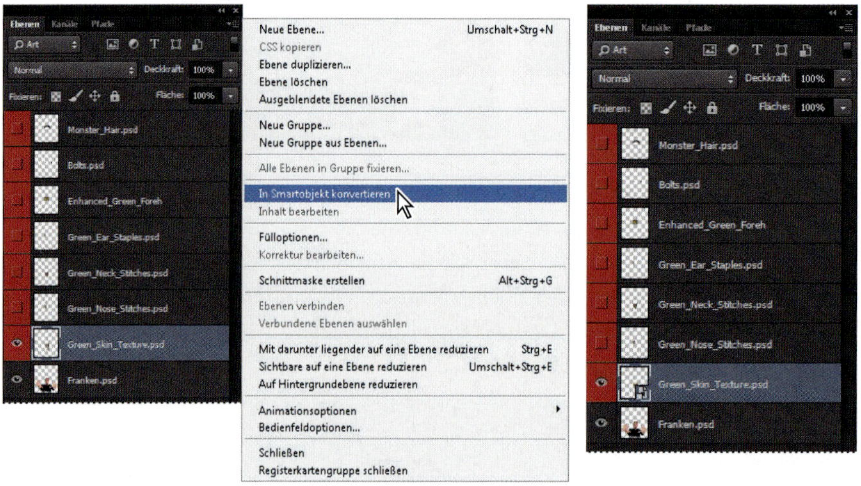

2 Wählen Sie **Filter: Verflüssigen**.

Photoshop zeigt die Ebene im Dialogfeld »Verflüssigen« an.

3 Wählen Sie im Dialogfeld »Verflüssigen« den Erweiterten Modus, um zusätzliche Einstellungsmöglichkeiten angezeigt zu bekommen.

4 Wählen Sie »Hintergrund einblenden« und dann »Dahinter« aus dem Menü »Modus«.
Setzen Sie die Deckkraft auf **75**.

5 Wählen Sie im Werkzeugbedienfeld auf der linken Seite des Dialogfelds das Zoom-Werkzeug (🔍) aus und zoomen Sie den Augenbereich heran.

6 Wählen Sie das Mitziehen-Werkzeug (👆) aus (das erste Werkzeug).

Das Mitziehen-Werkzeug drückt Pixel beim Ziehen nach vorne.

7 Im Bereich »Werkzeugoptionen« stellen Sie die Pinselgröße auf **150** und den Pinseldruck auf **75**.

8 Ziehen Sie die rechte Augenbraue mit dem Mitziehen-Werkzeug nach unten, um die Augenöffnung zu verkleinern. Ziehen Sie dann von unter dem Auge nach oben.

9 Wiederholen Sie Schritt 8 an der linken Augenbraue und am linken Tränensack.

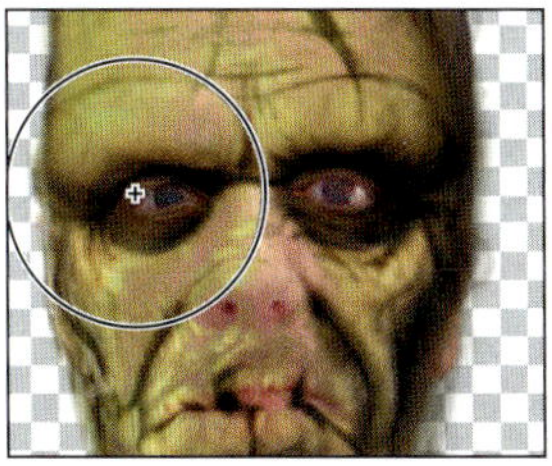

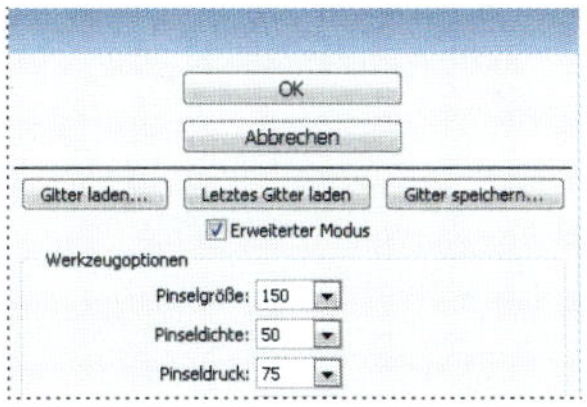

10 Wenn Sie die Lücke um die Augen herum geschlossen haben, klicken Sie auf OK.

Da Sie den Verflüssigen-Filter als Smartfilter angewendet haben, können Sie später weitere Veränderungen am Gesicht durchführen.

Andere Ebenen platzieren

Die Hauttextur sitzt an der richtigen Stelle und Sie können nun die anderen Ebenen zurechtrücken. Arbeiten Sie sich dabei im Ebenenbedienfeld von unten nach oben vor.

1 Blenden Sie die *Green_Nose_Stitches*-Ebene ein und wählen Sie sie im Ebenenbedienfeld aus.

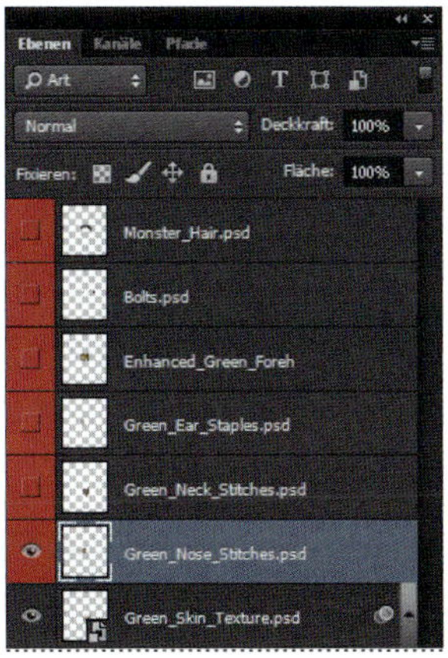

2 Wählen Sie **Bearbeiten: Frei transformieren** und platzieren Sie die Ebene dann über der Nase. Passen Sie ihre Größe dabei nach Bedarf an. Drücken Sie Enter, um die Transformation durchzuführen.

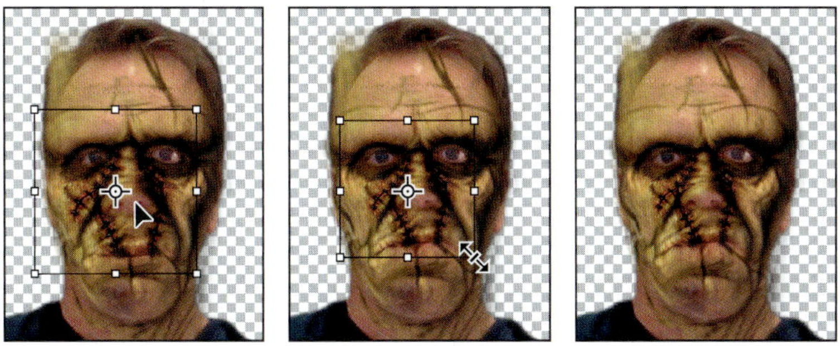

3 Wiederholen Sie die Schritte 1–2, um folgende Ebenen zu platzieren:

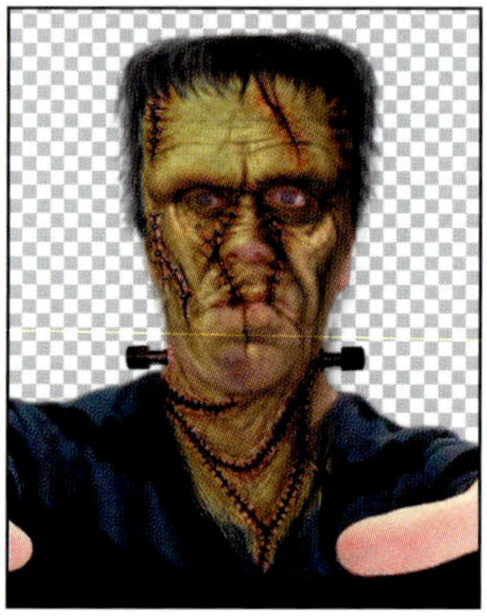

- Schieben Sie die *Green_Neck_Stitches*-Ebene über den Hals.
- Schieben Sie die *Green_Ear_Staples*-Ebene über das linke Ohr.
- Schieben Sie die *Enhanced_Green_Forehead*-Ebene über die Stirn.
- Verschieben Sie die *Bolts*-Ebene so, dass die Schrauben auf beiden Seiten zum Hals herausstehen.
- Schieben Sie die *Monster_Hair*-Ebene über den Haaransatz.

4 Speichern Sie Ihre Arbeit.

Einen Smartfilter bearbeiten

Wenn alle Ebenen in Position sind, können Sie die Augenöffnungen weiter verfeinern und mit den Wülsten der Augenbrauen experimentieren. Für diese Anpassungen kehren Sie zum Verflüssigen-Filter zurück.

1 Doppelklicken Sie im Ebenenbedienfeld auf *Verflüssigen*, dem Eintrag unter Smartfilter in der *Green_Skin_Texture*-Ebene.

Photoshop öffnet wieder das Dialogfenster *Verflüssigen*. Dieses Mal sind alle Ebenen in Photoshop sichtbar. Wenn Sie *Hintergrund einblenden* wählen, sehen Sie sie also alle. Manchmal ist es einfacher, Änderungen ohne einen ablenkenden Hintergrund durchzuführen. Andererseits ist es oft hilfreich, die Bearbeitungen im Gesamtzusammenhang zu sehen.

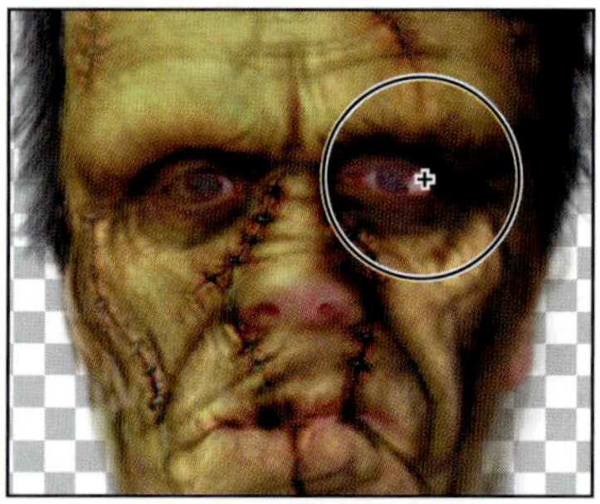

2 Zoomen Sie herein, um die Augen besser zu erkennen.

3 Wählen Sie im Werkzeugbedienfeld das Zusammenziehen-Werkzeug (icon) aus und klicken Sie auf die äußeren Ränder beider Augen.

Das Zusammenziehen-Werkzeug verschiebt Pixel beim Klicken oder Ziehen in Richtung der Pinselmitte.

4 Wählen Sie das Aufblasen-Werkzeug (icon) und klicken Sie auf das äußere Ende einer Augenbraue, um sie zu vergrößern; machen Sie mit der anderen Augenbraue dasselbe.

Das Aufblasen-Werkzeug bewegt Pixel beim Klicken oder Ziehen von der Pinselmitte weg.

5 Experimentieren Sie mit den Zusammenziehen- und Aufblasenwerkzeugen und weiteren Werkzeugen im Verflüssigen-Filter, bis das Gesicht des Monsters Ihren Vorstellungen entspricht. Denken Sie daran, dass Sie die Pinselgröße und weitere Einstellungen verändern können. Sie können einzelne Schritte zurücknehmen. Um komplett neu zu beginnen, ist es jedoch am einfachsten, auf *Abbrechen* zu klicken und dann das Dialogfenster *Verflüssigen* erneut aufzurufen.

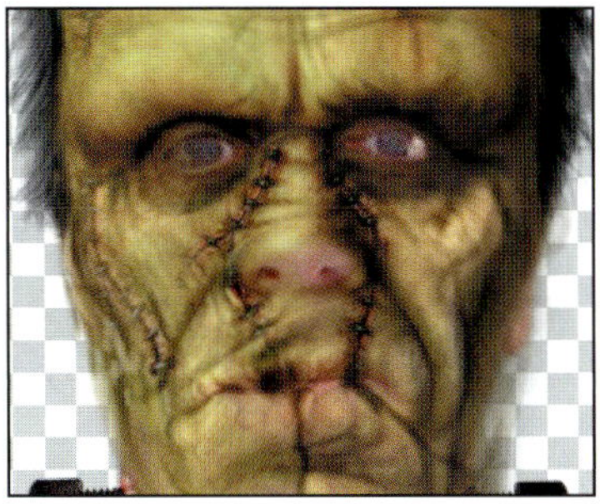

6 Wenn Ihnen das Monstergesicht gefällt, klicken Sie auf OK.

Eine Ebene bemalen

Es gibt in Photoshop zahlreiche Möglichkeiten, Objekte und Ebenen zu bemalen. Mit am einfachsten geht es mit dem Mischmodus *Farbe* und dem Pinselwerkzeug. Mit dieser Methode malen Sie nun die grüne Haut Ihres Monsters an.

1 Wählen Sie im Ebenenbedienfeld die *Franken*-Ebene aus.

2 Klicken Sie unten im Ebenenbedienfeld auf das Symbol »Neue Ebene erstellen«.

Photoshop erstellt eine neue Ebene namens *Ebene 1*.

3 Die *Ebene 1* ist markiert; wählen Sie oben im Ebenenbedienfeld im Mischmodus-Menü den Eintrag *Farbe*.

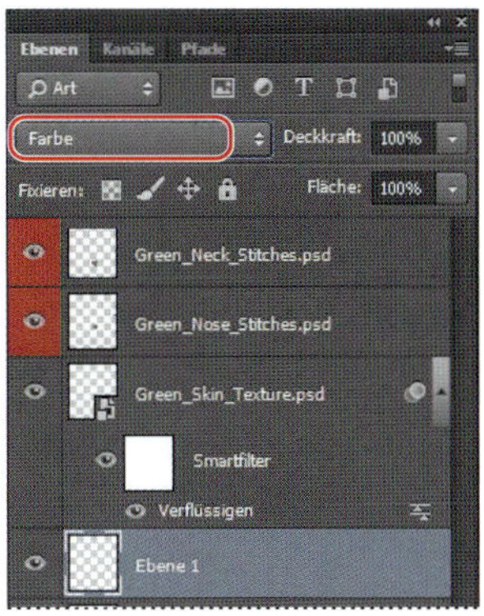

Der Mischmodus *Farbe* kombiniert den Helligkeitswert der Grundfarbe (der bereits auf der Ebene befindlichen Farbe) mit dem Farbton und der Sättigung der von Ihnen angewendeten Farbe. Dieser Mischmodus eignet sich gut, um Monochrom- oder auch Farbbilder zu kolorieren.

▶ **Tipp:** Weitere Informationen und Beschreibungen der einzelnen Füllmethoden erhalten Sie in der Photoshop-Hilfe. Suchen Sie nach »Füllmethoden«.

4 Wählen Sie das Pinsel-Werkzeug (🖌). Wählen Sie in der Optionsleiste einen **60**-Pixel-Pinsel mit einer Härte von **0**.

5 Drücken Sie die Alt- oder ⌥-Taste, um kurzzeitig zum Pipette-Werkzeug zu wechseln. Nehmen Sie einen grünen Farbton aus der Stirn auf und lassen Sie dann die Alt- oder ⌥-Taste wieder los, um zum Pinsel-Werkzeug zurückzukehren.

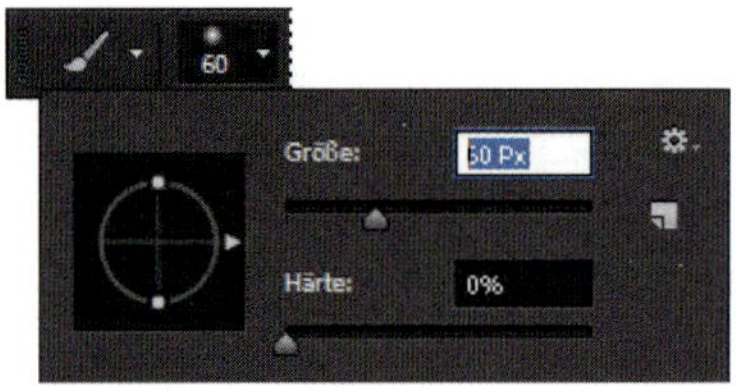

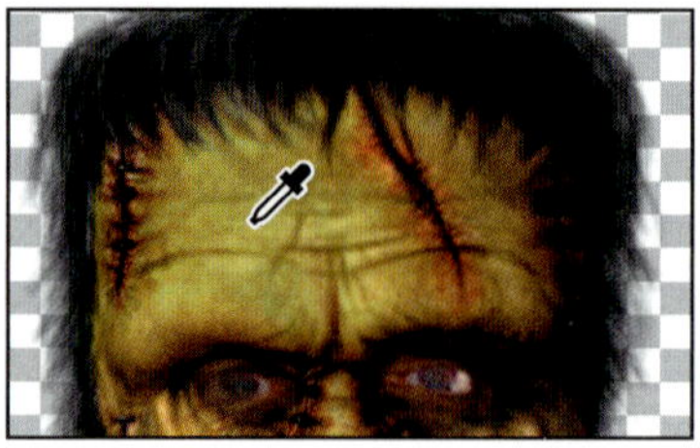

6 Klicken Sie bei gedrückter [Strg]- oder [⌘]-Taste auf das Miniaturbild in der *Franken*-Ebene, um ihre Inhalte zu markieren.

▶ **Tipp:** Um während des Malens die Pinselspitze zu vergrößern, drücken Sie die Taste [#]. Um sie zu verkleinern, verwenden Sie die Taste [ö].

7 Achten Sie darauf, dass *Ebene 1* im Ebenenbedienfeld immer noch ausgewählt ist. Verwenden Sie dann das Pinsel-Werkzeug, um über Hände und Arme zu malen. Achten Sie darauf, am Übergang zu den Hemdfarben nicht neben der Haut zu malen. Wenn die Haut am Auswahlrand liegt, brauchen Sie nicht so sorgfältig vorzugehen, denn außerhalb der Auswahl hat das Pinsel-Werkzeug keine Auswirkungen.

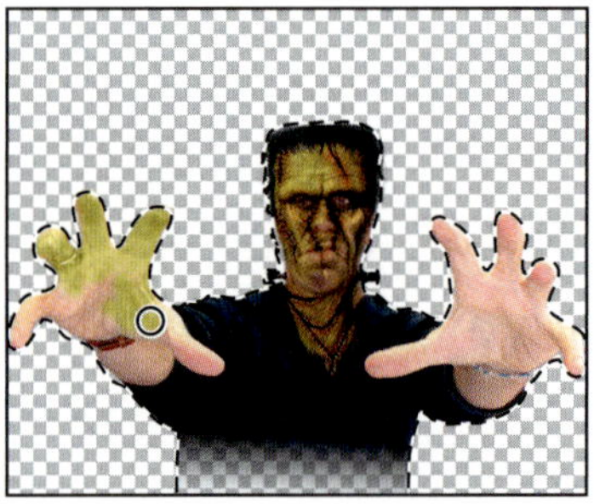

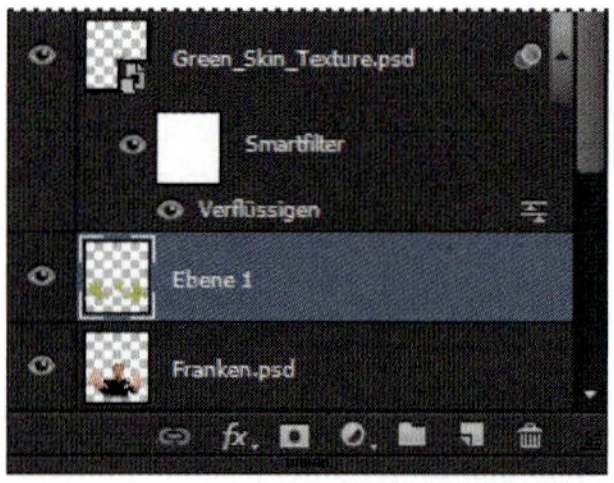

8 Übermalen Sie alle Bereiche des Gesichts und Halses, wo die normale Hautfarbe durch die *Green_Skin_Texture*-Ebene hindurchscheint.

9 Wenn Sie mit der grünen Haut zufrieden sind, wählen Sie **Auswahl: Auswahl aufheben**. Speichern Sie Ihre Arbeit.

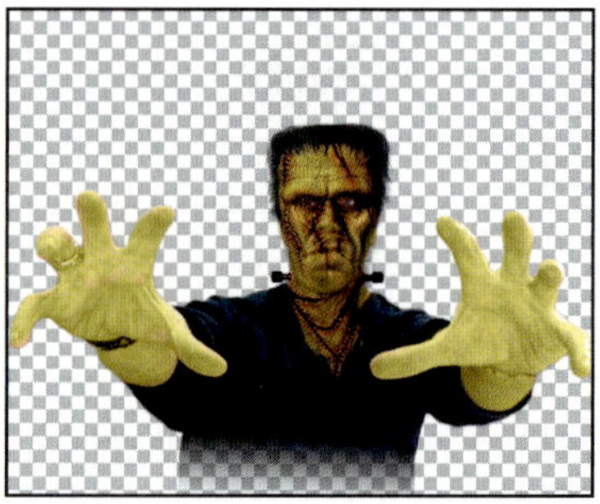

Einen Hintergrund hinzufügen

Jetzt haben Sie ein gut aussehendes Monster – es ist Zeit, es in seine gespenstische Umgebung zu versetzen. Um das Monster einfach auf einen Hintergrund schieben zu können, reduzieren Sie zuerst alle Ebenen auf eine Ebene.

1 Achten Sie darauf, dass alle Ebenen sichtbar sind. Dann wählen Sie *Sichtbare auf eine Ebene reduzieren* aus dem Bedienfeldmenü des Ebenenbedienfelds.

Photoshop reduziert alle Ebenen auf eine Ebene namens *Ebene 1*.

2 Geben Sie *Ebene 1* den neuen Namen **Monster**.

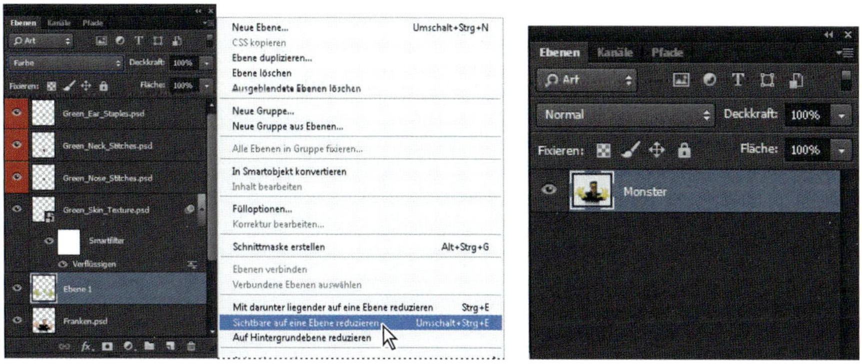

3 Wählen Sie **Datei: Öffnen**. Steuern Sie im Ordner *Lektion09* die Datei *Backdrop.psd* an und öffnen Sie diese.

4 Wählen Sie **Fenster: Anordnen: 2 nebeneinander**, um sowohl die Monster- als auch die Hintergrunddatei anzuzeigen.

5 Klicken Sie auf die Datei *09Working.psd*, um sie zu aktivieren.

6 Wählen Sie das Verschieben-Werkzeug (▸✢) und ziehen Sie die *Monster*-Ebene dann auf die Datei *Backdrop.psd*. Platzieren Sie das Monster so, dass seine Hände gerade über dem Filmtitel liegen.

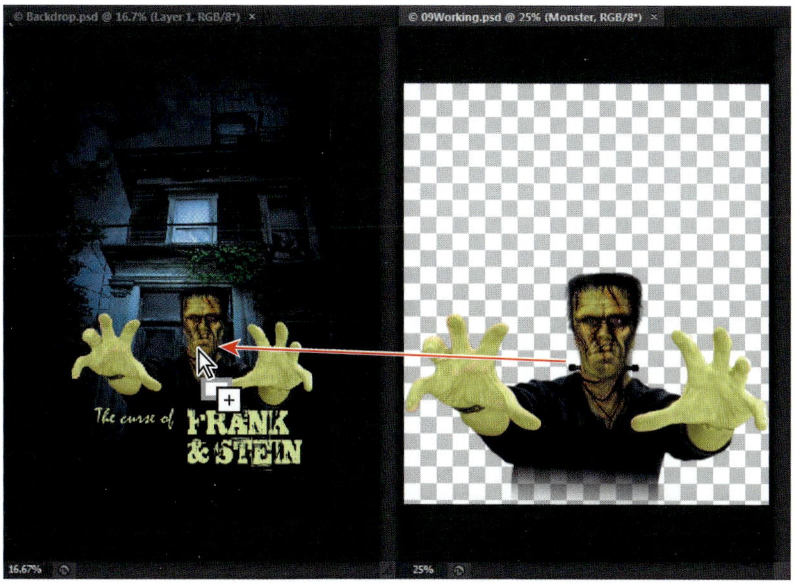

7 Schließen Sie die Datei *09Working.psd* und speichern Sie die Änderungen, wenn Sie dazu aufgefordert werden.

8 Wählen Sie **Datei: Speichern unter** und speichern Sie die Datei unter dem Namen **Movie-Poster.psd**. Klicken Sie im Dialogfeld »Photoshop Formatoptionen« auf OK.

Eine mehrstufige Aufgabe automatisieren

Eine *Aktion* besteht aus einem oder mehreren von Ihnen aufgezeichneten Befehlen, die Sie dann später wieder »abspielen« und auf eine einzelne Datei oder einen Stapel aus mehreren Dateien anwenden können. Sie können sogar an Bedingungen geknüpfte Aktionen erstellen, die ihr Verhalten anhand der von Ihnen festgelegten Kriterien verändern. In dieser Übung erstellen Sie Aktionen zum Anwenden von Filtern auf Bilder von Grabsteinen. Dann verwenden Sie eine an Bedingungen geknüpfte Aktion, um festzulegen, wie diese Aktionen angewendet werden.

Aktionen stellen eine von mehreren Möglichkeiten zur Automatisierung von Abläufen in Photoshop dar. Mehr zur Aufzeichnung von Aktionen erfahren Sie in der Photoshop-Hilfe.

Das Aufzeichnen einer Aktion vorbereiten

Zunächst zeichnen Sie eine Aktion auf, die eine Reihe von Filtern auf ein Bild anwendet. Sie verwenden das Aktionenbedienfeld, um individuelle Aktionen aufzuzeichnen, auszuführen, zu bearbeiten und zu löschen. Mit dem Aktionenbedienfeld lassen sich Aktionendateien auch speichern und laden.

1 Wählen Sie **Datei: In Mini Bridge suchen,** um das Mini-Bridge-Bedienfeld zu öffnen.

2 Gehen Sie zum Ordner *Lektion09*, doppelklicken Sie ihn und doppelklicken Sie dann den Ordner *Tombstones*.

3 Doppelklicken Sie *T1.psd*, um die Datei zu öffnen.

4 Klicken Sie im Werkzeugbedienfeld auf das Symbol »Standardfarben für Vordergrund und Hintergrund« ( ), um wieder eine schwarze Vordergrundfarbe zu erhalten.

5 Wählen Sie **Fenster: Aktionen**, um das Aktionenbedienfeld zu öffnen.

6 Klicken Sie im Aktionenbedienfeld auf das Symbol »Neue Aktion erstellen« ( ).

7 Im Dialogfeld »Neue Aktion« nennen Sie die Aktion **Blue Filter** und klicken dann auf »Aufzeichnen«.

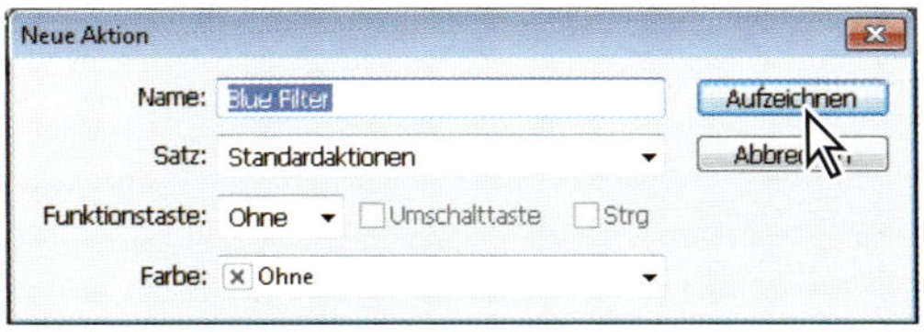

Lassen Sie sich nicht von der Tatsache hetzen, dass Sie eine Aufzeichnung durchführen. Nehmen Sie sich die erforderliche Zeit, diesen Vorgang sorgfältig durchzuführen. Ihr Arbeitstempo hat keinen Einfluss auf die benötigte Zeit beim Abspielen einer aufgezeichneten Aktion.

8 Wählen Sie **Filter: Renderfilter: Differenz-Wolken**.

9 Wählen Sie **Filter: Rauschfilter: Rauschen hinzufügen**.

10 Im Dialogfeld »Rauschen hinzufügen« setzen Sie die »Stärke« auf **3** %, wählen Gaußsche Normalverteilung und aktivieren »Monochromatisch«. Klicken Sie dann auf OK.

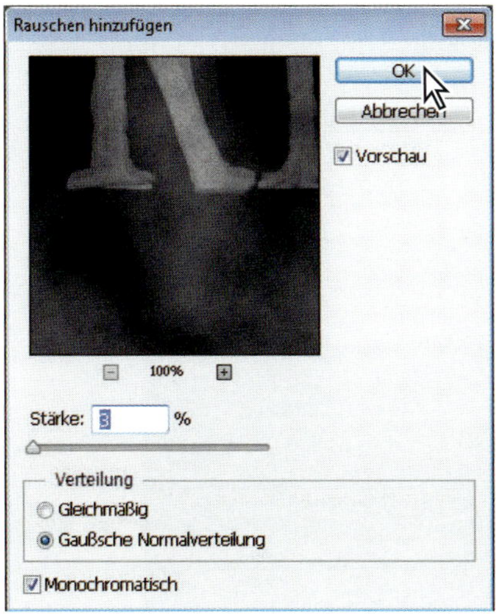

11 Wählen Sie **Filter: Renderfilter: Beleuchtungseffekte**.

12 In der Optionsleiste wählen Sie »Blitzlicht« aus dem Vorgaben-Menü.

13 Klicken Sie auf das Farbfeld im Eigenschaftenbedienfeld und wählen Sie ein helles Blau.

14 Ziehen Sie die Lichtquelle im Bildfenster ins obere Drittel des Grabsteins, mittig über die Buchstaben »RIP«.

15 Ändern Sie im Eigenschaftenbedienfeld die Intensität auf **46**.

Hinweis: Der Filter »Beleuchtungseffekte« steht nicht zur Verfügung, wenn im Dialogfenster **Voreinstellungen: Leistung** die »Option Grafikprozessor verwenden« nicht markiert wurde. Falls Ihre Grafikkarte die Grafikprozessor-Option nicht unterstützt, überspringen Sie die Schritte 11–16.

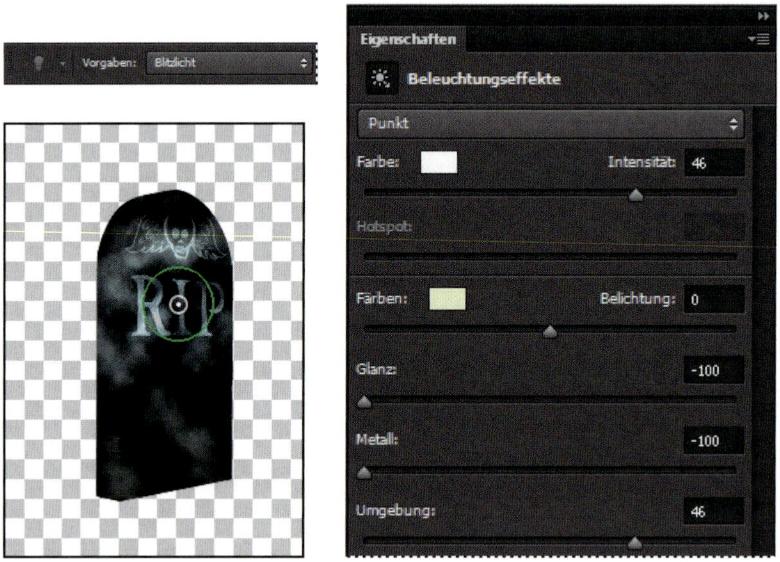

16 Klicken Sie in der Optionsleiste auf OK, um die Einstellungen der Beleuchtungseffekte zu übernehmen.

17 Klicken Sie unten im Aktionenbedienfeld auf das Symbol »Aufzeichnung beenden« (■), um die Aufnahme zu stoppen.

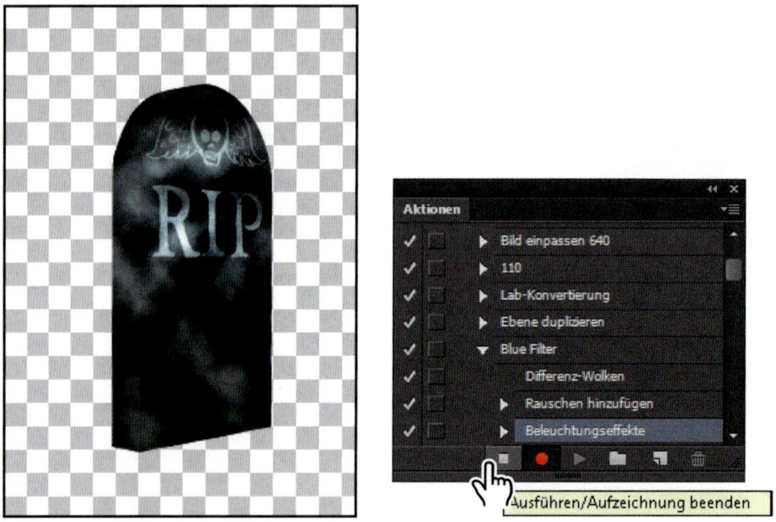

Die soeben aufgenommene Aktion ist nun im Aktionenbedienfeld gespeichert. Klicken Sie auf die Pfeile, um einzelne Schrittfolgen auszuklappen. So können Sie jeden einzelnen Aufnahmeschritt und die dabei getroffenen Einstellungen untersuchen.

Leistung verbessern beim Nutzen von Filtern

Einige Filtereffekte können speicherintensiv sein, besonders wenn sie auf ein hochauflösendes Bild angewendet werden. Die nachfolgenden Techniken können helfen, die Leistung zu verbessern:

- Testen Sie Filter und Einstellungen in einem kleinen Bildbereich.
- Wenden Sie den Effekt auf einzelne Kanäle an – zum Beispiel einzeln auf jeden der RGB-Kanäle –, wenn das Bild groß ist und Sie Speicherprobleme bekommen. (Es ist allerdings anzumerken, dass einige Filter eventuell zu anderen Ergebnissen führen, wenn sie auf einzelne Kanäle statt auf das gesamte Bild angewendet werden. Das gilt besonders, wenn der Filter Pixel nach dem Zufallsprinzip umordnet.)
- Sorgen Sie vor dem Ausführen des Filters mit Hilfe der Entleeren-Befehle im »Bearbeiten«-Menü für freien Speicherplatz.
- Schließen Sie andere geöffnete Anwendungen, um mehr freien Speicher für Photoshop bereitzustellen. Wenn Sie Mac OS nutzen, weisen Sie Photoshop mehr RAM zu.
- Versuchen Sie, speicherintensive Filter wie Beleuchtungseffekte, »Farbpapier-Collage«, »Kacheln«, »Chrom«, »Kräuseln«, »Spritzer«, »Verwackelte Striche« und »Glas« mit geänderten Einstellungen zu beschleunigen. Beim Filter »Kacheln« können Sie zum Beispiel die »Kachelgröße« erhöhen. Beim Filter »Farbpapier-Collage« versuchen Sie es mit einem höheren Abstraktionsgrad und einer niedrigeren Umsetzungsgenauigkeit oder mit beidem.
- Wenn Sie das Bild auf einem Schwarzweißdrucker ausgeben möchten, konvertieren Sie vor Anwendung der Filter eine Bildkopie in Graustufen. Allerdings kann es sein, dass ein auf ein später in ein Graustufenbild umgewandeltes Farbbild angewendeter Filter nicht dieselbe Wirkung erzielt wie ein direkt auf die Graustufenversion angewendeter Filter.

Eine Aktion abspielen

Testen wir nun die Aktion, die Sie soeben aufgenommen haben! Da Sie die Änderungen nicht gespeichert haben, können Sie problemlos wieder zum Originalbild zurückkehren. Spielen Sie dann die Aktion ab und betrachten Sie die Ergebnisse.

1 Wählen Sie **Datei: Zurück zur letzten Version**.

Ihre Änderungen an den Grabsteinen sind verschwunden, aber die Aktion befindet sich immer noch im Aktionenbedienfeld.

2 Wählen Sie im Aktionenbedienfeld die Aktion *Blue Filter* aus und klicken Sie dann auf das Symbol »Auswahl ausführen« (▶).

Beinahe sofort sieht der Grabstein vernebelt aus, es ist derselbe Lichteffekt, den Sie zuvor angewendet hatten. Auf Grundlage der ersten Aktion werden Sie noch eine weitere anlegen und damit auch wieder Einstellungen auf diesen Grabstein anwenden. Sie kehren also nochmals zum Originalbild zurück.

3 Wählen Sie **Datei: Zurück zur letzten Version**.

Filter verwenden

Bedenken Sie bei der Auswahl eines Filters und seiner möglichen Effekte Folgendes:

- Der zuletzt gewählte Filter erscheint ganz oben im Filtermenü.
- Filter werden auf die aktive, sichtbare Ebene angewendet.
- Filter können nicht auf Bitmap-Bilder oder Bilder im Modus »Indizierte Farben« angewendet werden.
- Manche Filter funktionieren nur mit RGB-Bildern.
- Manche Filtereffekte werden komplett im RAM berechnet.
- In der Photoshop-Hilfe finden Sie unter »Filter verwenden« eine Liste von Filtern, die mit Bildern mit 16 und 32 Bits pro Kanal funktionieren.
- Die Photoshop-Hilfe enthält weitere Informationen zu den einzelnen Filtern.

Eine Aktion kopieren und ändern

Sie legen eine weitere Aktion an, die dieselben Filter anwendet, dabei aber einen anderen Farbeffekt ergibt. Anstatt die ganze Aktion wieder von vorne aufzunehmen, können Sie die Originalaktion kopieren und dann ergänzen.

1 Ziehen Sie im Aktionenbedienfeld die Aktion *Blue Filter* auf das Symbol »Neue Aktion erstellen«.

2 Nennen Sie die Kopie der Aktion *Blue Filter* nun **Green Filter**. Eventuell müssen Sie im Aktionenbedienfeld nach unten scrollen oder dieses erweitern, um den neuen Filter zu sehen.

3 Klappen Sie die Schritte in der *Green Filter*-Aktion auf, falls sie noch nicht zu sehen sind.

4 Wählen Sie den Beleuchtungseffekte-Schritt und klicken Sie dann auf das »Aufzeichnung beginnen«-Symbol, um von hier aus eine Aufnahme zu starten.

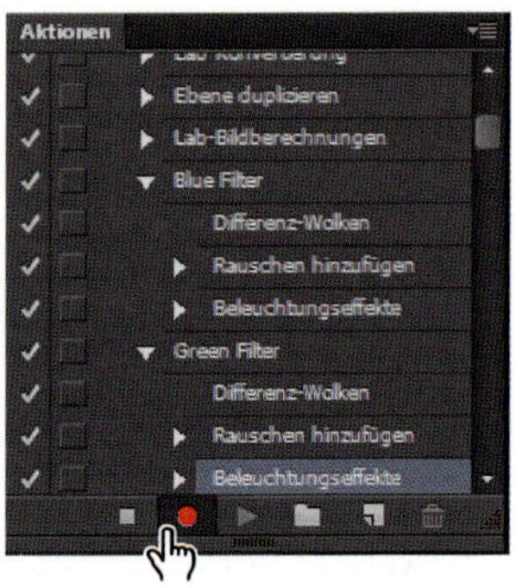

5 Wählen Sie **Bild: Korrekturen: Farbton/Sättigung**.

6 Wählen Sie im Dialogfeld »Farbton/Sättigung« die Option »Färben«. Geben Sie für »Farbton« **120** ein. Klicken Sie dann auf OK.

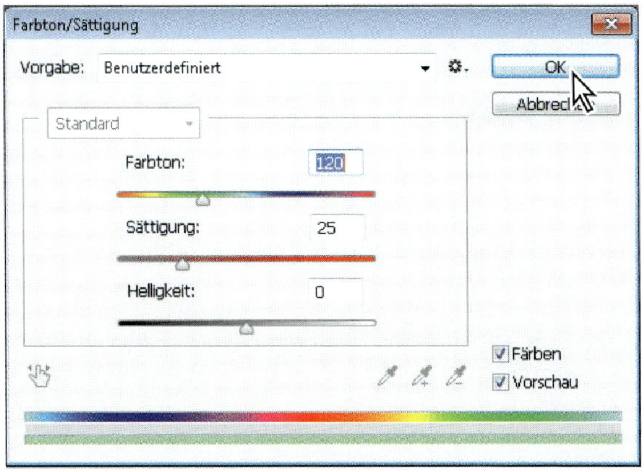

7 Klicken Sie unten im Aktionenbedienfeld auf das »Stop«-Symbol, um die Aufnahme zu stoppen.

8 Wählen Sie **Bearbeiten: Rückgängig Farbton/Sättigung**, um die Farben im Bild wieder zurückzusetzen und die Aktion testen zu können.

9 Wählen Sie die *Green Filter*-Aktion und klicken Sie dann auf das »Auswahl ausführen«-Symbol (▶).

Alle Texturen und Filter aus dem ersten Filter wurden angewendet, dazu kommt noch ein grüner Farbton.

10 Wählen Sie erneut **Datei: Zurück zur letzten Version**.

Eine bedingte Aktion erstellen

Eine bedingte Aktion wendet Aktionen auf Grundlage bestimmter Kriterien wie Ausrichtung, Pixeltiefe, Farbmodus, Dateistatus (geöffnet/geschlossen), Ebenenattributen und weiteren an. Sie haben zwei Aktionen erstellt: Eine erzeugt einen leichten Blaustich und eine einen starken Grünstich. Nun legen Sie eine bedingte Aktion an, die die *Green Filter*-Aktion auf horizontal (quer) ausgerichtete Grabsteine anwendet und die Blue-Filter-Aktion auf alle anderen (senkrecht stehend oder quadratisch).

1 Klicken Sie auf das Symbol »Neue Aktion erstellen«. Benennen Sie die neue Aktion **Color Select** und klicken Sie dann auf »Aufzeichnung beginnen«.

2 Klicken Sie unten im Aktionenbedienfeld gleich wieder auf das Aufzeichnung beenden-Symbol, denn Sie wollen jetzt eigentlich gar nichts aufzeichnen.

3 Die Aktion *Color Select* ist ausgewählt; wählen Sie nun aus dem Bedienfeldmenü des Aktionenbedienfelds »Bedingung einfügen«.

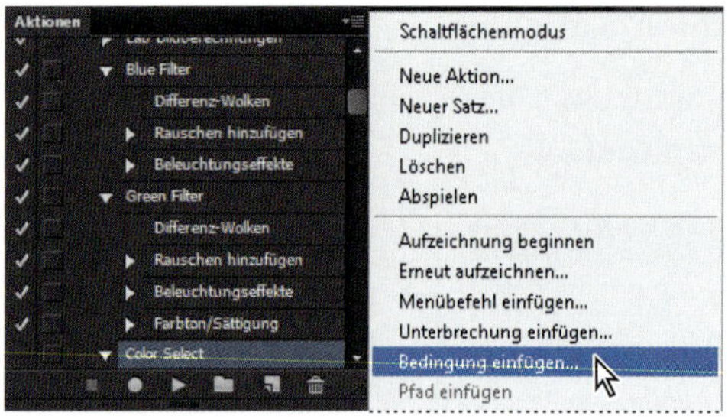

4 Im Dialogfeld »Bedingte Aktion« gehen Sie die Auswahlmöglichkeiten im Menü »Falls Aktuell« durch. Dies sind die Kriterien, die Sie für eine bedingte Aktion verwenden können.

5 Wählen Sie »Dokument liegt im Querformat vor« aus dem Menü »Falls Aktuell«.

6 Wählen Sie »Green Filter« aus dem Menü »Dann Aktion ausführen«.

7 Wählen Sie »Blue Filter« aus dem Menü »Andernfalls Aktion ausführen« und klicken Sie auf OK.

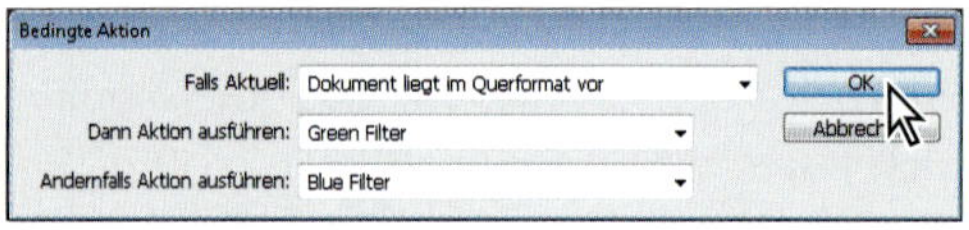

Stapelverarbeitung mit einer Aktion durchführen

Aktionen bringen eine große Zeitersparnis bei Routinetätigkeiten im Zusammenhang mit Dateien. Trotzdem können Sie den Arbeitsfluss noch weiter verbessern, wenn Sie Aktionen auf mehrere Dateien anwenden. Deshalb führen Sie die bedingte Aktion für alle fünf Grabsteinbilder aus und fügen sie nachfolgend in Ihr Poster ein.

1 Wählen Sie **Datei: Automatisieren: Stapelverarbeitung**.

2 Im Bereich »Abspielen« des »Stapelverarbeitung«-Dialogfelds wählen Sie »Color Select« aus dem Menü »Aktion« und »Ordner« aus dem Menü »Quelle«.

3 Im Bereich »Quelle« des Dialogfelds klicken Sie auf »Wählen« und navigieren dann zum Ordner *Lektion09/Tombstones* und klicken auf OK oder »Wählen«.

4 Im Bereich »Ziel« des Dialogfelds wählen Sie »Ordner« aus dem Menü »Ziel«, klicken auf »Wählen« und navigieren zu demselben Ordner *Lektion09/Tombstones* und klicken dann auf OK oder »Wählen«.

5 Im Bereich »Dateibenennung« des Dialogfelds achten Sie darauf, dass im ersten Textfeld **Dokumentname** steht. In das folgende Textfeld geben Sie »final« ein.

6 Für das nächste Textfeld (das unter »Dokumentname«) klicken Sie auf den Pfeil, um das Popup-Menü zu öffnen. Wählen Sie dann »Erweiterung«. Der Dateiname erhält damit auch die Dateinamenerweiterung.

7 Klicken Sie auf OK.

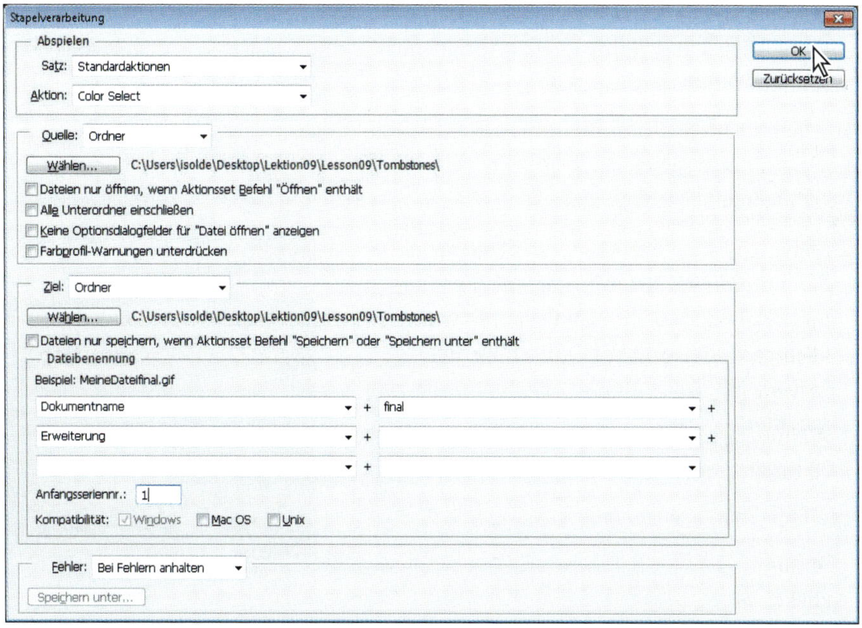

Photoshop führt die *Color Select*-Aktion auf alle fünf Dateien im Tombstone-Verzeichnis aus. Für jede bearbeitete Datei wird dem ursprünglichen Dateinamen das Wort »final« angehängt.

8 Wählen Sie in Mini Bridge mit gedrückter [Strg]- oder [⌘]-Taste alle fünf Dateien mit dem Wort »final« im Dateinamen aus.

9 Ziehen Sie die gewählten Dateien in die Mitte der Zusammenstellung und drücken Sie dann fünfmal die [↵]-Taste, um die Platzierung jeder einzelnen Datei zu bestätigen.

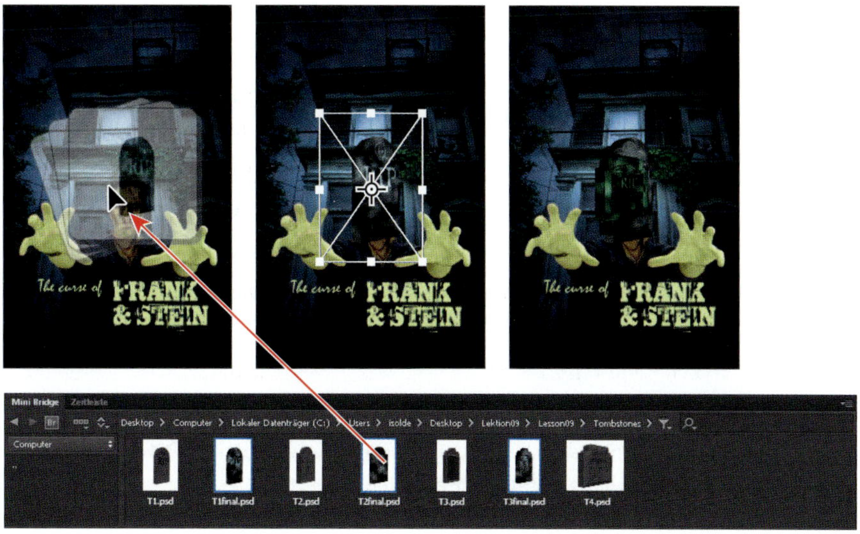

10 Doppelklicken Sie das Mini-Bridge-Register, um es zu schließen.

11 Wählen Sie das Verschieben-Werkzeug (▸✣). Aktivieren Sie dann in der Optionsleiste das Kontrollfeld »Autom. ausw.« und wählen Sie »Ebene« aus dem Menü »Autom. ausw.«.

Mit eingeschalteter Automatisch-auswählen-Funktion und der Menüauswahl »Ebene« können Sie einzelne Objekte verschieben, ohne zuerst ihre Ebenen im Ebenenbedienfeld auszuwählen.

12 Ziehen Sie die einzelnen Grabsteine an den unteren Rand des Posters. Achten Sie dabei darauf, dass ihre Unterkanten vom unteren Posterrand beschnitten werden. Sie können die Grabsteine so platzieren, wie Sie möchten.

13 Speichern Sie Ihre Arbeit.

Ein Bild mit geringer Auflösung hochskalieren

Bilder mit geringer Auflösung sind für Webseiten und in sozialen Netzwerken in Ordnung, ja sogar wünschenswert. Müssen Sie sie jedoch vergrößern, enthalten sie möglicherweise nicht genug Bildinformationen für ein gutes Druckergebnis. Zur Vergrößerung muss Photoshop ein Bild neu berechnen. Es müssen also neue Pixel hinzugefügt werden, wo zuvor gar keine waren. Ihre Werte werden näherungsweise berechnet. Ein neuer Algorithmus in Photoshop CC verbessert diesen Vorgang ganz gewaltig, Sie können Bilder mit niedriger Auflösung nun also mit viel besseren Ergebnissen vergrößern.

Sie wollen in Ihrem Filmposter ein Bild mit geringer Auflösung verwenden, das auf einer sozialen Netzwerkseite gepostet wurde. Für Ihr gedrucktes Poster müssen Sie es vergrößern, ohne die Qualität zu beeinträchtigen.

1 Wählen Sie **Datei: Öffnen**, gehen Sie zum *Lektion09*-Ordner und öffnen Sie die Datei *Faces.jpg*.

2 Zoomen Sie auf 300 %, damit Sie die Pixel erkennen können.

3 Wählen Sie **Bild: Bildgröße**.

4 Ändern Sie die Maßeinheiten für Breite und Höhe in Prozent und ändern Sie dann die Werte auf jeweils 400%.

Die Breite und die Höhe sind standardmäßig miteinander verknüpft, so dass sich die Bildgröße proportional verändert. Müssen Sie für ein Projekt die Breite und die Höhe voneinander unabhängig anpassen, klicken Sie auf das Verkettungssymbol, um die Verknüpfung der Werte aufzuheben.

5 Ziehen Sie das Bild im Vorschaufenster, bis Sie die Brille sehen können.

6 Achten Sie darauf, dass die Option »Neu berechnen« aktiviert ist und wählen Sie »Details erhalten (Vergrößerung)« aus dem Menü »Neu berechnen«.

Das Bild ist viel schärfer, aber die Scharfzeichnung hat etwas Rauschen hinzugefügt.

7 Schieben Sie den Regler »Rauschen reduzieren« auf 50%, um das Bild zu glätten.

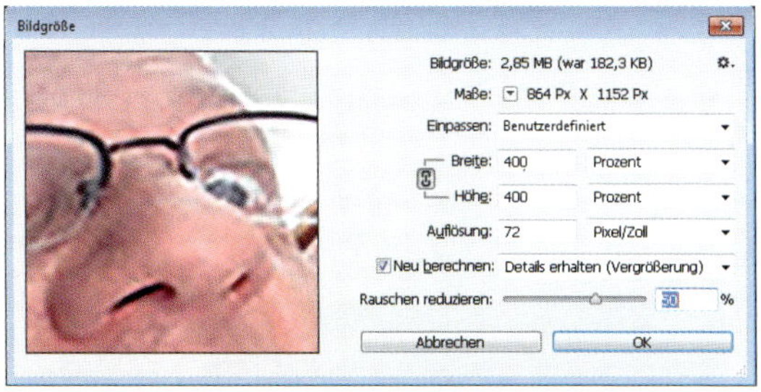

8 Halten Sie die Maustaste über dem Vorschaufenster gedrückt, um das unbearbeitete Bild zu sehen. So können Sie es mit dem neu berechneten Bild vergleichen.

9 Klicken Sie auf OK.

Das Bild wird insgesamt weicher – bedenkt man aber, dass Sie seine Größe vervierfacht und damit ein gering auflösendes Bild für die Druckausgabe brauchbar gemacht haben, schlägt es sich recht gut. Sie fügen das Bild nun im Poster in einen Auswahlbereich mit weicher Kante ein.

10 Wählen Sie **Auswahl: Alles auswählen** und dann wählen Sie **Bearbeiten: Kopieren**.

11 Klicken Sie auf das Register »Movie-Poster.psd«, um es nach vorne zu holen, und wählen Sie dann das Auswahlellipse-Werkzeug (◌), das sich hinter dem Auswahlrechteck-Werkzeug (⬚) verbirgt.

12 Geben Sie in der Optionsleiste **50 Px** für »Weiche Kante« ein.

13 Zeichnen Sie ein Oval in der oberen rechten Ecke des Posters, über dem Kopf des Monsters. Das Oval sollte sich mit dem Fenster und dem Notausgang überschneiden.

14 Wählen Sie **Bearbeiten: Einfügen Spezial: In die Auswahl einfügen**.

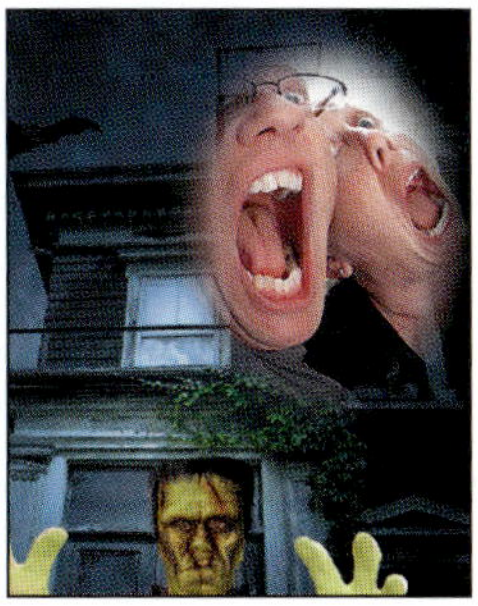

15 Wählen Sie das Verschieben-Werkzeug (▸✣) und zentrieren Sie das eingefügte Bild im vignettierten Auswahlbereich.

16 Wählen Sie aus dem Mischmodus-Menü des Ebenenbedienfelds »Luminanz« und stellen Sie den »Deckkraft«-Regler auf **50** %.

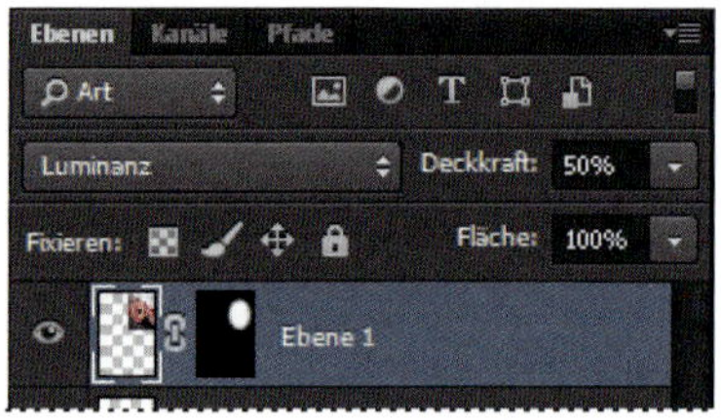

17 Wählen Sie **Datei: Speichern**. Dann schließen Sie die Datei *Faces.jpg*, ohne sie zu speichern.

Das Bild für den Vierfarbdruck speichern

Wenn Sie eine Photoshop-Datei im professionellen Offsetverfahren drucken lassen möchten, ändern Sie den Farbmodus des Bilds mit dem Befehl **Modus** in CMYK. Da einige Filter und Effekte nur im RGB-Modus funktionieren, führen Sie alle Änderungen an der Datei vor ihrer Konvertierung durch.

Viele Druckereien bevorzugen PDF-Dateien, also speichern Sie die Datei im Photoshop-PDF-Format. Es lohnt sich, bei der Druckerei nach den benötigten Einstellungen zu fragen, ehe Sie die PDF-Datei speichern.

Weitere Informationen zu Umwandlungen zwischen den Farbmodi finden Sie in der Photoshop-Hilfe.

1 Wählen Sie **Datei: Speichern unter** und speichern Sie die Datei als **Poster_CMYK.psd**. Klicken Sie auf OK, falls das Dialogfeld »Photoshop Formatoptionen« erscheint.

Eine gute Idee ist es, vor dem Wechsel des Farbmodus eine Kopie der Originaldatei anzulegen, damit Sie später bei Bedarf noch Veränderungen am Original vornehmen können.

2 Wählen Sie **Bild: Modus: CMYK-Farbe**. Klicken Sie auf »Rastern«, um das Erscheinungsbild von Smartobjekten zu erhalten. Klicken Sie bei der Aufforderung auf »Zusammenfügen«, um die Ebenen zusammenzufügen. Klicken Sie schließlich auf OK, falls eine Farbprofilwarnung erscheint.

Wäre das Bild wirklich zum Druck bestimmt, sollten Sie sich vergewissern, dass Sie das richtige CMYK-Farbprofil verwenden. In Lektion 14, »Mit konsistenten Farben produzieren und drucken«, lernen Sie mehr über das Farbmanagement.

3 Wählen Sie **Datei: Speichern unter**. Im Dialogfeld »Speichern unter« wählen Sie »Photoshop PDF« aus dem Menü »Format«.

4 Lassen Sie den Standardnamen (Poster_CMYK.pdf) unverändert und klicken Sie auf »Speichern«. Klicken Sie im folgenden Meldungsfenster auf OK.

5 Im Dialogfeld »Adobe PDF speichern« wählen Sie »Qualitativ hochwertiger Druck« aus dem Menü »Adobe PDF-Vorgaben«.

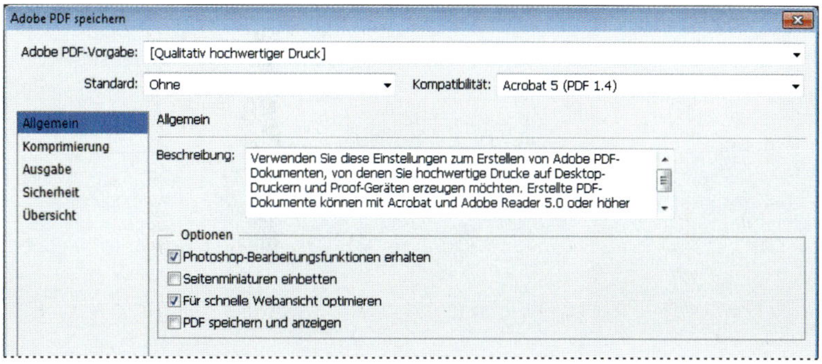

Die Vorgaben umfassen mehrere Einstellungen und sind jeweils auf unterschiedliche Zwecke zugeschnitten.
In vielen Fällen erhalten Sie mit der Vorgabe »Qualitativ hochwertiger Druck« die besten Druckergebnisse. Es könnte jedoch sein, dass Ihre Druckerei Sie um Abänderung der Einstellungen bittet.

6 Klicken Sie auf »PDF speichern«. Klicken Sie auf »Ja«, falls eine Warnmeldung über die Option »Photoshop-Bearbeitungsfunktionen erhalten« erscheint.

7 Schließen Sie die Datei *Poster_CMYK.pdf*.

Ihr Poster ist fertig für den Druck! Als Nächstes erstellen Sie ein Webbanner, um dem Film mehr Öffentlichkeit zu verschaffen.

Tipp: Die meisten Bilder haben mehr als eine Ebene. Wählen Sie vor der Umwandlung des Farbmodus **Ebene: Sichtbare auf eine Ebene reduzieren**. Damit gehen Sie sicher, dass alle von Ihnen durchgeführten Änderungen im CMYK-Bild enthalten sind.

Farbgebung mehrerer Bilder anpassen

Sie fügen sieben Aufnahmen eines Friedhofs zu einem Panorama für das Webbanner zusammen. Für einen gleichmäßigen Verlauf des Panoramas harmonisieren Sie die Farbzusammensetzungen der Bilder. Dadurch passen Sie das Zielbild an die vorherrschenden Farben einer Quelle an. »Gleiche Farbe« können Sie mit jeder Quelldatei ausprobieren, um interessante und ungewöhnliche Effekte zu erzeugen. »Gleiche Farbe« ist auch hilfreich für diverse Farbkorrekturen in manchen Fotos (etwa an Hauttönen). Die Funktion kann auch die Farbe zwischen unterschiedlichen Ebenen innerhalb eines Bilds angleichen. Weitere Informationen finden Sie in der Photoshop-Hilfe.

Sie erstellen eine Aktion, damit Sie die Änderungen an Dateien schnell vornehmen können.

1 Öffnen Sie das Bedienfeld »Mini Bridge« und steuern Sie den Ordner *Lektion09/Panorama* an. Doppelklicken Sie auf den Ordnernamen, um seine Inhalte darzustellen.

Im Ordner befinden sich sieben mit laufender Nummer versehene Bilder. Die Farben dieser Dateien werden Sie angleichen.

2 Doppelklicken Sie im Mini Bridge-Bedienfeld auf die Datei *IMG_7437.jpg*, um sie zu öffnen. Doppelklicken Sie dann auf die Datei *IMG_7436.jpg*, um auch sie zu öffnen.

3 Wählen Sie **Fenster: Anordnen: 2 nebeneinander**, um beide Bilder zu sehen.

Die Datei *IMG_7436.jpg* ist in einigen Bereichen überbelichtet und etwas verwaschen. Sie verwenden die Funktion »Gleiche Farbe«, um die Farben dieses Bilds an die in der Datei *IMG_7437.jpg* anzugleichen. Anschließend schärfen Sie es. Da Sie dieselben Schritte für alle Dateien im Verzeichnis durchführen müssen, erstellen Sie eine Aktion.

4 Wählen Sie das Register *IMG_7436.jpg*, damit die Datei auch wirklich aktiv ist.

5 Wählen Sie **Fenster: Aktionen,** um das Aktionenbedienfeld zu öffnen.

6 Klicken Sie auf die Schaltfläche »Neue Aktion erstellen«, benennen Sie die Aktion **Gleiche Farbe und Scharfzeichnen** und klicken Sie auf »Aufzeichnen«.

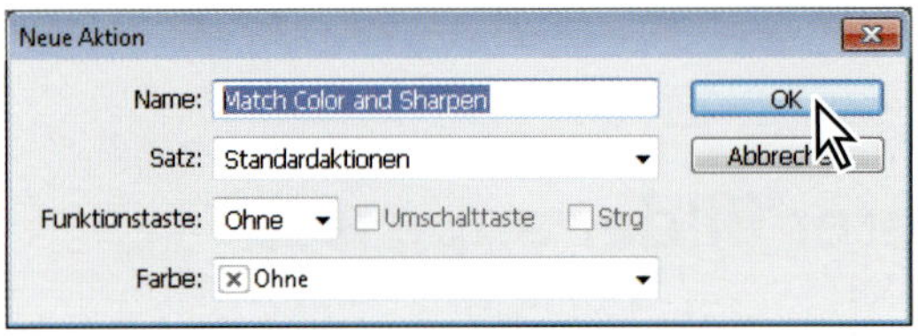

7 Wählen Sie **Bild: Korrekturen: Gleiche Farbe**. Im Dialogfeld »Gleiche Farbe« folgen Sie diesen Schritten:

- Setzen Sie das Häkchen bei der Vorschauoption, falls diese nicht bereits aktiviert ist.
- Wählen Sie *IMG_7437.jpg* aus dem Menü »Quelle«.
- Wählen Sie »Hintergrund« aus dem »Ebene«-Menü. Sie können jede Ebene aus dem Quellbild auswählen, aber in diesem Bild gibt es nur eine Ebene.

- Wenn Sie gerne möchten, experimentieren Sie mit den Einstellungen für Luminanz, Farbintensität und Verblassen. Wir haben die Grundeinstellungen beibehalten.
- Wenn das Farbschema die Farben in den Bildern zusammenführt, klicken Sie auf OK.

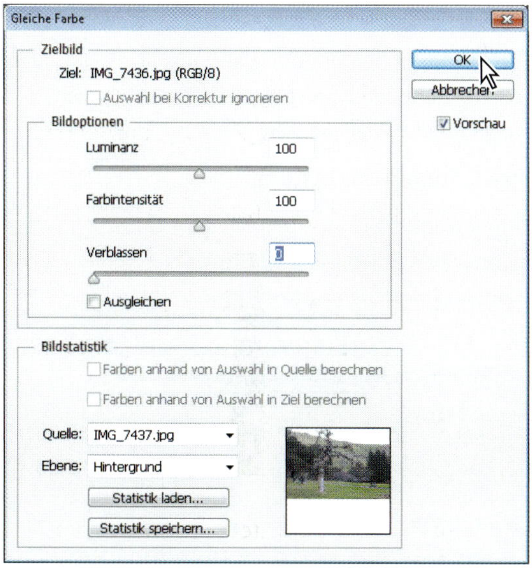

8 Wählen Sie **Filter: Scharfzeichnungsfilter: Unscharf maskieren**.

9 Ändern Sie im Dialogfeld »Unscharf maskieren« den Radius in **1,5** Pixel, lassen Sie die anderen Einstellungen, wie sie sind, und klicken Sie auf OK.

10 Wählen Sie **Datei: Speichern unter**. Wählen Sie »JPEG« als Format, verwenden Sie denselben Namen (IMG_7436.jpg) und speichern Sie die Datei in einem neuen Ordner. Klicken Sie dann auf »Speichern«.

11 Im Dialogfeld »JPEG-Optionen« wählen Sie aus dem Menü »Qualität« »Maximal«, aktivieren Sie »Baseline (Standard)« und klicken Sie auf OK.

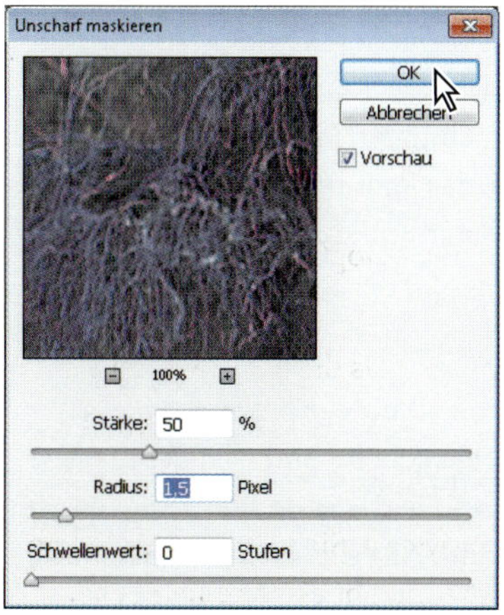

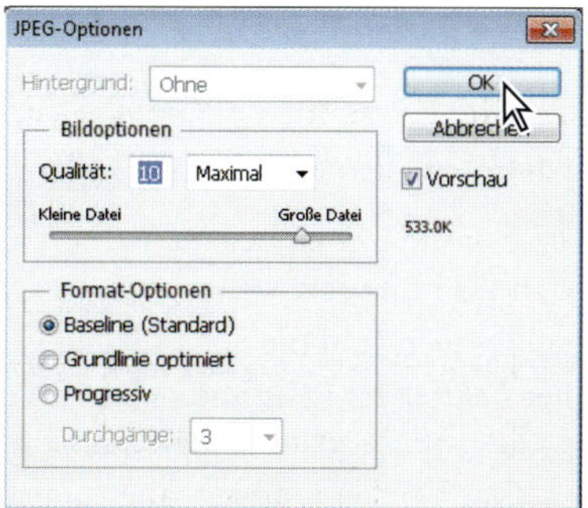

12 Schließen Sie die Datei *IMG_7436.jpg*.

13 Klicken Sie im Aktionenbedienfeld auf die Schaltfläche »Aufzeichnung beenden« (■), um die Aufnahme zu stoppen.

14 Schließen Sie die Datei *IMG_7437.jpg*. Wählen Sie dann **Datei: Öffnen**, markieren Sie *IMG_7431.jpg, IMG_7432.jpg, IMG_7433.jpg, 7434.jpg, 7435.jpg* und *7437.jpg* und klicken Sie auf »Öffnen«.

Es mag sinnlos erscheinen, *IMG_7437.jpg* zu schließen und dann direkt wieder zu öffnen, aber für den Farbabgleichsschritt in der Aktion muss *7437.jpg* offen sein, also muss es in Photoshop das letzte geöffnete Register sein.

15 Wählen Sie **Datei: Automatisieren: Stapelverarbeitung**.

16 Im Dialogfeld »Stapelverarbeitung« wählen Sie aus dem Menü »Aktion« »Gleiche Farbe« und »Scharfzeichner«. Wählen Sie »Geöffnete Dateien« im Menü »Quelle«. Im Menü »Ziel« wählen Sie dann »Ohne« und klicken abschließend auf OK.

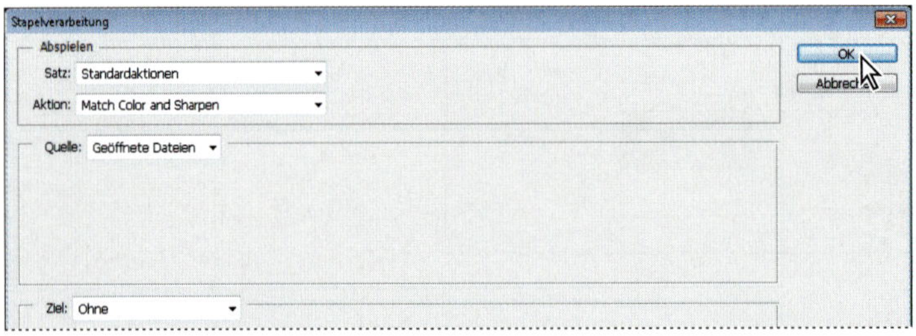

Sie brauchen im Dialogfeld »Stapelverarbeitung« kein Ziel anzugeben, weil dieses bereits in der Aktion enthalten ist. Sobald Sie auf OK klicken, führt Photoshop die Aktion auf alle sieben Dateien aus, speichert sie im vorhin angelegten Ordner und schließt sie wieder.

17 Doppelklicken Sie auf das Mini-Bridge-Register, um das Bedienfeld zu schließen.

Ein Panorama stitchen

Die benötigten Dateien sind farblich angeglichen, geschärft und gespeichert. Auf diese Weise vermeiden Sie unvorhersehbare Abweichungen im Panorama. Jetzt fügen Sie die Bilder zusammen bzw. Sie »stitchen« das Panorama. Anschließend vervollständigen Sie das Webbanner mit dem Monster und dem Titel.

1 Alle Dateien sind in Photoshop geschlossen. Wählen Sie **Datei: Automatisieren: Photomerge**.

2 Wählen Sie links im Bereich »Layout« die Option »Auto«. Klicken Sie dann unter »Quelldateien« auf die Schaltfläche »Durchsuchen« und navigieren Sie zum Ordner *Lektion10/Panoramabilder*. Wählen Sie das erste Bild, drücken Sie die [⇧]-Taste und wählen Sie dann das letzte Bild. Alle Bilder im Ordner sind selektiert.

3 Wählen Sie unten im Dialogfeld »Photomerge« die Optionen »Bilder zusammen überblenden«, »Vignettierungsentfernung« und »Korrektur der geometrischen Verzerrung«. Klicken Sie anschließend auf OK.

Photoshop erzeugt ein Panorama. Da dieser Vorgang ziemlich komplex ist, dauert er entsprechend. Danach sollte Photoshop ein Bild anzeigen, das ähnlich wie die folgende Illustration aussieht – mit sieben Ebenen im Ebenenbedienfeld, also je Bild eine Ebene. Photoshop hat überlappende Bildbereiche angeglichen und eventuelle »Schieflagen« durch Ausrichten der Bilder korrigiert. Dabei sind einige leere Bereiche zurückgeblieben. Sie räumen deshalb das Panorama auf, indem Sie das Bild freistellen.

4 Wählen Sie alle Ebenen im Ebenenbedienfeld und dann **Ebene: Auf eine Ebene reduzieren**.

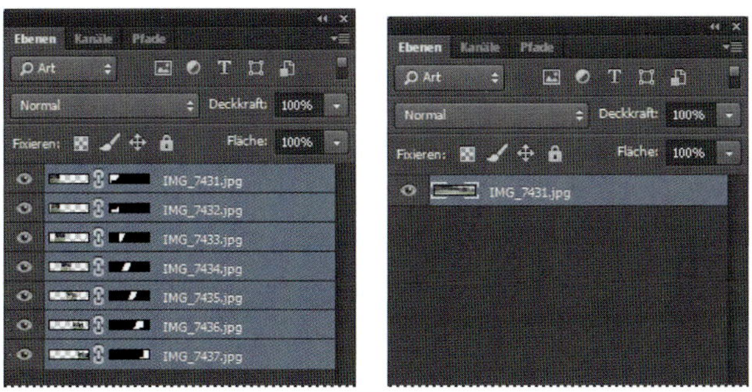

5 Wählen Sie **Datei: Speichern unter**. Wählen Sie das Photoshop-Format, benennen Sie die Datei mit **09B_Arbeit.psd** und speichern Sie sie im Ordner *Lektion10*.

6 Wählen Sie das Freistellungswerkzeug (⌗). Achten Sie in der Optionsleiste darauf, dass die Felder für Breite, Höhe und Auflösung leer beiben und dass »Außerhalb liegende Pixel löschen« ausgewählt ist. Ziehen Sie dann den Ausschnittskasten so, dass alle transparenten Bereiche abgeschnitten werden und möglichst viel vom Bild erhalten bleibt. Wenn Sie mit dem Freistellungsbereich zufrieden sind, drücken Sie die [↵]-Taste oder klicken Sie in der Optionsleiste auf »Aktuellen Freistellungsvorgang bestätigen« (✓).

7 Wählen Sie **Datei: Speichern**.

Das Bild fertigstellen

Sie korrigieren mit dem Filter »Adaptive Weitwinkelkorrektur« die Perspektive. Dann fügen Sie noch einige dramatische Lichteffekte hinzu und geben dem Banner mit zusätzlichen Elementen aus dem Filmplakat den letzten Schliff.

Den Filter Adaptive Weitwinkelkorrektur verwenden

● **Hinweis:** Die Adaptive Weitwinkelkorrektur ist nur verfügbar, wenn der Grafikprozessor im Dialogfenster **Voreinstellungen: Leistung** ausgewählt wurde. Falls Ihre Grafikkarte diese Option nicht unterstützt, überspringen Sie die Übung.

Das Panorama sieht toll aus, doch wegen des weiten Blickwinkels sind einige der Linien nicht ganz korrekt. Der abfallende Hang rechts im Bild ist zum Beispiel viel größer als in Wirklichkeit. Das werden Sie nun mit dem Filter »Adaptive Weitwinkelkorrektur« gleich anpassen.

1 Wählen Sie **Filter: Adaptive Weitwinkelkorrektur**.

2 Wählen Sie im Dialogfeld »Adaptive Weitwinkelkorrektur« das Constraint-Werkzeug (⤳).

Sie definieren mit diesem Werkzeug geradlinige Bereiche im Bild. Der Filter korrigiert dann das restliche Bild so, dass es mit der angegebenen Perspektive übereinstimmt.

3 Klicken Sie für einen Punkt auf den schwarzen Grabstein ungefähr ein Drittel der Bildbreite vom rechten Rand entfernt und dann klicken Sie auf einen weiteren Punkt in der Mitte des Baums auf der rechten Seite – Sie haben eine Gerade gezeichnet.

▶ **Tipp:** Wenn transparente Bereiche entlang der Bildränder auftauchen, skalieren Sie das Bild mit der Skalieren-Funktion des Adaptive-Weitwinkelkorrektur-Filters.

Sobald Sie die Maus am zweiten Punkt loslassen, passt der Filter die Perspektive im Bild geringfügig an. Sie werden die Änderung noch verstärken.

4 Bewegen Sie die Maus über den rechten Griff auf der Kreislinie, bis Sie einen Drehpfeil sehen. Klicken und ziehen Sie dann leicht nach oben, um die rechte Seite des Bilds anzuheben.

5 Ändern Sie die Skalierung auf **135** %, um die ausgefransten transparenten Ränder zu beseitigen. Je nachdem, zu welchem Winkel Sie gezogen haben, müssen Sie gegebenenfalls etwas stärker vergrößern.

Sie können jetzt die Drehung und Skalierung so lange korrigieren, bis Sie das »Filter«-Dialogfeld schließen.

6 Klicken Sie abschließend auf OK, um den Filter mit den entsprechenden Änderungen dem Bild zuzuweisen.

Einen Fotofilter hinzufügen

Der Friedhof wirkt etwas zahm. Mit einem blauen Fotokaltfilter gestalten Sie ihn etwas dramatischer. Das Foto wirkt dadurch wie eine Nachtaufnahme. Mit Hilfe des Verlaufswerkzeugs verstärken Sie den Effekt noch.

Julieanne Kost, Adobe-Photoshop-Expertin

Tipps von der Photoshop-Expertin

Filter-Tastenkürzel

Diese leistungsfähigen Tastenkürzel können beim Umgang mit Filtern Zeit sparen:

- Den zuletzt genutzten Filter mit seinen letzten Einstellungen wenden Sie mit Strg+F (Windows) oder ⌘+F (Mac OS) erneut an.
- Zur Anzeige des Dialogfensters des zuletzt genutzten Filters drücken Sie Strg+Alt+F (Windows) oder ⌘+⌥+F (Mac OS).
- Die Wirkung des zuletzt verwendeten Filters verringern Sie mit Strg+⇧+F (Windows) oder ⌘+⇧+F (Mac OS).

1 Klicken Sie im Korrekturenbedienfeld auf die Schaltfläche »Fotofilter«, um eine Einstellungsebene anzulegen.

2 Im Eigenschaftenbedienfeld wählen Sie Dunkelblau aus dem »Filter«-Menü, schieben den »Dichte«-Regler auf **80** % und wählen die Option »Luminanz erhalten« ab.

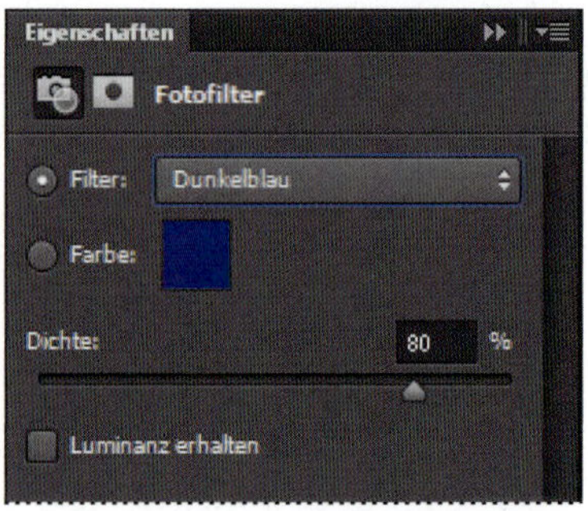

Der Fotofilter erzeugt einen Blaustich im gesamten Bild – der Himmel ist aber immer noch ein wenig hell. Sie fügen einen Verlauf hinzu, um ihn abzudunkeln.

3 Im Werkzeugbedienfeld ändern Sie die Vordergrundfarbe in Schwarz und wählen anschließend das Verlaufswerkzeug.

4 In der Optionsleiste öffnen Sie die Verlaufsauswahl und wählen Sie das zweite Verlaufsfeld (Vordergrundfarbe zu Transparent).

5 Aktivieren Sie die Ebene *IMG_7431.jpg* im Ebenenbedienfeld. Klicken Sie dann ein Fingerbreit über die Bildmitte und ziehen Sie ungefähr drei Viertel des Wegs nach unten.

6 Speichern Sie Ihre Datei.

Datei für das Web vorbereiten

Für das Webbanner werden nur noch die Filmplakatelemente benötigt. Dann ist es fertig. Die Elemente des Filmplakats haben jedoch eine höhere Auflösung. Sie verwenden den Befehl **Für Web speichern**, um sicherzustellen, dass das fertige Webbanner klein genug für einen schnellen Download ist. Mehr über das Speichern für das Web erfahren Sie in Lektion 13 »Dateien für das Web«.

1 Wählen Sie **Datei: Öffnen** und öffnen Sie die Datei *Movie-Poster.psd*.

2 Wählen Sie **Fenster: Anordnen: 2 Übereinander**, sodass Sie sowohl das Panorama als auch das Filmplakat sehen können. Aktivieren Sie die Datei *Movie-Poster.psd* mit einem Klick.

3 Wählen Sie die Ebenen *Title* und *Monster* mit gedrückter Strg- bzw. ⌘-Taste und ziehen Sie sie in das Bildfenster der Datei *09B_Working.psd*.

4 Schließen Sie die Datei *Movie-Poster.psd*, ohne sie zu speichern. Mit dem Verschieben-Werkzeug ziehen Sie das importierte Monster und den Titel auf die rechte Seite des Panoramabilds.

5 Im Ebenen-Bedienfeld ziehen Sie die Einstellungsebene Fotofilter 1 unter die Ebenen »Title« und »Monster«, sodass davon nur die Panoramaebene (*IMG_7431.jpg*) beeinflusst wird.

6 Wählen Sie **Datei: Für Web speichern**.

7 Im Dialogfeld »Für Web speichern« wählen Sie aus dem Menü »Vorgabe« die Option »JPEG Hoch«.

8 Im Bereich »Bildgröße« geben Sie 1024 Pixel für die Breite ein. Weil Breite und Höhe standardmäßig verknüpft sind, ändert sich der Höhenwert automatisch.

9 Klicken Sie auf »Speichern«.

10 Im Dialogfeld »Optimierte Version speichern unter« wählen Sie im Menü »Format« die Option »Nur Bilder«. Benennen Sie dann die Datei *Banner.jpg* und speichern Sie sie in den Ordner *Lektion09*. Klicken Sie auf »Speichern«.

11 Öffnen Sie die Datei *Banner.jpg* in Photoshop, um das fertige Webbanner zu betrachten. Es kann nun von einem Webdesigner weiterverarbeitet werden.

Sie haben eine Montage aus mehreren Bildern erzeugt und Bilder zu einem Panorama zusammengeführt. Sie können nun Montagen und Panoramen aus Ihren eigenen Bildern erzeugen.

Fragen

1 Worin unterscheiden sich Smartfilter und ein regulärer Filter bei der Anwendung von Effekten auf ein Bild?

2 Was machen die Aufblasen- und Zusammenziehen-Werkzeuge im Verflüssigen-Filter?

3 Was ist eine Aktion? Wie legen Sie eine an?

4 Wie erzeugen Sie ein Panorama?

Antworten

1 Smartfilter sind zerstörungsfrei. Sie können jederzeit verändert, aus- und eingeschaltet oder vollständig entfernt werden. Dagegen verändern normale Filter ein Bild dauerhaft; einmal angewendet, können sie nicht mehr entfernt werden. Smartfilter lassen sich nur auf eine Smartobjektebene anwenden.

2 Das Aufblasen-Werkzeug bewegt Pixel aus der Pinselmitte nach außen; das Zusammenziehen-Werkzeug bewegt Pixel ins Zentrum des Pinsels.

3 Eine *Aktion* besteht aus mehreren gemeinsam aufgezeichneten Kommandos, die Sie später wieder ausführen und auf einzelne Dateien oder ganze Dateistapel anwenden können. Zum Anlegen einer Aktion klicken Sie im Aktionenbedienfeld auf die Schaltfläche »Neue Aktion erstellen« und klicken Sie auf »Aufzeichnen«. Dann führen Sie die Operationen durch, die Sie mit in Ihre Aktion aufnehmen möchten. Wenn Sie fertig sind, betätigen Sie die Schaltfläche »Aufzeichnung beenden« am unteren Rand des Aktionenbedienfelds.

4 Für ein Panorama nehmen Sie mehrere Fotos, die zusammengefügt werden sollen. In Photoshop wählen Sie dann **Datei: Automatisieren: Photomerge**. Nehmen Sie im Dialogfenster »Photomerge« Ihre Einstellungen vor, wählen Sie die zusammenzuflickenden Bilder aus und klicken Sie auf OK.

10 VIDEO BEARBEITEN

Überblick

In dieser Lektion lernen Sie Folgendes:

- Videozeitleiste in Photoshop erstellen
- Medien einer Videogruppe im Zeitleistenbedienfeld hinzufügen
- Videoclips und Standbilder mit Bewegungseffekten versehen
- Text und Effekte mit Keyframes animieren
- Smartfilter auf Videoclip anwenden
- Videoclips und Übergänge
- Videodatei vertonen
- Video rendern

Für diese Lektion benötigen Sie etwa 90 Minuten. Laden Sie die Lektionsdateien für die Lektion10 von der Buch-DVD in einen Ordner »Lektionen« auf Ihrer Festplatte. Bei der Arbeit mit dieser Lektion überschreiben Sie die Startdateien. Wenn Sie diese wiederherstellen wollen, laden Sie sie einfach von der DVD erneut auf Ihre Festplatte.

PROJEKT: FAMILIENVIDEO VON SMARTPHONE

Sie können jetzt auch Videodateien in Photoshop bearbeiten und viele Effekte aus der Bildbearbeitung verwenden. Gestalten Sie einen Film aus Videodateien, Standbildern, Smartobjekten, Audiodateien und Textebenen. Bestimmen Sie Übergänge und animieren Sie Effekte mit Hilfe von Keyframes.

Vorbereitungen

● **Hinweis:** Die in dieser Lektion erläuterten Funktionen erfordern Mac OS ab Version 10.7 bzw. Windows ab Version 7. Die vollständigen Systemanforderungen für Photoshop CC finden Sie auf www.adobe.com/products/photoshop/tech-specs.html.

Sie bearbeiten in dieser Lektion ein Video, das mit einer Handy-Kamera aufgenommen wurde. Sie erstellen eine Videozeitleiste, importieren Clips, fügen Übergänge und andere Videoeffekte hinzu und rendern schließlich das fertige Video. Doch zuerst sehen Sie sich das bereits fertige Projekt an, um einen Eindruck von dem zu bekommen, was Sie erwartet.

1 Starten Sie Photoshop und halten Sie sofort danach die Tasten Strg + Alt + ⇧ (Windows) bzw. ⌘ + ⌥ + ⇧ (Mac OS) gedrückt, um die standardmäßigen Voreinstellungen zu erhalten. (Siehe »Die Standardeinstellungen wiederherstellen« auf Seite 4.)

2 Klicken Sie im Meldungsfenster zur Bestätigung auf »Ja«, um die Voreinstellungen zurückzusetzen.

● **Hinweis:** Falls Bridge nicht installiert ist, werden Sie beim Auswählen von »In Bridge suchen« zur Installation aufgefordert. Weitere Informationen finden Sie auf Seite 3.

3 Wählen Sie **Datei: In Bridge suchen**.

4 Doppelklicken Sie in Adobe Bridge im FAVORITEN-Fenster auf den Ordner *Lektionen*. Doppelklicken Sie im INHALT-Fenster auf den Ordner *Lektion10*.

5 Doppelklicken Sie auf die Datei *10End.mp4*, um sie in QuickTime oder im Windows Media Player zu öffnen.

6 Klicken Sie auf die Abspielen-Taste und schauen Sie sich das fertige Video an.

Das kurze Video ist ein Zusammenschnitt von Clips, die während eines Strandausflugs entstanden sind. Das Video enthält Übergänge, Ebeneneffekte, animierten Text und eine Tonspur.

7 Schließen Sie QuickTime oder den Windows Media Player und gehen Sie zurück zur Bridge.

8 Doppelklicken Sie auf die Datei *10End.psd*, um sie in Photoshop zu öffnen. Klicken Sie auf »Abspielen« oder ziehen Sie den Abspielkopf, um verschiedene Teile des Clips zu betrachten.

Photoshop zeigt das Zeitleistenbedienfeld und Hilfslinien im Dokumentfenster. Die Hilfslinien kennzeichnen den Bereich, der bei der späteren Videoübertragung zu sehen ist. Das Zeitleistenbedienfeld enthält alle Videoclips und die Audiospur.

9 Schließen Sie die Datei, nachdem Sie sie sich angesehen haben, aber lassen Sie Photoshop geöffnet.

Ein neues Videoprojekt erstellen

Die Arbeit mit Video unterscheidet sich ein wenig von der reinen Bildbearbeitung in Photoshop. Vielleicht ist es am einfachsten, erst ein Projekt einzurichten und dann die benötigten Assets zu importieren. Sie wählen eine Videovoreinstellung für dieses Projekt und fügen dann neun Video- und Bilddateien für Ihren Film hinzu.

Eine neue Datei einrichten

Photoshop bietet verschiedene Film- und Videovoreinstellungen. Sie erstellen jetzt eine neue Datei und wählen eine passende Voreinstellung.

1 Wählen Sie **Datei: Neu**.

2 Benennen Sie die Datei mit **10Start.psd**.

3 Wählen Sie im Menü »Vorgabe« die Option »Film & Video«.

4 Wählen Sie im Menü »Größe« die Option »HDV/HDTV 720p/29,97«.

5 Übernehmen Sie die anderen Einstellungen ohne Änderungen und klicken Sie auf OK.

● **Hinweis:** Das Video in dieser Lektion wurde mit einem Apple iPhone aufgenommen – deshalb also eine HDV-Voreinstellung. Die 720p-Voreinstellung liefert eine gute Qualität bei einer relativ geringen Datenmenge für ein unkompliziertes Online-Streaming.

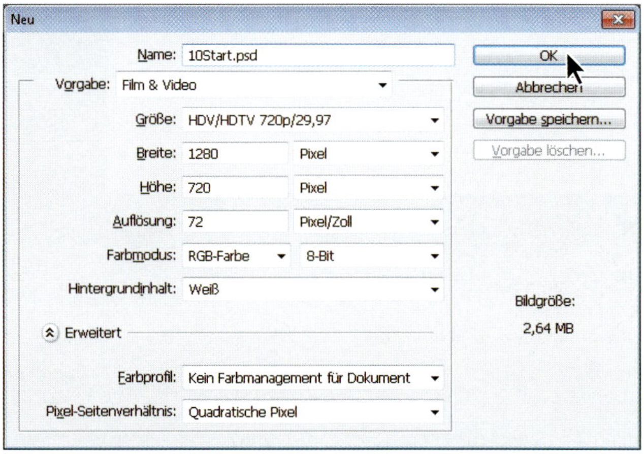

6 Wählen Sie **Datei: Speichern unter** und speichern Sie im Ordner *Lektion10*.

Assets importieren

Photoshop bietet Werkzeuge, die speziell für die Arbeit mit Video gedacht sind, beispielsweise das Zeitleistenbedienfeld. Das Zeitleistenbedienfeld ist eventuell schon geöffnet, da Sie sich bereits die fertige Enddatei angesehen haben. Sie benutzen das Zeitleistenbedienfeld, um Ebenen in einem Video zu arrangieren, deren Eigenschaften zu animieren, die Start- und Endpunkte für die einzelnen Ebenen zu bestimmen und Übergängen zuzuweisen. Um sicherzustellen, dass Sie auf die benötigten Ressourcen zugreifen können, wählen Sie den Arbeitsbereich *Bewegung* und organisieren die Bedienfelder, bevor Sie die Dateien für das Video importieren.

1 Wählen Sie **Fenster: Arbeitsbereich: Bewegung**.

2 Ziehen Sie die obere Kante des Zeitleistenbedienfelds nach oben, so dass das Fenster die untere Hälfte des Arbeitsbereichs ausfüllt.

3 Wählen Sie das Zoom-Werkzeug (🔍) und wählen Sie wenn nötig in der Optionsleiste »Fenstergröße anpassen«, so dass Sie die komplette Arbeitsfläche in der oberen Bildschirmhälfte sehen.

4 Klicken Sie im Zeitleistenbedienfeld auf »Videozeitleiste erstellen«. Photoshop erstellt eine neue Videozeitleiste, einschließlich zweier Standardspuren: *Ebene 0* und *Audiospur*.

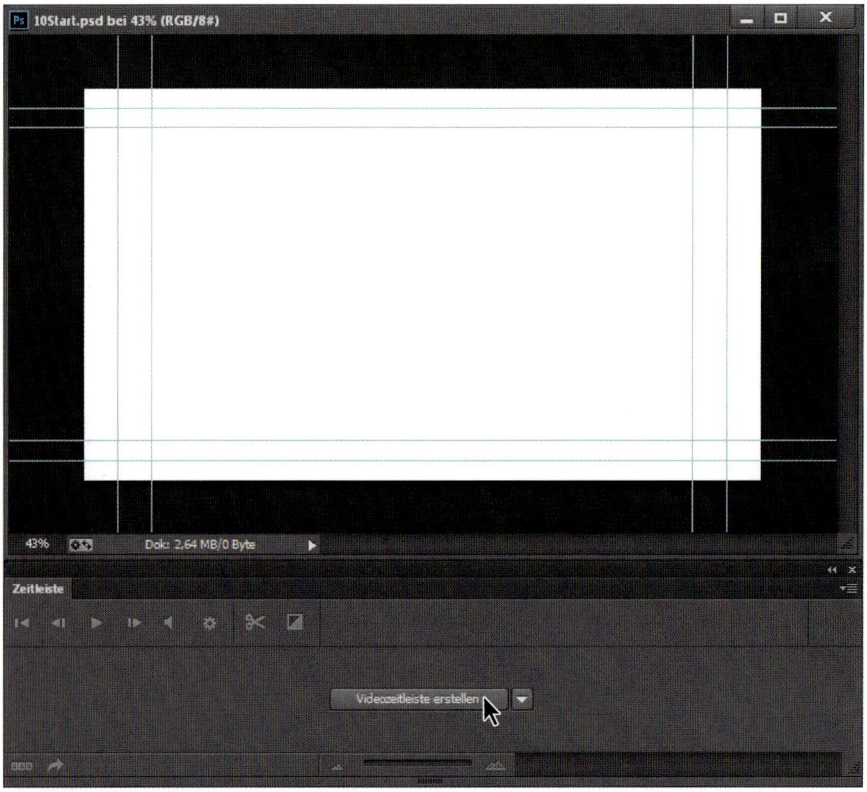

5 Klicken Sie auf das Video-Menü (das Filmsymbol) in der Spur *Ebene 0* und wählen Sie »Medien hinzufügen«.

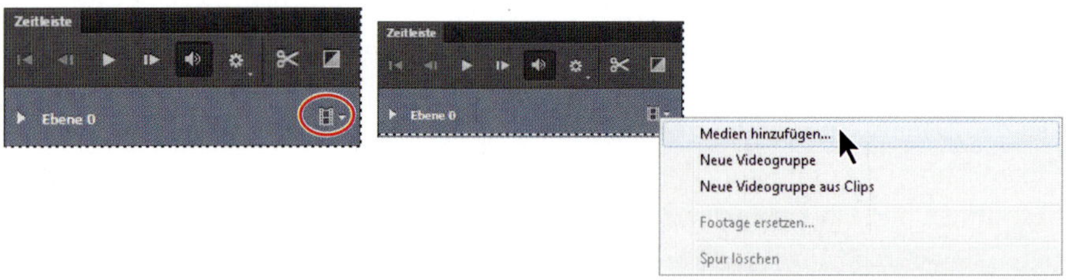

6 Navigieren Sie zum Ordner *Lektion10*.

7 Wählen Sie mit gedrückter [⇧]-Taste die Video- und Foto-Assets (nummeriert von 1 bis 9) und klicken Sie auf »Öffnen«.

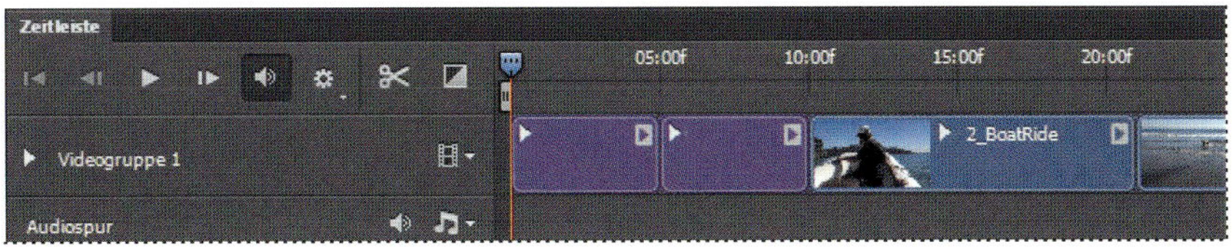

Photoshop importiert alle neun gewählten Assets in dieselbe Spur, nun mit der Bezeichnung *Videogruppe 1*, im Zeitleistenbedienfeld. Standbilder haben einen violetten und Videoclips einen blauen Hintergrund. Die Assets erscheinen im Ebenenbedienfeld als einzelne Ebenen in der Ebenengruppe *Videogruppe 1*. *Ebene 0* wird nicht benötigt, Sie werden sie löschen.

8 Wählen Sie *Ebene 0* im Ebenenbedienfeld und klicken Sie unten im Bedienfeld auf die Schaltfläche »Ebene löschen«. Klicken Sie auf »Ja«, um den Löschvorgang zu bestätigen.

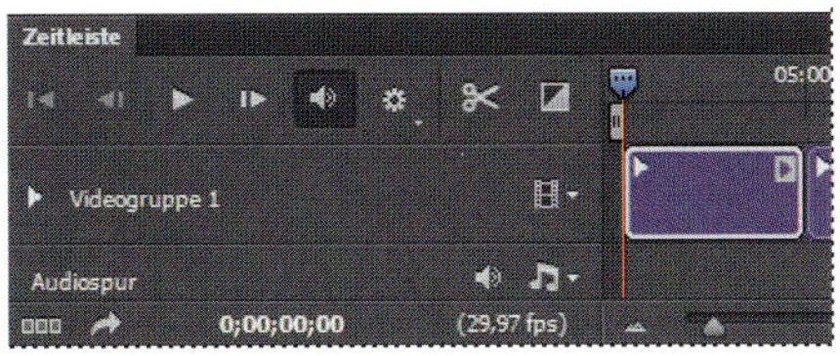

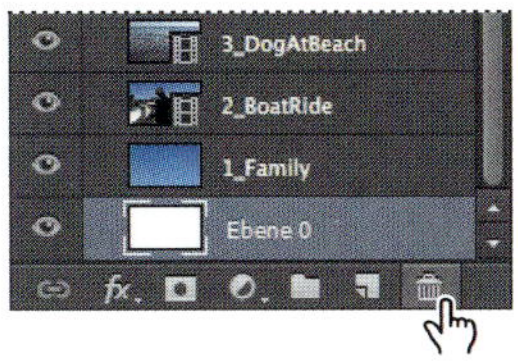

● **Hinweis:** Verwenden Sie die Schaltfläche »Medien hinzufügen« ohne vorher festgelegte Abmessungen, bestimmt diese Photoshop anhand des ersten Videos, das Sie importieren – oder, wenn Sie nur Einzelbilder importieren, anhand der Bildabmessungen.

Dauer von Clips in der Zeitleiste ändern

Die Clips haben ganz verschiedene Längen, das heißt, dass die Spielzeit unterschiedlich ist. Die Clips sollen in diesem Video gleich lang sein – Sie kürzen also jeden Clip auf drei Sekunden. Die Länge eines Clips (seine *Dauer*) wird in Sekunden und Frames gemessen: 03:00 sind 3 Sekunden, 02:25 sind 2 Sekunden und 25 Frames.

1 Ziehen Sie unten im Zeitleistenbedienfeld den Regler *Zeitleistengröße* einstellen nach rechts, um die Zeitleiste zu vergrößern. Die einzelnen Clips erscheinen nun mit einer Miniatur und ausreichend Details in der Zeitleiste, so dass Sie die Länge der Clips präzise ändern können.

2 Ziehen Sie die rechte Kante des ersten Clips (*1_Family*) auf die Position 03:00 in der Zeitleiste. Photoshop zeigt während des Ziehens den Endpunkt und die Dauer an – Sie wissen also genau, wann Sie anhalten müssen.

● **Hinweis:** Sie kürzen hier jeden Clip auf die gleiche Länge, doch je nach Projekt können die Clips auch verschieden lang sein.

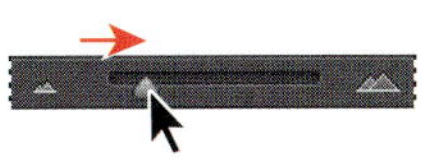

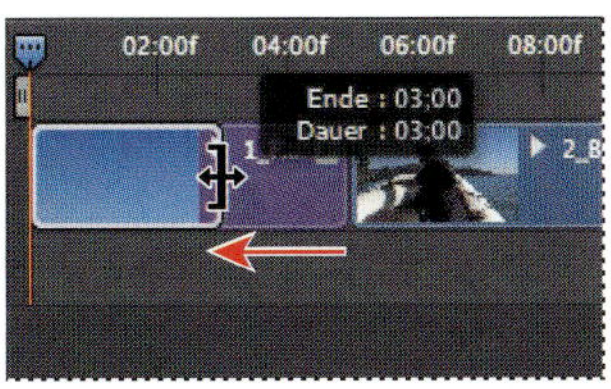

3 Ziehen Sie die rechte Kante des zweiten Clips (*2_BoatRide*) für die Dauer 03:00.

Das Kürzen eines Videoclips zieht diesen nicht zusammen, sondern entfernt Teile des Clips aus dem Video. Sie wollen im vorliegenden Fall nur die ersten drei Sekunden der einzelnen Clips verwenden. Sollten Sie einen anderen Teil eines Videoclips benötigen, müssten Sie den Clip an jedem Ende mehr oder weniger kürzen. Während Sie den Endpunkt des Videoclips ziehen, zeigt Photoshop eine Vorschau. So erkennen Sie, welcher Teil des Clips erhalten bleibt.

▶ **Tipp:** Um die Dauer eines Videoclips schnell zu ändern, klicken Sie auf den Pfeil in der rechten oberen Ecke und geben Sie einen neuen Wert für die Dauer ein. Für Standbilder ist diese Option nicht verfügbar.

4 Wiederholen Sie Schritt 3 für jeden noch verbleibenden Clip – anschließend hat jeder Clip die Dauer von drei Sekunden.

Die Clips haben zwar nun die passende Länge, aber einige Bilder haben noch die falsche Größe. Bevor Sie fortsetzen, passen Sie die Größen entsprechend an.

5 Wählen Sie im Ebenenbedienfeld die *Ebene 1_Family*. Der Clip ist jetzt auch im Zeitleistenbedienfeld gewählt.

▶ **Tipp:** Der Pfeil an der linken Seite eines Clips (direkt rechts neben der Clip-Miniatur) legt die Attribute frei, die Sie mit Hilfe von Keyframes animieren können. Der Pfeil an der rechten Seite eines Clips öffnet das Bewegungbedienfeld.

6 Klicken Sie im Zeitleistenbedienfeld auf das Dreieck in der oberen rechten Ecke des Clips *1_Family*, um das Bewegungbedienfeld zu öffnen.

7 Wählen Sie im Menü die Option »Schwenken und Zoomen« und achten Sie darauf, dass »An Arbeitsfläche anpassen« aktiviert ist. Klicken Sie dann in einem leeren Bereich des Zeitleistenbedienfelds, um das Bewegungbedienfeld zu schließen.

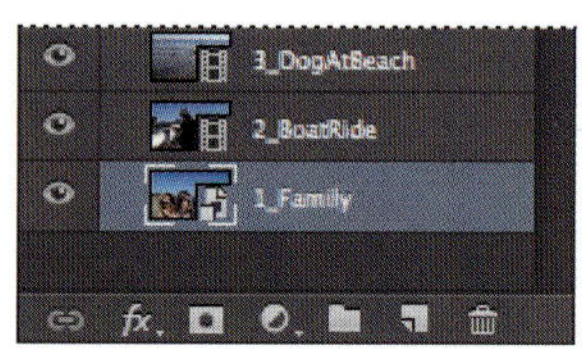

Das Bild ist an die Arbeitsfläche angepasst und genau das wollten Sie. Allerdings möchten Sie in Wirklichkeit weder schwenken noch zoomen. Sie entfernen nun diesen Effekt.

8 Öffnen Sie erneut das Bewegungbedienfeld für den Clip *1_Family* und wählen Sie im Menü die Option »Keine Bewegung«. Klicken Sie in einem leeren Bereich des Zeitleistenbedienfelds, um das Bewegungbedienfeld zu schließen.

9 Wählen Sie **Datei: Speichern**. Klicken Sie im Dialogfeld mit den Photoshop-Formatoptionen auf OK.

Text mit Keyframes animieren

Animationen, Effekte und andere Änderungen lassen sich mit Keyframes über einen bestimmten Zeitraum steuern. Ein Keyframe markiert den Zeitpunkt, an dem Sie einen Wert festlegen, wie eine Position, eine Größe oder einen Stil. Um eine Veränderung über eine bestimmte Zeitspanne festzulegen, benötigen Sie mindestens zwei Keyframes: einen für den Zustand zu Beginn der Änderung und einen für den Zustand am Ende. Photoshop interpoliert die Werte für die dazwischen befindlichen Positionen, so dass die Veränderung weich verläuft. Sie benutzen Keyframes, um den Filmtitel Beach Day (Strandausflug) von links nach rechts über das Startbild zu bewegen.

1 Klicken Sie auf das Video-Menü in der Spur *Videogruppe 1* und wählen Sie die Option »Neue Videogruppe«. Photoshop fügt *Videogruppe 2* dem Zeitleistenbedienfeld hinzu.

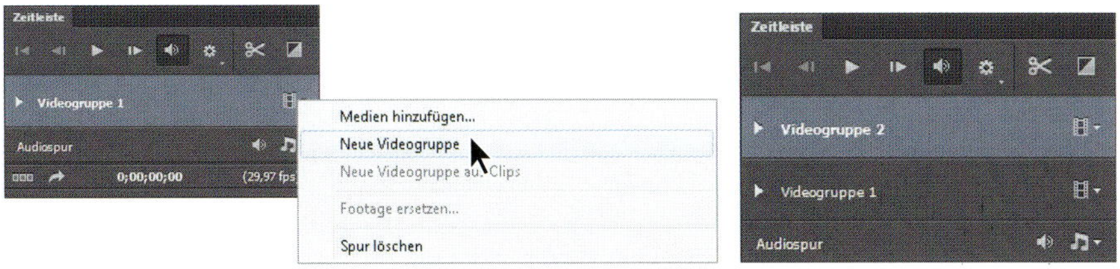

2 Wählen Sie das horizontale Text-Werkzeug (T) und klicken Sie dann auf die linke Bildkante etwa halbwegs zwischen oben und unten.

Photoshop erstellt die neue Textebene *Ebene 1* in der Spur *Videogruppe 2*.

3 Wählen Sie in der Optionsleiste eine serifenlose Schrift wie die *Myriad Pro* mit der Schriftgröße **600 Pt** und der Schriftfarbe Weiß.

4 Geben Sie **BEACH DAY** ein.

Der Text nimmt nur einen Teil der verfügbaren Bildbreite ein. Das ist in Ordnung, da Sie den Text so animieren, dass er über das Bild läuft.

5 Ändern Sie im Ebenenbedienfeld die Deckkraft der Ebene *BEACH DAY* in **25 %**.

6 Ziehen Sie im Zeitleistenbedienfeld den Endpunkt der Textebene auf 03:00, so dass die Dauer mit der Ebene *1_Family* übereinstimmt.

7 Klicken Sie wenn nötig auf den Pfeil neben der Miniatur des Clips *BEACH DAY*, um die Attribute des Clips anzuzeigen.

8 Achten Sie darauf, dass sich der Abspielknopf am Anfang der Zeitleiste befindet.

9 Klicken Sie auf das Stoppuhrsymbol neben der Eigenschaft *Transformieren*, um den Anfangs-Keyframe für die Ebene zu setzen.

Der Keyframe erscheint als gelbe Raute in der Zeitleiste.

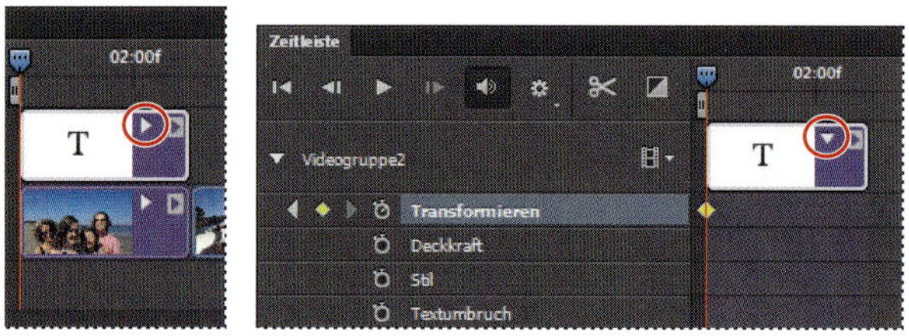

10 Wählen Sie das Verschieben-Werkzeug (▸✢) und ziehen Sie dann die Textebene über die Arbeitsfläche, so dass sich die Oberlängen der Buchstaben an der Unterkante der beiden oberen Hilfslinien ausrichten. Ziehen Sie die Ebene nach rechts, so dass nur noch die linke Kante des Buchstabens B im Wort *BEACH* auf der Arbeitsfläche zu sehen ist.

▶ **Tipp:** Photoshop zeigt die genaue Position des Abspielknopfs in der unteren linken Ecke des Zeitleistenbedienfelds an.

11 Verschieben Sie den Abspielknopf zum letzten Frame des ersten Clips (02:29f).

12 Ziehen Sie mit gedrückter ⇧-Taste die Textebene nach links über die Arbeitsfläche, so dass nur noch die rechte Kante des Y im Wort DAY zu sehen ist. Die gedrückte ⇧-Taste sorgt dafür, dass sich die Schrift beim Bewegen auf einer imaginären Geraden bewegt.

Da Sie die Position verändert haben, erstellt Photoshop einen neuen Keyframe.

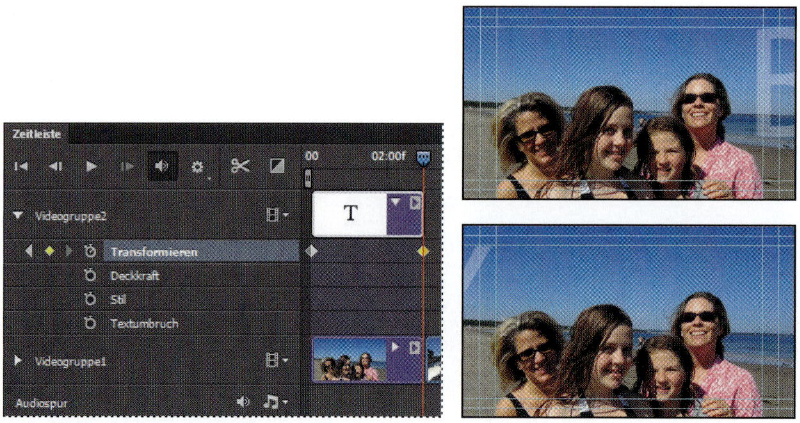

13 Bewegen Sie den Abspielknopf über die ersten drei Sekunden der Zeitleiste für eine Vorschau der Animation. Der Titel bewegt sich durch das Bild.

14 Schließen Sie die Eigenschaften des Clips und wählen Sie **Datei: Speichern**.

Effekte erzeugen

Einer der Vorteile bei der Arbeit mit Videodateien in Photoshop besteht darin, dass Sie Effekte mit Einstellungsebenen, Stilen und einfachen Transformationen erzeugen können.

Einstellungsebenen auf Videoclips anwenden

Sie haben Einstellungsebenen bisher nur auf Standbilder angewandt, obwohl die Einstellungsebenen ebenso gut mit Videoclips funktionieren. Weisen Sie eine Einstellungsebene innerhalb einer Videogruppe zu, wirkt sich die Einstellungsebene nur auf die darunter befindliche Ebene im Ebenenbedienfeld aus.

1 Wählen Sie die Ebene *3_DogAtBeach* im Ebenenbedienfeld.

2 Verschieben Sie im Zeitleistenbedienfeld den Abspielknopf an den Anfang der Ebene *3_DogAtBeach*, um den zugewiesenen Effekt zu sehen.

3 Klicken Sie im Korrekturenbedienfeld auf die Schaltfläche »Schwarzweiß«.

4 Übernehmen Sie die Voreinstellung im Eigenschaftenbedienfeld und aktivieren Sie »Farbtonung«. Die standardmäßige Tonungsfarbe erzeugt einen Sepiaeffekt, der sich für diesen Clip gut eignet. Experimentieren Sie mit den Reglern und der Tonungsfarbe, um den Schwarzweißeffekt entsprechend zu modifizieren.

Hinweis: Wenn Sie die Videodatei mit dem Platzieren-Befehl dem Projekt hinzugefügt haben, befindet sich diese Datei nicht in der Videogruppe, Sie müssen also eine Ebenenmaske hinzufügen, um die Einstellungsebene auf eine einzige Ebene zu begrenzen.

5 Bewegen Sie im Zeitleistenbedienfeld den Abspielknopf über den Clip *3_DogAtBeach* für eine Vorschau des Effekts.

Einen Zoomeffekt animieren

Selbst einfache Transformationen werden zu interessanten Effekten, sobald Sie die Transformationen animieren – so wie das Einzoomen in den Clip *4_Dogs*.

1 Bewegen Sie im Zeitleistenbedienfeld den Abspielknopf an den Anfang des Clips *4_Dogs* (09:00).

2 Klicken Sie auf den Pfeil im Clip 4_Dogs, um das Bewegungbedienfeld zu öffnen.

3 Wählen Sie im Popup-Menü die Option »Zoom« und im Zoom-Menü selbst die Option »Einzoomen«. Wählen Sie im Zoom-Raster die linke obere Ecke, um

von diesem Punkt aus einzuzoomen. Achten Sie darauf, dass die Option »An Arbeitsfläche anpassen« aktiviert ist. Klicken Sie anschließend in einen leeren Bereich des Zeitleistenbedienfelds, um das Bewegungbedienfeld wieder zu schließen.

4 Ziehen Sie den Abspielknopf über den Clip für eine Vorschau des Effekts.

Sie vergrößern jetzt das Bild im letzten Keyframe, um den Zoomeffekt dramatischer zu machen.

5 Klicken Sie auf den linken Pfeil des Clips *4_Dogs*, um dessen Attribute anzuzeigen.

Es gibt zwei Keyframes – einen am Anfang und einen am Ende des Zoomeffekts.

6 Klicken Sie auf den rechten Pfeil neben dem Attribut »Transformieren«, um den Abspielkopf zum letzten Keyframe zu bewegen, falls er sich noch nicht dort befindet. Wählen Sie **Bearbeiten: Frei transformieren**. Geben Sie in der Optionsleiste für Breite und Höhe den Wert **120 %** ein. Drücken Sie die [↵]-Taste, um die Transformation abzuschließen.

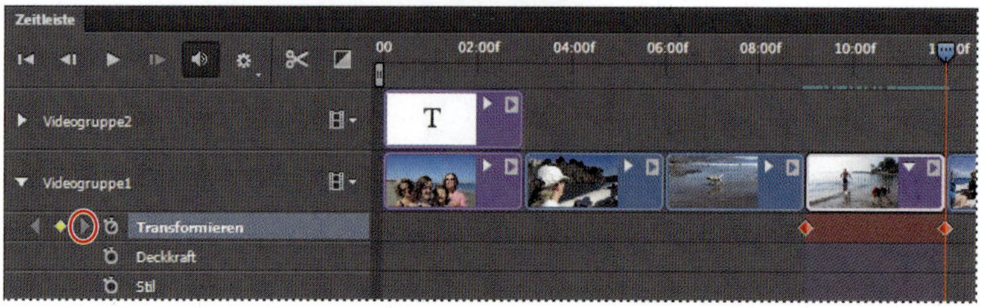

7 Ziehen Sie den Abspielknopf über den Clip *4_Dogs* für eine erneute Vorschau.

8 Wählen Sie **Datei: Speichern**.

Smartfilter auf Videoclip anwenden

Smartfilter können Sie zerstörungsfrei auf Smartobjekte anwenden. Das gilt auch für Smartobjekte in Videoprojekten. Sie konvertieren den Videoclip der Bootsfahrt in ein Smartobjekt und fügen dann einen interaktiven Weichzeichnungsfilter hinzu. Da Sie den Weichzeichner als Smartfilter anwenden, können Sie ihn später jederzeit wieder bearbeiten oder entfernen.

1 Bewegen Sie den Abspielkopf auf 12:00, den ersten Frame des *5_BoatRide2*-Clips, und wählen Sie den Clip im Zeitleistenbedienfeld aus.

2 Die Ebene *5_BoatRide2* ist im Ebenenbedienfeld markiert; wählen Sie im Bedienfeldmenü des Ebenenbedienfelds »In Smartobjekt konvertieren«.

Das veränderte Ebenensymbol im Ebenenbedienfeld zeigt an, dass es sich um ein Smartobjekt handelt.

3 Wählen Sie **Filter: Weichzeichnungsfilter: Iris-Weichzeichnung**.

Die Weichzeichnungsgalerie wird mit dem Weichzeichner-Werkzeugebedienfeld und dem Weichzeichnungseffektebedienfeld angezeigt.

4 Ziehen Sie das zentrale Pin auf die Schulter der Frau, sodass der Fokus auf den Menschen und dem Hund liegt und der Rest der Szene verschwommen erscheint. Klicken Sie auf OK.

Hinweis: Weitere Informationen über interaktive Weichzeichnungen erhalten Sie in Lektion 5, » Digitale Fotos korrigieren und aufwerten«.

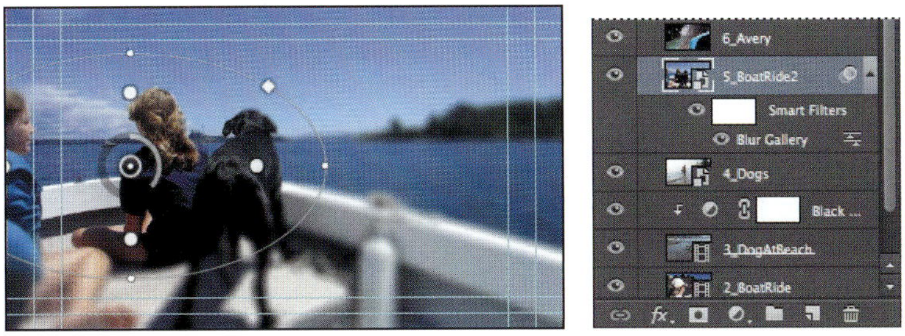

5 Ziehen Sie den Abspielkopf, um den Weichzeichnungseffekt voranzuzeigen.

Während des Abspielens bleibt der Fokus unverändert. Ab 14.20 befindet sich der Hund außerhalb des Fokus, weil er sich in einen verschwommenen Bereich bewegt. Sie passen den Effekt an und vergrößern den Fokusbereich. Da es sich um einen Smartfilter handelt, können Sie die Weichzeichnung problemlos ändern.

6 Doppelklicken Sie im Ebenenbedienfeld auf »Weichzeichnergalerie«, um die Filtereinstellungen anzupassen. Ziehen Sie die Griffe auf der Ellipse und die Weichzeichnergriffe, um den Fokusbereich so zu erweitern, dass die Menschen und der Hund im gesamten Clip im Fokus liegen. Dann klicken Sie auf OK.

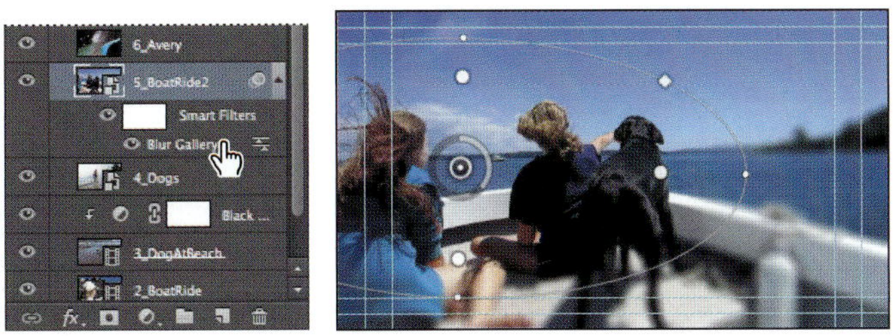

7 Ziehen Sie den Abspielkopf für eine Vorschau des bearbeiteten Filters durch den Clip.

Die angewendeten Änderungen betreffen den gesamten Clip, obwohl sich der Abspielkopf beim Anwenden an einer anderen Position befand.

Tipp: Soll sich der Fokusbereich des Filters während des Clips bewegen, animieren Sie ihn mit Keyframes.

Stile-Effekte animieren

Sie können Clips im Zeitleistenbedienfeld mit Ebenenstilen versehen. Sie fügen einen interessanten Effekt zu dem Bild mit dem Mädchen mit der Sonnenbrille hinzu. Zuerst passen Sie es an die Arbeitsfläche an. Dann weisen Sie einen Stil zu und entfernen ihn wieder (zweimal) – der Stil scheint im Video zu blinken.

1 Bewegen Sie den Abspielknopf an den Anfang des Clips *6_Avery* (15:00).

Das Bild ist zu groß für die Arbeitsfläche.

2 Öffnen Sie für diesen Clip das Bewegungbedienfeld und wählen Sie im Popup-Menü die Option »Schwenken und Zoomen«. Die Option »An Arbeitsfläche anpassen« ist aktiviert. Klicken Sie nun in einem leeren Bereich des Zeitleistenbedienfelds, um das Bewegungbedienfeld zu schließen und das Bild anzupassen.

3 Öffnen Sie erneut das Bewegungbedienfeld und wählen Sie im Popup-Menü die Option »Keine Bewegung« – das Schwenken und Zoomen ist ausgeschaltet. Klicken Sie in einem leeren Bereich des Zeitleistenbedienfelds, um das Bedienfeld zu schließen.

4 Wählen Sie **Fenster: Stile**, um das Stilebenenbedienfeld zu öffnen.

5 Klicken Sie auf den Pfeil neben der Miniatur im Clip *6_Avery*, um dessen Attribute im Zeitleistenbedienfeld anzuzeigen. Klicken Sie dann auf das Stoppuhrsymbol für den Stil-Keyframe.

6 Bewegen Sie den Abspielknopf etwa an das Ende des ersten Viertels des Clips. Wählen Sie jetzt im Stilebenenbedienfeld den Stil *Negativ (Bild)*.

Photoshop fügt einen Keyframe hinzu.

7 Bewegen Sie den Abspielknopf in die Mitte des Clips. Wählen Sie den Stil *Standardstil (leer)*, um den Effekt zu entfernen. Photoshop fügt einen weiteren Keyframe hinzu.

8 Bewegen Sie den Abspielknopf auf den Anfang des letzten Viertels des Clips und weisen Sie erneut den Stil *Negativ (Bild)* zu. Photoshop fügt einen vierten Keyframe hinzu.

9 Bewegen Sie den Abspielknopf an das Clipende (17:29) und wählen Sie den Stil *Standardstil (leer)*. Photoshop fügt den letzten Keyframe hinzu.

10 Bewegen Sie den Abspielknopf über die Zeitleiste für eine Vorschau.

Bild für einen Bewegungseffekt animieren

Sie animieren nun eine weitere Transformation, um den Eindruck von Bewegung zu erzeugen. Das Bild soll mit den Beinen des Springers beginnen und mit seinen Händen enden.

1 Bewegen Sie den Abspielknopf an das Ende des Clips *7_jumping* (20:29) und wählen Sie den Clip aus. Drücken Sie die [⇧]-Taste, während Sie das Bild nach unten bewegen, so dass sich die Hände im oberen Bereich der Arbeitsfläche befinden und der Springer seine Endposition erreicht.

2 Zeigen Sie die Attribute für den Clip an und klicken Sie auf das Stoppuhrsymbol für das Attribut *Transformieren*, um einen Keyframe hinzuzufügen.

3 Bewegen Sie den Abspielknopf an den Anfang des Clips (18:00). Verschieben Sie das Bild mit gedrückter [⇧]-Taste, so dass sich die Füße am unteren Rand der Arbeitsfläche befinden.

Photoshop fügt einen Keyframe hinzu.

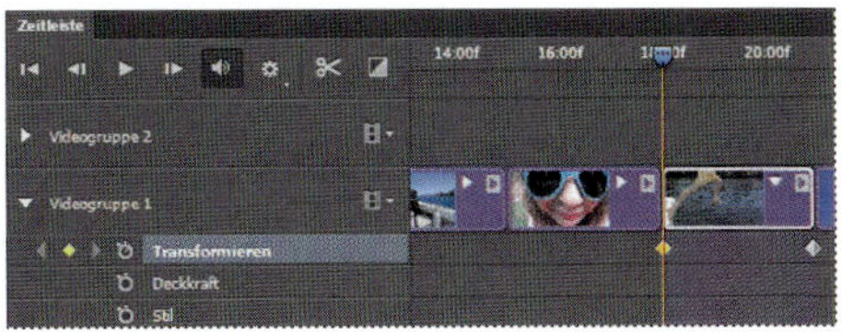

4 Bewegen Sie den Abspielknopf über die Zeitleiste für eine Vorschau der Animation.

5 Schließen Sie das Attribut des Clips und wählen Sie **Datei: Speichern**.

Schwenken und Zoomen hinzufügen

Sie können einfach Funktionen wie die Schwenk- und Zoomeffekte (bekannt aus Dokumentarfilmen) hinzufügen. Sie wenden diese Effekte auf die Sonnenuntergänge an, um das Video mit einem dramatischen Abschluss zu versehen.

1 Bewegen Sie den Abspielknopf an den Anfang des Clips *8_Sunset*.

2 Öffnen Sie das Bedienfeld »Bewegung« und wählen Sie dann im Popup-Menü die Option »Schwenken«. »An Arbeitsfläche anpassen« ist gewählt. Klicken Sie dann in einen leeren Bereich des Zeitleistenbedienfelds, um das Bewegungbedienfeld zu schließen.

3 Bewegen Sie den Abspielknopf an den Anfang des Clips *9_Sunset2*.

4 Öffnen Sie das Bewegungbedienfeld für diesen Clip. Wählen Sie im Popup-Menü die Option »Schwenken und Zoomen« und im Zoom-Menü die Option »Auszoomen«. Die Option »An Arbeitsfläche anpassen« ist aktiviert. Klicken Sie anschließend auf einen leeren Bereich im Zeitleistenbedienfeld, um das Bewegungbedienfeld zu schließen.

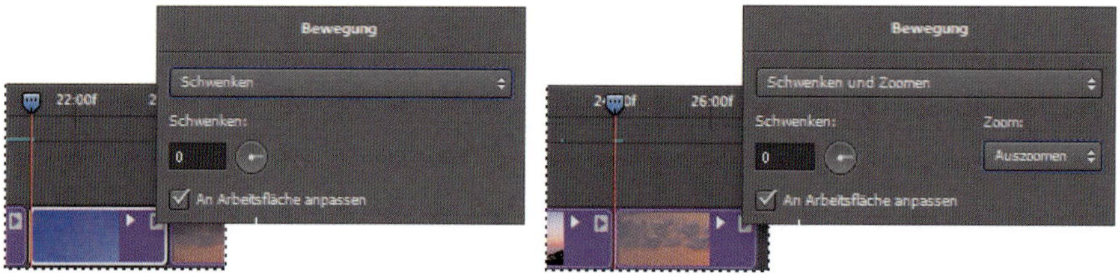

5 Bewegen Sie den Abspielknopf über beide Clips für eine Vorschau des Effekts.

Übergänge hinzufügen

Ein Übergang verschiebt eine Szene von einer Aufnahme zur nächsten. Ziehen Sie einfach einen Übergang an die gewünschte Stelle, um Clips mit Übergängen zu versehen.

1 Klicken Sie auf die Schaltfläche »Zum ersten Frame« (⏮) oben links im Zeitleistenbedienfeld, um den Abspielknopf an den Anfang der Zeitleiste zu setzen.

2 Klicken Sie auf die Schaltfläche »Übergänge« (◩) oben links im Zeitleistenbedienfeld. Wählen Sie *Überblenden* und ändern Sie mit dem entsprechenden Regler die Dauer in **0,25 s** (eine Viertelsekunde).

3 Ziehen Sie den Übergang *Überblenden* zwischen die Clips *1_Family* und *2_BoatRide*.

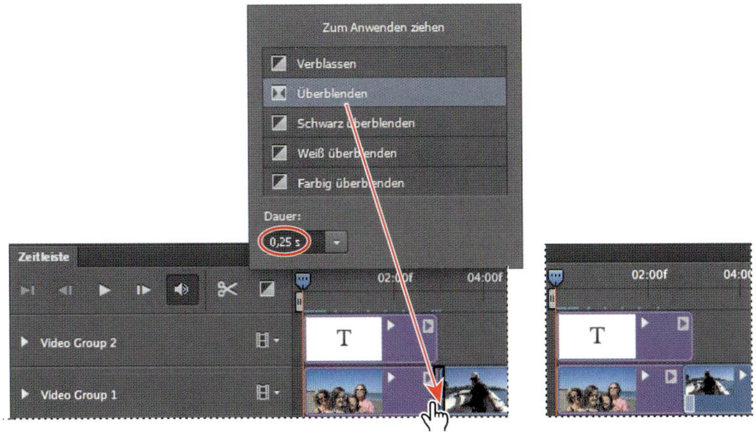

Photoshop passt die Enden der Clips an, um den Übergang anzuwenden. Der zweite Clip ist in der unteren Ecke mit einem kleinen weißen Symbol versehen.

4 Ziehen Sie den Übergang *Überblenden* nun auch zwischen alle anderen Clips.

5 Ziehen Sie einen *Schwarz überblenden*-Übergang auf das Ende des Gesamtclips.

6 Der Übergang soll weicher werden. Erweitern Sie den Übergang »Schwarz überblenden«, indem Sie seine linke Seite auf etwa ein Drittel der Gesamtlänge des Clips ausdehnen.

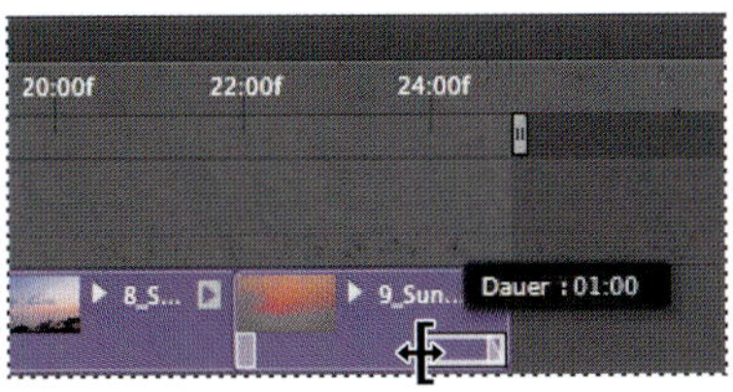

7 Wählen Sie **Datei: Speichern**.

Audio hinzufügen

Sie können eine Videodatei in Photoshop mit einer separaten Audiospur versehen. Tatsächlich verfügt das Zeitleistenbedienfeld bereits über eine standardmäßige Audiospur. Sie fügen nun eine MP3-Datei mit dem Soundtrack für dieses kurze Video hinzu.

Tipp: Sie können eine Audiospur auch hinzufügen, indem Sie im Zeitleistenbedienfeld auf das Pluszeichen am äußersten rechten Ende der Spur klicken.

1 Klicken Sie unten im Zeitleistenbedienfeld auf das Notensymbol rechts neben Audiospur und wählen Sie im Popup-Menü die Option »Audio hinzufügen«.

2 Wählen Sie im Ordner *Lektion10* die Datei *Beachsong.mp3* und klicken Sie auf »Öffnen«.

Der Soundtrack befindet sich jetzt in der Zeitleiste, ist aber viel länger als das Video. Sie benutzen die Funktion »Am Abspielknopf teilen«, um die Audiospur zu kürzen.

3 Bewegen Sie den Abspielknopf an das Ende des Clips *9_Sunset2* und klicken Sie dann auf die Schaltfläche »Am Abspielknopf teilen«.

Die Audiospur ist nun an der entsprechenden Stelle geteilt.

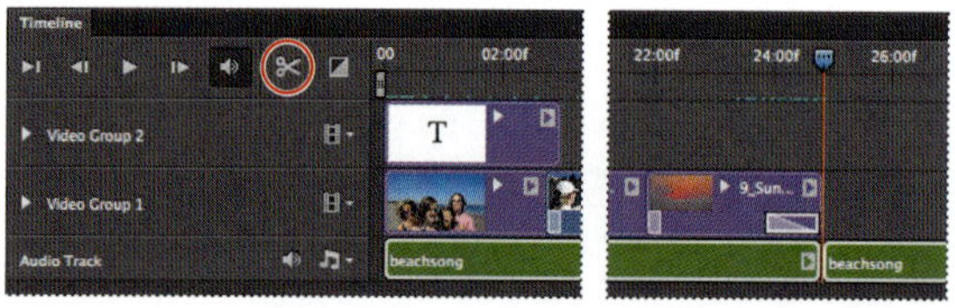

4 Wählen Sie die zweite Hälfte der Audiospur, die am Ende des Clips *9_Sunset2* beginnt. Drücken Sie auf der Tastatur die Entf- bzw. ←-Taste, um den gewählten Audioclip zu entfernen.

Die Länge der Audiodatei stimmt nun mit der Länge des Videoclips überein. Sie fügen noch den Übergang »Verblassen« hinzu, um den Clip allmählich enden zu lassen.

5 Klicken Sie auf den kleinen Pfeil am rechten Rand des Audioclips, um das Audiobedienfeld zu öffnen. Geben Sie **3** Sekunden für Einblenden und **5** Sekunden für Ausblenden ein.

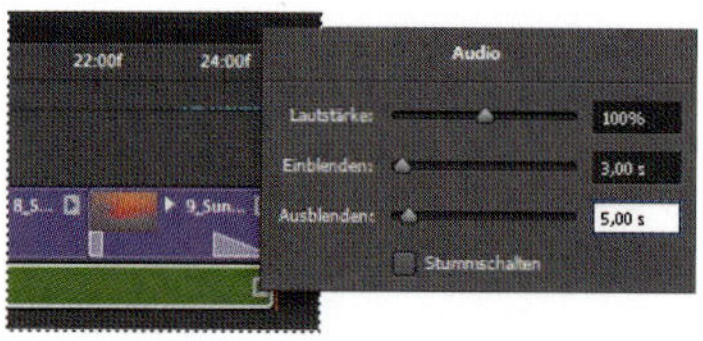

6 Wählen Sie **Datei: Speichern**.

Störenden Ton stummschalten

Sie haben sich bis jetzt Teile des Videos angesehen, indem Sie den Abspielknopf über die Zeitleiste bewegt haben. Sie sehen sich nun das komplette Video mit Hilfe der Abspielen-Schaltfläche im Zeitleistenbedienfeld an und blenden die Nebengeräusche in den ursprünglichen Videoclips aus.

1 Klicken Sie oben links im Zeitleistenbedienfeld auf die Schaltfläche »Abspielen« (▶) für eine Vorschau des Videos.

Das Video sieht gut aus, doch gibt es noch unschöne Hintergrundgeräusche von einigen Videoclips. Diese Geräusche blenden Sie nun aus.

2 Klicken Sie auf das kleine Dreieck am Ende des Clips *2_BoatRide*.

3 Klicken Sie auf das Register »Audio«, um die entsprechenden Optionen anzuzeigen. Aktivieren Sie die Option »Stummschalten«. Klicken Sie dann in einem leeren Bereich des Zeitleistenbedienfelds, um das Bedienfeld zu schließen.

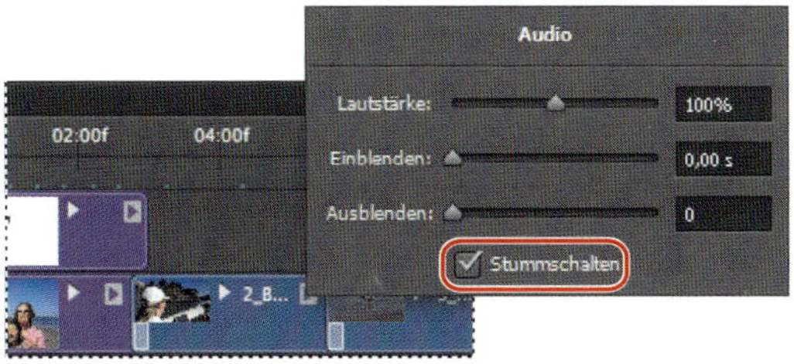

4 Wiederholen Sie die Schritte 2 bis 3 für die Ebene *3_DogAtBeach*.

Auch der *5_BoatRide2*-Clip enthält unerwünschtes Audiomaterial. Da es sich um ein Smartobjekt handelt, müssen Sie dieses öffnen und die Tonspur separat stummschalten.

5 Doppelklicken Sie im Ebenenbedienfeld die *5_BoatRide2*-Ebenenminiatur, um das Smartobjekt zu öffnen. Klicken Sie im Infodialogfenster auf OK.

6 Klicken Sie auf das kleine Dreieck am rechten Ende des Clips *5_BoatRide2*, um das Bewegungsbedienfeld zu öffnen. Anschließend klicken Sie auf das Audiosymbol und wählen Sie »Stummschalten«.

7 Schließen Sie das *5_BoatRide2*-Smartobjekt und speichern Sie es im Dialogfeld ab. Photoshop kehrt zur Datei *10Start.psd* zurück.

8 Spielen Sie erneut das Video ab. Jetzt ist nur noch der Ton aus der hinzugefügten Audiodatei zu hören.

9 Wählen Sie **Datei: Speichern**.

Video rendern

Sie sind jetzt bereit, das Projekt als Video zu rendern. Photoshop bietet dafür verschiedene Rendering-Optionen. Sie wählen die passenden Optionen für ein Streaming-Video zur Veröffentlichung auf der Vimeo-Website. Informationen über andere Rendering-Optionen finden Sie in der Photoshop-Hilfe.

1 Wählen Sie **Datei: Exportieren: Video rendern** oder klicken Sie unten links im Zeitleistenbedienfeld auf die Schaltfläche »Video rendern« (➦).

2 Benennen Sie die Datei **10Final.mp4**.

3 Klicken Sie auf »Ordner auswählen«, navigieren Sie zum Ordner *Lektion10* und klicken Sie dann auf OK bzw. »Wählen«.

4 Wählen Sie im Menü »Vorgabe« die Option »Vimeo HD 720p 25«.

5 Klicken Sie auf »Rendern«.

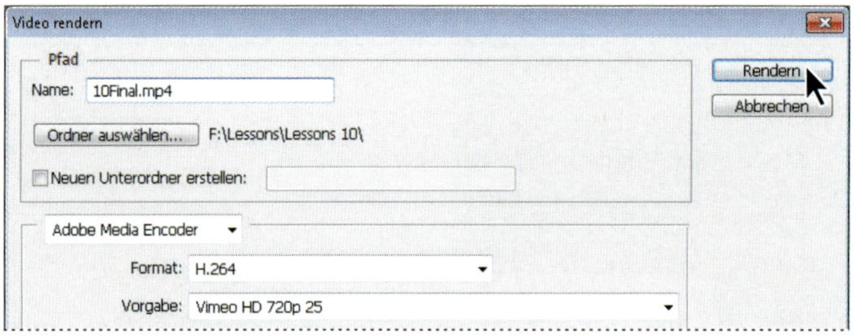

Je nach Computersystem kann dieser Vorgang einige Zeit dauern.

Photoshop zeigt beim Export des Videos einen Fortschrittsbalken an. Je nach Computer kann der Vorgang des Renderns mehrere Minuten in Anspruch nehmen.

6 Suchen Sie in Bridge im Ordner *Lektion10* die Datei *10Final.mp4*. Doppelklicken Sie auf die Datei, um Ihr Video abzuspielen.

Fragen

1 Was ist ein Keyframe und wie erzeugen Sie einen?

2 Wie fügen Sie einen Übergang zwischen zwei Clips hinzu?

3 Wie rendern Sie ein Video?

Antworten

1 Ein Keyframe markiert den Zeitpunkt für einen bestimmten Wert, z.B. für Transformieren, Größe oder Stil. Um eine Änderung über eine bestimmte Zeitspanne einzurichten, müssen Sie über mindestens zwei Keyframes verfügen: einen für den Zustand am Anfang der Änderung und einen für den Zustand am Ende. Klicken Sie für einen Keyframe am Anfang auf das Stoppuhrsymbol neben dem Attribut, das Sie für die Ebene animieren möchten. Photoshop erzeugt immer dann neue Keyframes, wenn Sie die Werte dieses Attributs ändern.

2 Klicken Sie für einen Übergang auf das Übergangssymbol oben links im Zeitleistenbedienfeld und ziehen Sie anschließend einen Übergang auf den entsprechenden Clip.

3 Um ein Video zu rendern, wählen Sie **Datei: Exportieren: Video rendern**. Oder klicken Sie unten links im Zeitleistenbedienfeld auf die Schaltfläche »Video rendern«. Wählen Sie dann die Videoeinstellungen für das von Ihnen gewünschte Ausgabeformat.

11 MALEN MIT DEM MISCHPINSEL-WERKZEUG

Überblick

In dieser Lektion lernen Sie Folgendes:

- Eigene Pinseleinstellungen
- Den Pinsel säubern
- Farben mischen
- Erodierbare Pinselspitze benutzen
- Eigene Pinselvoreinstellung erzeugen
- Farben mit nassen und trockenen Pinseln mischen

Für diese Lektion benötigen Sie etwa eine Stunde. Laden Sie die Lektionsdateien für die Lektion11 von der Buch-DVD in einen Ordner »Lektionen« auf Ihrer Festplatte. Bei der Arbeit mit dieser Lektion überschreiben Sie die Startdateien. Wenn Sie diese wiederherstellen wollen, laden Sie sie einfach von der DVD erneut auf Ihre Festplatte.

PROJEKT: DIGITALES MALEN

Das Misch-Pinsel-Werkzeug ermöglicht eine flexible Arbeitsweise. Damit lassen sich Farben und Piselstriche so mischen, als würden Sie auf einer tatsächlichen Leinwand malen.

Über das Misch-Pinsel-Werkzeug

Sie haben in den bisherigen Lektionen mit den Pinseln in Photoshop die unterschiedlichsten Aufgaben ausgeführt. Das Misch-Pinsel-Werkzeug ist ein besonderer Pinsel, da Sie mit ihm die Farben vermischen können. Sie ändern die Nässe des Pinsels und sehen, wie sich die aktuelle Pinselfarbe mit der bereits auf dem Malgrund vorhandenen Farbe vermischt.

Die Pinsel haben realistische Borsten. Sie können also Strukturen hinzufügen, die an große Maler und deren Gemälde erinnern. Diese Funktion ist besonders in Verbindung mit dem Misch-Pinsel-Werkzeug nützlich. Durch die Kombination unterschiedlicher Borsteneinstellungen und Nässe der Pinselspitzen sowie Farbauftrag und Farbmischung verfügen Sie über alle Möglichkeiten, exakt das gewünschte Aussehen zu gestalten.

Vorbereitungen

Sie machen sich in dieser Lektion mit dem Misch-Pinsel-Werkzeug vertraut, aber auch mit den Pinselspitzen und den Optionen für die Borsten, die in Photoshop CC verfügbar sind. Erst sehen Sie sich das fertige Projekt an, das Sie gestalten werden.

1 Starten Sie Photoshop und halten Sie sofort danach die Tasten Strg + Alt + ⇧ (Windows) bzw. ⌘ + ⌥ + ⇧ (Mac OS) gedrückt, um die standardmäßigen Voreinstellungen zu erhalten. (Siehe »Die Standardeinstellungen wiederherstellen« auf Seite 4.)

2 Klicken Sie im Meldungsfenster zur Bestätigung auf »Ja«, um die Voreinstellungen zurückzusetzen.

3 Wählen Sie **Datei: In Bridge suchen**, um Adobe Bridge zu öffnen.

4 Doppelklicken Sie in Adobe Bridge im FAVORITEN-Fenster auf den Ordner *Lektionen*. Doppelklicken Sie im INHALT-Fenster auf den Ordner *Lektion11*.

5 Sehen Sie sich die End-Dateien der Lektion 11 an. Sie verwenden das Bild mit der Palette, um die Pinseloptionen und das Mischen von Farben kennenzulernen. Anschließend verwandeln Sie ein Landschaftsbild in ein Aquarell.

6 Doppelklicken Sie auf die Datei *11Palette_start.psd*, um sie in Photoshop zu öffnen.

7 Wählen Sie **Datei: Speichern unter** und nennen Sie die Datei **11Palette_Arbeit.psd**. Klicken Sie auf OK, wenn das Dialogfeld mit Photoshop-Formatoptionen erscheint.

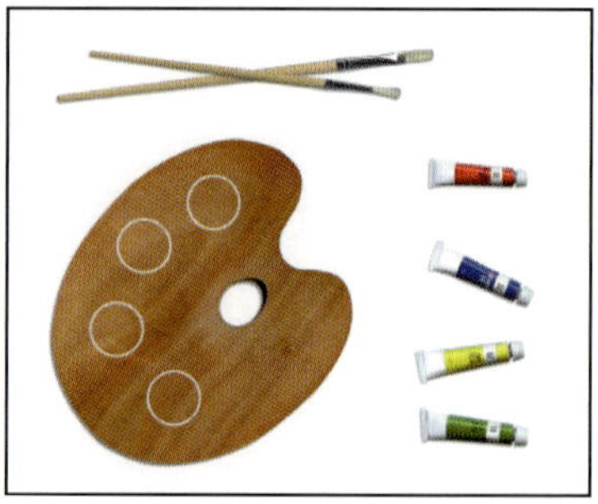

Hinweis: Falls Bridge nicht installiert ist, werden Sie beim Auswählen von »In Bridge suchen« zur Installation aufgefordert. Weitere Informationen finden Sie auf Seite 3.

Hinweis: Wenn Sie häufig in Photoshop malen, sollten Sie mit einem Tablet (z.B. Wacom Intuos) statt einer Maus arbeiten. Photoshop erkennt, wie Sie den Stift halten und benutzen, und passt Stärke, Druck und Winkel des Pinsels entsprechend an.

Pinseleinstellungen wählen

Das Bild besteht aus einer Palette mit vier Farbtuben, die Sie zum Aufnehmen der Farben benutzen, mit denen Sie arbeiten. Sie ändern während des Malens mit verschiedenen Farben die Einstellungen für die Pinselform und den Nassauftrag der Farbe.

1 Wählen Sie das Zoom-Werkzeug () und vergrößern Sie die Farbtuben.

2 Wählen Sie das Pipette-Werkzeug () und nehmen Sie das Rot von der roten Tube auf.

Die Vordergrundfarbe ändert sich entsprechend.

Hinweis: Je nach Komplexität eines Projekts verzögert sich das Mischen von Farben, da dieser Prozess speicherintensiv ist.

3 Wählen Sie das Misch-Pinsel-Werkzeug (), das unter dem Pinsel-Werkzeug () verborgen ist.

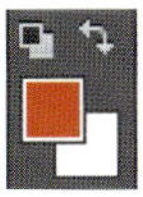

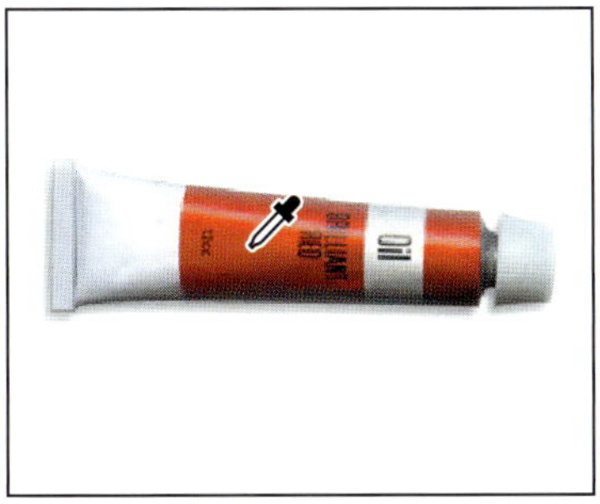

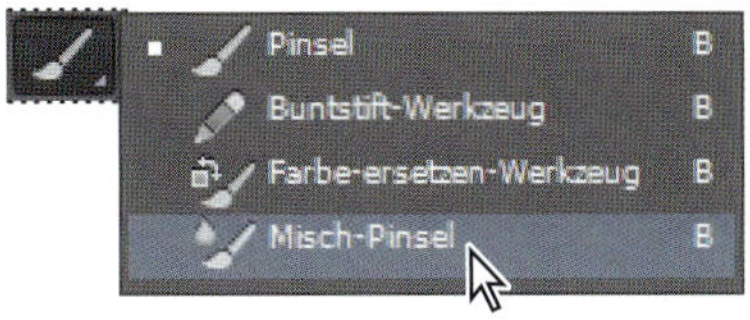

4 Wählen Sie **Fenster: Pinsel**, um das Pinselbedienfeld zu öffnen. Wählen Sie den ersten Pinsel.

Das Pinselbedienfeld enthält Pinselvoreinstellungen und verschiedene Optionen für eigene Pinsel.

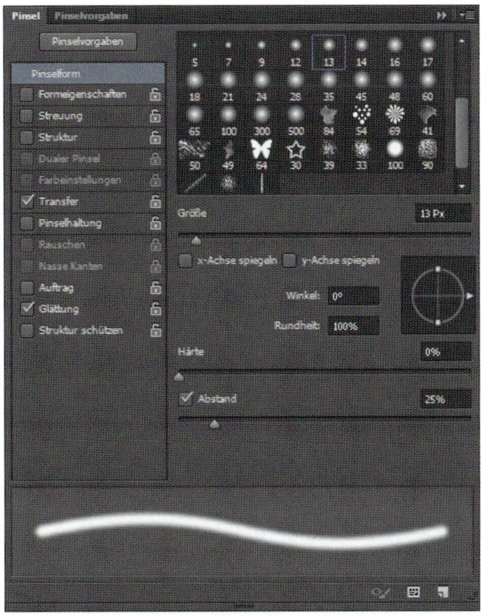

Mit den Nässeoptionen und Pinseln experimentieren

Der Effekt des Pinsels wird in der Optionsleiste mit den Optionen in den Fenstern »Nass«, »Auftrag« und »Mix« festgelegt. »Nass« steuert die Farbmenge, die der Pinsel vom Untergrund aufnimmt. »Auftrag« legt fest, wie viel Farbe der Pinsel enthält, wenn Sie mit dem Malen beginnen (wie bei einem richtigen Pinsel wird die Farbe beim Malen weniger). Mix bestimmt das Verhältnis zwischen der Farbe vom Hintergrund und der Farbe vom Pinsel.

Die Einstellungen lassen sich unabhängig voneinander verändern. Einfacher (und schneller) ist jedoch die Wahl einer Vorgabe aus dem Popup-Menü.

1 Wählen Sie in der Optionsleiste aus dem Popup-Menü des Mischpinsels die Option »Trocken«.

Wenn Sie »Trocken« wählen, sind Nass auf **0 %** und Auftrag auf **50 %** eingestellt, während Mix nicht zur Verfügung steht. Mit der Voreinstellung »Trocken« malen Sie deckend – Farben lassen sich auf einem trockenen Untergrund nicht löschen.

2 Malen Sie in dem Bereich über der roten Tube – die Farbe ist rot und deckend. Malen Sie weiter und lassen Sie die Maustaste gedrückt – höchstwahrscheinlich nimmt die Farbe ab, um dann ganz auszugehen.

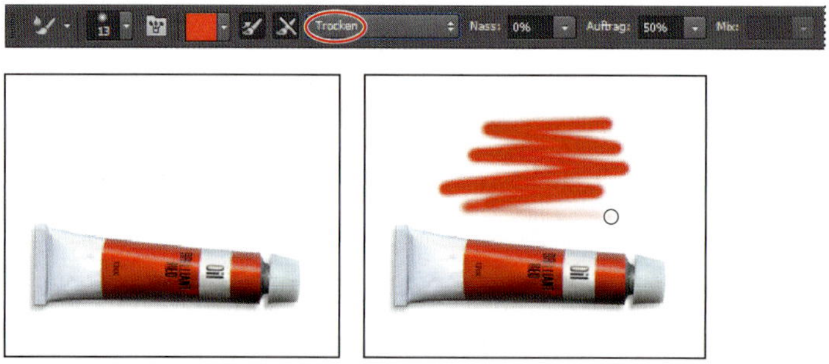

● **Hinweis:** Wenn Sie Farbe durch Klicken mit gedrückter Alt-Taste aufnehmen, erfasst der Pinsel auch Farbvariationen im Aufnahmebereich. Um nur einzelne Farbtöne aufzunehmen, wählen Sie in der Optionsleiste im Menü »Aktuelle Pinselladung« den Eintrag »Nur Volltonfarben laden«.

3 Nehmen Sie das Blau von der blauen Farbtube auf. Benutzen Sie dazu das Pipette-Werkzeug. Wählen Sie nach der Farbaufnahme wieder das Misch-Pinsel-Werkzeug.

4 Wählen Sie im Pinselbedienfeld den Pinsel »Rund, gefächert«. Wählen Sie in der Optionsleiste aus dem Popup-Menü die Option »Nass«.

5 Malen Sie oberhalb der blauen Tube. Die Farbe vermischt sich mit dem weißen Hintergrund.

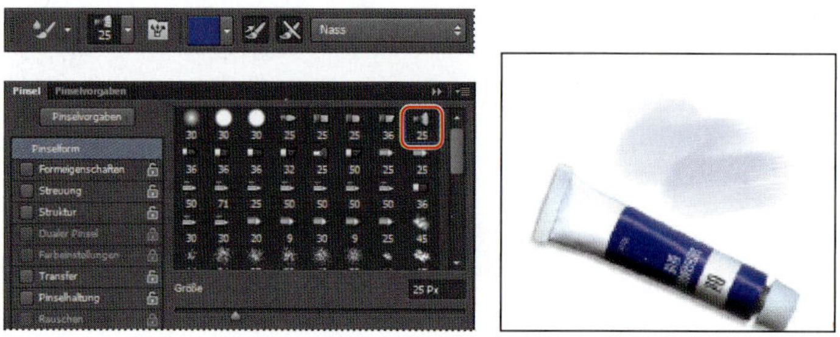

6 Wählen Sie aus dem Menü in der Optionsleiste die Option »Trocken« und malen Sie erneut oberhalb der blauen Tube. Es erscheint eine viel dunklere und deckendere Farbe, die sich nicht mit dem weißen Hintergrund vermischt.

Die Borsten des gefächerten Pinsels sind offensichtlicher als die des bisherigen Pinsels. Die jeweiligen Borsteneigenschaften verändern die Struktur des Farbauftrags.

7 Verringern Sie im Pinselbedienfeld den Borstenanteil auf **40 %**. Malen Sie noch etwas mehr mit dem blauen Pinsel und beachten Sie die veränderte Struktur. Die Borsten im Pinselstrich sind noch besser zu erkennen.

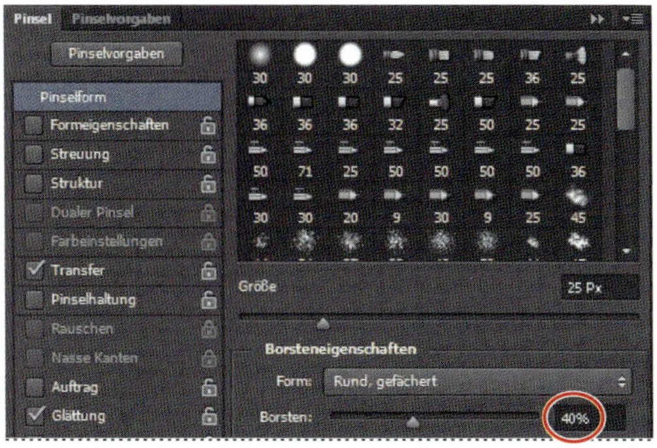

> **Tipp:** Die Borstenpinselvorschau zeigt beim Malen die Richtung der Borsten. Um die Borstenpinselvorschau ein- oder auszublenden, klicken Sie auf die Schaltfläche »Borstenpinselvorschau ein-/ausblenden« unten im Pinsel- bzw. Pinselvorgabenbedienfeld. Die Borstenpinselvorschau ist nur bei aktiviertem Open GL verfügbar.

8 Nehmen Sie das Gelb von der gelben Tube auf. Wählen Sie im Pinselbedienfeld den Pinsel flach, spitz (rechts neben rund, gefächert). Wählen Sie aus dem Menü in der Optionsleiste die Option »Trocken« und malen Sie oberhalb der gelben Tube.

9 Wählen Sie aus dem Menü in der Optionsleiste die Option »Sehr nass« und malen Sie etwas mehr. Das Gelb vermischt sich jetzt mit dem weißen Hintergrund.

Erodierbare Pinselspitze

Wenn Sie eine erodierbare Pinselspitze wählen, verändert sich die Pinselbreite während des Malens. Sie finden die erodierbaren Pinselspitzen im Pinselbedienfeld bei den Buntstift-Symbolen, da auch reale Bunt- und Pastellstifte erodierbare Spitzen haben. Sie experimentieren nun mit erodierbaren Punkt- und Dreiecksspitzen.

1 Nehmen Sie die grüne Farbe der grünen Tube auf und wählen Sie in der Optionsleiste »Trocken/dick aufgetr.«.

2 Wählen Sie eine der erodierbaren Spitzen (eine beliebige Spitze mit Bleistiftsymbol), dann wählen Sie im Form-Menü erodierbar, spitz. Ändern Sie die Pinselgröße in **30 Px** und die Weichheit in **100 %**.

Der Wert für Weichheit legt fest, wie schnell die Pinselspitze erodiert – je größer der Wert, desto schneller die Erosion.

3 Zeichnen Sie eine Zickzacklinie oberhalb der grünen Tube.

Die Linie wird in dem Maße dicker, wie die Pinselspitze erodiert.

4 Klicken Sie im Pinselbedienfeld auf »Pinsel anspitzen« und zeichnen Sie eine weitere Linie.

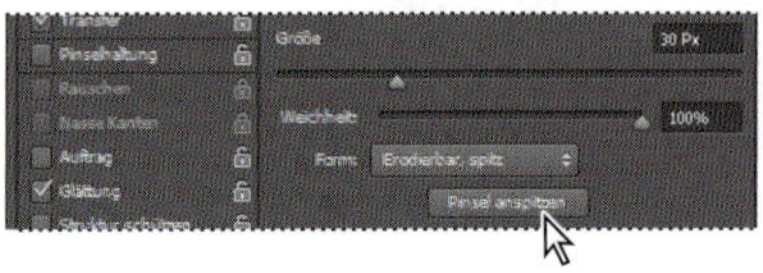

Die angespitzte Pinselspitze zeichnet eine viel dünnere Linie.

5 Wählen Sie im Pinselbedienfeld im Menü »Form« die Option »Erodierbares Dreieck« und zeichnen Sie eine Zickzacklinie.

Je nach gewünschtem Effekt können Sie noch andere erodierbare Pinselspitzen wählen.

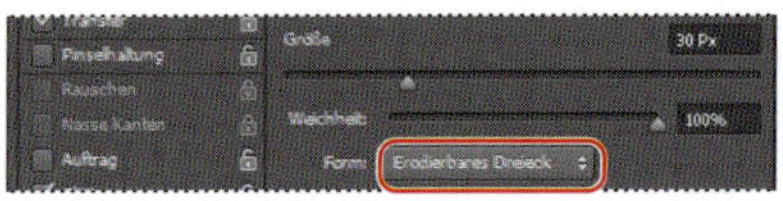

Farben mischen

Sie haben bereits feuchte und trockene Pinsel genutzt, die Pinseleinstellungen geändert und Farben mit der Hintergrundfarbe vermischt. Sie konzentrieren sich nun mehr auf das Mischen von Farben untereinander, indem Sie Farben der Malerpalette hinzufügen.

1 Vergrößern Sie, um die Palette und die Farben größer anzuzeigen.

2 Wählen Sie im Ebenenbedienfeld die Ebene »Paint mix«, damit sich die von Ihnen aufgetragene Farbe nicht mit der braunen Palette auf der Hintergrundebene vermischt.

Das Misch-Pinsel-Werkzeug mischt Farben nur auf der aktiven Ebene, es sei denn, Sie aktivieren in der Optionsleiste die Option »Alle Ebenen«.

3 Nehmen Sie mit dem Pipette-Werkzeug das Rot der roten Farbtube auf. Wählen Sie im Pinselbedienfeld den fünften Pinsel »Rund, stumpf« und dann im Popup-Menü in der Optionsleiste »Nass«. Malen Sie im oberen Kreis der Palette.

4 Klicken Sie in der Optionsleiste auf das Symbol »Pinsel nach jedem Strich reinigen«, um diese Option zu deaktivieren.

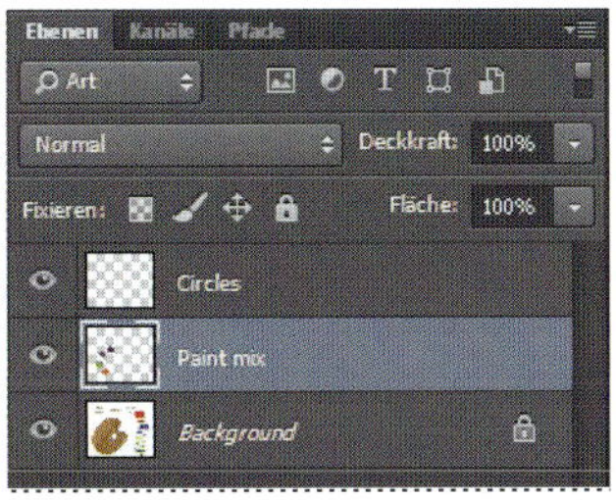

5 Nehmen Sie mit dem Pipette-Werkzeug das Blau der blauen Farbtube auf und malen Sie im bisherigen Palettenkreis um das Rot mit dem Blau, bis es violett erscheint.

Nehmen Sie die Farbe mit dem Pipette-Werkzeug auf, während die Quellebene (in diesem Fall die Hintergrundebene) nicht ausgewählt ist.

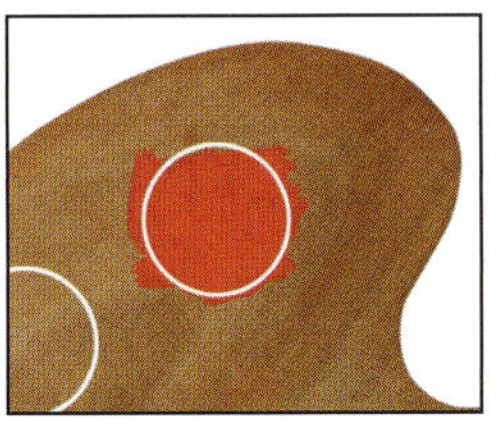

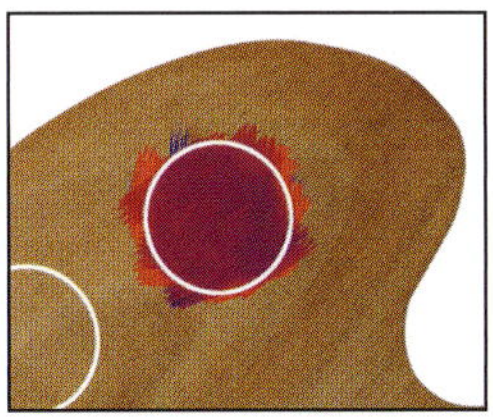

6 Malen Sie im nächsten Kreis. Sie malen jetzt mit Violett, da die Farbe bis zum Reinigen im Pinsel bleibt.

7 Wählen Sie in der Optionsleiste aus dem Menü »Aktuelle Pinselladung« die Option »Pinsel reinigen«. Die Vorschau ändert sich und zeigt Transparenz an, der Pinsel hat also keine Farbe geladen.

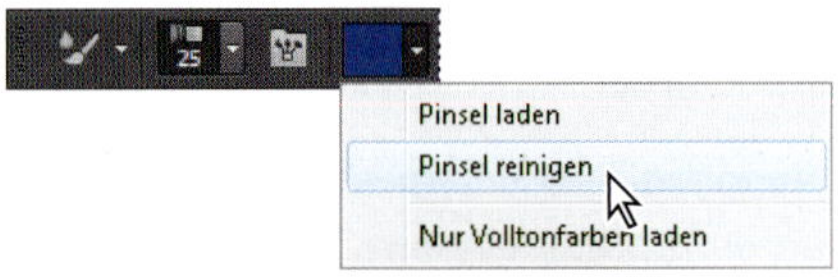

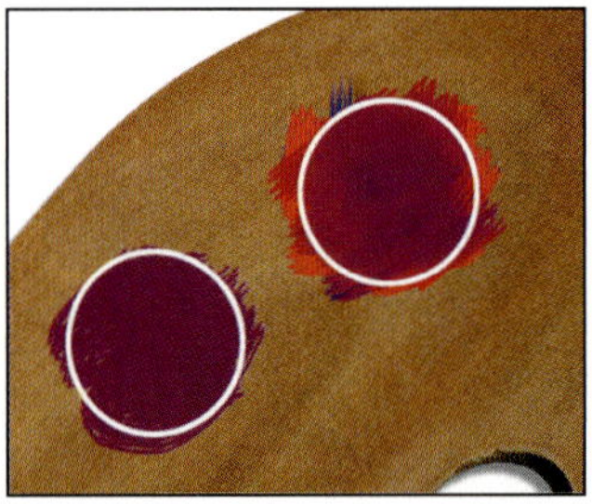

Um die Pinselladung aus einem Pinsel zu entfernen, wählen Sie in der Optionsleiste im Menü »Aktuelle Pinselladung« die Option »Pinsel reinigen«. Sie entfernen die Pinselladung, indem Sie eine andere Farbe aufnehmen.

Soll Photoshop nach jedem Pinselstrich den Pinsel reinigen, klicken Sie in der Optionsleiste auf das Symbol »Pinselfarbe nach jedem Strich entfernen«. Um den Pinsel nach jedem Strich mit der Vordergrundfarbe zu laden, klicken Sie in der Optionsleiste auf das Symbol »Pinsel nach jedem Strich laden«. Beide Optionen sind standardmäßig aktiviert.

8 Wählen Sie in der Optionsleiste aus dem Popup-Menü »Aktuelle Pinselladung« die Option »Pinsel laden«, um den Pinsel mit blauer Farbe zu laden (der aktuellen Vordergrundfarbe). Malen Sie in der Hälfte des nächsten Kreises.

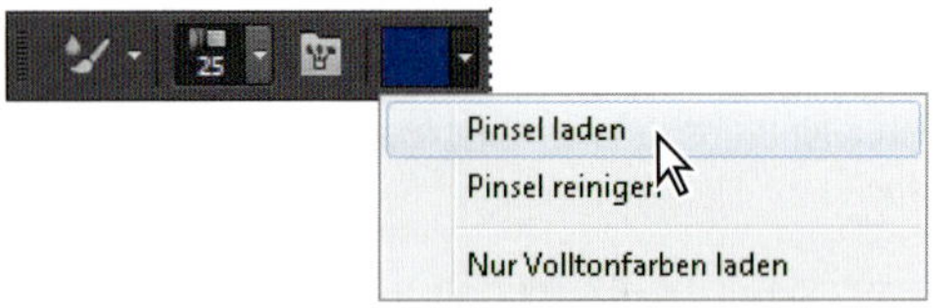

9 Nehmen Sie das Gelb der gelben Farbtube auf und malen Sie mit einem nassen Pinsel über dem Blau, um beide Farben zu mischen.

10 Füllen Sie den letzten Kreis mit gelber und roter Farbe. Mischen Sie dann die beiden Farben mit einem nassen Pinsel für ein Orange.

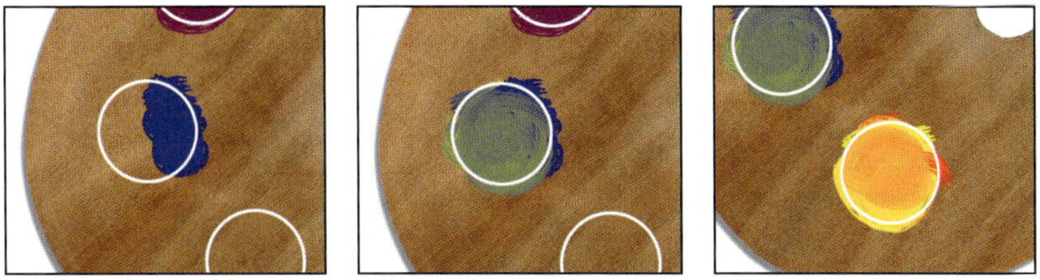

11 Blenden Sie im Ebenenbedienfeld die Ebene *Circles* aus und damit die Konturen der Palette.

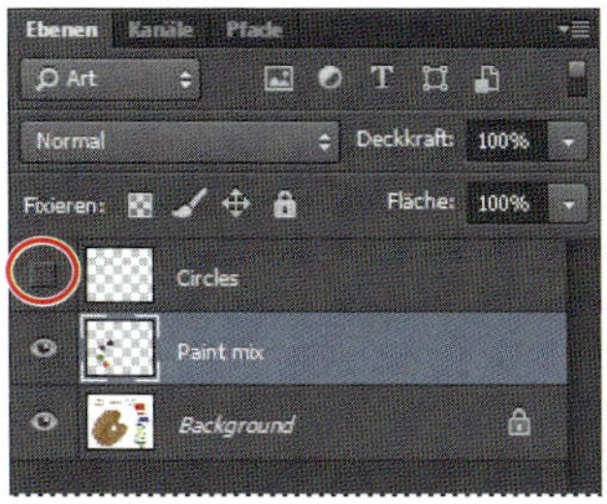

12 Wählen Sie **Datei: Speichern**.

Julieanne Kost, Adobe-Photoshop-Expertin

Tipps von der Photoshop-Expertin

Tastaturbefehle für das Misch-Pinsel-Werkzeug

Es gibt keine standardmäßigen Tastaturbefehle für das Misch-Pinsel-Werkzeug, doch Sie können eigene Befehle erstellen.

So erstellen Sie benutzerdefinierte Tastaturbefehle:

1 Wählen Sie »Bearbeiten: Tastaturbefehle«.

2 Wählen Sie im Menü »Tastaturbefehle für« die Option »Werkzeuge«.

3 Rollen Sie bis ans Ende der Liste.

4 Wählen Sie einen Befehl und geben Sie dann den eigenen Tastaturbefehl ein. Tastaturbefehle können Sie für die folgenden Befehle erstellen:

- Mischpinsel laden
- Mischpinsel reinigen
- Automatisches Laden des Mischpinsels
- Automatische Reinigung des Mischpinsels
- »Alle Ebenen aufnehmen« für Mischpinsel
- Erodierbare Spitzen scharfzeichnen

Eigene Pinselvoreinstellung

Photoshop umfasst zahlreiche, äußerst praktische Pinselvoreinstellungen. Wenn Sie dagegen einen Pinsel für ein eigenes Projekt optimieren möchten, könnte eine eigene Pinselvoreinstellung eventuell sinnvoller sein. Sie erzeugen jetzt eine eigene Pinselvoreinstellung.

1 Nehmen Sie im Pinselbedienfeld die folgenden Einstellungen vor:

- Größe: **36** px
- Form: *Rund, gefächert*
- Borsten: **35**%
- Länge: **32**%
- Stärke: 2%
- Steifheit: **75**%
- Winkel: **0**%
- Abstand: **2**%

2 Wählen Sie aus dem Menü des Pinselbedienfelds die Option »Neue Pinselvorgabe«.

3 Benennen Sie den Pinsel mit **Landschaft** und klicken Sie auf OK.

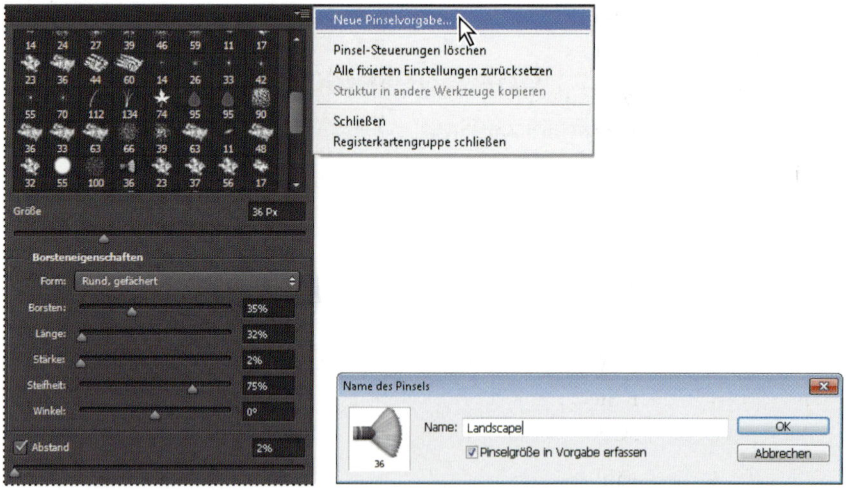

4 Klicken Sie oben links im Pinselbedienfeld auf »Pinselvorgaben«, um das Pinselvorgabenbedienfeld zu öffnen.

Das Pinselvorgabenbedienfeld zeigt die Pinselstriche der jeweiligen Pinsel bzw. Pinselvorgaben. Wenn Sie den benötigten Pinsel bereits kennen, sollten Sie ihn über seinen Namen suchen. Sie listen die Pinsel jetzt nach ihren Namen auf, um die eigene Voreinstellung für die nächste Übung zu finden.

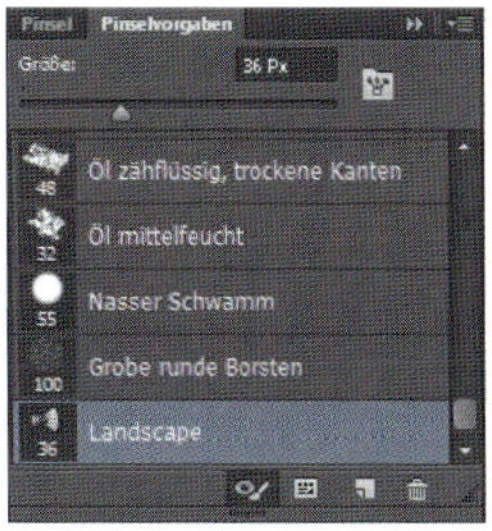

5 Wählen Sie im Menü des Pinselvorgabenbedienfelds die Option »Große Liste«.

6 Rollen Sie in der Liste nach unten. Die von Ihnen erzeugte Pinselvoreinstellung *Landschaft* findet sich am Ende der Liste.

7 Schließen Sie die Datei *11Palette_Arbeit.psd*.

Farben mit einem Foto mischen

Sie haben bereits Farben untereinander und mit einem weißen Hintergrund gemischt. Sie verwenden jetzt ein Foto als Malgrund, fügen Farben hinzu und mischen diese untereinander sowie mit den Hintergrundfarben, um ein Landschaftsfoto in ein Aquarell umzuwandeln.

1 Wählen Sie **Datei: Öffnen**. Doppelklicken Sie im Ordner *Lektion11* auf die Datei *11Landschaft_Start.jpg*, um sie zu öffnen.

2 Wählen Sie **Datei: Speichern unter**. Benennen Sie die Datei mit **11Landschaft_Arbeit.jpg** und klicken Sie auf »Speichern«. Klicken Sie im Dialogfeld »JPEG-Optionen« auf OK.

Sie beginnen mit dem Malen des Himmels. Doch zuerst bestimmen Sie die Farbe und wählen den Pinsel.

3 Klicken Sie unten im Werkzeugbedienfeld auf das Feld »Vordergrundfarbe einstellen«. Wählen Sie ein mittleres Blau (beispielsweise R=185, G=204, B=228) und klicken Sie auf OK.

4 Falls erforderlich wählen Sie das Misch-Pinsel-Werkzeug (✓). Wählen Sie aus dem Popup-Menü in der Optionsleiste die Option »Trocken«. Wählen Sie im Pinselvorgabenbedienfeld den Pinsel »Landschaft«.

Vorgaben werden auf Ihrem Computer gespeichert – sie können deshalb für jedes Bild genutzt werden.

5 Malen Sie über den Himmel und bis dicht an die Bäume. Da Sie mit einem trockenen Pinsel arbeiten, vermischt sich die Farbe nicht mit den darunter befindlichen Farben.

6 Wählen Sie ein Dunkelblau (beispielsweise R=103, G=151, B=212) und versehen Sie den oberen Himmelbereich mit einer dunkleren Farbe – weiterhin mit dem trockenen Pinsel.

7 Wählen Sie wieder ein Hellblau und aus dem Popup-Menü in der Optionsleiste die Option »Sehr nass, dick aufgetragen«. Gehen Sie mit diesem Pinsel diagonal über den Himmel, um beide Farben mit dem Hintergrund zu vermischen. Malen Sie bis dicht an die Bäume und glätten Sie den kompletten Himmel.

Dunklere Farbe mit trockenem Pinsel hinzufügen

Farben mit nassem Pinsel vermischen

Wenn Ihnen der Himmel gefällt, wenden Sie sich dem Gras und den Bäumen zu.

8 Wählen Sie ein Hellgrün (wir haben R=92, G=157 und B=13 gewählt). Wählen Sie im Popup-Menü in der Optionsleiste die Option »Trocken«. Malen Sie im oberen Bereich der Grünfläche, um sie aufzuhellen.

9 Nehmen Sie ein Dunkelgrün direkt vom Gras auf. Wählen Sie aus dem Menü der Optionsleiste die Option »Sehr nass, dick aufgetragen«. Ziehen Sie dann diagonale Malstriche, um die Farben im Gras zu vermischen.

▶ **Tipp:** Sie wissen, dass Sie mit gedrückter Alt-Taste eine Farbe wie mit der Pipette aufnehmen können. Um mit der Alt-Taste ausschließlich Volltonfarben aufzunehmen, wählen Sie in der Optionsleiste im Menü »Aktuelle Pinselladung« die Option »Nur Volltonfarben laden«.

Hellgrün mit trockenem Pinsel hinzufügen

Farben mit nassem Pinsel mischen

10 Nehmen Sie ein Hellgrün auf und hellen Sie dann mit einem trockenen Pinsel die helleren Bereiche der Bäume und den kleinen Baum in der Bildmitte auf. Wählen Sie anschließend ein Dunkelgrün (beispielsweise R=26, G=79, B=34) und aus dem Menü der Optionsleiste die Option »Sehr nass, dick aufgetragen«. Malen Sie mit dem nassen Pinsel, um die Farben in den Bäumen zu vermischen.

Aufhellen der Bäume

Farben vermischen

So weit, so gut. Was noch zum Malen bleibt, sind die Bäume im Hintergrund und die braunen Gräser.

11 Wählen Sie eine bläulichere Farbe für die Bäume im Hintergrund (beispielsweise R=65, G=91, B=116). Malen Sie mit einem trockenen Pinsel, um das Blau oben hinzuzufügen. Wählen Sie dann aus dem Popup-Menü in der Optionsleiste die Option »Nass« und malen Sie, um das Blau in die Bäume zu mischen.

12 Nehmen Sie ein Braun von den hohen Gräsern auf und wählen Sie anschließend aus dem Menü der Optionsleiste die Option »Sehr nass, dick aufgetragen«. Malen Sie auf- und abwärts entlang dem oberen Teil der langen Gräser, um die Anmutung eines Feldes zu erzielen. Malen Sie im hinteren Bereich hinter dem kleinen Baum in der Bildmitte rück- und wieder vorwärts, um weiche Pinselstriche zu erzeugen.

▶ **Tipp:** Malen Sie für unterschiedliche Effekte in verschiedenen Richtungen – Sie können mit dem Misch-Pinsel-Werkzeug all das malen, was Ihnen gerade so einfällt.

Glückwunsch! Sie haben mit Ihren eigenen Farben und Pinselstrichen ein Kunstwerk geschaffen.

Pinselvarianten

Außer den Einstellungen in diesen Projekten können Sie zahlreiche Variationen von Pinselspitzen und -einstellungen ausprobieren, insbesondere die Optionen »Pinselhaltung« und »Formeigenschaften«.

Die Einstellungen für die Pinselhaltung ändern Neigung, Drehung und Druck eines Pinsels. Wählen Sie im Pinselbedienfeld in der Liste links die Option »Pinselhaltung«. Bewegen Sie den Regler, um den Pinsel von links nach rechts, und den Regler, um den Pinsel nach vorn und hinten zu neigen. Ändern Sie den Wert für, um die Borsten zu drehen. (Die Drehung ist offensichtlicher, wenn Sie mit einem flachen Pinsel arbeiten.) Ändern Sie die Einstellung für den Druck, um festzulegen, wie stark sich der Pinseleffekt auf das Bild auswirkt.

Die Formeigenschaften wirken sich auf die Gleichmäßigkeit des Pinselstrichs aus.

Wenn Sie ein Wacom-Tablett verwenden, erkennt Photoshop den Winkel und Druck des Stifts und überträgt diese Eigenschaften auf den Pinsel. Sie können mit dem Stift Eigenschaften wie den Größen-Jitter beeinflussen. Wählen Sie dazu im Menü »Steuerung« in den Formeigenschaften die Option »Zeichenstift-Druck« oder »Zeichenstift-Schrägstellung«, um festzulegen, wie die Werte angepasst werden.

Es gibt noch viele andere Optionen für die unterschiedlichsten Pinseleffekte. Die verfügbaren Optionen sind abhängig von der gewählten Pinselspitze. Informationen finden Sie in der Photoshop-Hilfe.

Galerie

Die Malwerkzeuge und Pinselspitzen in Photoshop CC erlauben die unterschiedlichsten Maleffekte.

Erodierbare Pinselspitzen machen Ihre Arbeiten noch realistischer. Die Doppelseite hier zeigt Beispiele, die mit den Pinselspitzen und Werkzeugen in Photoshop CC entstanden sind.

Image © sholby, www.sholby.net

Image © sholby, www.sholby.net

Image © Victoria Pavlov, www.pavlovphotography.com

Image © Lynette Kent, www.LynetteKent.com

Galerie *(Fortsetzung)*

Image © Janet Stoppee for m2media.com

Image © John Derry, www.pixelart.com

Image © sholby, www.sholby.net

Image © John Derry, www.pixelart.com

Fragen

1 Welche Besonderheiten zeichnen das Misch-Pinsel-Werkzeug verglichen mit anderen Pinseln aus?

2 Wie laden Sie ein Misch-Pinsel-Werkzeug?

3 Wie reinigen Sie einen Pinsel?

4 Wie zeigen Sie Namen von Pinselvoreinstellungen an?

5 Was ist eine Live-Pinselspitzenvorschau und wie lässt sie sich ausblenden?

6 Was ist eine erodierende Pinselspitze?

Antworten

1 Das Misch-Pinsel-Werkzeug vermischt die Farben des Pinsels mit den Farben auf dem Untergrund.

2 Sie laden ein Misch-Pinsel-Werkzeug, indem Sie eine Farbe aufnehmen – entweder mit der Pipette oder mit Tastaturbefehlen (Klicken mit gedrückter [Alt]-/[⌥]-Taste). Oder Sie wählen im Popup-Menü in der Optionsleiste die Option »Pinsel laden«, um den Pinsel mit der Vordergrundfarbe zu laden.

3 Um einen Pinsel zu reinigen, wählen Sie im Popup-Menü in der Optionsleiste die Option »Pinsel reinigen«.

4 Um Pinselvoreinstellungen nach Namen sortiert anzuzeigen, öffnen Sie das Pinselvorgabenbedienfeld. Anschließend wählen Sie im Menü des Pinselvorgabenbedienfelds die Option »Große Liste« bzw. »Kleine Liste«.

5 Die Borstenpinselvorschau zeigt die Bewegungsrichtung der Pinselstriche. Für diese Funktion muss Open GL aktiviert sein. Um die Borstenpinselvorschau ein- oder auszublenden, klicken Sie unten im Pinselbedienfeld oder Pinselvorgabenbedienfeld auf das Symbol »Borstenpinselvorschau ein-/ ausblenden«.

6 Eine erodierbare Pinselspitze erodiert und ändert beim Malen bzw. Zeichnen ihre Dicke. Das ähnelt der Art und Weise, mit der eine Buntstift- oder Pastellspitze während des Erodierens die Form ändert.

12 MIT 3D-BILDERN ARBEITEN

Überblick

In dieser Lektion lernen Sie Folgendes:

- 3D-Form aus einer Ebene erzeugen
- 3D-Objekt importieren
- 3D-Text erstellen
- Den Effekt 3D-Postkarte zuweisen
- Objekte mit dem 3D-Achsen-Widget ändern
- Kamerasicht anpassen
- Koordinaten im Eigenschaftenbedienfeld bestimmen
- Lichtquellen einstellen
- 3D-Dateien animieren

Für diese Lektion benötigen Sie etwa 90 Minuten. Laden Sie die Lektionsdateien für die Lektion12 von der Buch-DVD in einen Ordner »Lektionen« auf Ihrer Festplatte. Bei der Arbeit mit dieser Lektion überschreiben Sie die Startdateien. Wenn Sie diese wiederherstellen wollen, laden Sie sie einfach von der DVD erneut auf Ihre Festplatte.

PROJEKT: WEINGUTWERBUNG

Herkömmliche 3D-Künstler verbringen Stunden, Tage und Wochen, um fotorealistische 3D-Bilder zu erzeugen. Die 3D-Möglichkeiten in Photoshop helfen Ihnen, anspruchsvolle und genaue 3D-Bilder zu gestalten, die Sie auch einfach ändern können.

Vorbereitungen

Hinweis: Die in dieser Lektion behandelten Funktionen erfordern mindestens Mac OS 10.7 oder Windows 7 und 512 MB VRAM. Genaue Details zu den Systemanforderungen von Photoshop CC erfahren Sie unter www.adobe.com/products/photoshop/tech-specs.html.

Sie lernen in dieser Lektion die 3D-Möglichkeiten kennen, die aber nur dann verfügbar sind, wenn Ihre Grafikkarte mindestens 512 MB eigenen vRAM-Speicher besitzt und OpenGL 2.0 unterstützt, das zudem auf Ihrem Computer aktiviert sein muss. Um Informationen über Ihre Grafikkarte zu erhalten, wählen Sie den Befehl **Bearbeiten: Voreinstellungen: Leistung** (Windows) bzw. **Photoshop: Voreinstellungen: Leistung** (Mac OS). Informationen über Ihre Grafikkarte finden Sie im Dialogfeld im Bereich »Grafikprozessor-Einstellungen«.

Sie gestalten in dieser Lektion eine dreidimensionale Szene für eine Weinwerbung. Zuerst aber sehen Sie sich die fertige Szene an.

1 Starten Sie Photoshop und halten Sie sofort danach die Tasten [Strg]+[Alt]+[⇧] (Windows) bzw. [⌘]+[⌥]+[⇧] (Mac OS) gedrückt, um die standardmäßigen Voreinstellungen zu erhalten. (Siehe »Die Standardeinstellungen wiederherstellen« auf Seite 4.)

2 Klicken Sie im Meldungsfenster zur Bestätigung auf »Ja«, um die Voreinstellungen zurückzusetzen.

Hinweis: Falls Bridge nicht installiert ist, werden Sie beim Auswählen von »In Bridge suchen« zur Installation aufgefordert. Weitere Informationen finden Sie auf Seite 3.

3 Wählen Sie **Datei: In Bridge suchen**, um Adobe Bridge zu öffnen.

4 Klicken Sie in Adobe Bridge im FAVORITEN-Fenster auf den Ordner *Lektionen*. Doppelklicken Sie im INHALT-Fenster auf den Ordner *Lektion12*.

5 Sehen Sie sich in Bridge die Datei *12End.psd* an: eine dreidimensionale Weinflasche, ein Weinglas sowie ein Verkaufsaufsteller und 3D-Schrift auf einer Holzkiste.

6 Doppelklicken Sie auf die Datei *12End.mp4* für einen Film, in dem animiertes Licht den Sonnenaufgang simuliert. Verlassen Sie QuickTime, nachdem Sie sich den Film angesehen haben.

7 Doppelklicken Sie auf die Datei *12Start.psd*, um sie in Photoshop zu öffnen.

Die Datei enthält das Bild eines Weinbergs, eine schwarze Hintergrundebene und zwei weitere Ebenen.

Eine 3D-Form aus einer Ebene erzeugen

Photoshop bringt bereits verschiedene 3D-Formen mit, wie geometrische Formen und solche von alltäglichen Objekten wie eine Weinflasche oder ein Ring. Wenn Sie 3D-Formen aus einer Ebene erzeugen, wickelt Photoshop die Ebene um das vorgegebene 3D-Objekt. Ein 3D-Objekt lässt sich drehen, verschieben und in der Größe verändern. Sie können das Objekt sogar aus verschiedenen Winkeln und mit farbigem Licht beleuchten.

Zuerst gestalten Sie einen Tisch für die Weinflasche, das Glas und den Aufsteller. Sie umwickeln für den Tisch einen 3D-Würfel mit der Ebene, auf der sich ein Bild mit Holz befindet.

1 Wählen Sie **Datei: Speichern unter**. Speichern Sie die Datei unter *12Arbeit.psd* im Ordner *Lektion12*. Klicken Sie auf OK, um das Dialogfeld mit den Photoshop-Formatoptionen zu schließen.

2 Zeigen Sie die *Wood*-Ebene an (im Ebenenbedienfeld für ein Augensymbol klicken) und wählen Sie dann diese Ebene.

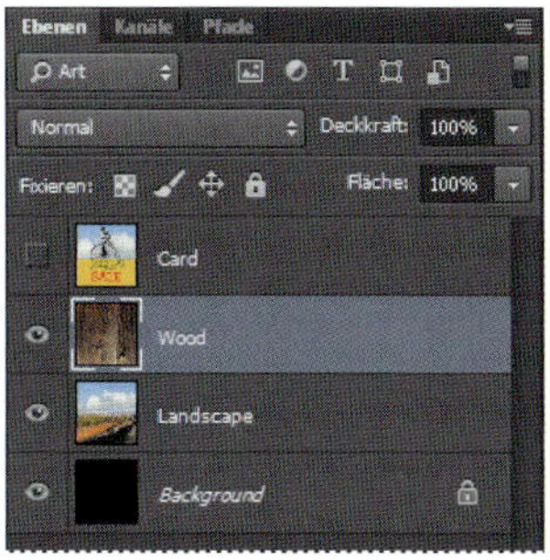

3 Wählen Sie **3D: Neues Mesh aus Ebene: Mesh-Vorgabe: Würfelflächen**.

4 Klicken Sie auf »Ja«, wenn Sie gefragt werden, ob Sie in den 3D-Arbeitsbereich wechseln möchten.

Der 3D-Arbeitsbereich umfasst das 3D-Bedienfeld, das Ebenenbedienfeld und das Eigenschaftenbedienfeld. Außerdem zeigt der 3D-Arbeitsbereich die Grundebene, ein Raster mit dem Grund relativ zum 3D-Objekt und das Fenster mit der Sekundäransicht, die das 3D-Objekt aus einer anderen Perspektive zeigt.

Photoshop wickelt das Holzbild um einen Würfel – Sie sehen dessen Front. Sie speichern nun die Datei, so dass Sie einfach diesen Status nach dem Experimentieren mit den 3D-Werkzeugen wieder zurückerhalten.

5 Wählen Sie **Datei: Speichern**.

3D-Objekte manipulieren

Der Vorteil bei der Arbeit mit 3D-Objekten besteht darin, dass man über drei Dimensionen verfügt. Photoshop umfasst mehrere Werkzeuge, mit denen sich ein 3D-Objekt einfach drehen, in der Größe verändern und neu positionieren lässt. Das 3D-Objekt-drehen-Werkzeug und die anderen mit ihm im Werkzeugbedienfeld gruppierten 3D-Werkzeuge manipulieren das Objekt als solches. Das 3D-Kamerakreisen-Werkzeug und die mit ihm gruppierten Werkzeuge ermöglichen unterschiedliche Kamerapositionen und -winkel, was gravierende Auswirkungen auf das Objekt haben kann.

Sie verwenden die 3D-Werkzeuge immer dann, wenn im Ebenenbedienfeld eine 3D-Ebene gewählt ist. Eine 3D-Ebene verhält sich wie jede andere Ebene (Sie können Ebenenstile zuweisen, die Ebene maskieren usw.), kann jedoch auch ziemlich komplex sein.

Im Gegensatz zu einer normalen Ebene enthält eine 3D-Ebene ein oder mehrere Meshes. Sie können sich ein Mesh als Drahtgitter oder Gerüst vorstellen, das aus Tausenden einzelner Polygone besteht. In der soeben erstellten Ebene ist die Hutform ein Mesh. Ein Mesh kann mit Materialien verknüpft sein, also mit dem Aussehen eines Teils oder des ganzen Mesh. Die Materialien selbst sind wieder abhängig von einer oder mehreren Maps, die Komponenten für das Aussehen sind. Es gibt neun typische Maps, jede Art darf aber nur einmal vertreten sein. Sie können jedoch auch eigene Maps verwenden. Jede Map wiederum enthält eine Textur (Struktur) bzw. ein Bild, das bestimmt, wie die Maps und Materialien aussehen. Die Textur kann eine einfache Pixelgrafik sein oder ein Satz mit mehreren Ebenen. Ein und dieselbe Textur kann für viele unterschiedliche Maps und Materialien genutzt werden. In der gerade erzeugten Ebene ist das Bild mit der Steinmauer die Textur.

Neben den Meshes enthält eine 3D-Ebene ein oder mehrere Lichter, die sich auf das Aussehen von 3D-Objekten auswirken. Die Lichter sind fixiert, wenn Sie ein Objekt drehen oder verschieben. Zu einer 3D-Ebene gehören auch Kameras, die gesicherte Ansichten der Objekte in einer bestimmten Position sind. Der Shader (Schattierer) erzeugt das endgültige Aussehen ausgehend von den Materialien, Objekteigenschaften und den Rendereinstellungen.

Das klingt alles ziemlich kompliziert, doch wirklich wichtig im Augenblick ist die Tatsache, dass einige Werkzeuge die Objekte im 3D-Raum bewegen und einige die Kameras, die auf das Objekt gerichtet sind.

1 Wählen Sie im Werkzeugbedienfeld das Verschieben-Werkzeug (▸✣).

Sämtliche 3D-Möglichkeiten sind im Verschieben-Werkzeug eingebettet – es bekommt mit, sobald eine 3D-Ebene gewählt ist, und aktiviert die entsprechenden 3D-Werkzeuge.

2 Wählen Sie in der Optionsleiste im Bereich 3D-Modus das 3D-Objekt-ziehen-Werkzeug (✣).

3 Klicken Sie auf den Rand des Holzes (oder knapp außerhalb) und ziehen Sie, um es seitwärts oder nach oben und unten zu verschieben. (Klicken Sie auf die Holzfläche, erkennt Photoshop das 3D-Achsen-Widget und schaltet zum entsprechenden Werkzeug um.)

4 Wählen Sie in der Optionsleiste das 3D-Objekt-rollen-Werkzeug (◎) und ziehen Sie anschließend den Würfel.

5 Experimentieren Sie mit den anderen Werkzeugen und beobachten Sie deren Wirkung auf das Objekt.

Wenn Sie ein 3D-Objekt wählen, zeigt Photoshop das farbige 3D-Achsen-Widget an. Grün, Rot und Blau repräsentieren die verschiedenen Achsen: Rot für die X-Achse, Grün für die Y-Achse und Blau für die Z-Achse. (Denken Sie an RGB-Farbe, um sich die Reihenfolge ins Gedächtnis zu rufen.)

> **Tipp:** Während Sie ein Objekt bewegen, verschiebt sich auch das 3D-Achsen-Widget. Beispielsweise könnten die Pfeile an der X- und Y-Achse verfügbar sein, während die Z-Achse direkt in die Szene gerichtet ist. Das gelbe Feld im Mittelpunkt könnte ebenfalls durch eine Achse verdeckt sein.

Wenn Sie die Maus auf das Feld im Zentrum bewegen und dieses gelb wird, können Sie in dem Feld klicken und ziehen, um das Objekt gleichmäßig zu skalieren. Klicken Sie auf eine Pfeilspitze, um das Objekt auf der Achse zu bewegen, klicken Sie auf den Bogen, um das Objekt um diese Achse zu drehen, und klicken Sie auf den Block darunter, um das Objekt nur auf dieser Achse zu skalieren.

6 Drehen, skalieren und bewegen Sie den Würfel mit Hilfe des Widgets.

7 Klicken Sie mit der rechten Maustaste auf das Kamera-Widget in der unteren linken Ecke des Anwendungsfensters (das Widget hat zwei sichtbare Achsen) und wählen Sie »Oben«.

Die Optionen im Kamera-Menü bestimmen den Winkel, aus dem Sie das Objekt betrachten. Der Kamerawinkel ändert sich, das Objekt selbst jedoch nicht. Lassen Sie sich von dieser Abhängigkeit zum Hintergrundbild nicht in die Irre führen: Es handelt sich um kein 3D-Bild, weshalb Photoshop beim Bewegen der Kamera für ein 3D-Objekt dieses Bild an seiner Stelle belässt.

8 Wählen Sie andere Kameraansichten und prüfen Sie deren Einfluss auf die Perspektive.

9 Wählen Sie anschließend **Datei: Zurück zur letzten Version** – Sie sollten wieder die Frontalansicht des Holzwürfels sehen.

3D-Objekte hinzufügen

Der hölzerne Würfel ist nur eines von fünf 3D-Elementen in der Szene. Sie gestalten sämtliche 3D-Objekte und kombinieren Sie anschließend in einer einzigen 3D-Ebene. In dieser Ebene arbeiten Sie mit den Objekten als Gruppe. Die Objekte teilen auf einer Ebene die Kameras und Lichter.

Eine 3D-Postkarte erstellen

Sie können in Photoshop ein 2D-Objekt in eine 3D-Postkarte umwandeln und dann die Perspektive im 3D-Raum ändern. Adobe hat die Bezeichnung 3D-Postkarte gewählt, weil Ihr Bild quasi zu einer Postkarte wird, die Sie mit der Hand drehen und aus beliebigen Blickwinkeln betrachten können.

Sie nutzen die 3D-Postkarte-Funktion, um einen an der Weinflasche lehnenden Verkaufsaufsteller zu gestalten.

1 Klicken Sie auf das Ebenenregister, um das Ebenenbedienfeld zu aktivieren.

2 Machen Sie die Ebene *Card* sichtbar und wählen Sie die Ebene.

3 Wählen Sie **3D: Neues Mesh aus Ebene: Postkarte**.

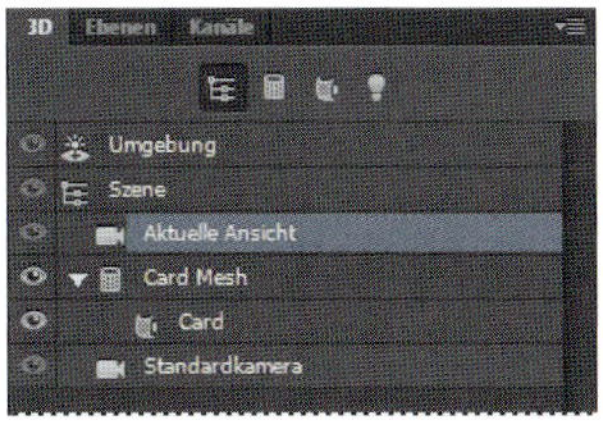

Das Bild selbst scheint sich nicht geändert zu haben, da Sie die Vorderseite betrachten. Wenn Sie jedoch das Bild später manipulieren, wird schnell klar, dass es sich um eine 3D-Postkarte handelt. Gehen Sie zwischenzeitlich einfach davon aus, dass Sie jetzt über ein 3D-Objekt verfügen, da Photoshop zum 3D-Bedienfeld umgeschaltet hat, oben links das Sekundäransicht-Fenster anzeigt, die 3D-Werkzeuge in der Optionsleiste aktiviert hat und das Kamera-Widget in der unteren linken Ecke des Anwendungsfensters zeigt.

3D-Mesh von neuer Ebene aus erzeugen

Sie haben eine 3D-Mesh-Voreinstellung benutzt, um die Wood-Ebene um einen Würfel zu wickeln. Eine Mesh-Voreinstellung lässt sich jedoch auch mit einer neuen leeren Ebene verwenden. Sie werden so eine Weinflasche gestalten.

1 Aktivieren Sie das Ebenenbedienfeld und achten Sie darauf, dass die Card-Ebene gewählt ist.

2 Klicken Sie unten im Ebenenbedienfeld auf die Schaltfläche »Neue Ebene erstellen« ( ).

Ebene 1 erscheint als neue Ebene über der *Card*-Ebene.

3 *Ebene 1* ist gewählt. Wählen Sie den Befehl **3D: Neues Mesh aus Ebene: Mesh-Vorgabe: Weinflasche**.

Die graue Form einer Weinflasche erscheint auf der Karte. Später versehen Sie die Form mit Material, so dass sie wie eine Weinflasche aus Glas aussieht.

4 Benennen Sie die Ebene im Ebenenbedienfeld mit **Bottle**.

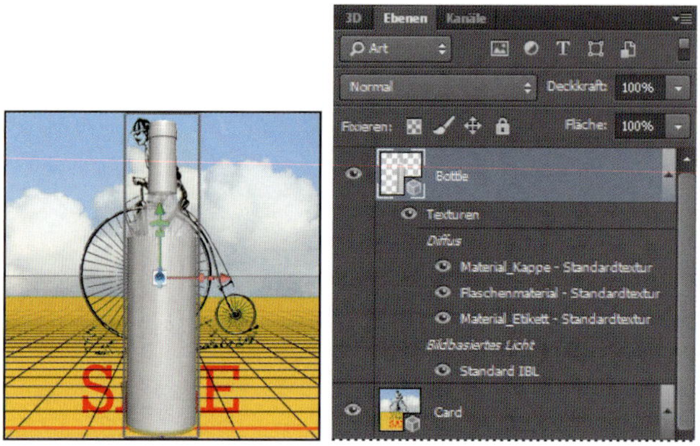

3D-Datei importieren

Sie können in Photoshop 3D-Dateien öffnen und bearbeiten, die mit 3D-Programmen mit Formaten wie 3DS, KMZ (Google Earth) oder U3D erzeugt wurden. Außerdem können Sie mit Dateien im Collada-Format arbeiten, einem Dateiaustauschformat, das z.B. von Autodesk unterstützt wird. Wenn Sie eine 3D-Datei als 3D-Ebene hinzufügen, enthält sie das 3D-Modell und einen transparenten Hintergrund. Die Ebene nutzt zwar die Dimensionen der Datei, doch lässt sie sich größenmäßig ändern.

Sie importieren jetzt ein 3D-Weinglas, das in einem anderen Programm erzeugt wurde.

1 Wählen Sie **3D: Neue 3D-Ebene aus Datei**.

2 Navigieren Sie zum Verzeichnis *Lektion12/Assets* und doppelklicken Sie auf die Datei *WineGlass.obj*.

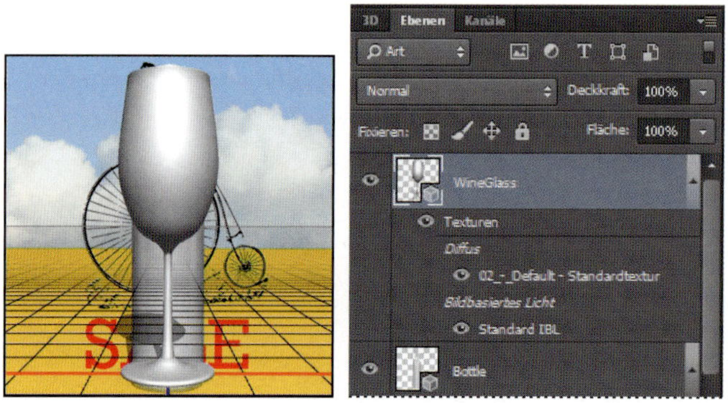

Die Form des Weinglases erscheint zentriert im Dokumentfenster vor der Flasche.

3 Wählen Sie **Datei: Speichern**.

3D-Text erstellen

Selbst Text kann dreidimensional sein. Einmal erstellter 3D-Text lässt sich drehen, skalieren und bewegen. Sie können Materialien dem Text zuweisen, seine Beleuchtung ändern (und die damit einhergehenden Schatten) sowie den Text extrudieren. Sie erstellen nun 3D-Text für die Vorderfront des hölzernen Tischs.

1 Wählen Sie im Werkzeugbedienfeld das horizontale Text-Werkzeug (T).

2 Ziehen Sie eine Auswahl um die Fenstermitte.

3 Wählen Sie in der Optionsleiste eine Serifenschrift wie *Minion Pro*, den Schriftschnitt *Bold* und die Schriftgröße **72 Pt**.

4 Geben Sie **HI-WHEEL** in Großbuchstaben ein.

Sie verfügen jetzt zwar über Text, doch ist dieser noch nicht dreidimensional – das passiert jetzt.

5 Klicken Sie in der Optionsleiste auf die Schaltfläche »Mit diesem Text verknüpfte 3D-Daten aktualisieren«.

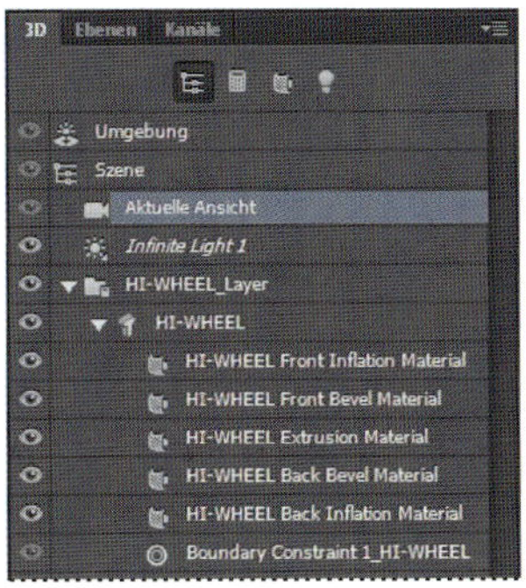

Der Text ist nun dreidimensional und Photoshop zeigt die Grundfläche und den Rest der 3D-Arbeitsumgebung.

Mehrere 3D-Ebenen in einer Szene zusammenfassen

Auf einer 3D-Ebene können sich mehrere 3D-Meshes befinden. Meshes auf derselben Ebene teilen sich die Beleuchtungseffekte und lassen sich im gleichen 3D-Raum (auch als Szene bezeichnet) drehen – der 3D-Effekt wird noch realistischer.

Sie fassen die bis jetzt erzeugten 3D-Ebenen so zusammen, dass sich alle 3D-Objekte in einer einzigen Szene befinden.

1 Aktivieren Sie das Ebenenbedienfeld.

2 Wählen Sie mit gedrückter ⇧-Taste die Ebenen *HI-WHEEL*, *WineGlass*, *Bottle*, *Card* und *Wood*.

Alle fünf 3D-Ebenen sind gewählt und werden jetzt auf eine Ebene reduziert. Drücken Sie dabei die ⇧-Taste, um die Ausrichtung der Ebenen beizubehalten.

3 Wählen Sie mit gedrückter ⇧-Taste den Befehl **3D: 3D-Ebenen auf eine Ebene reduzieren**.

Photoshop reduziert die Ebenen auf die eine Ebene *Wood*. Da Sie bei der Auswahl der Ebenen die ⇧-Taste gedrückt haben, wird die Position der einzelnen Objekte unverändert übernommen.

4 Wählen Sie **Datei: Speichen**.

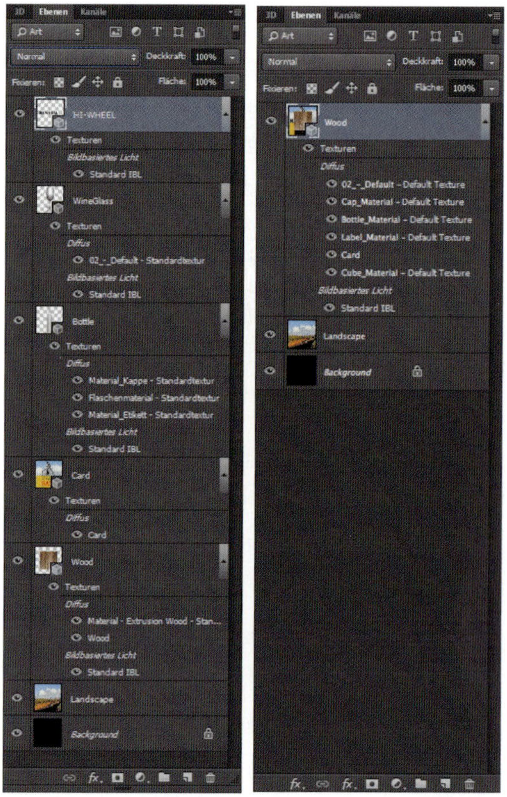

▶ **Tipp:** Wenn die reduzierten Ebenen anders als in diesem Bild aussehen, haben Sie höchstwahrscheinlich die ⇧-Taste losgelassen, bevor die Ebenen reduziert waren. Wählen Sie **Bearbeiten: Rückgängig: auf eine Ebene reduzieren** und beginnen Sie mit dem Reduzieren von vorn.

Objekte in einer Szene anordnen

Die Objekte sind zwar vollständig vorhanden, doch deren Anordnung ist wenig attraktiv. Sie arbeiten mit den Arbeitsflächen-Widgets und dem Eigenschaften-bedienfeld, um die einzelnen 3D-Objekte für eine ansprechende Szene zu skalieren und neu anzuordnen.

Ändern der Kamerasicht

Die Sekundäransicht kann Ihnen die Szene aus verschiedener Perspektive anzeigen. Sie zeigen mit der Sekundäransicht bestimmte Objekte an und ändern dann die Kamerasicht für eine bessere Beurteilung bei der Neuanordnung.

Hinweis: Die Kamerasicht im Fenster mit der Sekundäransicht erfolgt unabhängig von der Kamerasicht der Szene. Ändern Sie den Sichtwinkel in der Sekundäransicht, um die Szene unterschiedlich zu betrachten, ohne sie in Photoshop ändern zu müssen.

1 Schwenken Sie, um die Objekte unterhalb der Holzkiste in der Sekundäransicht oben links im Dokumentfenster anzuzeigen.

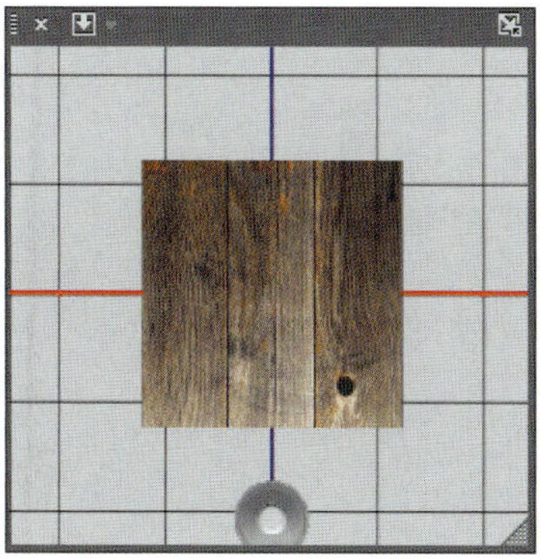

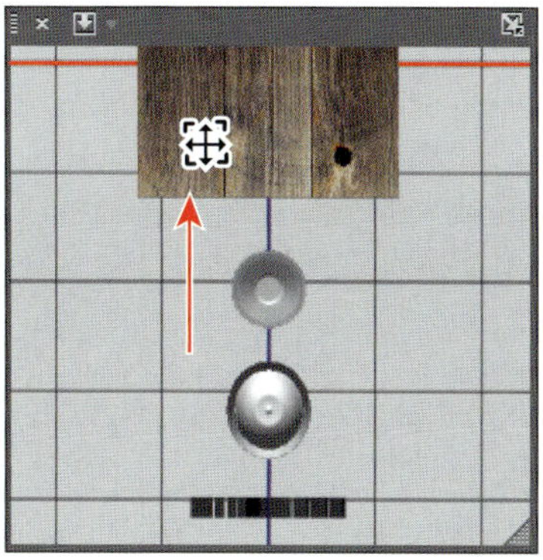

Die aktuelle Kamerasicht im Sekundärfenster erfolgt von oben. Die von Ihnen erzeugten Objekte befinden sich vor der Holzkiste.

2 Klicken Sie oben im Fenster mit der Sekundäransicht auf die Schaltfläche »Ansicht/Kamera auswählen« und wählen Sie die Option »Links«.

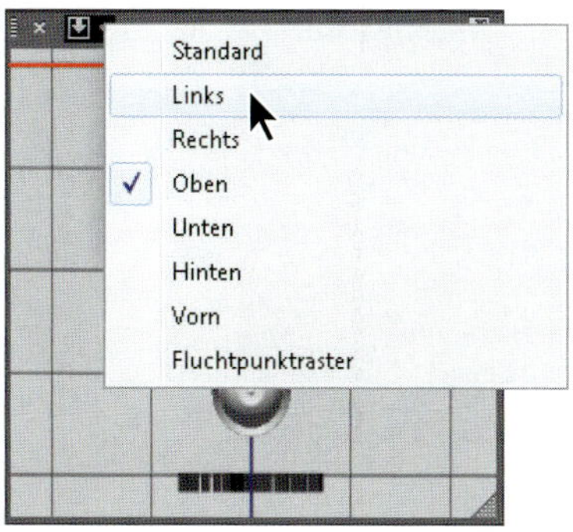

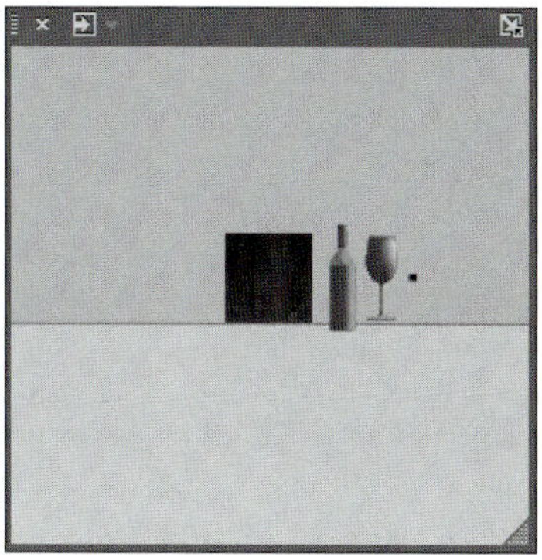

Das Fenster zeigt nun die Objekte – Sie benutzen diese Kamerasicht für die Szene.

3 Klicken Sie mit der rechten Maustaste auf das Kamera-Widget unten links im Dokumentenfenster und wählen Sie »Links«.

Objekte mit dem 3D-Achsen-Widget verschieben

Das Weinglas, die Weinflasche und die Karte sollen auf und nicht neben dem hölzernen Tisch stehen. Sie können die einzelnen 3D-Objekte auf einer 3D-Ebene manipulieren, indem Sie die entsprechenden Ordner im Ebenenbedienfeld wählen. Sie verschieben die Objekte mit dem 3D-Achsen-Widget oben auf den Tisch.

1 Aktivieren Sie das 3D-Bedienfeld links neben der Ebenenbedienfeldgruppe.

2 Wählen Sie den Ordner *Card_Layer* und drücken Sie die [⇧]-Taste, während Sie die Ordner *Wine_Bottle* und *WineGlass_Ebene* auswählen.

3 Bewegen Sie den Zeiger über die Spitze des grünen Pfeils, bis Photoshop die Quickinfo anzeigt.

4 Klicken Sie auf die grüne Pfeilspitze und ziehen Sie die Objekte nach oben bis der Boden der Weinflasche oben auf dem hölzernen Würfel steht.

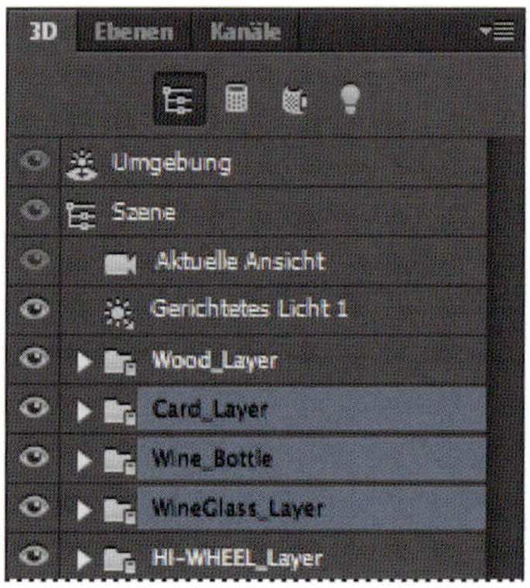

▶ **Tipp:** Sie können die Größe des 3D-Achsen-Widgets ändern. Setzen Sie den Zeiger mit gedrückter [⇧]-Taste auf das kleine gelbe Quadrat »Einheitlich skalieren«. Klicken und ziehen Sie dann, um das 3D-Achsen-Widget zu vergrößern oder zu verkleinern.

5 Klicken Sie auf die blaue Pfeilspitze und ziehen Sie die Objekte nach links, bis sie auf dem Würfel zentriert sind. Sie können die Objekte erneut mit dem grünen Pfeil nach oben oder unten ziehen. Die Anordnung muss nicht perfekt sein – Sie haben für entsprechende Anpassungen später noch ausreichend Gelegenheit.

Sie haben die Karte, die Flasche und das Glas verschoben. Jetzt bewegen Sie den Text, der sich im Augenblick noch als kleines schwarzes Quadrat neben der Kiste befindet.

6 Erweitern Sie im 3D-Bedienfeld den Ordner *HI-WHEEL_Ebene* und wählen Sie den Text *HI-WHEEL*.

7 Ziehen Sie den Text *HI-WHEEL* genau vor die Oberkante des Würfels; verwenden Sie dazu den grünen und den blauen Pfeil im 3D-Achsen-Widget. Klappen Sie dann im 3D-Bedienfeld den Ordner *HI-WHEEL_Ebene* zu, um seine Inhalte zu verbergen.

Die Kamerasicht ist weiterhin auf *Links* eingestellt. Um den Text vor die Kiste zu bewegen, muss er in dieser Ansicht rechts von der Kiste erscheinen.

8 Klicken Sie mit der rechten Maustaste auf das Kamera-Widget und wählen Sie »Standard«.

Der Kamerawinkel ändert sich und die Szene ist nun von vorn zu sehen.

3D-Objekte mit dem Eigenschaftenbedienfeld positionieren

Sie sind schon gut vorangekommen, doch die Objekte befinden sich noch nicht an ihrer endgültigen Position.

1 Wählen Sie *Szene* im 3D-Bedienfeld.

Änderungen bei gewählter Szene wirken sich auf die komplette 3D-Szene aus. Sie verschieben und drehen alle Objekte gemeinsam als Gruppe.

▶ **Tipp:** Drücken Sie die Taste V, um zwischen den einzelnen Fenstern im Eigenschaftenbedienfeld umzuschalten.

2 Klicken Sie oben im Eigenschaftenbedienfeld auf die Schaltfläche »Koordinaten«, um die verfügbaren Optionen zu ändern.

3 Geben Sie in das Feld der X-Position den Wert **70** ein, den Wert **70** für die Y-Position und den Wert **17** für die Z-Position ein.

4 Geben Sie in das Feld Y-Drehung den Wert **-30** ein.

Die komplette 3D-Szene dreht sich um 30 Grad gegen den Hintergrund. Sie skalieren nun das Weinglas und richten es mit der Flasche aus.

5 Erweitern Sie im 3D-Bedienfeld den Ordner *WineGlass_Ebene* und wählen Sie dann *objMesh*.

6 Geben Sie im Eigenschaftenbedienfeld den Wert **60 %** für *X-Skalieren, Y-Skalieren* und *Z-Skalieren* ein.

7 Wählen Sie im 3D-Bedienfeld mit gedrückter ⇧-Taste den Ordner *Wine_Bottle* und dann den Ordner *WineGlass_Ebene* aus.

8 Klicken Sie in der Photoshop-Optionsleiste auf die Schaltfläche »Untere Kanten ausrichten« – beide Objekte stehen nun auf dem Würfel. Falls sie nicht sauber

auf dem Würfel stehen, benutzen Sie den grünen Pfeil im 3D-Achsen-Widget, um sie nach Bedarf nach oben oder unten zu verschieben.

Das Weinglas ist besser zur Flasche proportioniert und an ihr ausgerichtet. Sie bewegen das Glas jetzt auf die rechte Seite der Flasche und anschließend bewegen Sie auch noch die Flasche. Zuerst geben Sie die groben Koordinaten ein, eventuell sind dann aber noch Feinanpassungen der Objektpositionen erforderlich.

9 Wählen Sie im 3D-Bedienfeld *ObjMesh* im Ordner *WineGlass_ Ebene*. Geben Sie im Eigenschaftenbedienfeld die folgenden Werte in die Position-Felder ein: X: **126**,1, Y: **123** und Z: **136**. Klicken Sie auf das Koordinatensymbol, wenn die Felder für die Position im Eigenschaftenbedienfeld nicht angezeigt werden.

Tipp: Sie können das Weinglas und die Flasche auch mit dem 3D-Achsen-Widget positionieren.

10 Wählen Sie im 3D-Bedienfeld den Ordner *Wine_Bottle* aus. Geben Sie im Eigenschaftenbedienfeld die folgenden Werte in die Position-Felder ein: X: **37**, Y: **229** und Z: **97**.

11 Geben Sie im Eigenschaftenbedienfeld den Wert **75 %** für X-Skalieren, Y-Skalieren und Z-Skalieren ein.

Ihre eingegebenen Koordinaten führen vielleicht nicht genau zu dem von Ihnen gewünschten Ergebnis – das hängt davon ab, wo Sie die Objekte ursprünglich platziert hatten. Sie können die Objekte aber bei Bedarf von Hand anpassen.

12 Stupsen Sie die Flasche und das Weinglas mit dem Widget in Position, bis sie oben auf dem Würfel stehen.

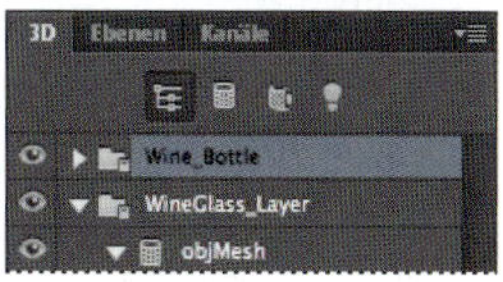

13 Im 3D-Bedienfeld erweitern Sie den Ordner *WineGlass_Ebene* und wählen Sie dann **Datei: Speichern**.

Objekte mit Widgets skalieren und drehen

Das Weinglas und die Flasche befinden sich nun an der richtigen Stelle, der Text und die Karte jedoch noch nicht. Sie skalieren und positionieren beide Objekte jetzt mit dem 3D-Achsen-Widget.

1 Erweitern Sie im 3D-Bedienfeld den Ordner *HI-WHEEL_Ebene* und wählen Sie den Text *HI-WHEEL*.

2 Wählen Sie in der Optionsleiste das 3D-Objekt-drehen-Werkzeug. Ziehen Sie mit dem roten Pfeil des 3D-Achsen-Widgets den Text nach hinten und nach vorn, um ihn vor der Kiste zu zentrieren. Benutzen Sie den grünen und blauen Pfeil, um den Text je nach Bedarf nach oben und unten bzw. vorwärts und rückwärts zu bewegen. Achten Sie darauf, dass der Text glatt auf dem Würfel aufliegt, der sogar leicht eingepresst erscheint.

Hinweis: Möchten Sie lieber mit Koordinaten arbeiten, geben Sie den Wert 57% für X-Skalieren, Y-Skalieren und Z-Skalieren ein. Die anfängliche Größe beträgt etwa 42 %; 57 ist etwa 135 % von 42.

3 Setzen Sie die Maus so auf die Mitte des 3D-Achsen-Widgets, dass der kleine Würfel in der Mitte gelb wird. Ziehen Sie nun das Widget, um den Text an die Breite der Holzkiste anzupassen (etwa 135 % der ursprünglichen Größe, wie Photoshop während des Ziehens neben dem Zeiger anzeigt).

Der Text befindet sich an der richtigen Stelle. Sie skalieren und positionieren jetzt die Karte.

4 Wählen Sie im 3D-Bedienfeld den Ordner *HI-WHEEL* und erweitern Sie den Ordner *Card_Ebene*.

5 Wählen Sie im 3D-Bedienfeld *Card Mesh* und skalieren Sie es mit dem 3D-Achsen-Widget auf etwa 25 % der ursprünglichen Größe.

6 Ziehen Sie die Spitze des blauen Pfeils des 3D-Achsen-Widgets, um die Karte so weit entlang der Z-Achse zu ziehen, bis die Front der Karte mit der des Würfels übereinstimmt.

Tipp: Falls sich das 3D-Achsen-Widget unerwartet verhält oder verschwindet, achten Sie darauf, dass im 3D-Bedienfeld *Card Mesh* ausgewählt ist, und versuchen Sie es erneut.

7 Ziehen Sie die Spitze des grünen Pfeils, um die Karte so weit nach unten zu ziehen, bis sie auf dem Würfel steht.

8 Bewegen Sie die Karte mit dem roten Griff vor die Flasche. Mit dem blauen gebogenen Griff drehen Sie dann die Oberkante der Karte, so dass sie an der Flasche zu lehnen scheint. Alle weiteren Anpassungen der Kartenposition treffen Sie ganz nach Bedarf mit dem blauen, grünen und roten Pfeil.

9 Falls Sie die Lage des Glases oder der Flasche nochmals korrigieren möchten, wählen Sie den *Wine_Bottle*-Ordner oder den *WineGlass_Layer*-Ordner im 3D-Bedienfeld (oder beide) und bewegen Sie die Objekte.

Damit befindet sich alles an der richtigen Stelle!

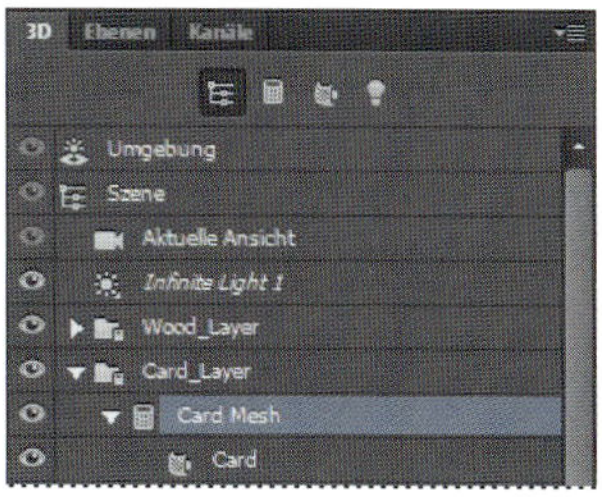

10 Klappen Sie im 3D-Bedienfeld alle geöffneten Ordner zu und wählen Sie **Datei: Speichern**.

3D-Objekte mit Material versehen

Einer der vielen Vorteile bei der Arbeit mit 3D-Objekten besteht darin, dass sich das Aussehen von Objekten schnell ändern lässt. Sie weisen nun Materialien dem Text zu, um ihn hervorzuheben. Anschließend gestalten Sie die Flasche und das Weinglas so, dass sie viel realistischer aussehen.

Aussehen von 3D-Text ändern

Sie ändern nun die Textform, extrudieren den Text und weisen dann den einzelnen Oberflächen des Textes Materialien zu.

1 Erweitern Sie im 3D-Bedienfeld den Ordner *HI-WHEEL_Ebene* und wählen Sie den Text *HI-WHEEL*.

2 Drücken Sie V, um im Eigenschaftenbedienfeld nacheinander die Fenster Mesh, Deformieren, Kappe und Koordinaten anzuzeigen – die Arbeitsflächen-Widgets ändern sich entsprechend.

3 Klicken Sie im Eigenschaftenbedienfeld auf die Schaltfläche »Deformieren« (), um die entsprechenden Eigenschaften anzuzeigen.

4 Wählen Sie im Eigenschaftenbedienfeld im Menü »Formvorgabe« die Option »Abgeflachte Kante« (in der Ansicht mit großen Miniaturen ist »Abgeflachte Kante« in der Mitte der ersten Reihe).

5 Klicken Sie in die Mitte des Deformieren-Widgets auf der Arbeitsfläche und ziehen Sie, bis die Extrusionstiefe in etwa den Wert **23** annimmt.

▶ **Tipp:** Zeigt Photoshop die Deformieren-Eigenschaften an, können Sie mit dem Widget auf der Arbeitsfläche das gewählte Objekt-Mesh extrudieren, abschrägen, zusammenziehen oder verbiegen.

6 Drücken Sie V ( ), um im Eigenschaftenbedienfeld die *Kappe*-Eigenschaften anzuzeigen.

7 Ziehen Sie das rechte Symbol im auf der Arbeitsfläche angezeigten Widget nach oben, bis die Aufblasen-Stärke ungefähr bei 4,75 liegt. Der Stärke-Regler im Eigenschaftenbedienfeld zeigt 4 oder 5% an.

Die abgeflachte Kante sieht gut aus. Sie weisen nun ein Material zu, das den Text glänzen lässt.

8 Wählen Sie im 3D-Bedienfeld mit gedrückter ⇧-Taste fünf Materialkomponenten des *HI-WHEEL*-Texts: Material – Aufgeblasene Vorderseite HI-WHEEL, Material – Vorderseite mit abgeflachten Kanten HI-WHEEL, Material – Extrusion HI-WHEEL, Material – Rückseite mit abgeflachten Kanten und Material – Aufgeblasene Rückseite HI-WHEEL.

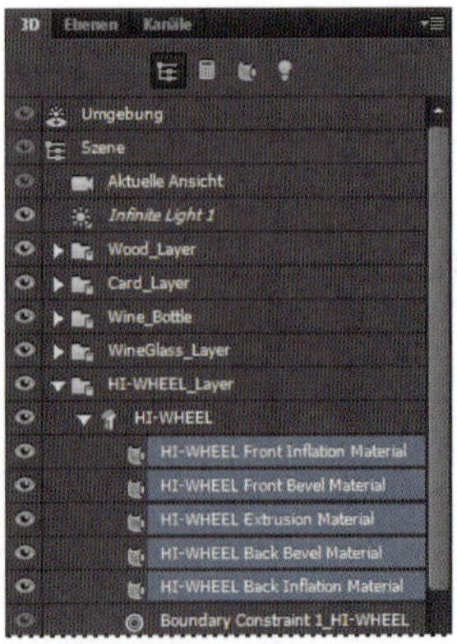

9 Öffnen Sie im Eigenschaftenbedienfeld den Materialwähler.

10 Wählen Sie unten im Einstellungen-Menü die Option »Standard«. Klicken Sie im Ersetzen-Dialogfeld auf OK.

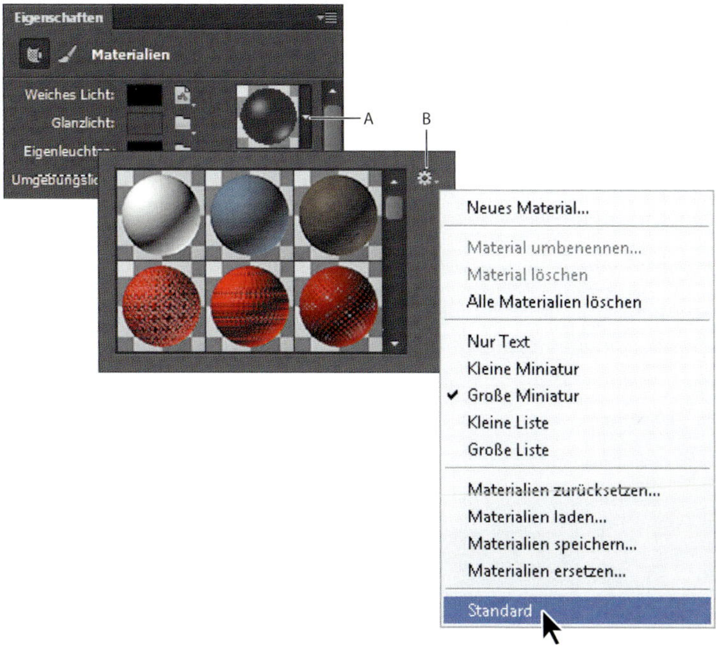

A. Materialwähler
B. Eigenschaftenbedienfeld

Der Materialwähler zeigt jetzt andere Materialien.

11 Wählen Sie im Materialwähler das Material Metall - Gold (mittlere Option in der sechsten Reihe).

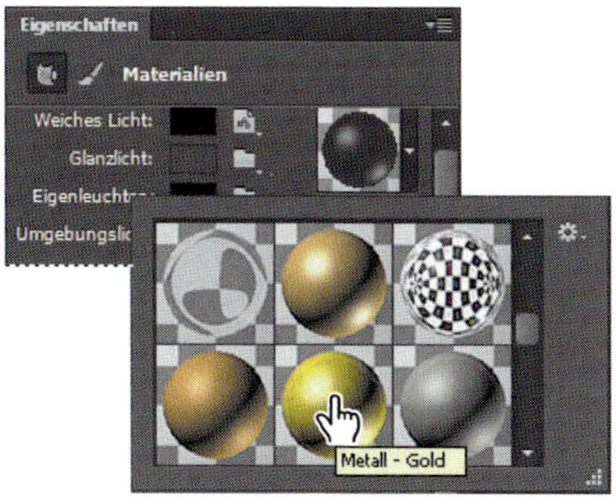

Der 3D-Text ist jetzt komplett aus Gold – mit dem gleichen Prozess versehen Sie auch die Flasche und das Weinglas mit Materialien.

12 Verbergen Sie im 3D-Bedienfeld den Inhalt des Ordners *HI-WHEEL_Ebene*.

Objekte mit Materialien versehen

Sie arbeiten mit ähnlichen Techniken wie zuvor, um die Kappe der Weinflasche und das Glas mit Material zu versehen. Anschließend weisen Sie ein importiertes Etikett zu und lassen das Weinglas viel realistischer als bis jetzt aussehen.

1 Klappen Sie im 3D-Bedienfeld die *Wine_Bottle*-Ebene auf und wählen Sie die Komponente »Cap_Material«.

Dieses Material betrifft nur den Bereich der Flaschenkappe.

2 Öffnen Sie im Eigenschaftenbedienfeld den Materialwähler und wählen Sie Metall Messing (massiv) in der Mitte der fünften Reihe.

Die Flasche scheint jetzt eine Folienkappe zu haben, die um den Korken gewickelt ist.

► **Tipp:** Wenn das Farbwahldialogfeld offen ist, wird der Mauszeiger zu einem Pipette-Werkzeug. Sie können überall ins Fenster klicken, um eine Farbe auszuwählen.

3 Klicken Sie im Eigenschaftenbedienfeld auf das Farbfeld »Weiches Licht«, wählen Sie ein sehr dunkles Blau (wir haben R=20, G=66, B=112 verwendet) und klicken Sie auf OK.

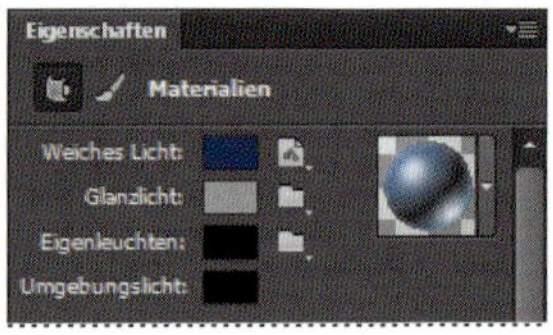

Die Schrumpfkappe ist jetzt blau.

4 Wählen Sie im 3D-Bedienfeld die Komponente *Bottle_Material* und wählen Sie dann »Glas (Glatt)« aus der Materialienpalette. »Glas (Glatt)« befindet sich direkt links neben »Metall – Messing (massiv).

5 Schieben Sie den Deckkraftregler im Eigenschaftenbedienfeld auf **66%**, so dass Sie die von Ihnen angewendeten Farben erkennen können.

6 Klicken Sie im Eigenschaftenbedienfeld auf das Farbfeld »Weiches Licht«. Wählen Sie ein dunkles, nahezu schwarzes Rot: Geben Sie unten im Dialogfenster R=**191**, G=**6**, B=**6** ein. Stellen Sie den Regler »Lichtstärke« dann auf **-4** und klicken Sie OK.

Wenn Sie 3D-Objekten Eigenschaften zuweisen, zeigt Photoshop den HDR-Farbwähler an, der über zusätzliche Optionen verfügt. Mit dem Regler »Lichtstärke« verstärken oder reduzieren Sie die Helligkeit einer Farbe. Die Lichtstärkestufen verhalten sich dabei umgekehrt proportional zu Belichtungsstufen.

7 Ändern Sie im Eigenschaftenbedienfeld das Farbfeld »Glanzlicht« in ein dunkles Burgunderrot (R=**73**, G=**3**, B=**3**), das Farbfeld »Eigenleuchten« in ein dunkles, nahezu schwarzes Rot (R=**191**, G=**4**, B=**4**) und das Farbfeld »Umgebungslicht« in ein dunkles Burgunderrot (R=**71**, G=**6**, B=**6**). Belassen Sie den Regler »Lichtstärke« dabei jeweils auf 0.

8 Nehmen Sie im Eigenschaftenbedienfeld die folgenden Einstellungen vor:

- Glanzstärke: **47**%
- Spiegelung: **49**%
- Bump: **0**%
- Brechung: **1.5**

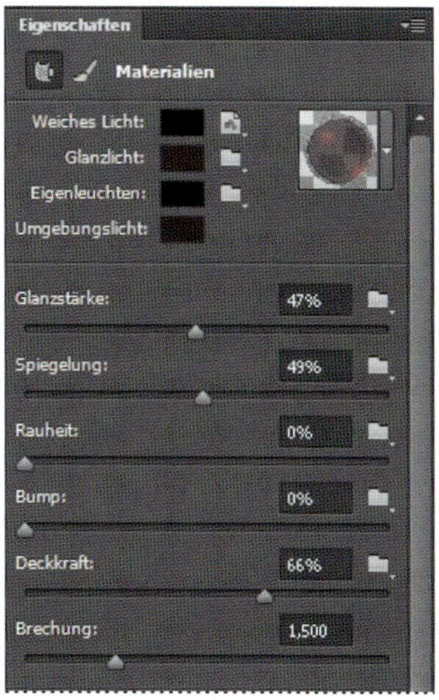

Als Nächstes versehen Sie die Flasche mit einem Etikett. Um die Flasche besser zu sehen, verbergen Sie die Karte.

9 Klicken Sie im 3D-Bedienfeld auf das Augensymbol, um den Ordner *Card_Layer* zu verbergen.

10 Wählen Sie im 3D-Bedienfeld die Komponente *Etikett_Material* und klicken Sie dann im Eigenschaftenbedienfeld auf das Symbol neben dem Farbfeld *Weiches Licht* und wählen Sie die Option »Textur ersetzen«. Navigieren Sie zum Verzeichnis *Lektion12/Assets* und doppelklicken Sie auf *Etikett.psd*. (In Windows wählen Sie im Menü »Dateityp« Photoshop (*.PSD, *.PDD), um die Datei *Etikett.psd* anzuzeigen; eventuell müssen Sie nach oben scrollen.)

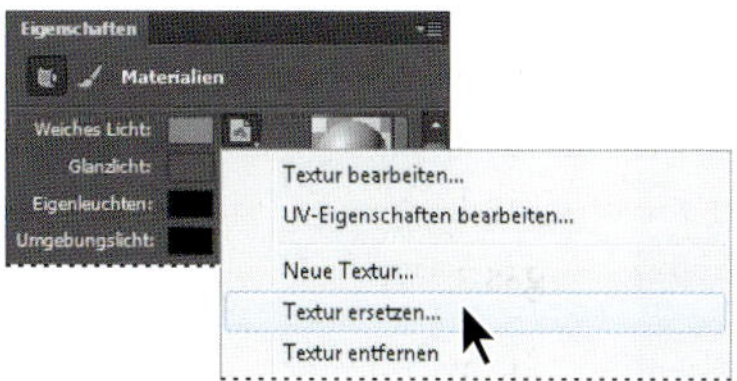

11 Wählen Sie im 3D-Bedienfeld im Ordner *Wine_Bottle* das Label aus. Klicken Sie anschließend oben im Eigenschaftenbedienfeld auf die Koordinaten-Schaltfläche

und ändern Sie den Wert der Y-Drehung in **-35** Grad – das Etikett ist jetzt besser zu sehen.

12 Klicken Sie im 3D-Bedienfeld auf das Sichtbarkeitssymbol, um den Ordner *Card_Layer* wieder einzublenden.

13 Erweitern Sie im 3D-Bedienfeld den Ordner *WineGlass_Ebene* und wählen Sie dann unter *objMesh* die Materialkomponente *02_Default*.

14 Wählen Sie im Materialwähler Glas (glatt) (die erste Option in der fünften Reihe).

15 Nehmen Sie im Eigenschaftenbedienfeld die folgenden Einstellungen vor:

- Glanzstärke: **96**%
- Spiegelung: **83**%
- Rauheit: **0**%
- Bump: **10**
- Deckkraft: **22**%
- Brechung: **1**

16 Verbergen Sie im 3D-Bedienfeld die Eigenschaften der einzelnen Ordner und wählen Sie **Datei: Speichern**.

Eine 3D-Szene beleuchten

Sie können die Standardbeleuchtung für eine Szene einstellen und neue Lichter hinzufügen. Die Einstellung der Lichter wirkt sich auf die Schatten, die Glanzlichter und die Stimmung in der Szene aus.

1 Wählen Sie im 3D-Bedienfeld das Element *Gerichtetes Licht 1*.

Photoshop erzeugt beim Erstellen einer 3D-Szene standardmäßig gerichtetes Licht. Sobald Sie das Licht wählen, erscheint ein Widget auf der Arbeitsfläche – es hilft Ihnen beim Ausrichten des Lichts. Bewegen Sie den großen Knopf für weitreichende Änderungen und den kleinen Knopf für präzisere Lichtveränderungen.

2 Positionieren Sie das Licht mit dem kleinen Knopf in der oberen linken Ecke (etwa auf der 11:00-Uhr-Position), so dass ein großes Glanzlicht mittig auf dem Flaschenhals entsteht und die Farbe der Flasche intensiver wirkt.

● **Hinweis:** Die Größe des Licht-Widgets ist abhängig von der Bildschirmvergrößerung – das Widget kann also größer oder kleiner als die nebenstehende Abbildung sein.

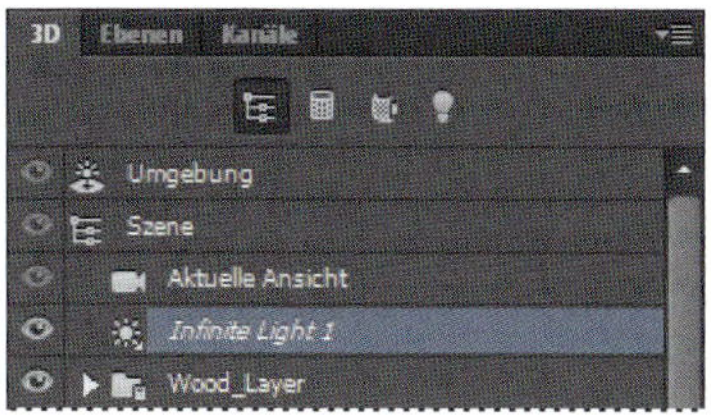

3 Klicken Sie mit der rechten Maustaste auf das Licht selbst (das runde weiße Symbol über dem Bild), um das Gerichtetes-Licht-1-Bedienfeld zu öffnen. Ändern Sie die Farbe in ein mattes Gold (wir haben die Einstellung R=251, G=242 und B=203 benutzt) und ändern Sie im Gerichtetes-Licht-1-Bedienfeld die Intensität in 30%.

● **Hinweis:** Sie können direkt im Gerichtetes-Licht-1-Bedienfeld oder im Eigenschaftenbedienfeld ändern.

4 Klicken Sie unten im 3D-Bedienfeld auf die Schaltfläche »Neues Licht zur Szene hinzufügen« (💡) und wählen Sie die Option »Neues gerichtetes Licht«.

5 *Gerichtetes Licht 2* ist gewählt. Ändern Sie im Eigenschaftenbedienfeld die Farbe in einen hellen Goldton wie beim ersten Licht. Dann stellen Sie die Intensität auf **30 %** ein.

6 *Gerichtetes Licht 2* ist noch immer im 3D-Bedienfeld gewählt. Bewegen Sie den Knopf des Widgets und setzen Sie das Licht ungefähr auf die 1:00-Uhr-Position. Auf diese Weise erhalten Sie ein nettes Glanzlicht an der Flaschenkante.

7 Klicken Sie unten im 3D-Bedienfeld auf die Schaltfläche »Neues Licht zur Szene hinzufügen« und wählen Sie die Option »Neues Punktlicht«.

8 Wählen Sie im 3D-Bedienfeld *Punktlicht 1* und ändern Sie im Eigenschaftenbedienfeld die Intensität in **30 %**.

9 Ziehen Sie mit Hilfe des Widgets das Licht auf die Mitte des Weinglases.

10 Wählen Sie **Datei: Speichern**.

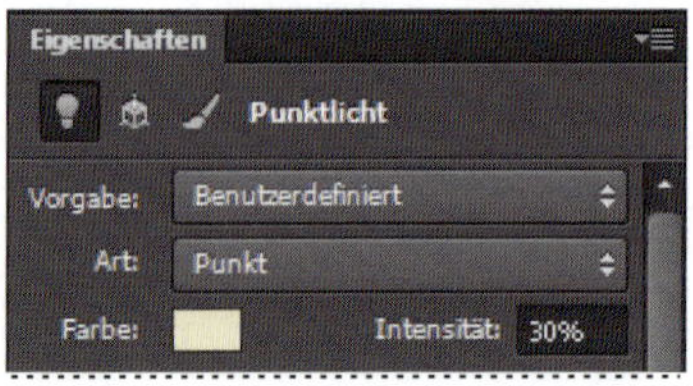

3D-Szene rendern

Beim Einrichten einer Szene in Photoshop können Sie sich bereits eine gute Vorstellung von Ihrer Arbeit verschaffen. Doch nur nach dem Rendern wissen Sie genau, wie gut dieses Ergebnis tatsächlich ist – zwischendurch können Sie jedoch bereits kleinere Bereiche als »Test« rendern. Das Rendern ist relativ zeitaufwendig und jede Änderung der Szene nach dem Rendern zieht ein erneutes Rendern nach sich.

Rendern Sie die Szene jetzt, doch wenn Sie sich noch mit dem folgenden Bonus-Projekt beschäftigen möchten, warten Sie und rendern dann die animierte Szene.

1 Wählen Sie **Datei: Speichern unter** und speichern Sie unter der Bezeichnung **12_Render.psd**. Klicken Sie auf OK, wenn das Dialogfeld mit den Photoshop-Formatoptionen erscheint.

Das Sichern einer gesonderten Datei fürs Rendern ermöglicht schnellere Änderungen an der Originaldatei.

2 Wählen Sie **Szene** im 3D-Bedienfeld, damit die Szene komplett gewählt ist.

3 Klicken Sie unten im Eigenschaftenbedienfeld auf die Schaltfläche »Rendern« ( ).

Photoshop berechnet die Datei. In Abhängigkeit von Ihrem System kann dies von einigen Minuten bis hin zu einer halben Stunde oder länger dauern.

Tipp: Sie können die Anzahl der Durchgänge wählen, die Photoshop für das Rendern einer Szene verwenden soll. Wählen Sie **Bearbeiten: Voreinstellungen: 3D** bzw. **Photoshop: Voreinstellungen: 3D** (Mac OS) und ändern Sie dann im Bereich Raytracer den Schwellenwert für hohe Qualität.

Dieser Vorgang kann einige Zeit in Anspruch nehmen – je nach System wenige Minuten bis zu einer halben Stunde und mehr.

Tipp: Wenn Sie das Rendern unterbrechen müssen oder meinen, dass die Qualität bereits ausreichend ist, klicken Sie irgendwo im Bild, um den Rendervorgang anzuhalten.

Bonus

Beleuchtung für 3D-Szene animieren

Sie können ein Zeitraffer-Video eines Tagesanbruchs simulieren, indem Sie unterschiedliche Licht- bzw. Beleuchtungssituationen und die Deckkraft des Hintergrunds einstellen. Informationen über die Animation von Eigenschaften mit Hilfe der Zeitleiste finden Sie in Lektion 10, »Video bearbeiten«.

1 Klicken Sie unten links im Anwendungsfenster auf die Schaltfläche »Zeitleiste«, um das entsprechende Bedienfeld zu öffnen.

2 Falls sich die Dokument-Ebenen nicht in der Zeitleiste befinden, klicken Sie auf »Videozeitleiste erstellen«.

3 Verkürzen Sie die Dauer der Ebene *Wood*, indem Sie das Ende des Clips so weit nach links ziehen, bis die Länge mit der Ebene *Landschaft* (05:00) übereinstimmt.

4 Zeigen Sie die Eigenschaften für die Ebene *Landschaft* an. Bewegen Sie die Abspielmarke an das Ende der Zeitleiste und klicken Sie dann die Stoppuhr für die Deckkraft-Eigenschaft, um einen Keyframe zu erzeugen.

5 Bewegen Sie die Abspielmarke an den Anfang der Zeitleiste.

6 Aktivieren Sie das Ebenenbedienfeld. Reduzieren Sie im Ebenenbedienfeld die Deckkraft der Ebene *Landschaft* auf **0 %**.

7 Blenden Sie im Zeitleistenbedienfeld die Eigenschaften für die Ebene *Landschaft* aus, blenden Sie die Eigenschaften für die Ebene *Wood* ein und erweitern Sie die 3D-Lichter der Wood-Ebene.

8 Bewegen Sie die Abspielmarke an das Ende der Zeitleiste und klicken Sie auf die Stoppuhr-Symbole für alle drei Eigenschaften. Die Beschriftungen werden zu »Gerichtetes Licht 1«, »Gerichtetes Licht 2« und »Punktlicht 1«.

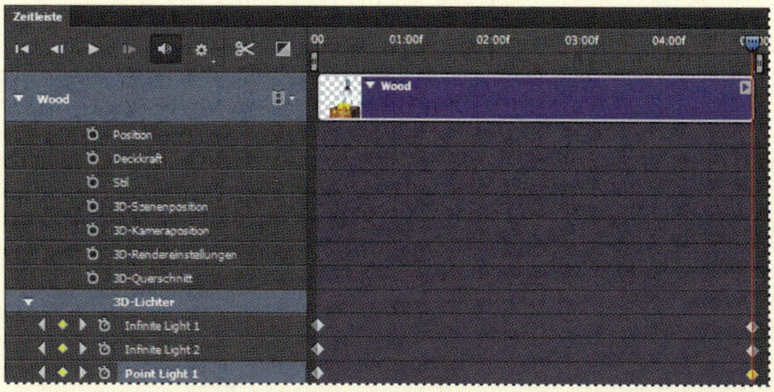

9 Bewegen Sie die Abspielmarke wieder an den Beginn der Zeitleiste.

10 Aktivieren Sie das 3D-Bedienfeld und wählen Sie »3D-Knoten«. Benutzen Sie das Widget auf der Arbeitsfläche, um das Licht nach unten zu richten. Wählen Sie anschließend »Gerichtetes Licht 2«, um auch dieses Licht nach unten zu richten.

11 Wählen Sie »Punktlicht 1« und ziehen Sie das Licht auf den Boden der Szene.

12 Klicken Sie im Zeitleistenbedienfeld auf das Symbol »Abspielen« für eine Vorschau der Animation. Falls notwendig, können Sie noch weitere Einstellungen bzw. Änderungen vornehmen.

13 Wählen Sie im 3D-Bedienfeld »Szene«, so dass die komplette Szene gewählt ist.

14 Wählen Sie im Menü des Zeitleistenbedienfelds die Option »Video rendern«.

15 Wählen Sie bei einem langsameren Computer unten im Dialogfeld »Video rendern« im Menü »3D-Qualität« die Option »Interaktiv«; ansonsten wählen Sie »Raytracing – Entwurf«.

16 Übernehmen Sie alle anderen Optionen mit ihren Standardeinstellungen und klicken Sie auf »Rendern«.

17 Wenn Photoshop mit dem Rendern des Films fertig ist, doppelklicken Sie auf die Datei im Verzeichnis und sehen Sie sich den Film an.

Fragen

1 Wodurch unterscheidet sich eine 3D-Ebene von anderen Ebenen in Photoshop?

2 Wie ändern Sie die Kamerasicht?

3 Wie versehen Sie ein Objekt mit Materialien?

4 Welche Farbe haben die einzelnen Achsen des 3D-Achsen-Widgets?

5 Wie rendern Sie eine 3D-Szene?

Antworten

1 Eine 3D-Ebene verhält sich wie andere Ebenen – Sie können sie mit Ebenenstilen, Masken usw. versehen. Allerdings enthält eine 3D-Ebene im Gegensatz zu anderen Ebenen einen oder mehrere Mesh(es) zur Definition der 3D-Objekte. Sie können die Meshes, Maps und Texturen einer 3D-Ebene bearbeiten und auch die Beleuchtung einer 3D-Ebene einstellen.

2 Um die Kamerasicht zu ändern, bewegen Sie das Kamera-Widget oder klicken Sie mit der rechten Maustaste, um eine Voreinstellung für die Kamerasicht zu wählen.

3 Um Materialien zuzuweisen, wählen Sie im 3D-Bedienfeld die Materialkomponente und dann im Eigenschaftenbedienfeld die Materialien und Einstellungen.

4 Im 3D-Achsen-Widget stehen der rote Pfeil für die X-Achse, der grüne Pfeil für die Y-Achse und der blaue Pfeil für die Z-Achse.

5 Um eine 3D-Szene zu rendern, wählen Sie »Szene« im 3D-Bedienfeld. Klicken Sie anschließend unten im Eigenschaftenbedienfeld auf die Schaltfläche »Rendern«.

13 DATEIEN FÜR DAS WEB

Überblick

In dieser Lektion lernen Sie Folgendes:

- Bild-Slices mit den Slice-Werkzeugen erstellen
- Zwischen Slices und Auto-Slices unterscheiden
- Benutzer-Slices mit anderen HTML-Seiten oder -Orten verknüpfen
- Bilder für das Web durch gute Komprimierung optimieren
- Hochauflösende große Dateien für ein Vergrößern und Verschieben im Web exportieren
- Bilder in einer Galerie präsentieren

Für diese Lektion benötigen Sie etwa eine Stunde. Laden Sie die Lektionsdateien für die Lektion 13 von der Buch-DVD in einen Ordner »Lektionen« auf Ihrer Festplatte. Bei der Arbeit mit dieser Lektion überschreiben Sie die Startdateien. Wenn Sie diese wiederherstellen wollen, laden Sie sie einfach von der DVD erneut auf Ihre Festplatte.

PROJEKT: MUSEUMS-WEBSITE

Sie navigieren in Webseiten und aktivieren Animationen, indem Sie auf verknüpfte Grafiken klicken. Diese Lektion zeigt, wie Sie in Photoshop Dateien für das Web aufbereiten und mit Slices zu anderen Seiten oder Sites verknüpfen.

Vorbereitungen

Sie benötigen für diese Lektion einen Browser wie Internet Explorer, Safari oder Chrome – ein Internetzugang ist dagegen nicht erforderlich.

Sie arbeiten in dieser Lektion an Grafiken für die Homepage der Website eines spanischen Kunstmuseums. Sie versehen die Themen mit Hypertext-Links und verknüpfen mit anderen, bereits vorhandenen Seiten der Website.

Zuerst aber sehen Sie sich die bereits fertig gestaltete HTML-Seite an, die auf einer einzelnen PSD-Datei aufbaut.

1 Starten Sie Photoshop und halten Sie sofort danach die Tasten Strg + Alt + ⇧ (Windows) bzw. ⌘ + ⌥ + ⇧ (Mac OS) gedrückt, um die standardmäßigen Voreinstellungen zu erhalten. (Siehe »Die Standardeinstellungen wiederherstellen« auf Seite 4.)

2 Klicken Sie im Meldungsfenster zur Bestätigung auf »Ja«, um die Voreinstellungen zurückzusetzen.

3 Wählen Sie **Datei: In Bridge suchen**.

● **Hinweis:** Falls Bridge nicht installiert ist, werden Sie beim Auswählen von »In Bridge suchen« zur Installation aufgefordert. Weitere Informationen finden Sie auf Seite 3.

4 Doppelklicken Sie in Bridge im FAVORITEN-Fenster auf den Ordner *Lektion13*. Doppelklicken Sie anschließend auf den Ordner *13End* und öffnen Sie dann per Doppelklick den Ordner *site*.

Der *site*-Ordner enthält den Inhalt der Website, mit dem Sie nun arbeiten.

5 Klicken Sie mit der rechten Maustaste auf die Datei *home.html* und wählen Sie im Kontextmenü die Option »Öffnen mit«. Wählen Sie einen Webbrowser, um die HTML-Datei zu öffnen.

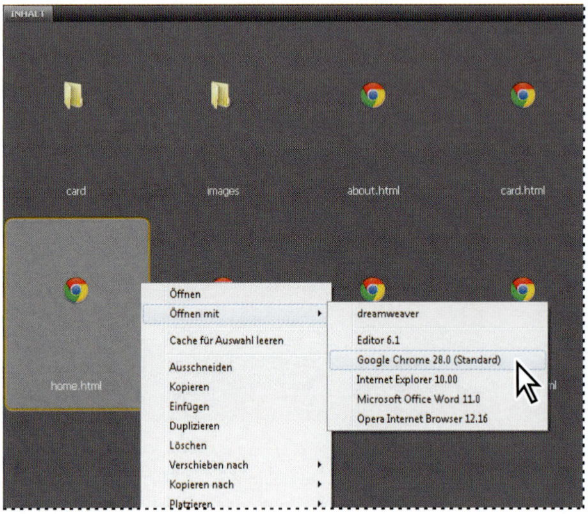

6 Bewegen Sie den Mauszeiger über die Themen auf der linken Seite und über die Bilder. Achten Sie auf die Veränderungen des Mauszeigers (er wird zum Handsymbol).

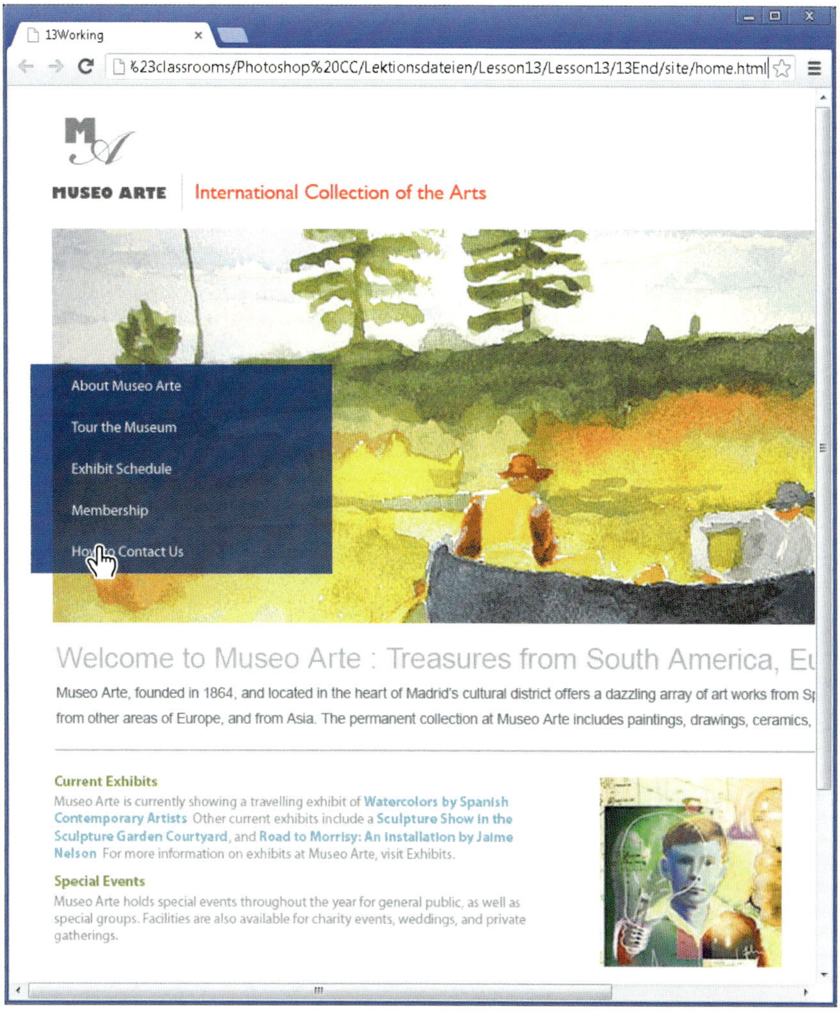

7 Klicken Sie auf das Bild mit dem Engel unten rechts auf der Seite, um das Zoomify-Fenster zu öffnen. Probieren Sie die Steuerungen aus, indem Sie durch Klicken das Bild vergrößern bzw. wieder verkleinern.

Hinweis: Abhängig von den Einstellungen Ihres Browsers können Sicherheitswarnungen eingeblendet werden. Da Sie in dieser Lektion Dateien von Ihrer Festplatte und nicht aus dem Internet verwenden, können Sie die Inhalte unbesorgt anzeigen lassen.

8 Schließen Sie das Zoomify-Fenster, um wieder zur Homepage zu gelangen.

9 Klicken Sie auf das Bild des Jungen mit der Glühbirne, um es in einem eigenen Fenster anzusehen. Schließen Sie die entsprechenden Browserfenster wieder.

10 Klicken Sie auf der Homepage auf die einzelnen Themen, um auf die damit verknüpften Seiten zu gelangen. Um wieder auf die Homepage zu kommen, klicken Sie einfach auf *Museo Arte* direkt unter dem Logo oben links im Fenster.

11 Verlassen Sie den Browser, wenn Sie sich die Webseite angesehen haben – Sie befinden sich jetzt wieder in Adobe Bridge.

12 Klicken Sie in Adobe Bridge auf den Mini-Ordner *Lektion13* ganz oben im Bildschirm, um seinen Inhalt anzuzeigen. Doppelklicken Sie auf den Ordner *13Start* und doppelklicken Sie dann auf die Miniatur *13Start.psd* und bestätigen Sie die Abfrage, um die Datei in Photoshop zu öffnen. Bestätigen Sie die möglicherweise auftauchende Profilwarnung mit OK.

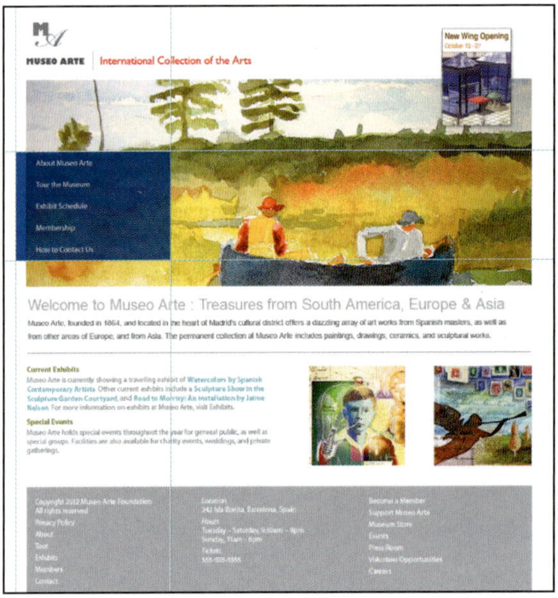

13 Wählen Sie **Datei: Speichern unter** und benennen Sie die Datei mit *13Arbeit. psd*. Klicken Sie im Dialogfeld mit den Formatoptionen auf OK.

In den vorhergehenden Schritten haben Sie Links angeklickt, die aus Slices (den Themen links auf der Seite) und Bildern (dem Jungen und dem Engel) erstellt wurden. Slices sind rechteckige Bereiche in einem Bild, die Sie über Ebenen, Hilfslinien oder präzise Auswahlen im Bild oder mit dem Slice-Werkzeug erstellen. Wenn Sie Slices in einem Bild bestimmen, legt Photoshop eine HTML-Tabelle oder ein Cascading Stylesheet (CSS) zum Aufnehmen und Ausrichten bzw. Anordnen der Slices an. Wenn Sie möchten, erstellen Sie eine HTML-Datei, die das in Slices unterteilte Bild zusammen mit der Tabelle oder dem Cascading Stylesheet enthält.

Bilder lassen sich auch mit Hypertext-Links versehen, das heißt, der Besucher klickt auf das Bild, um eine damit verknüpfte andere Seite zu öffnen. Slices sind immer rechteckig, Bilder können hingegen beliebige Formen annehmen.

Slices erstellen

Sobald Sie einen rechteckigen Bildbereich als Slice definieren, legt Photoshop eine HTML-Tabelle mit dem entsprechend ausgerichteten Slice an. Danach lassen sich Slices in Schaltflächen umwandeln und für bestimmte Funktionen innerhalb einer Webseite programmieren.

Jedes neue Slice in einem Bild (ein Benutzer-Slice) zieht auch andere Slices (Auto-Slices) nach sich, die den Bildbereich außerhalb des angelegten Slice abdecken.

Slices wählen und Slice-Optionen einrichten

Sie beginnen mit der Wahl eines bereits vorgefertigten Slice in der Start-Datei.

1 Wählen Sie im Werkzeugbedienfeld das Slice-Auswahlwerkzeug (), das unter dem Freistellungswerkzeug () verborgen ist.

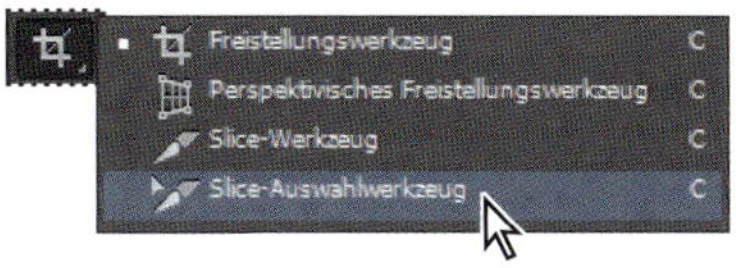

Wenn Sie das Slice-Werkzeug oder das Slice-Auswahlwerkzeug wählen, zeigt Photoshop im Bild die Slices mit der dazugehörigen Nummer an.

Über Slice-Symbole

Die blauen und grauen Slice-Symbole, auch Badges genannt, im Photoshop-Bildfenster sowie im Dialogfeld »Für Web speichern« sind eine nützliche Hilfe. Jedes Slice kann so viele Symbole enthalten, wie für die jeweilige Funktion erforderlich sind. Die folgenden Symbole erscheinen bei diesen Bedingungen:

- 01 Nummer des Slice. Photoshop nummeriert Slices fortlaufend von links nach rechts und von oben nach unten im Bild.
- Slice mit Bildinhalt
- Slice ohne Bildinhalt
- Ebenenbasiertes Slice, das auf Basis einer Ebene erzeugt wurde
- Slice mit anderen Slices aus Gründen der Optimierung verknüpft

Das *Rechteck 01* enthält die obere linke Bildecke und hat ein kleines Symbol, Badge, das an einen Mini-Berg erinnert. Die blaue Farbe sagt Ihnen, dass es sich um ein bereits in der Start-Datei angelegtes Benutzer-Slice handelt.

Beachten Sie auch die grauen Slices – 02 rechts und 03 direkt unter Slice 01. Die graue Farbe sagt Ihnen, dass es sich um Auto-Slices handelt, die automatisch bei der Erstellung eines Benutzer-Slice erzeugt werden. Das Symbol schließlich weist darauf hin, dass das Slice einen Bildinhalt enthält (siehe auch »Über Slice-Symbole« auf der folgenden Seite).

2 Klicken Sie mit dem Slice-Auswahlwerkzeug oben links auf das *Slice 01* mit dem kleinen blauen Rechteck. Der goldene Begrenzungsrahmen zeigt an, dass das Slice gewählt ist.

3 Doppelklicken Sie mit dem Slice-Auswahlwerkzeug auf *Slice 01*. Danach öffnet sich das Dialogfeld »Slice-Optionen«. Standardmäßig benennt Photoshop die einzelnen Slices mit dem Dateinamen und der Slice-Nummer, das heißt, der aktuelle Name ist *13Arbeit_01*.

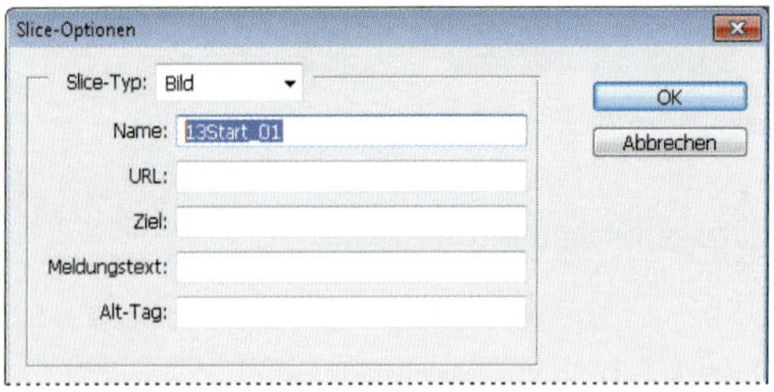

● **Hinweis:** Optionen lassen sich auch für Auto-Slices einstellen, was sie allerdings automatisch in Benutzer-Slices umwandelt.

Slices sind erst dann eine Hilfe, wenn Sie für sie entsprechende Optionen einstellen, wie Namen oder das Zuweisen von URL-Verknüpfungen, die sich öffnen, sobald der Benutzer auf das Slice klickt.

4 Geben Sie in das Dialogfeld »Slice-Optionen« Folgendes ein: in das Textfeld »Name« **Logo** und in das Textfeld »URL« das Zeichen #.

Über das Doppelkreuz können Sie die Funktion einer Schaltfläche prüfen, ohne erst eine Verknüpfung festlegen zu müssen. Das hilft im frühen Stadium des Webdesigns bei der Prüfung des Aussehens und Verhaltens einer Schaltfläche.

5 Klicken Sie auf OK, um die Änderungen zuzuweisen.

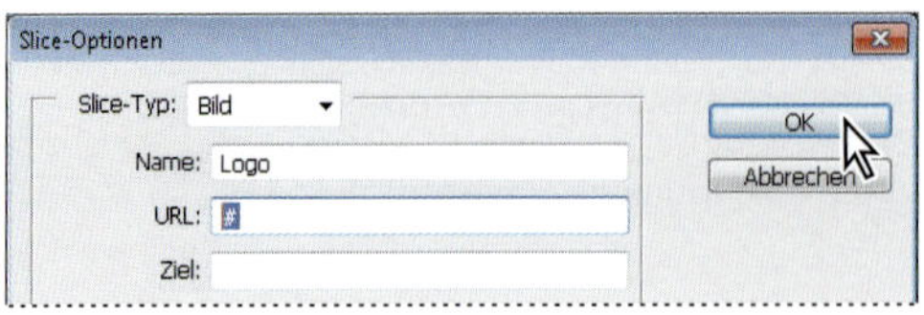

Navigationsschaltflächen erstellen

Sie erzeugen nun Navigationsschaltflächen links auf der Seite, um sie später in Rollover zu verwandeln. Dazu könnten Sie jede Schaltfläche einzeln wählen und ihr die Navigationseigenschaften zuweisen. Das Gleiche geht jedoch auch schneller.

1 Wählen Sie im Werkzeugbedienfeld das Slice-Werkzeug (✎) oder drücken Sie dreimal [⇧]+[C]. (Freistellungswerkzeug, Slice-Werkzeug und Slice-Auswahlwerkzeug teilen sich den Tastaturbefehl C. Um zwischen den Werkzeugen zu wechseln, drücken Sie [⇧]+[C].)

Beachten Sie die Hilfslinien über und unter den Wörtern links im Bild.

2 Orientieren Sie sich an den Hilfslinien links im Bild und ziehen Sie diagonal von oben links über der ersten Textzeile bis zur Hilfslinie unter der letzten Textzeile, damit alle Zeilen in der Begrenzung enthalten sind.

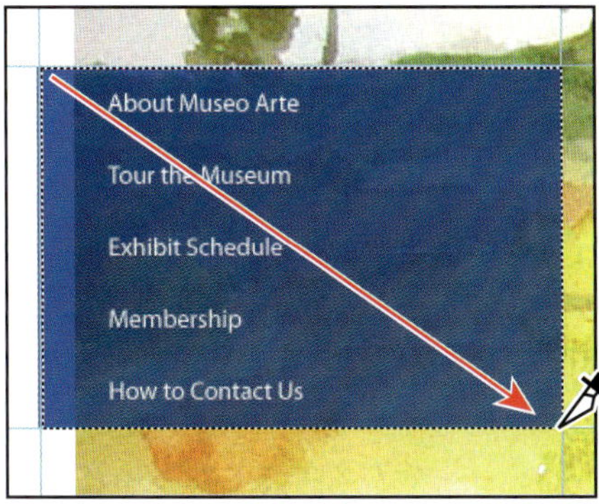

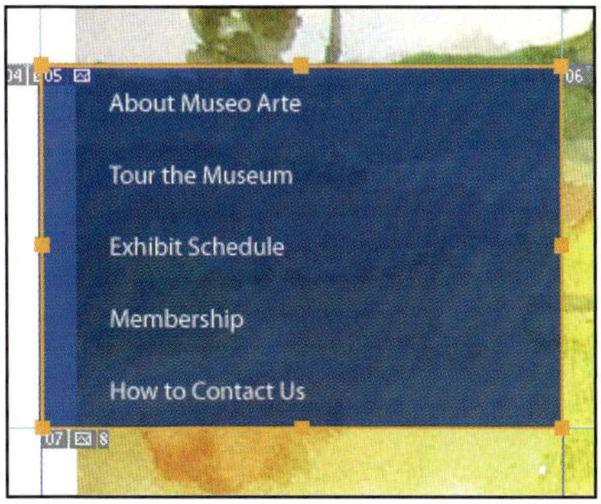

Ein blaues Rechteck, ähnlich dem für *Slice 01*, erscheint in der oberen linken Ecke des gerade erzeugten *Slice 05*. Die blaue Farbe weist darauf hin, dass es ein Benutzer-Slice und kein Auto-Slice ist. Der goldene Begrenzungsrahmen zeigt die Begrenzungen des Slice und weist darauf hin, dass es gewählt ist.

Das ursprüngliche graue Rechteck für Auto-Slice *Slice 03* bleibt unverändert erhalten, doch ist der in *Slice 03* enthaltene Bereich kleiner und deckt nur ein kleines Rechteck über dem Text ab. Ein weiterer Auto-Slice *Slice 07* erscheint unter dem gerade erzeugten Slice.

3 Das Slice-Werkzeug ist noch gewählt. Drücken Sie [⇧]+[C], um das Slice-Auswahlwerkzeug (✎) zu aktivieren.

Die Slice-Optionen in der Optionsleiste über dem Bild ändern sich – Sie sehen nun verschiedene Ausrichten-Schaltflächen. Sie slicen jetzt die Auswahl in fünf einzelne Schaltflächen.

4 Klicken Sie in der Optionsleiste auf die Schaltfläche »Unterteilen«.

5 Wählen Sie im Dialogfeld »Slice unterteilen« die Option »Horizontal unterteilen in« und geben Sie im Feld »vertikale, gleichmäßig angeordnete Slices« den Wert **5** ein. Klicken Sie dann auf OK.

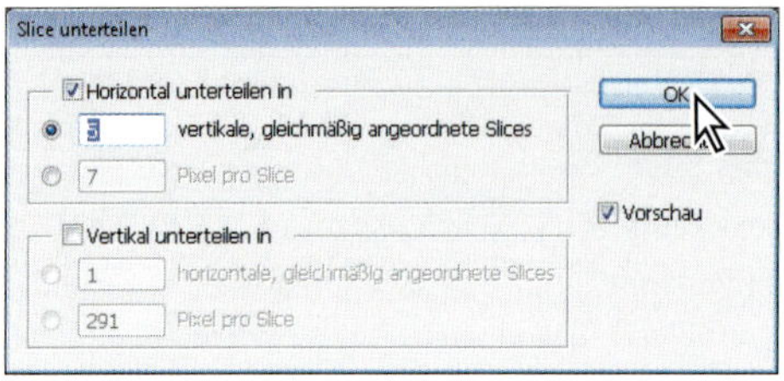

Sie benennen jetzt die einzelnen Slices und fügen entsprechende Links hinzu.

6 Doppelklicken Sie mit dem Slice-Auswahlwerkzeug auf das oberste Slice mit der Bezeichnung *About Museo Arte*, um das Dialogfeld »Slice-Optionen« zu öffnen.

7 Benennen Sie im Dialogfeld das Slice mit *About*, geben Sie für »URL« **about.html** und für »Ziel« **_self** ein. (Achten Sie auf den Unterstrich vor dem Buchstaben *s*.) Klicken Sie auf OK.

Hinweis: Geben Sie die HTML-Dateinamen genau so wie angegeben in das URL-Feld ein, damit die Namen der vorhandenen Seiten mit den Verknüpfungsnamen der jeweiligen Schaltflächen (Buttons) übereinstimmen.

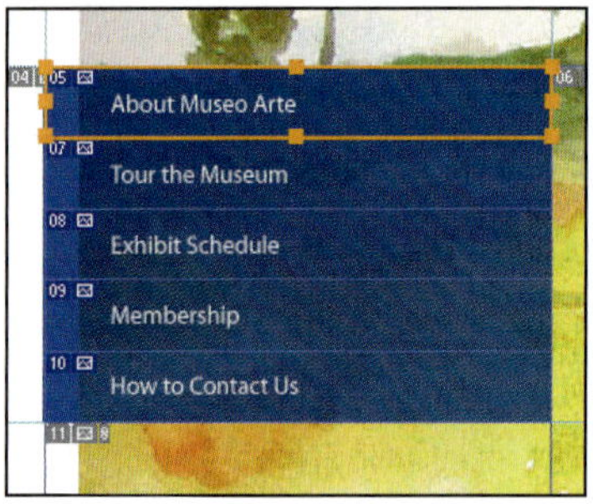

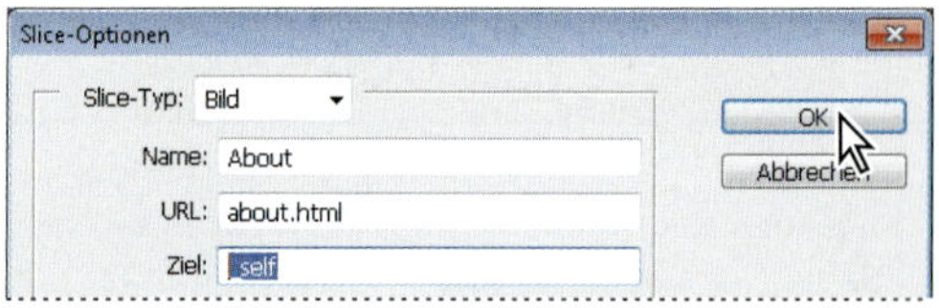

Tipp: Falls Sie die Anzeige der Auto-Slices stört, wählen Sie das Slice-Auswahlwerkzeug und klicken Sie anschließend in der Optionsleiste auf die Schaltfläche »Auto-Slices ausblenden«. Da die Hilfslinien nicht mehr benötigt werden, sollten Sie sie ebenfalls ausblenden, indem Sie den Befehl **Ansicht: Einblenden: Hilfslinien** wählen.

Sie steuern mit der Option »Ziel«, wie sich eine verknüpfte Datei öffnet, sobald Sie darauf klicken. Wird *_self* gewählt, zeigt der Browser die verknüpfte Datei in demselben Frame wie die Originaldatei an.

8 Wiederholen Sie die Schritte 6 und 7 für die verbleibenden Slices – beginnen Sie mit dem zweiten Slice von oben:

- Zweites Slice: Name: **Tour** URL: **tour.html** Ziel: **_self**
- Drittes Slice: Name: **Exhibits** URL: **exhibits.html** Ziel: **_self**
- Viertes Slice: Name: **Members** URL: **members.html** Ziel: **_self**
- Fünftes und unterstes Slice: Name: **Contact** URL: **contact.html** Ziel: **_self**

9 Wählen Sie **Datei: Speichern**.

Slices erzeugen

Hier finden Sie weitere Methoden, um Slices zu erzeugen:

- Erstellen Sie »Kein Bild«-Slices und fügen Sie ihnen Text oder HTML-Quellcode hinzu. »Kein Bild«-Slices können eine Hintergrundfarbe haben und werden als Teil der HTML-Seite gespeichert. Der wesentliche Vorteil von »Kein Bild«-Slices für Text ist, dass sich der Text in jedem HTML-Editor bearbeiten lässt – Sie müssen also nicht zurück zu Photoshop gehen. Wird der Text jedoch zu umfangreich für das Slice, entstehen Probleme mit der HTML-Tabelle – es entstehen hässliche Lücken im Text.
- Wenn Sie bei der Gestaltung eigene Hilfslinien verwenden, lässt sich das ganze Bild über die Schaltfläche »Slices entlang der Hilfslinien« in der Optionsleiste für das Slice-Werkzeug in Slices zerlegen. Nutzen Sie diese Technik mit Umsicht, da alle zuvor erstellten Slices und die ihnen zugewiesenen Optionen danach nicht mehr vorhanden sind. Außerdem erhalten Sie über diese Schaltfläche nur Benutzer-Slices, von denen Sie meist nur wenige benötigen.
- Möchten Sie gleich große und gleichmäßig angeordnete Slices erzeugen, erstellen Sie ein einzelnes Benutzer-Slice, das genau den gewünschten Bereich enthält. Wählen Sie das Slice mit dem Slice-Auswahlwerkzeug und klicken Sie in der Optionsleiste auf die Schaltfläche »Unterteilen«, um es individuell vertikal und horizontal in Slices zu unterteilen.
- Wenn Sie die Verknüpfung eines ebenenbasierten Slice mit der dazugehörigen Ebene auflösen möchten, konvertieren Sie es in ein Benutzer-Slice. Doppelklicken Sie einfach mit dem Slice-Auswahlwerkzeug auf das Slice und wählen Sie die gewünschte Option.

Ebenenbasierte Slices erzeugen

Slices lassen sich auch mit Hilfe von Ebenen statt mit dem Slice-Werkzeug erstellen. Der Vorteil von Ebenen ist, dass Photoshop das Slice entsprechend den Dimensionen der Ebene erzeugt und die vorhandenen Pixeldaten übernimmt. Sobald Sie die Ebene bearbeiten, verschieben oder ihr einen Ebeneneffekt zuweisen, passt Photoshop das ebenenbasierte Slice automatisch so an, dass es auch die neuen Pixel umfasst.

1 Wählen Sie im Ebenenbedienfeld die Ebene *New Wing*. Ist der Inhalt des Ebenenbedienfelds nicht vollständig zu sehen, ziehen Sie das Bedienfeld aus dem Dock und erweitern Sie es, indem Sie an der unteren rechten Ecke ziehen.

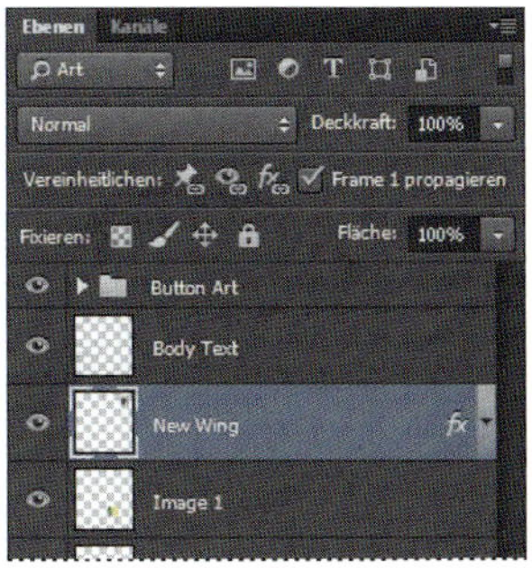

2 Wählen Sie **Ebene: Neues ebenenbasiertes Slice**. Im Bild erscheint ein blaues Rechteck mit der Nummerierung *04* über dem Bild mit der Ankündigung des neuen Gebäudeflügels. Die Nummerierung entspricht der Anordnung der Slices, beginnend in der oberen linken Bildecke.

3 Doppelklicken Sie mit dem Slice-Auswahlwerkzeug () auf das Slice und benennen Sie es mit *New Wing*. Geben Sie für »URL« **newwing.html** und für »Ziel« **_blank** ein, um die verknüpfte Seite in einem neuen Browserfenster zu öffnen. Klicken Sie auf OK.

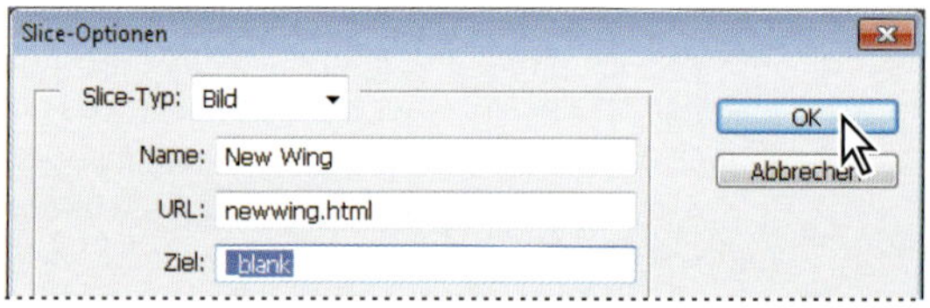

Geben Sie die Optionen genau wie angegeben ein, damit die Verknüpfungen mit denen in den bereits von uns vorbereiteten Seiten übereinstimmen.

Sie erzeugen nun weitere Slices für die Ebenen *New Wing* und *Image 2*.

4 Wiederholen Sie die Schritte 1 bis 3 für die weiteren Bilder wie folgt:

- Erzeugen Sie ein Slice aus der Ebene *Image 1* (dem Bild des Jungen) mit diesen Informationen: Name: **Image 1** URL: **image1.html** Ziel: **_blank**. Klicken Sie auf OK.
- Erzeugen Sie ein Slice für die Ebene *Image 2* mit diesen Informationen: Name: **Card** URL: **card.html** Ziel: **_blank**. Klicken Sie auf OK.

Sie haben sicherlich schon festgestellt, dass im Dialogfeld noch andere Optionen verfügbar sind. Informationen darüber finden Sie in der Photoshop-Hilfe.

5 Wählen Sie **Datei: Speichern**.

HTML und Bilder exportieren

Sie sind jetzt so weit, die endgültigen Slices zu erstellen, Verknüpfungen zu definieren und die Datei zu exportieren. Danach verfügen Sie über eine HTML-Seite, die sämtliche Slices als eine Einheit darstellt.

Grafiken und Bilder für das Web sollten recht »schlank« (kleine Dateigröße) sein, damit sich die Seiten möglichst schnell beim Betrachter aufbauen. In Photoshop können Sie deshalb genau festlegen, wie »schlank« bzw. klein die einzelnen Slices sein sollen, ohne dabei jedoch Kompromisse hinsichtlich der Bildqualität eingehen zu müssen. Verwenden Sie die JPEG-Komprimierung für Fotos und die GIF-Komprimierung für Text sowie Grafiken mit flächigen und sich horizontal wiederholenden Farben – in unserem Übungsbeispiel die Bereiche, mit denen die drei Hauptbilder auf der Seite umgeben sind.

Sie benutzen nun in Photoshop das Dialogfeld »Für Web speichern« und vergleichen die Einstellungen und Komprimierungen der verschiedenen Dateiformate.

1 Wählen Sie **Datei: Für Web speichern**.

2 Klicken Sie oben im Dialogfeld »Für Web speichern« auf das »2fach«-Register.

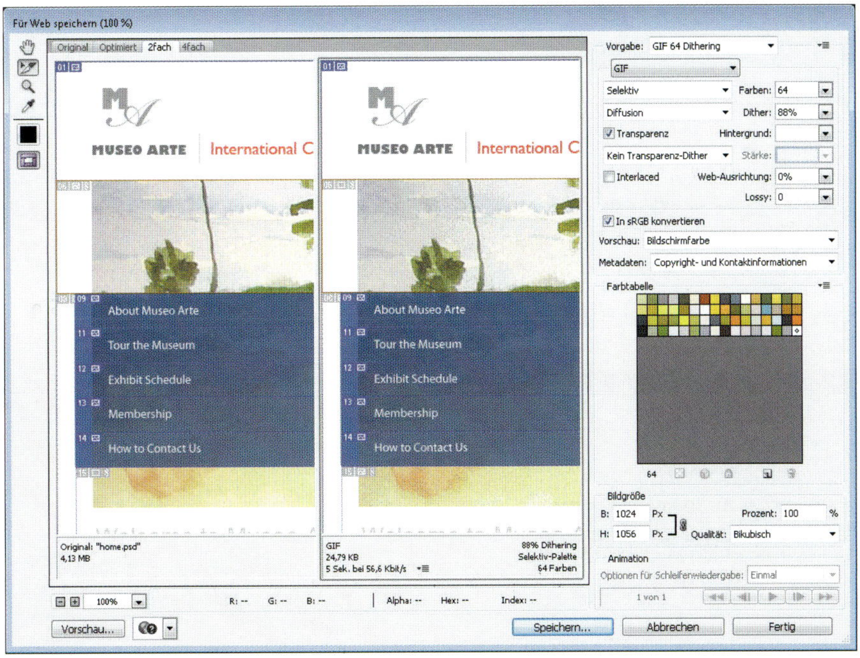

Schriften für das Web

In der Vergangenheit war Typografie für das Web eine Herausforderung. Entweder mussten Sie sich mit einer Handvoll »websicherer« Schriften begnügen oder unhandliche Textbilder in Ihre Website einfügen. Mittlerweile haben Sie mit Adobe Toolkit Zugriff auf mehr als 25.000 professionelle Schriften für Ihre Site – und diese funktionieren sowohl auf Desktop-Computern als auch auf mobilen Anzeigegeräten. Weil die Schriften von Typekit gehostet werden, lassen sich die Webseiten schneller herunterladen und Sie müssen sich keine Gedanken über die Browserkompatibilität machen.

Wenn Sie ein zahlendes Creative-Cloud-Mitglied sind, haben Sie Zugriff auf die komplette Typekit-Schriftbibliothek. Haben Sie eine kostenlose Mitgliedschaft, erhalten Sie Typekit Free Plan, mit dem Sie auf einen Teil der verfügbaren Schriften zugreifen können.

Um Typekit zu nutzen, melden Sie sich mit Ihrer Adobe ID an. Durchsuchen Sie die Schriftbibliothek und erzeugen Sie ein »Kit« der Schriften, die Sie in einer bestimmten Website nutzen möchten. Typekit erzeugt den Code, den Sie Ihrer Site hinzufügen möchten und kann darüber hinaus auch CSS-Code für Ihre neuen Schriftstile erzeugen. Sie geben an, wo die Schrift verwendet werden soll (Textkörper, Überschriften, Tabellen usw.) und klicken auf »Add«. Klicken Sie auf »Publish« und fügen Sie Ihre neuen Schriften mit einem CSS-Editor wie etwa Dreamweaver Ihrer Site hinzu.

Mehr über Typekit erfahren Sie auf *http://html.adobe.com/edge/typekit/*.

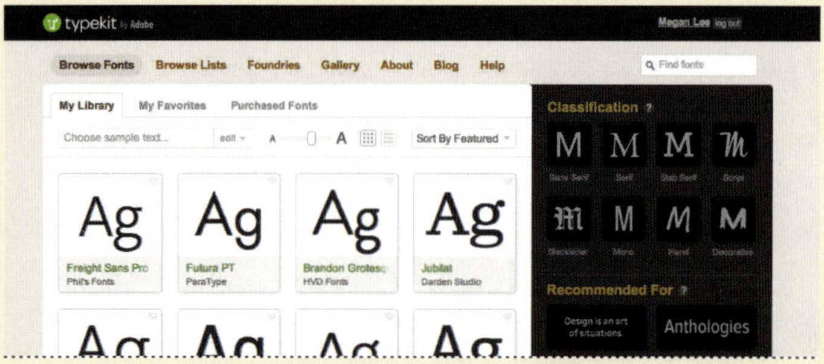

Wählen Sie aus einer Bibliothek Schriften, um ein Kit für Ihre Website zu erzeugen.

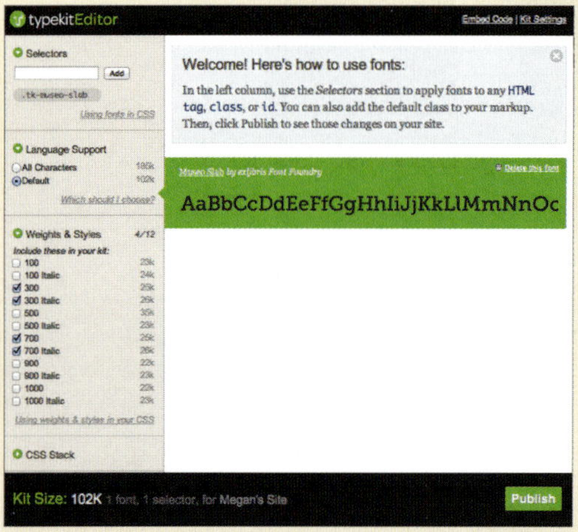

Geben Sie an, wo die Schriften verwendet werden sollen (Tabellen, Überschriften usw.). Typekit erzeugt den Code für Sie.

3 Wählen Sie im Dialogfeld »Für Web speichern« das Hand-Werkzeug (✋), um das Bild im Fenster so zu verschieben, dass Sie das Porträt des Jungen sehen.

4 Wählen Sie im Dialogfeld das Slice-Auswahlwerkzeug (↗) und dann *Slice 17* (mit dem Porträt des Jungen) aus den Slices im Bild links. Beachten Sie die Anzeige der Dateigröße unter dem Bild.

5 Wählen Sie rechts im Dialogfeld im »Vorgabe«-Popup-Menü die Option »JPEG mittel«. Beachten Sie wieder die Anzeige der Dateigröße unter dem Bild – die Dateigröße hat sich dramatisch verändert.

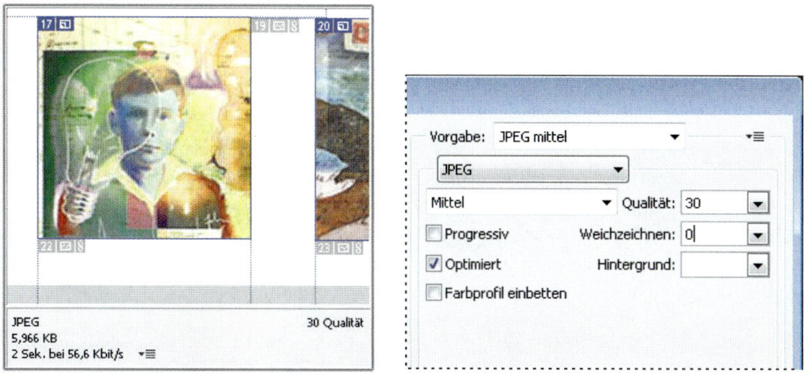

Sie prüfen jetzt eine GIF-Einstellung für das gleiche Slice im unteren Bild.

6 Wählen Sie mit dem Slice-Auswahlwerkzeug das *Slice 17* im Bild rechts. Wählen Sie in der rechten Hälfte des Dialogfelds im »Vorgabe«-Menü die Option »GIF 32 kein Dithering«.

Die Farben im unteren Bild sind weniger kräftig und fließend als im oberen, obwohl die Dateigröße beider Bilder ähnlich ist.

Sie weisen jetzt die von Ihnen bevorzugte Komprimierungseinstellung allen Slices dieser Seite zu.

7 Klicken Sie oben im Dialogfeld auf das Register »Optimiert« und zoomen Sie heraus, bis Sie die gesamte Seite sehen können.

8 Wählen Sie mit dem Slice-Auswahlwerkzeug und gedrückter [⇧]-Taste die drei Hauptgrafiken (Junge, Engel und die New Wing-Ankündigung) und dann rechts im »Vorgabe«-Menü die Option »JPEG mittel«.

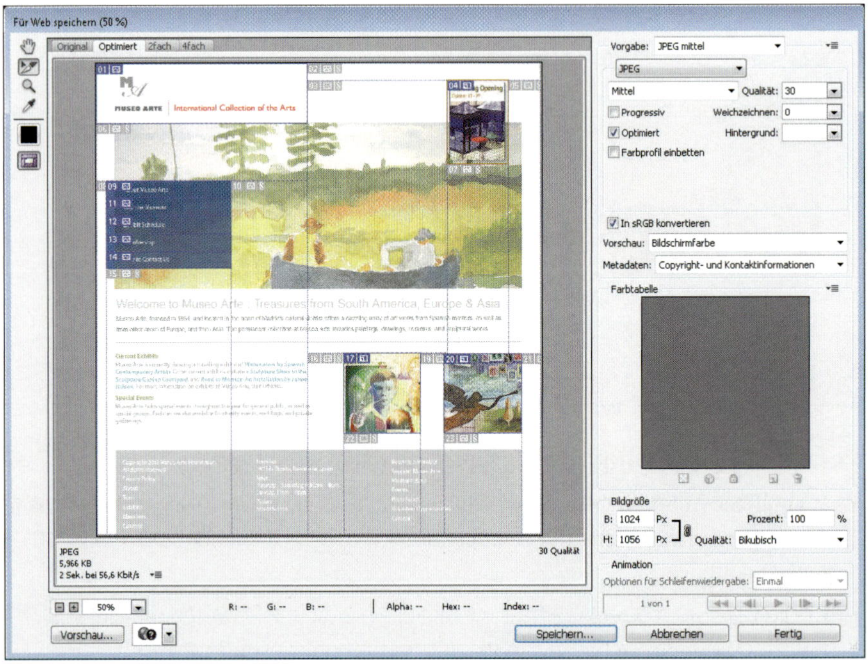

9 Wählen Sie mit gedrückter [⇧]-Taste die restlichen Slices und dann im »Vorgabe«-Menü die Option »GIF 64 Dithering«.

10 Klicken Sie auf »Speichern« und wählen Sie den Ordner *Lektion13/13Start/Museo*, der den Rest der Site enthält, einschließlich der Seiten, mit denen die Slices verknüpft sind.

11 Wählen Sie unter »Format« die Option »HTML und Bilder«. Übernehmen Sie die Standardeinstellungen und wählen Sie unter »Slices« die Option »Alle Slices«. Benennen Sie die Datei mit **home.html**, um die bereits vorhandene gleichnamige Datei zu überschreiben, und klicken Sie auf »Speichern«.

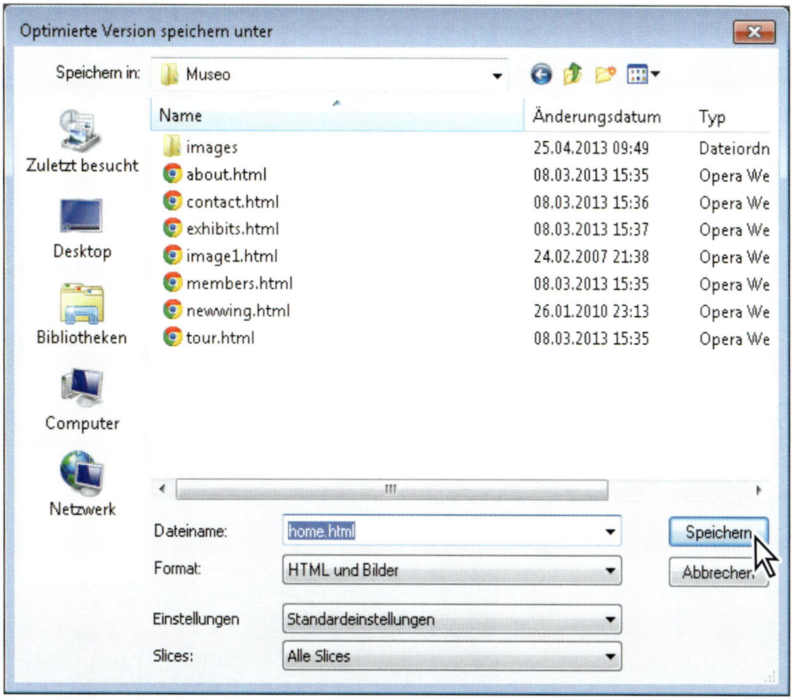

12 Wählen Sie in Photoshop **Datei: In Bridge suchen**. Doppelklicken Sie im FAVORITEN-Fenster auf *Lektionen*. Doppelklicken Sie im INHALT-Fenster auf den Ordner *Lektion13*. Doppelklicken Sie anschließend auf die Ordner *13Start* und *Museo*.

13 Klicken Sie mit der rechten Maustaste auf die Datei *home.html* und wählen Sie im Kontextmenü die Option »Öffnen mit«. Wählen Sie einen Browser zum Öffnen der HTML-Datei.

14 Prüfen Sie im Browser die Möglichkeiten Ihrer HTML-Datei und spielen Sie damit:

- Setzen Sie die Maus auf einige von Ihnen erzeugte Slices. Beachten Sie, dass sich der Zeiger in einen Zeigefinger (Hinweis auf eine Schaltfläche) ändert.
- Klicken Sie auf das Porträt des Jungen, um ein neues Fenster mit einer Vollansicht des Porträts zu öffnen.

● **Hinweis:** Wenn Sie auf die Karte klicken, erscheint eine Fehlermeldung: Die Datei *card.html* gibt es bisher noch gar nicht. Sie werden sie bald erstellen.

- Klicken Sie auf »New Wing Opening«, um das entsprechende Fenster zu öffnen.

- Klicken Sie auf die Textverknüpfungen links, um zu den anderen Seiten in der Website zu gelangen.

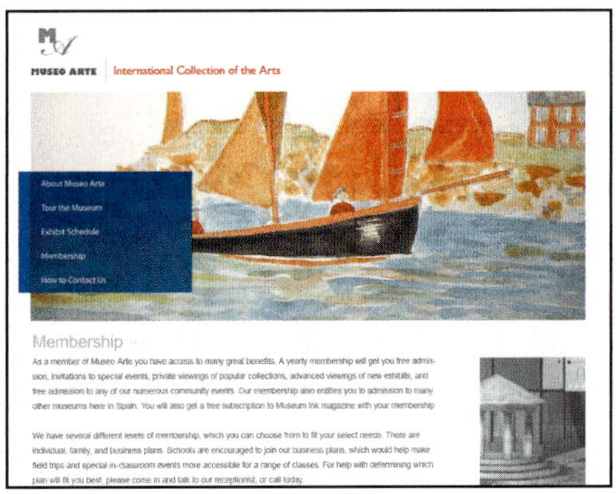

15 Schließen Sie als Letztes den Browser.

Interaktivität mit Zoomify

Mit Zoomify können Sie hochauflösende Bilder im Web veröffentlichen, die sich vom Betrachter verschieben und vergrößern lassen, um andere Ausschnitte zu sehen. Dabei lädt sich das normalgroße Ausgangsbild so schnell wie eine JPEG-Datei mit gleichen Pixelmaßen. Photoshop exportiert die entsprechenden JPEG-Dateien sowie die HTML-Datei zur Veröffentlichung im Web. Zoomify funktioniert mit jedem Webbrowser.

1 Klicken Sie in Adobe Bridge ganz oben im Fenster auf die Ordnerminiatur *13Start*. Doppelklicken Sie anschließend auf die Datei *card.jpg*, um sie in Photoshop zu öffnen. Klicken Sie OK, falls eine Warnmeldung hinsichtlich des eingebetteten Farbprofils erscheint.

Sie exportieren dieses relativ große Pixelbild mit dem Zoomify-Befehl nach HTML. Sie konvertieren nun das Bild mit dem Engel in eine Datei, die mit der gerade von Ihnen erstellten Homepage verknüpft wird.

2 Wählen Sie **Datei: Exportieren: Zoomify**.

3 Wählen Sie im Dialogfeld »Zoomify-Export« als »Ausgabeort« den Pfad bzw. Ordner *Lektion13/13Start/Museo*. Geben Sie **Card** als »Hauptname« ein. Stellen Sie die Qualität auf **12** ein und wählen Sie unter »Browseroptionen« die Breite **800** und die Höhe **600** als Ausgabeformat im Browser. Die Option »In Webbrowser öffnen« ist aktiviert.

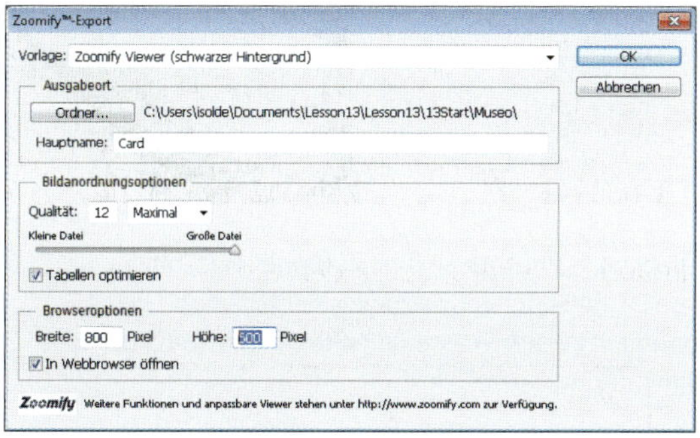

4 Klicken Sie auf OK, um die HTML-Datei und die Bilder zu exportieren. Zoomify öffnet sie dann in Ihrem Webbrowser.

5 Testen Sie mit den Steuerschaltflächen im Zoomify-Fenster die Verknüpfung zum Bild mit dem Engel.

6 Schließen Sie dann Ihren Webbrowser.

Bilder für das Internet optimieren

Das *Optimieren* von Bildern ist ein Vorgang, bei dem Sie durch eine effiziente Wahl von Format, Auflösung und Qualität die jeweiligen Bilder für eine Veröffentlichung im Internet bzw. auf Browserseiten aufbereiten. Dabei müssen Sie stets einen guten Kompromiss zwischen Dateigröße und Bildqualität finden. Da jedes Bild anders ist, benötigen Sie für das Aufbereiten von Bildern für das Web sowohl ein gutes Urteilsvermögen als auch ein gutes Auge.

Die verfügbaren Komprimierungsoptionen richten sich nach dem Dateiformat, in dem das Bild gespeichert wird. Das JPEG-Format erhält die Farbtiefe sowie die feinen Unterschiede in Helligkeit und Farbton, die ein Foto oder Bilder mit Verläufen aufweisen. Dieses Format kann Bilder mit Millionen von Farben darstellen. Das GIF-Format komprimiert zeilenweise Volltonfarbbereiche, wohingegen scharfe Details, wie in Strichgrafiken, Logos oder Abbildungen mit Text, erhalten bleiben. Dieses Format benutzt ein Bedienfeld mit bis zu 256 Farben für die Bilddarstellung und unterstützt Hintergrundtransparenz.

Photoshop bietet effektive Möglichkeiten, ein Bild zu komprimieren und gleichzeitig seine Anzeige auf dem Bildschirm zu optimieren. Normalerweise optimieren Sie Bilder, bevor Sie sie in einer HTML-Datei speichern. In Photoshop vergleichen Sie im Dialogfeld »Für Web speichern« das Original mit den komprimierten Versionen und passen die Einstellungen an. Weitere Informationen zu JPEG und GIF finden Sie in der Photoshop-Hilfe.

Photoshop-Bilder in Dreamweaver verwenden

In dieser Lektion haben Sie eine Website in Photoshop gestaltet und im HTML-Format exportiert. Sie können diese HTML-Datei in Dreamweaver öffnen und die Site dort weiterentwickeln. Sie können in Dreamweaver erstellten Webseiten aber auch einzelne Photoshop-Bilder hinzufügen.

Wenn Sie eine native Photoshop-Datei (PSD) in eine Webseite einfügen, optimiert Dreamweaver die Datei im GIF-, JPEG- oder PNG-Format für das Web. Dann fügt es die Datei als Smartobjekt ein, es besteht also weiter eine aktive Verbindung zur ursprünglichen PSD-Datei. Obwohl das eingefügte Bild verknüpft ist, können Sie es trotzdem innerhalb der Dreamweaver-Datei bearbeiten. Das Originalbild wird dabei nicht verändert.

Alternativ können Sie einen Bildteil oder ein ganzes Bild kopieren und in eine Webseite in Dreamweaver einfügen. Eingefügte Bilder ergeben jedoch keine Verknüpfung. Wenn Sie das Original bearbeiten, müssen Sie es erneut kopieren und einfügen.

Bonus

Ebeneneigenschaften für CSS kopieren

In Photoshop CC können Sie aus Form- und Textebenen CSS-Attribute generieren, ohne dafür Code zu schreiben. Bei Formebenen erfasst die Funktion *CSS kopieren* die Größe, Position, Füllfarbe (einschließlich Verläufen), Konturfarbe und Schlagschatten, die mit Ebenenstilen erzeugt wurden. Bei Textebenen werden auch Schriftart, Schriftgröße, Schriftschnitt, Zeilenabstand, Unterstreichung, Durchstreichung, Hoch- und Tiefstellung sowie Textausrichtung erfasst.

Sie erzeugen aus der Datei *Flyer.psd* CSS-Eigenschaften und fügen diese in die HTML-Datei der Site ein.

1 Navigieren Sie in Photoshop zum Ordner *Lektion13/Extra_Credit* und öffnen Sie die Datei **Flyer.psd**.

2 Wählen Sie die Ebene *new_wing* und wählen Sie **Ebene: CSS kopieren**.

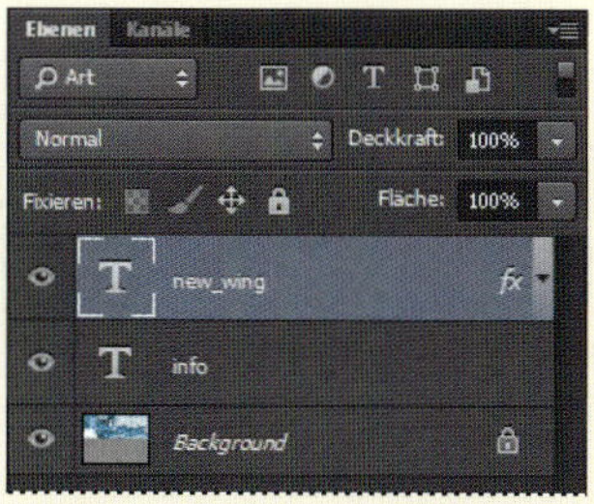

Photoshop kopiert die CSS-Eigenschaften für die Ebene *new_wing* in die Zwischenablage.

3 Öffnen Sie Dreamweaver. Navigieren Sie zum Ordner *navigate to the Lektion13/Extra_Credit* und öffnen Sie die Datei *New-Wing_Start.html*.

4 Wählen Sie **Datei: Speichern unter** und speichern Sie die Datei als *New-Wing_Finished.html* im Ordner *Lektion13/Extra_Credit*.

5 Falls der Quellcode in Dreamweaver nicht sichtbar ist, wählen Sie **Ansicht: Code**. Anschließend wählen Sie den kompletten Kommentar innerhalb der Tags <style> und </style> ("<! -- Paste your CSS code here -- >"). Wählen Sie **Bearbeiten: Einfügen**.

```
<style type="text/css">

<!-- Paste your CSS code here -->

</style>
```

```
<style type="text/css">

.new_wing {
  font-size: 0.436in;
  font-family: "Trajan Pro";
  color: rgb( 254, 242, 147 );
  text-align: center;
  -moz-transform: matrix( 1.43355542890517, 0, 0, 1.43355542890517, 0, 0);
  -webkit-transform: matrix( 1.43355542890517, 0, 0, 1.43355542890517, 0, 0);
  text-shadow: 0.021in 0.036in 0.0694444444444in rgb( 0, 0, 0 );
  position: absolute;
  left: 1.051in;
  top: 3.88in;
  height: 0.625in;
  z-index: 3;
}


</style>
```

Fortsetzung auf der nächsten Seite

Bonus (Fortsetzung)

Der von Photoshop kopierte CSS-Code wird in Ihre Dreamweaver-Datei eingefügt. Möglicherweise ist nicht der gesamte Code des Bausteins für die Website notwendig. In diesem Fall löschen Sie einige nicht benötigte Zeilen.

6 Löschen Sie die Zeilen position, left, top und height.

7 Wählen Sie in Photoshop die Ebene *info* und wählen Sie **Ebene: CSS kopieren**.

8 In Dreamweaver klicken Sie neben die schließende geschweifte Klammer nach dem von der Ebene *new_wing* eingefügten Code und wählen Sie **Bearbeiten: Einfügen**, um den CSS-Code von der Ebene *info* einzufügen.

```
}
.info {
  font-size: 0.222in;
  font-family: "Myriad Pro";
  color: rgb( 254, 242, 146 );
  line-height: 1.752;
  text-align: center;
  position: absolute;
  left: 1.848in;
  top: 4.589in;
  height: 0.611in;
  z-index: 2;
}
```

9 Löschen Sie die Zeilen position, left, top und height. Anschließend wählen Sie **Datei: Speichern**, um die Änderungen an der HTML-Datei zu speichern.

10 Klicken Sie auf das Symbol »Vorschau/Debug im Browser« und wählen Sie den gewünschten Browser.

11 Betrachten Sie die Website. Sie sehen, dass der Text, die Schriftgröße, -farbe und sogar der Schlagschatten aus Photoshop kopiert wurden.

Es empfiehlt sich, eine Website in mehreren Browsern zu betrachten, weil die Ergebnisse voneinander abweichen könnten. Möglicherweise müssen Sie den CSS-Code bearbeiten, um beispielsweise Schriftgröße und-position anzupassen.

Fragen

1 Was sind Slices und wie erstellen Sie sie bei der Bildbearbeitung in Photoshop?

2 Was verstehen Sie unter Bildoptimierung und wie optimieren Sie Bilder für das Web?

3 Wie können Sie Ebeneneigenschaften zur Verwendung in CSS-Dateien kopieren?

Antworten

1 Slices sind rechteckige Bildbereiche, die Sie in Photoshop für eine individuelle Weboptimierung verwenden. Mit Slices erstellen Sie animierte GIFs, URL-Verknüpfungen und Rollover. Sie erstellen Bild-Slices mit dem Slice-Werkzeug oder durch Umwandlung von Ebenen in Slices im Ebenen-Menü.

2 Für die Optimierung ist eine gute Balance zwischen möglichst geringer Dateigröße und guter Qualität des komprimierten Bilds erforderlich. Halbtonbilder werden im JPEG-Format und flächige Bilder mit transparenten Bereichen sowie Text als GIF optimiert. Um Bilder in Photoshop zu optimieren, wählen Sie »Datei: Für Web speichern«.

3 Zum Generieren von CSS-Code aus Ebeneneigenschaften wählen Sie die Ebene in Photoshop aus und wählen **Ebene: CSS kopieren**. Fügen Sie dann den Inhalt der Zwischenablage mit Hilfe von Dreamweaver oder einer anderen Anwendung in die CSS-Datei ein.

14 MIT KONSISTENTEN FARBEN PRODUZIEREN UND DRUCKEN

Überblick

In dieser Lektion lernen Sie Folgendes:

- Die RGB-, Graustufen- und CMYK-Farbräume für die Anzeige, die Bearbeitung und den Ausdruck von Bildern definieren
- Ein Bild für die Ausgabe über einen PostScript-CMYK-Drucker vorbereiten
- Einen Proof eines Bilds für den Ausdruck erzeugen
- Bild als CMYK-EPS-Datei speichern
- Eine Vierfarbseparation erstellen und drucken
- Bilder für den kommerziellen Druck vorbereiten

Für diese Lektion benötigen Sie etwa eine Stunde. Laden Sie die Lektionsdateien für die Lektion14 von der Buch-DVD in einen Ordner »Lektionen« auf Ihrer Festplatte. Bei der Arbeit mit dieser Lektion überschreiben Sie die Startdateien. Wenn Sie diese wiederherstellen wollen, laden Sie sie einfach von der DVD erneut auf Ihre Festplatte.

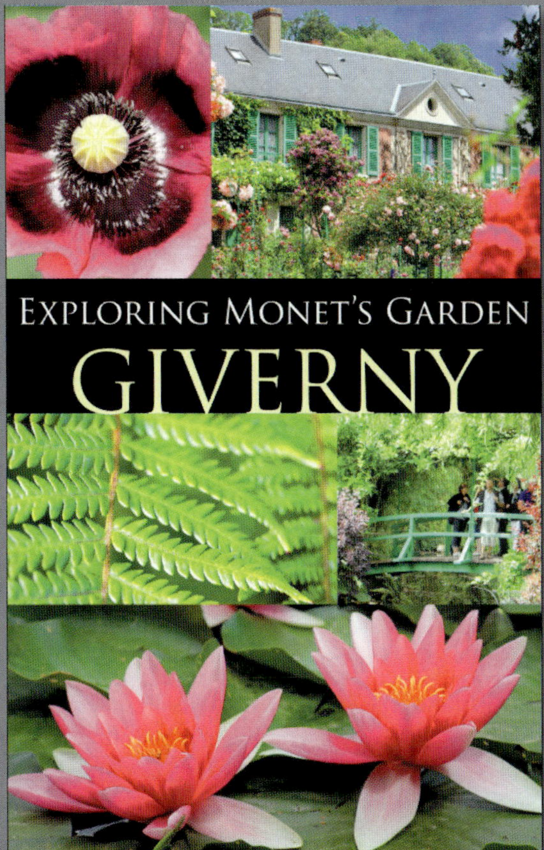

PROJEkT: PLAKAT GARTENFOTOGRAFIE

Definieren Sie für konsistente Farben den Farbraum, in dem Sie RGB-Bilder bearbeiten und vorhandene CMYK-Bilder zusätzlich drucken. So erreichen Sie eine größtmögliche Übereinstimmung zwischen den auf dem Bildschirm dargestellten Farben und den Farben im Druck.

Farbmanagement

● **Hinweis:** Sie müssen für eine Übung in dieser Lektion mit einem PostScript-Farbdrucker verbunden sein. Ist das nicht der Fall, lässt sich nur ein Teil der Übung nachvollziehen.

Farben auf dem Monitor entstehen aus einer Kombination von rotem, grünem und blauem Licht (RGB), während sich ein Vierfarbdruck aus einer Kombination der vier Farben Cyan, Magenta, Gelb und Schwarz (genannt CMYK) zusammensetzt. Diese vier Druckfarben bezeichnet man auch als Prozessfarben, weil es sich dabei um die standardmäßigen Farben im Vierfarbdruck-Prozess handelt.

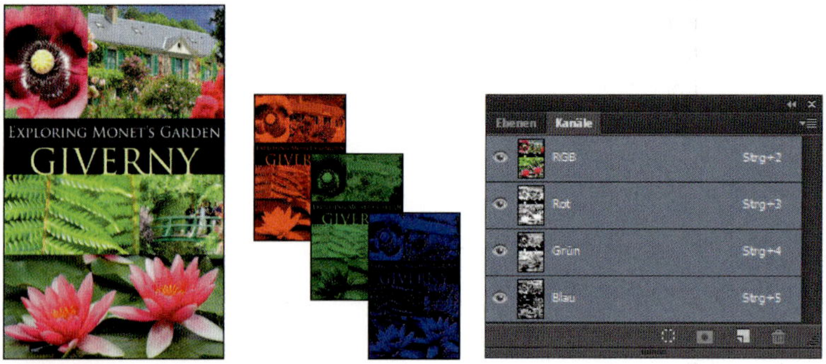

RGB-Bild mit den Kanälen Rot, Grün und Blau

CMYK-Bild mit den Kanälen Cyan, Magenta, Gelb und Schwarz

Da die Farbmodelle RGB und CMYK sehr unterschiedliche Methoden zur Darstellung von Farben verwenden, geben sie auch jeweils einen etwas anderen Farbbereich oder Farbumfang wieder. Da RGB zum Erzeugen von Farbe Licht verwendet, umfasst der RGB-Farbumfang auch Neonfarben. Andererseits lassen sich mit CMYK-Farben auch einige Pastelltöne und reines Schwarz erzeugen, die sich außerhalb des RGB-Farbumfangs befinden.

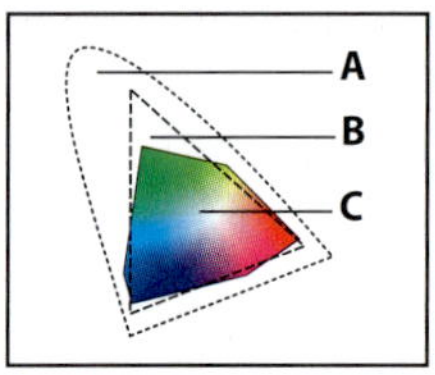

A. Natürlicher Farbraum
B. RGB-Farbraum
C. CMYK-Farbraum

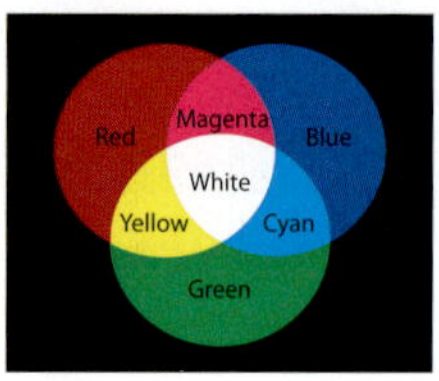

RGB-Farbmodell

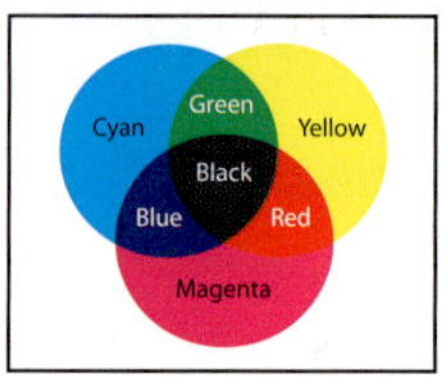

CMYK-Farbmodell

RGB-Modell

Ein Großteil des sichtbaren Spektrums kann durch Mischen von rot, grün und blau gefärbtem Licht (RGB) in verschiedenen Anteilen und Intensitäten dargestellt werden. Wenn sich diese Farben überlappen, entstehen Cyan, Magenta, Gelb und Weiß.

Da die RGB-Farben zusammen Weiß ergeben, werden sie auch als additive Farben bezeichnet. Bei einer weißen Farbe wird das gesamte Licht an das Auge zurückreflektiert. Additive Farben werden für Beleuchtung, Video und Monitore verwendet. Ihr Monitor erzeugt Farbe z.B. dadurch, dass Licht durch rote, grüne und blaue Phosphorteilchen ausgestrahlt wird.

CMYK-Modell

Das CMYK-Modell basiert auf der lichtabsorbierenden Eigenschaft von Tinte auf Papier. Wenn weißes Licht auf lichtdurchlässige Druckfarben fällt, werden bestimmte sichtbare Wellenlängenbereiche absorbiert und andere reflektiert.

Theoretisch müsste eine Mischung aus idealen Cyan- (C), Magenta- (M) und Gelb-Pigmenten (Y) das gesamte Licht absorbieren und Schwarz erzeugen, daher werden diese Farben als subtraktive Farben bezeichnet. Aufgrund verschiedener Faktoren, darunter dem Farbannahmeverhalten im Offset-Druck, ergeben diese drei Farben ein schmutziges Braun und müssen oft mit schwarzer Druckfarbe (K) gemischt werden, um echtes Schwarz zu erzeugen. (Der Buchstabe K wird in diesem Modell für Schwarz verwendet.) Das Mischen dieser Druckfarben wird als Vierfarbendruck bezeichnet.

Aber nicht alle RGB- und CMYK-Farbumfänge sind gleich. Die einzelnen Monitore und Drucker verfügen über einen unterschiedlichen Farbumfang. So stellt beispielsweise eine Monitormarke besonders leuchtende Blautöne dar. Der Farbraum für ein Gerät wird durch den Farbumfang repräsentiert, den es darstellen kann.

Ein ICC-Profil beschreibt den Farbraum eines bestimmten Geräts, wie den CMYK-Farbraum eines bestimmten Druckers. In dieser Lektion wählen Sie ICC-Profile für RGB und CMYK. Wenn Sie die Profile festgelegt haben, sind sie fester Bestandteil Ihrer Bilddateien. Photoshop (und andere Anwendungen, die ICC-Profile verwenden) interpretiert die in der Bilddatei enthaltenen Profile und verwaltet automatisch die Farbe für das entsprechende Bild.

Weitere Informationen über das Einbetten von ICC-Profilen finden Sie in der Photoshop-Hilfe.

Achten Sie darauf, dass Ihr Monitor kalibriert ist. Wenn Ihr Monitor die Farben nur ungenau darstellt, könnte er die am Bild durchgeführten Farbeinstellungen falsch anzeigen. Informationen über die Monitorkalibration finden Sie in der Photoshop-Hilfe.

Vorbereitungen

Bevor Sie beginnen, müssen Sie die Adobe Photoshop-Voreinstellungen-Datei wiederherstellen.

1 Starten Sie Photoshop und halten Sie sofort danach die Tasten [Strg]+[Alt]+[⇧] (Windows) bzw. [⌘]+[⌥]+[⇧] (Mac OS) gedrückt, um die standardmäßigen Voreinstellungen zu erhalten.

2 Klicken Sie im Meldungsfenster zur Bestätigung auf »Ja«, um die Standardeinstellungen wiederherzustellen.

Die Farbmanagement-Einstellungen anpassen

In diesem ersten Teil der Lektion erfahren Sie, wie Sie einen Farbmanagement-Workflow (Arbeitsablauf) einrichten. Dazu sind im Dialogfeld »Farbeinstellungen« in Photoshop nahezu alle benötigten Optionen zusammengefasst.

Beispielsweise ist Photoshop standardmäßig für RGB als Teil eines Internet-/Online-Workflows eingestellt. Wenn Sie jedoch Grafiken für den Druck vorbereiten, sollten Sie diese Einstellungen für Bilder, die auf Papier gedruckt und nicht auf dem Bildschirm dargestellt werden, entsprechend verändern.

Sie beginnen diese Lektion, indem Sie eigene Farbeinstellungen vornehmen.

1 Wählen Sie **Bearbeiten: Farbeinstellungen**, um das Dialogfeld »Farbeinstellungen« zu öffnen.

Im unteren Teil des Dialogfelds finden Sie Informationen über die unterschiedlichen Farbmanagement-Optionen.

2 Bewegen Sie die Maus über die einzelnen Bereiche im Dialogfeld, beispielsweise die Bereichsbezeichnungen (wie Arbeitsfarbräume) und die zur Verfügung stehenden Optionen (wie verschiedene Menüoptionen). Stellen Sie danach eventuell vorgenommene Änderungen wieder auf die Vorgaben zurück. Achten Sie beim Bewegen der Maus auf die Informationen, die unten im Dialogfeld erscheinen.

Sie wählen jetzt einen allgemeinen Satz mit Optionen für einen Druck-Workflow statt für einen Online-Workflow aus.

3 Wählen Sie im Einstellungen-Menü die Option »Europa Druckvorstufe 3«. Farbraum und Farbmanagement ändern sich entsprechend dem Workflow in der Druckvorstufe. Klicken Sie anschließend auf OK.

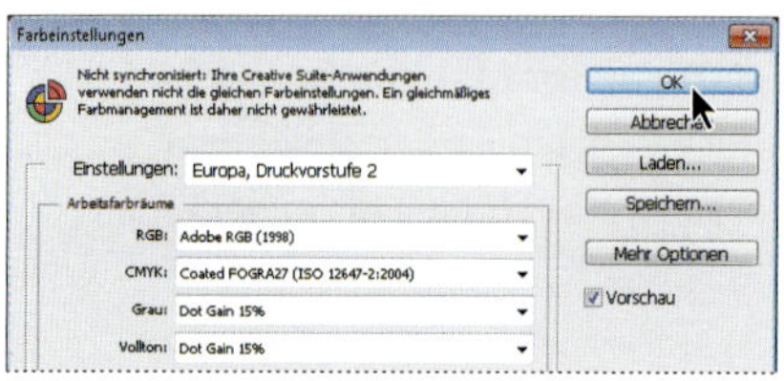

Einen Softproof eines Bilds erzeugen

Sie arbeiten jetzt mit einer Datei, die ein gescanntes Bild von einem Originaldruck enthält. Sie öffnen die Datei, wandeln ihr Farbprofil um und stellen es dann so ein, dass sich die Farbwiedergabe beim späteren Druck bereits auf Ihrem Bildschirm beurteilen lässt. Sie erstellen also dank der Präzision der Farbprofile einen Softproof (simulierten Andruck) direkt auf dem Bildschirm und haben die Möglichkeit, den Proof zu kontrollieren.

1 Wählen Sie **Datei: Öffnen**. Navigieren Sie zum Ordner *Lektionen/Lektion14* und doppelklicken Sie auf die Datei *14Start.tif*. Klicken Sie auf OK, falls eine Profilwarnung erscheint.

Photoshop öffnet ein RGB-Bild eines gescannten Posters.

2 Wählen Sie **Datei: Speichern unter**, benennen Sie die Datei mit **14Arbeit**, lassen Sie das TIFF-Format gewählt und klicken Sie auf »Speichern«. Klicken Sie im Dialogfeld mit den TIFF-Optionen ebenfalls auf OK.

Bevor Sie das Bild softproofen oder drucken, weisen Sie ihm ein entsprechendes Profil (auch als Proofprofil bezeichnet) zu, in dem Sie festlegen, wie das Dokument gedruckt werden soll. Diese visuellen Eigenschaften weisen Sie dann der Bildschirmversion zu, um das Softproofing noch genauer durchzuführen. Photoshop bietet dafür eine Vielzahl von Einstellungen, mit denen sich Bilder für verschiedene Einsatzbereiche abstimmen lassen, einschließlich des Drucks und der Veröffentlichung im Internet. Sie erstellen in dieser Lektion ein eigenes Proofprofil. Anschließend können Sie diese Einstellungen speichern und auf andere Bilder anwenden, die in der gleichen Weise ausgegeben bzw. veröffentlicht werden sollen.

3 Wählen Sie **Ansicht: Proof einrichten: Benutzerdefiniert**. Das Dialogfeld »Proof-Bedingung anpassen« öffnet sich. Achten Sie darauf, dass die Option »Vorschau« aktiviert ist.

4 Wählen Sie aus dem Menü »Zu simulierendes Gerät« ein Profil des Geräts für den Proof (beispielsweise den Drucker, auf dem Sie das Bild ausdrucken). Falls Sie nicht über einen speziellen Drucker verfügen, bietet sich in den meisten Fällen das Profil *Coated FOGRA39* (*ISO 12647-2:2004*), die Standardeinstellung für gestrichenes (glattes) Papier an.

5 Haben Sie ein anderes Profil gewählt, achten Sie darauf, dass die Option »Nummern erhalten« deaktiviert (also nicht gewählt) ist.

Die Option »Nummern erhalten« simuliert die Farben ohne Konvertierung in den Farbraum des Ausgabegeräts.

6 Stellen Sie sicher, dass im Popup-Menü »Renderpriorität« die Option »Relativ farbmetrisch« eingestellt ist.

Die Renderpriorität bestimmt, wie die Farbe von einem Farbraum in einen anderen konvertiert wird. Relativ farbmetrisch behält die Farbverhältnisse ohne Einbußen der Farbtreue bei und ist die standardmäßige Renderpriorität für den Druck in Europa und Nordamerika.

7 Falls vorhanden, aktivieren Sie für das gewählte Profil die Option »Schwarze Druckfarbe simulieren«. Deaktivieren Sie dann diese Optionen und wählen Sie »Papierfarbe simulieren« – die Option wählt automatisch auch »Schwarze Druckfarbe simulieren«. Klicken Sie auf OK.

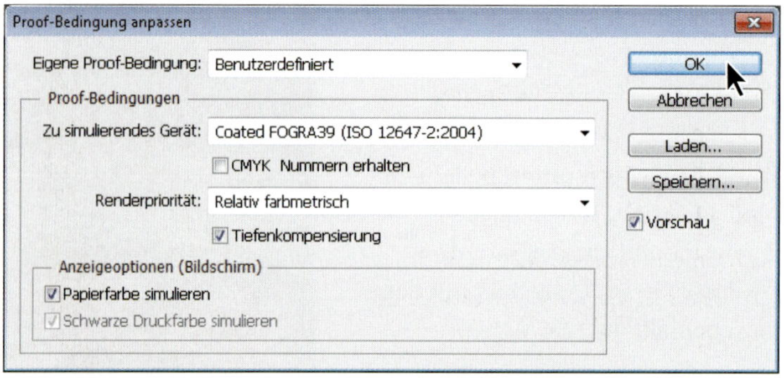

▶ **Tipp:** Um die Proof-Einstellungen aus- und einzuschalten, wählen Sie **Ansicht: Farb-Proof**.

Beachten Sie, dass das Bild jetzt an Kontrast zu verlieren scheint. Mit »Papierfarbe simulieren« wird der spezielle Weißton eines Druckmediums simuliert, das durch das Dokumentprofil definiert ist. Mit »Schwarze Druckfarbe simulieren« wird statt Volltonschwarz das dunkle Grau simuliert, das die meisten Drucker verwenden – allerdings unterstützen nicht alle Profile diese Optionen.

Normales Bild

Bild mit den Optionen »Schwarze Druckfarbe simulieren« und »Papierweiß simulieren«

Farben außerhalb des Farbumfangs identifizieren

In den meisten gescannten Fotografien sind RGB-Farben innerhalb des CMYK-Farbumfangs enthalten. Das Umwandeln in den CMYK-Modus (was Sie später für den Ausdruck der Datei noch tun) konvertiert alle Farben, wobei verhältnismäßig wenige Farben ersetzt werden. Bilder, die digital erstellt oder verändert wurden, enthalten allerdings häufig RGB-Farben außerhalb des CMYK-Farbumfangs – beispielsweise Logos und Lichter in Leuchtfarben.

Bevor Sie ein Bild von RGB in CMYK konvertieren, können Sie die CMYK-Farbwerte bereits im RGB-Modus prüfen.

1 Wählen Sie **Ansicht: Farbumfang-Warnung**, um die Farben außerhalb des Farbumfangs angezeigt zu bekommen. Adobe Photoshop erstellt eine Farbumwandlungstabelle und zeigt für die Bildstellen, in denen Farben außerhalb des Farbumfangs liegen, ein neutrales Grau an.

Da das Grau nicht besonders gut in diesem Bild zu erkennen ist, legen Sie eine eindeutigere Farbe für die Farbumfang-Warnung fest.

2 Wählen Sie **Bearbeiten: Voreinstellungen: Transp./ Farbumfang-Warnung** (Windows) bzw. **Photoshop: Voreinstellungen: Transparenz & Farbumfang-Warnung** (Mac OS).

3 Klicken Sie unten im Dialogfeld im Feld »Farbe«. Wählen Sie eine auffälligere Farbe (z.B. Lila oder ein helles Grün) und klicken Sie auf OK.

4 Klicken Sie erneut auf OK, um das Dialogfeld »Transparenz & Farbumfang-Warnung« zu schließen.

Klicken Sie mit dem Verschieben-Werkzeug im Bild. Photoshop ersetzt als Farbumfang-Warnung das Grau durch die neu gewählte Farbe.

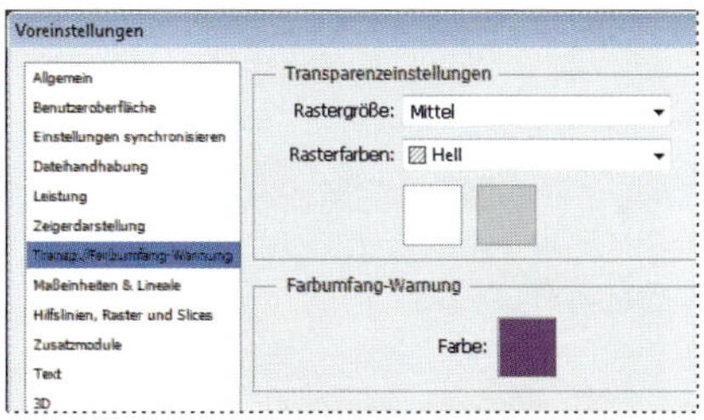

5 Wählen Sie **Ansicht: Farbumfang-Warnung**, um die Vorschau auf die außerhalb des Farbumfangs befindlichen Farben auszuschalten.

Photoshop korrigiert automatisch die Farben außerhalb des Farbumfangs, wenn Sie die Datei später im Photoshop-EPS-Format speichern. Das Photoshop-EPS-Format ändert das RGB-Bild in CMYK und passt die Farben an den CMYK-Farbraum an.

Ein Bild einstellen und einen Proof drucken

Der nächste Schritt bei der Bildaufbereitung für den Druck bzw. die Ausgabe sind eventuell notwendige Farb- und Tonwertkorrekturen des Bilds. Sie versehen in diesem Teil der Lektion das Bild mit einigen Farb- und Tonwertkorrekturen, um den nicht farbgetreuen Scan einer Postkarte zu korrigieren.

Um die Bildänderungen vor und nach der Korrektur zu vergleichen, erstellen Sie erst eine Kopie des vorhandenen Bilds.

1 Wählen Sie **Bild: Duplizieren** und klicken Sie auf OK.

2 Klicken Sie im Anwendungsfenster auf die Schaltfläche »Dokumente anordnen« und dann auf »2 übereinander«, um beide Bilder während der Arbeit zu vergleichen.

Sie stellen nun den Farbton und die Sättigung des Bilds ein, um alle Farben in den Farbraum zu verschieben.

3 Wählen Sie die Datei *14Arbeit.tif* (das Originalbild).

4 Wählen Sie **Auswahl: Farbbereich**.

5 Wählen Sie im Dialogfeld »Farbbereich« aus dem Menü »Auswahl« die Option »Außerhalb des Farbumfangs«. Klicken Sie auf OK.

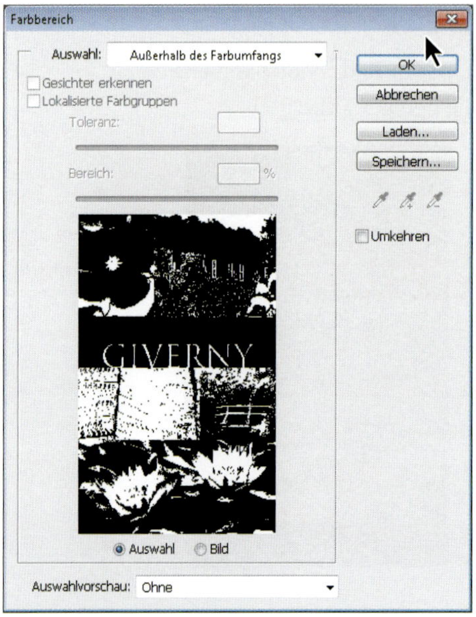

Die früher als außerhalb des Farbumfangs markierten Bereiche sind jetzt gewählt – Änderungen wirken sich ausschließlich auf diese Bereiche aus.

6 Gehen Sie auf den Menüpunkt **Ansicht: Extras,** um die Auswahl während der Bearbeitung auszublenden.

Die Auswahlgrenze kann störend wirken. Wenn Sie die Extras verbergen, sehen Sie die Auswahl nicht mehr, aber sie ist weiterhin wirksam.

7 Klicken Sie auf die Schaltfläche »Farbton/Sättigung« im Korrekturenbedienfeld für eine entsprechende Einstellungsebene. (Falls das Fenster nicht geöffnet ist, wählen Sie **Fenster: Korrekturen**.) Die Einstellungsebene *Farbton/Sättigung* umfasst eine Ebenenmaske, die Photoshop aus Ihrer Auswahl erzeugt hat.

8 Nehmen Sie im Eigenschaftenbedienfeld die folgenden Einstellungen vor:

- Ziehen Sie den Farbtonregler, bis die Farben neutraler aussehen (wir haben den Wert **-5** benutzt).
- Stellen Sie die Sättigung so ein, dass die Farbintensität normal wirkt (wir haben den Wert **-50** benutzt).
- Übernehmen Sie für die Helligkeit den Vorgabewert (0).

9 Wählen Sie **Ansicht: Farbumfang-Warnung**. Sie haben nahezu alle Farben außerhalb des Farbumfangs entfernt. Wählen Sie erneut **Ansicht: Farbumfang-Warnung**, um diese Funktion auszuschalten.

10 Die Datei *14Arbeit.tif* ist noch gewählt. Wählen Sie **Datei: Drucken**.

11 Nehmen Sie im Dialogfeld »Drucken« die folgenden Einstellungen vor:

- Wählen Sie Ihren Drucker.
- Wählen Sie oben rechts aus dem Popup-Menü die Option »Farbmanagement«.
- Aktivieren Sie die Option »Proof« für das von Ihnen gewählte Proofprofil.
- Wählen Sie für »Farbhandhabung« die Option »Farbmanagement durch Drucker«. Aktivieren Sie für »Proof-Einstellung« die Option »CMYK-Arbeitsfarbraum«.

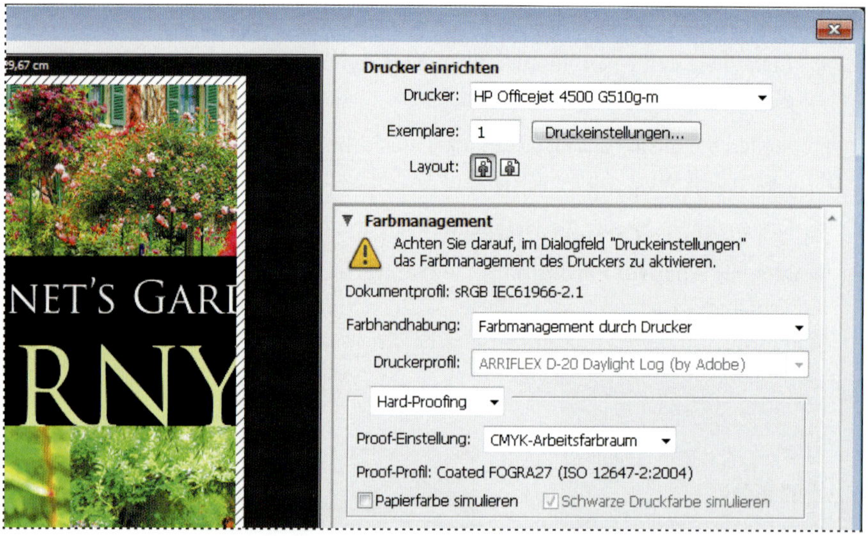

- Wenn Sie mit einem PostScript-Farbdrucker arbeiten, klicken Sie auf »Drucken«. Vergleichen Sie das Druckergebnis mit der Monitordarstellung. Ansonsten klicken Sie auf »Abbrechen«.

Bild als CMYK-EPS-Datei speichern

Sie speichern das Bild als EPS-Datei im CMYK-Format.

Hinweis: Das Bild wird mit diesen Einstellungen automatisch von RGB in CMYK umgewandelt, sobald es im Photoshop-EPS-Format gespeichert wird.

1 Die Datei *14Arbeit.tif* ist noch gewählt. Wählen Sie **Datei: Speichern unter**.

2 Wählen Sie im Dialogfeld »Speichern unter« die folgenden Optionen:

- Wählen Sie aus dem Popup-Menü »Format« die Option »Photoshop EPS«.
- Aktivieren Sie unter »Farbe« die Option »Proof-Einstellungen«. Kümmern Sie sich nicht um den Warnhinweis – Sie speichern die Datei als Kopie.

- Übernehmen Sie den Dateinamen *14Arbeit Kopie.eps* und klicken Sie auf »Speichern«.

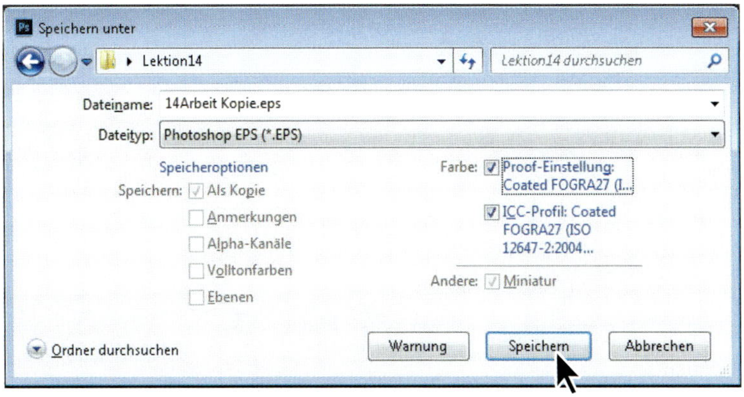

3 Klicken Sie im Dialogfeld »EPS-Optionen« auf OK.

4 Speichern und schließen Sie die Dateien *14Arbeit.tif* und *14Arbeit Kopie.tif.*

5 Wählen Sie **Datei: Öffnen** und öffnen Sie die Datei *14Arbeit.eps* im Ordner *Lektionen/Lektion14.*

Die Titelleiste des Bilds zeigt an, dass *14Arbeit.eps* jetzt eine CMYK-Datei ist.

Drucken

Für den Druck Ihrer Bilder sollten Sie die folgenden Richtlinien beachten, um zu optimalen Ergebnissen zu gelangen:

- Drucken Sie zur Kontrolle und auf Tintenstrahl-/Laserdruckern ein *zusammengesetztes Farbbild*, häufig auch als Composite bezeichnet. Stellen Sie sich ein Composite als einzelne Druckplatte vor, auf der die Kanäle Rot, Grün und Blau eines RGB-Bilds oder die Kanäle Cyan, Magenta, Gelb und Schwarz eines CMYK-Bilds kombiniert sind. Die Änderungen der einzelnen Druckfarben zeigt Photoshop als Teil des endgültigen, aus allen Kanälen zusammengesetzten Bilds (Composite).
- Geben Sie die Parameter für das Halbtonraster an.
- Drucken Sie Farbauszüge, damit das Bild auch wirklich richtig separiert wird.
- Zuletzt erfolgt die Ausgabe auf Film oder Druckplatte.

Wenn Sie Farbseparationen drucken, gibt Photoshop für jeden Farbkanal einen eigenen Druckbogen (*Druckplatte*) aus. Für ein CMYK-Bild werden vier Platten gedruckt, eine für jede Prozessfarbe.

In dieser Übung erstellen Sie drei Farbauszüge.

1 *14Arbeit.eps* ist noch geöffnet. Wählen Sie **Datei: Drucken**.

Photoshop druckt Dokumente bzw. Bilder standardmäßig als Composite. Um für Farbseparationen zu drucken, müssen Sie im Dialogfeld »Drucken« entsprechende Einstellungen vornehmen.

2 Nehmen Sie im Drucken-Dialogfeld folgende Einstellungen vor:

- Wählen Sie im Bereich »Farbmanagement« aus dem Menü »Farbhandhabung« die Option »Separationen«.
- Klicken Sie auf »Drucken«.

3 Wählen Sie **Datei: Schließen**, ohne die Änderungen zu speichern.

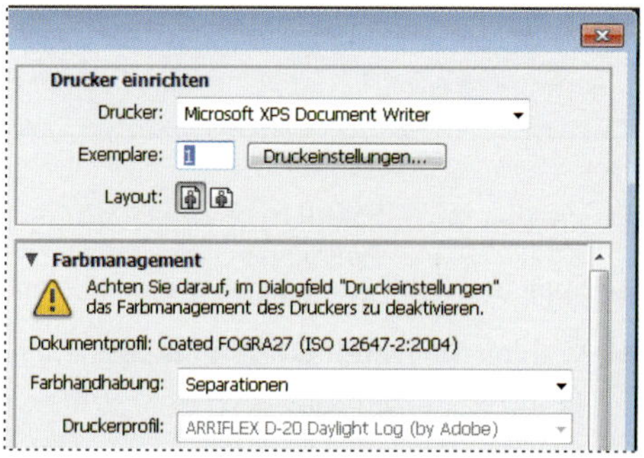

Damit ist die Einführung in die Produktion konsistenter Farben und das Drucken in Adobe Photoshop abgeschlossen. Wenn Sie mit einem Desktop-Drucker arbeiten, sollten Sie mit den verschiedenen Einstellungen experimentieren, um die besten Farbeinstellungen für Ihr System herauszufinden. Wenn Sie Bilder für den professionellen Druck aufbereiten, fragen Sie die Druckerei nach den benötigten Einstellungen. Weitere Informationen über Farbmanagement, Drucken und Farbseparationen finden Sie in der Photoshop-Hilfe.

Fragen

1 Welche Schritte müssen für das akkurate Reproduzieren von Farben eingehalten werden?

2 Was ist ein Farbumfang?

3 Was ist ein ICC-Profil?

4 Was sind Farbseparationen?

Antworten

1 Kalibrieren Sie Ihren Monitor und verwenden Sie anschließend das Dialogfeld "Farbeinstellungen", um die verwendeten Farbräume festzulegen. Geben Sie beispielsweise an, welchen RGB-Farbraum Sie für Online-Bilder und welchen CMYK-Raum Sie für auszudruckende Bilder verwenden wollen. Anschließend proofen Sie das Bild, prüfen es auf Farben außerhalb des Farbraums, korrigieren eventuelle Farbabweichungen und erstellen für zu druckende Bilder Farbseparationen.

2 Der Farbbereich, der mit einem Farbmodell reproduziert wird. Beispielsweise unterscheiden sich der Farbumfang beim RGB- und der beim CMYK-Farbmodell ebenso wie bei zwei RGB-Scannern.

3 Ein ICC-Profil ist eine Beschreibung für den Farbraum eines Geräts, wie z.B. der CMYK-Farbraum für einen bestimmten Drucker. Programme wie Photoshop interpretieren die in einem Bild enthaltenen ICC-Profile und stellen damit eine konsistente Farbdarstellung für unterschiedliche Programme, Plattformen und Geräte sicher.

4 Farbseparationen sind Farbauszüge, etwa für die Druckplatten im Offsetdruck. Eine Farbseparation wird erstellt, sobald ein Bild in den CMYK-Modus umgewandelt wird. Die Farben im CMYK-Bild setzen sich aus vier Farbkanälen mit diesen Prozessfarben zusammen: Cyan, Magenta, Gelb und Schwarz.

Anhang:

Werkzeugbedienfeld Überblick

Photoshop CC Werkzeugbedienfeld

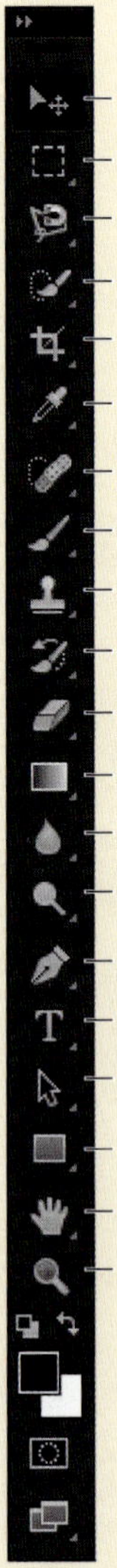

Mit dem **Verschieben-Werkzeug** verschieben Sie Auswahlbereiche, Ebenen und Hilfslinien.

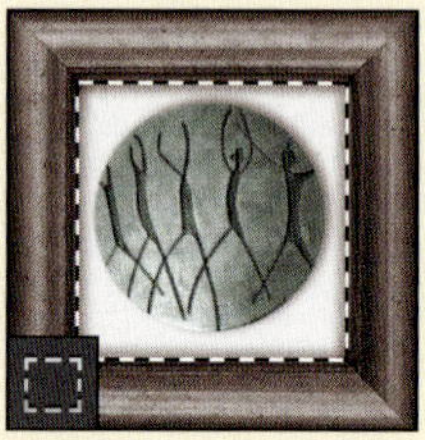

Mit den **Auswahlwerkzeugen** erstellen Sie rechteckige, elliptische, einzeilige oder einspaltige Auswahlbereiche.

Mit dem **Lasso-Werkzeug** erstellen Sie freie, polygonförmige und magnetische Auswahlbereiche.

Mit dem **Schnellauswahl-Werkzeug** können Sie eine Auswahl mit einer justierbaren runden Pinselspitze schnell »malen«.

Mit dem **Zauberstab-Werkzeug** wählen Sie Bereiche mit ähnlichen Farben aus.

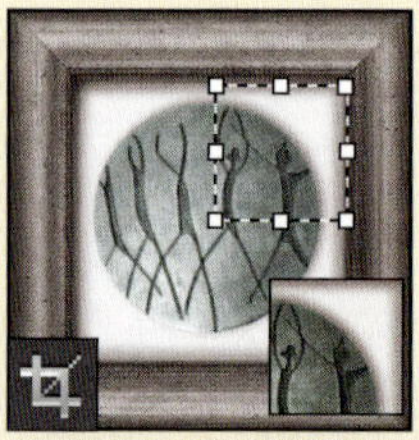

Mit dem **Freistellungs-Werkzeug** schneiden Sie Bilder zu, begradigen sie und ändern die Perspektive.

Mit dem **Pipette-Werkzeug** nehmen Sie Farbe aus dem Bild auf.

Die 3D Material-Pipette lädt geladene Materialien von einem 3D-Objekt.

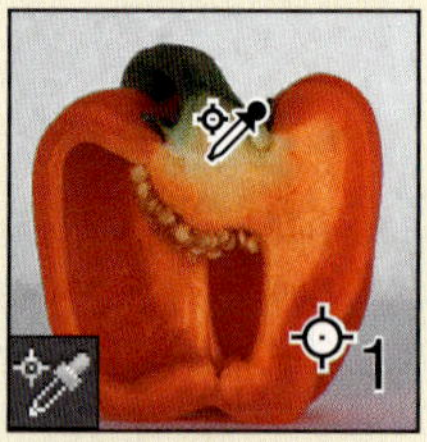

Mit dem **Farbaufnehmer-Werkzeug** können Sie die Farbwerte für bis zu vier Bereiche anzeigen.

Mit dem **Lineal-Werkzeug** messen Sie Abstände, Positionen und Winkel.

Mit dem **Anmerkungen-Werkzeug** können Sie ein Bild mit Anmerkungen versehen.

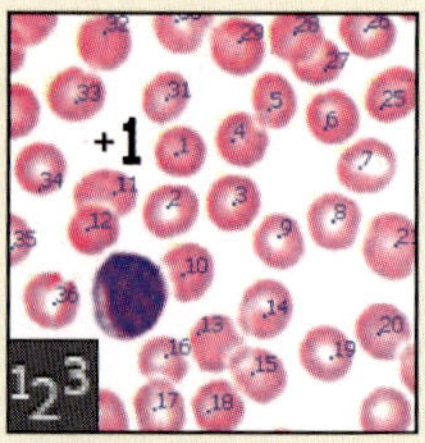

Mit dem **Zählungs-Werkzeug** zählen Sie die Objekte in einem Bild.

Mit dem **Slice-Werkzeug** erstellen Sie Slices.

Mit dem **Slice-Auswahl-Werkzeug** wählen Sie Slices aus.

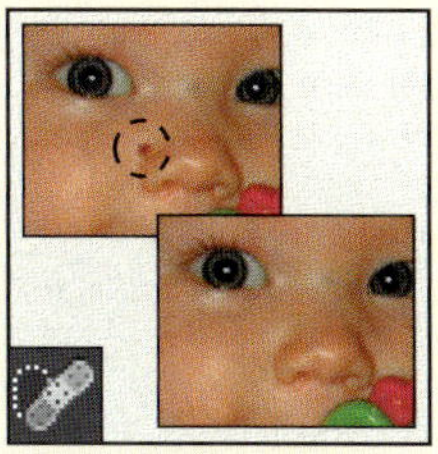

Das **Bereichsreparatur-Pinsel-Werkzeug** entfernt schnell fehlerhafte Stellen und Objekte in Fotos mit gleichmäßigem Hintergrund.

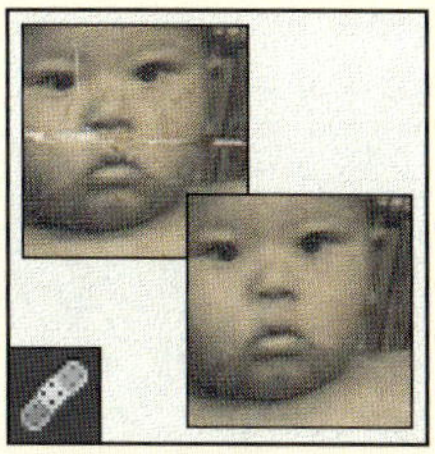

Das **Reparatur-Pinsel-Werkzeug** malt mit aufgenommenen Bereich oder Mustern, um Bildmängel zu beheben.

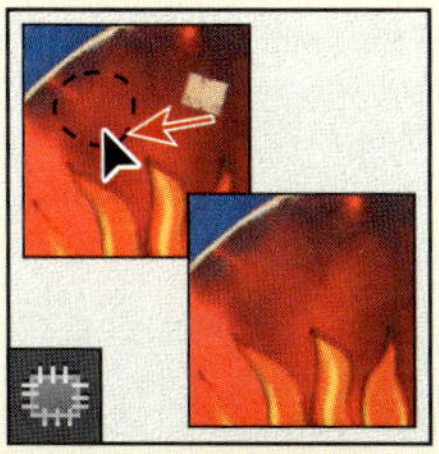

Mit dem **Ausbessern-Werkzeug** korrigieren Sie mit aufgenommenen Bereichen oder Mustern kleine Fehler in einem Bildbereich.

Das **Inhaltsbasiert-verschieben-Werkzeug** ändert und vermischt Pixel passend für ein bewegtes Objekt.

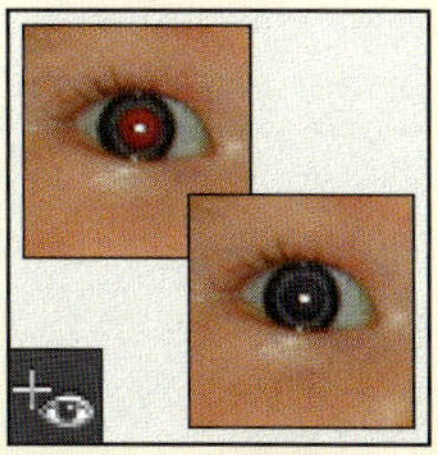

Das **Rote-Augen-Werkzeug** entfernt durch Blitzlicht verursachte rote Reflexionen mit einem Klick.

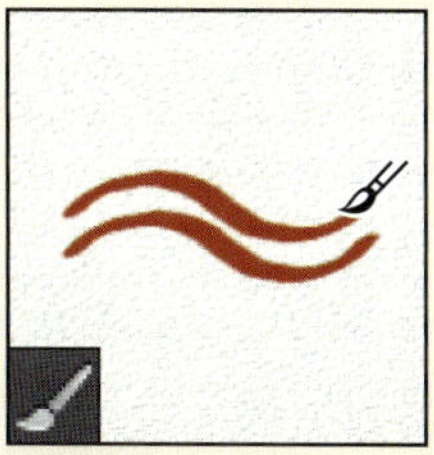

Pinsel-Werkzeug für Malstriche

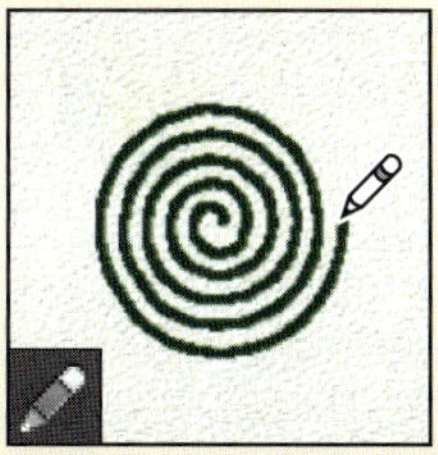

Mit dem **Buntstift-Werkzeug** malen Sie Striche mit harten Kanten.

Mit dem **Farbe-ersetzen-Werkzeug** ersetzen Sie eine ausgewählte Farbe durch eine andere Farbe.

Mit dem **Misch-Pinsel-Werkzeug** mischt aufgenommene Farbe mit einer vorhandenen Farbe.

Mit dem **Kopierstempel-Werkzeug** malen Sie mit aufgenommenen Bildbereichen.

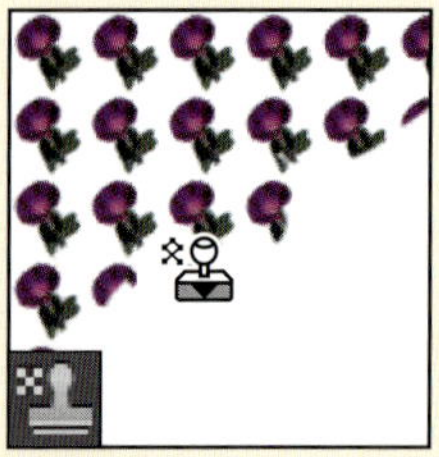

Mit dem **Musterstempel-Werkzeug** malen Sie mit einem Bildbereich als Muster.

Mit dem **Protokoll-Pinsel-Werkzeug** malen Sie mit einer Kopie des ausgewählten Status oder Schnappschusses im aktuellen Bildfenster.

Mit dem **Kunst-Protokoll-Pinsel-Werkzeug** malen Sie unter Verwendung eines ausgewählten Status oder Schnappschusses mit stilisierten Strichen und simulieren so verschiedene Malstile.

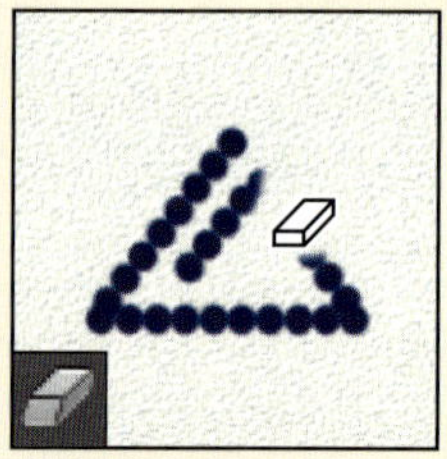

Mit dem **Radiergummi-Werkzeug** löschen Sie Pixel und stellen einen zuvor gespeicherten Status in Bildbereichen wieder her.

Mit dem **Hintergrund-Radiergummi-Werkzeug** versehen Sie durch Ziehen Bereiche mit Transparenz.

Mit dem **Magischen Radiergummi-Werkzeug** löschen Sie einfarbige Bereiche mit nur einem Mausklick, indem Sie die Bereiche mit Transparenz versehen.

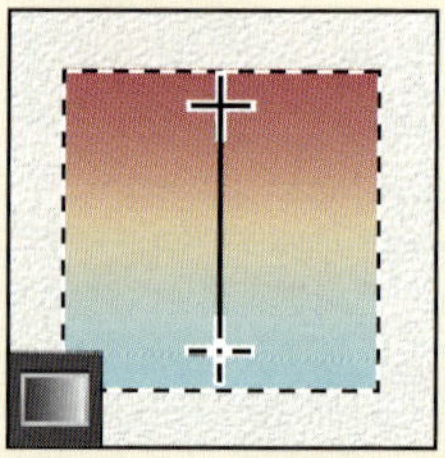

Mit dem **Verlauf-Werkzeug** erstellen Sie gerade, kreisförmige, winkelförmige, gespiegelte und rautenförmige Angleichungen zwischen Farben.

Mit dem **Füllwerkzeug** füllen Sie Bereiche mit ähnlichen Farben mit der Vordergrundfarbe.

Die **3D-Materialfüllung** weist das mit der 3D-Material-Pipette geladene Material dem Zielbereich eines 3D-Objekts zu.

Mit dem **Weichzeichner-Werkzeug** zeichnen Sie harte Kanten in einem Bild weich.

Mit dem **Scharfzeichner-Werkzeug** zeichnen Sie weiche Kanten in einem Bild scharf.

Mit dem **Wischfinger-Werkzeug** verwischen Sie Pixel in einem Bild.

Mit dem **Abwedler-Werkzeug** hellen Sie Bereiche in einem Bild auf.

Mit dem **Nachbelichter-Werkzeug** verdunkeln Sie Bereiche in einem Bild.

Mit dem **Schwamm-Werkzeug** ändern Sie die Farbsättigung eines Bereichs.

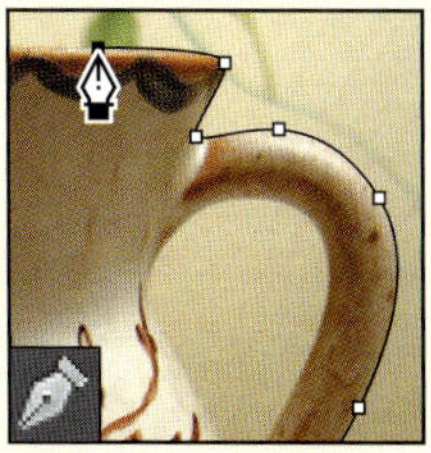

Mit den **Zeichenstift-Werkzeugen** erstellen Sie Pfade mit weichen Kanten.

Mit den **Text-Werkzeugen** erstellen Sie Text in einem Bild.

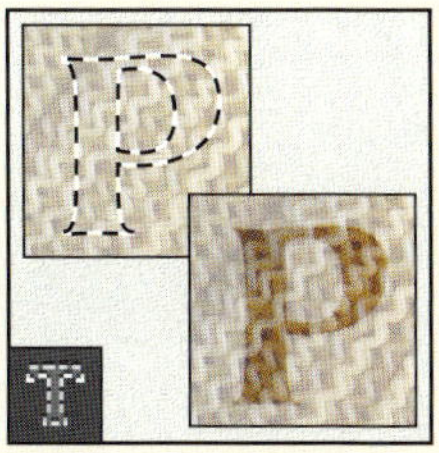

Mit den **Werkzeugen zum Maskieren von Text** erstellen Sie eine Auswahl in der Form eines Textes.

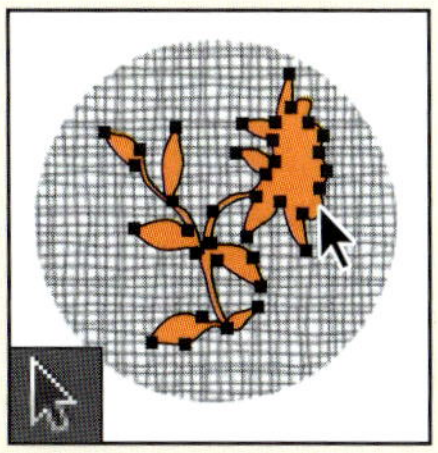

Mit den **Pfadauswahl-Werkzeugen** erstellen Sie Form- oder Segmentauswahlen mit Ankerpunkten, Grifflinien und Griffpunkten.

Mit den **Formwerkzeugen und dem Linienzeichner** können Sie Formen und Linien in eine normale Ebene oder eine Formebene zeichnen.

Mit dem **Eigene-Form-Werkzeug** können Sie Formen und Linien in eine normale Ebene oder eine Formebene zeichnen.

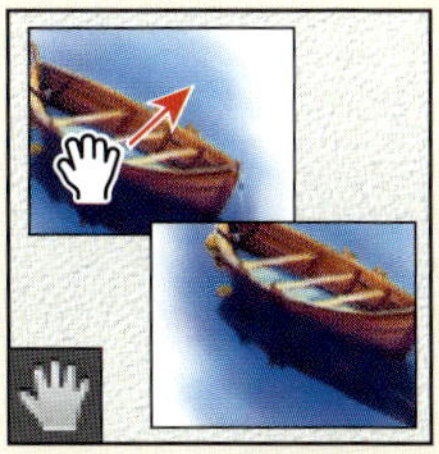

Mit dem **Hand-Werkzeug** bewegen Sie ein Bild innerhalb des Fensters.

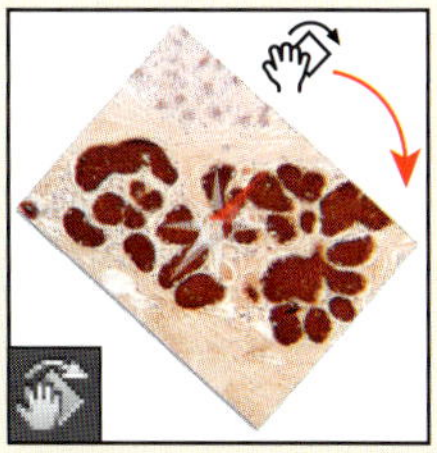

Mit dem **Ansichtdrehung-Werkzeug** drehen Sie die Arbeitsfläche auf nichtdestruktive Weise.

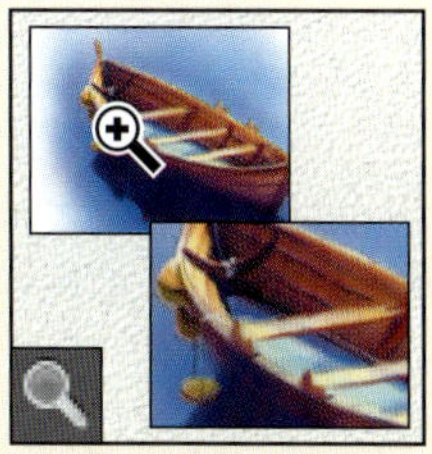

Mit dem **Zoomwerkzeug** vergrößern und verkleinern Sie die Bildansicht.

INDEX

SYMBOLE

A

C

D

E

Q

R

S

T

U

V

W

X

Y

Z